Le Mort et le vif

AF800053

European Connections

edited by
Peter Collier

Volume 36

PETER LANG
Oxford · Bern · Berlin · Bruxelles · Frankfurt am Main · New York · Wien

Walter Redfern

Le Mort et le vif

Clichés/néologismes

PETER LANG
Oxford · Bern · Berlin · Bruxelles · Frankfurt am Main · New York · Wien

Bibliographic information published by Die Deutsche Nationalbibliothek. Die Deutsche Nationalbibliothek lists this publication in the Deutsche Nationalbibliografie; detailed bibliographic data is available on the Internet at http://dnb.d-nb.de.

A catalogue record for this book is available from the British Library.

Library of Congress Control Number: 2014931910

ISSN 1424-3792
ISBN 978-3-0343-1754-2

© Peter Lang AG, International Academic Publishers, Bern 2014
Hochfeldstrasse 32, CH-3012 Bern, Switzerland
info@peterlang.com, www.peterlang.com, www.peterlang.net

All rights reserved.
All parts of this publication are protected by copyright.
Any utilisation outside the strict limits of the copyright law, without the permission of the publisher, is forbidden and liable to prosecution.
This applies in particular to reproductions, translations, microfilming, and storage and processing in electronic retrieval systems.

This publication has been peer reviewed.

Printed in Germany

« Formidable », m'écriai-je. « Banal », riposta Holmès.

— ARTHUR CONAN DOYLE, *passim*

Apportez-moi des clichés neufs.

— SAM GOLDWYN

Qu'on ne dise pas que je n'ai rien dit de nouveau : la disposition des matières est nouvelle ; quand on joue à la paume, c'est une même balle dont joue l'un et l'autre, mais l'un la place mieux.

— BLAISE PASCAL

J'oublie parfois que le monde existe,
et, pourtant, arrive le jour suivant,
j'emprunte encore le sentier battu.

— WALTER REDFERN (âgé de 16 ans 9 mois)

Table des matières

Remerciements

Je dédie ce livre à nous tous, car il n'existerait pas sans nos apports conjoints, infatigables, concurrentiels et omniprésents au mort et au vif de la vie du langage.

A l'intérieur de ce microcosme : ma femme, Angela, toujours elle-même en plein chez nous ou dehors : elle m'inspire, voire elle m'incite, à écrire et à vivre.

Quant aux amis et connaissances, en premier lieu l'artiste Patrick Hughes, dont la fascination qu'exerce sur lui le chevauchement de toutes choses s'entrecroise fréquemment avec la mienne, et dont les lunettes de perception visuelle ont souvent corrigé ma courte vue. Le regretté Keith Foley, qui a partagé avec moi et avec une générosité toute communiste son recueil énorme de néologismes. J'en ai fait de même : échange de faveurs. Doug Pye, cinéphile par excellence, qui m'a instruit sur la méthode rythmique (ou roulette du Vatican). Le feu Geoffrey Strickland, qui m'a rappelé sans cesse ce que j'ai tendance à négliger : le contexte, et qui m'a empêché de faire une gaffe élémentaire.

Feu Ken Gladdish, le docteur Jean Bobon, André Blavier, Gaston Ferdière m'ont tous fourni gentiment de sources, d'exemples et de conseils. Barbara Bowen a eu beau essayer de faire de moi un meilleur historien.

Je suis énormément redevable (voire pourri de dettes) au livre puissamment suggestif de Michel Schneider, *Voleurs de mots*. Je suis plagiaire, disait le plagiaire crétois.

Et bien entendu, Monsieur et Madame Toulemonde.

Tout néologisme ou syntagme récupéré dont je ne donne pas la source m'est imputable. Comme sont toutes les traductions.

Tous les jeux de mots et l'anglicisme de passage sont voulus, et totalement sans remords.

CHAPITRE I

Déclaration de mission

D'un certain point de vue, il n'y a rien (de nouveau) à dire sur les clichés. De mon propre point de vue, il y en a beaucoup : de là ce livre. Qui pourtant a besoin d'une étude sur eux, ou attend d'être informé sur ce qui est déjà familier ? N'est-ce pas l'équivalent d'un manuel sur la respiration, la marche, la digestion ou le sommeil ? Nous sommes déjà orfèvres en la matière.

J'emploierai Je beaucoup dans ce livre, parce que Nous tient trop de la conspiration, du trône ou du rédacteur en chef.[1] Je est étrangement plus modeste. J'emploie Nous lorsque je me sens persuadé que mes opinions sont assez communes – je n'oserais jamais deviner combien. Une de mes prémisses intermittentes est donc que certaines gens pensent approximativement comme moi de temps en temps. Cette hypothèse me semble relativement saine d'esprit. Sans elle, je ne ferais que jacasser dans une bouteille lancée d'une île déserte. (Le cliché qui se tapit ici est la « Bouteille à la mer » de Vigny. C'est une bouteille à champagne qui transporte dans ce poème le message orgueilleusement indestructible). Ou, pour être un peu moins mélodramatique : ce que je dis fera toujours la une pour certains. Si vous n'êtes pas d'accord quand j'écris Nous, vous murmurerez peut-être : « Parlez pour vous ». Je promets donc de faire précisément, dans ce qui suit, cela, et d'espérer que cette pratique sera contagieuse.

Je fis mes études secondaires dans un lycée, d'où je passai à l'université de Cambridge (avec une année à l'Ecole Normale Supérieure, Rue d'Ulm.) J'étais né dans un mauvais quartier de Liverpool. Mon intellect et ma prose reflètent ces réalités variées. Je m'intéresse vivement à la culture et du peuple et de l'élite. Je choisis d'étudier les clichés puisque je déteste les dettes et je prise le refus d'influence. Né dans un port qui se veut franc, hostile à l'automatique « pietas erga parientes », ou envers les *almae matres*, patriote fort tiède, partisan aveugle ni de l'époque présente ni du passé, et encore moins rêvant de quelque société imaginaire, adolescent je désirais ardemment mais vainement être capitaine de ma soi-disant âme, alors que j'étais trop pessimiste pour viser à être maître de mon destin. Parce que mon rival au lycée et plus tard un de mes amis les plus durables laissait orgueilleusement le style des poètes dernier cri s'infiltrer dans ses premières ébauches poétiques, pour mes premiers essais parallèles je refusais par principe même de lire ces maîtres-là. Et on parle de la peur de l'influence ! A l'âge dit mûr, les poèmes de lui et de moi sont parfaitement personnels. Ce phénomène, connu autrement comme l'ironie, la contre-finalité (Sartre), la loi de l'emmerdement maximum, ou le résistancialisme (Paul Jennings : « Les Choses sont contre nous ») me semble maître de l'univers. En voulant prendre mes distances par rapport à un rival, j'ai reculé vers la parodie et le pastiche, histoire de me moquer et de lui et de ses nombreux mentors. C'est ainsi que mon indépendance dépendait d'autrui. Malheureusement pour moi. Pour ce que cela vaut. L'existentialiste précoce, l'auto-engendreur solitaire, est revenu brutalement en terre.

Après ma précédente étude sur le langage (*Puns – Calembours*) – et un proverbe nandi déclare qu'il n'y a pas de déclaration qui ne soit à double sens – qu'est-ce qui m'a attiré aux clichés et aux néologismes ? Sans être le moins du monde spiritualiste, je suis fasciné à perpétuité plutôt par l'esprit que par la lettre : l'implicite, le caché, ce qu'on révèle involontairement, le second degré. Dans *Puns* déjà, j'avais examiné les clichés et les néologismes pour leurs rapports avec les jeux de mots : rajeunissement, recyclage, créativité ou du moins activité. Si, à son plus haut niveau, le calembour est une idée soudaine et brillante, le cliché est une idée durable, mais qui a perdu son éclat. Le néologisme est autre chose. Il proclame qu'on n'est pas encore croulant, le vieux chien (et pour ne pas offenser les féministes et l'équité, la vieille chienne) peut être toujours plein de vie. Le langage et la pensée créatrice n'ont pas encore rendu l'âme. Voilà : quelques lignes, toutes ravagées de clichés, mais changer de décor fait autant de bien que de partir en vacances. Cela vous donne un serrement de cœur ? Espérons que vous ne me planquerez pas. Je pourrais aussi dire : écoutez-vous. Nous sommes tous davantage et des parasites et des inventeurs que nous ne le croyons. Et il y a peut-être quelque similitude entre ces deux pôles-là.

Clichés et néologismes : des drôles de concubines, direz-vous. C'est vrai que j'en fais un mariage quelque peu forcé. Mon livre traite de l'emprunt passif ou actif, le parasitisme peu inventif ou créateur. Etude bipartite, il tient du centaure, du triton, ou du cheval joué par deux comédiens dans la « pantomime » britannique. Mon objectif est diffus, flou. La précision je la laisse aux horlogers, aux statisticiens, voir aux pronostiqueurs de l'économie, ces écrivaillons du calcul. John Gross a traité de fourre-tout mes *Puns*, semblables en cela aux clichés, aux mots-valises. Jusqu'au moment où le contenu de nos cerveaux sera classé et mis à jour constamment par quelque ordinateur de l'énième génération, je ne saurais jamais si mes clichés à moi sont les vôtres. Il faut absolument que je parle à tout hasard.

Encore que par tempérament et par choix je sois sédentaire et que j'aime ma femme, en ce qui concerne les mots je ne peux m'empêcher de m'envoler. Des amis parlent trop charitablement de mon approche oblique. J'avoue que chaque fois que j'atterris sur une phrase ou un mot, je ressens le besoin de partir, souvent dans plusieurs sens à la fois. Je me pose comme un seul faisan, je décolle comme un vol.

La taxinomie, la spécification des parties, est à l'opposé de ce que je chéris : l'approximation. Je vise à être pertinent, mais à peu près. D'ailleurs le langage a des tendances anarchistes qui s'irritent des règles et cherchent à les écarter en se tortillant pour échapper à leur emprise. Je n'éprouve pas l'envie du pénis que sont censées avoir les sciences humaines (et molles) pour les sciences dites dures. Je ne veux pas non plus m'abriter derrière les boucliers antiémeutes des célébrités de la critique. Prenez-moi comme je suis. Dans les matières intellectuelles je préfère les familles malheureuses, qui ont plus de caractère et de variété. Bien que çà et là je fasse du bouche-à-bouche aux termes moribonds de la rhétorique traditionnelle, je me fais l'écho de Paul de Man (une fois n'est pas coutume) : « Non seulement les tropes, comme leur nom[tours] l'indique, sont toujours en mouvement – plus près du vif-argent que des fleurs ou des papillons qu'on peut au moins espérer fixer avec des épingles pour les insérer dans une taxinomie – mais aussi ils peuvent disparaître entièrement ou bien en avoir l'air.[4] Mon athéisme est de la variété catholique : j'aime mieux enfermer mes sujets dans une prison ouverte que les étiqueter. Si j'emploie indifféremment les termes variés pour les clichés et les néologismes, ce n'est pas que je veuille esquiver la précision, mais parce que je prise l'empiètement et l'inclusivité. La rhétorique elle-même est notoirement incestueuse, de sorte que le chiasme semble être l'opération essentielle. Je me mets à l'ombre de Sir Thomas Browne : « Il y a bien des choses ici proférées rhétoriquement, beaucoup d'expressions tropiques [c'est-à-dire, conçues au figuré], et qui servent le mieux mon dessein ».[5]

On applique au langage deux métaphores fondamentales : vêtement (« usé jusqu'à la corde ») ou organisme (« langues mortes », « état maladif du langage »). Celle-là est secondaire et superficielle, celle-ci centrale, mais toutes les deux peuvent nous égarer en immobilisant le sujet. Après tout, les vêtements d'occasion sont tout ce que peut se payer la grande majorité du genre humain. Parler ou penser par des clichés est aussi facile que monter sur un vélo ou en tomber. Certains pensent que méditer sur les clichés ou même d'autres éléments du langage vous fera tomber de votre vélo. C'est la peur commune, surtout en Angleterre, de l'analyse. L'analyse serait la fragmentation, comme dans la vieille blague : un homme auquel on vient de décrire les mouvements complexes nécessaires pour se lever d'un fauteuil est incapable par la suite de se lever du sien.

Je ne suis pas linguisticien. Je reste neutre devant la confrontation suivante ; « Il vaut mieux être portier dans la maison de la philologie que résider dans la tente des rhétoriciens. »[6] L'idiotisme français que j'aime le plus, c'est : à cheval. Non pas dans le sens d'un cavalier sur une jument, car pour me servir d'un idiotisme de ma ville natale, Liverpool, je me sens là-haut aussi confortable qu'une vache qui a enfourché une bicyclette. Mais plutôt dans le sens de l'enjambement : combler le fossé. Ou, étant donné le fiasco qui est la marque de beaucoup d'entreprises humaines : s'asseoir entre deux chaises. Je possède une langue maternelle et des quantités variables d'autres idiomes. Beaucoup de linguisticiens réinvestissent dans l'obsession taxinomique le dogmatisme qu'ils ont annulé pour les jugements de valeur sur les usages de la langue. Selon T.E. Hope : « Pour 99% de la population le langage n'est pas ce qu'on contemple avec détachement, mais une partie essentielle de la totalité humaine comme l'usage des membres ou les cinq sens. Les philologues, par contre, sont habitués à concevoir le langage comme une entité discrète. »[7] Je crois rarement qu'il vaut mieux ne pas savoir ce qu'on fait. L'obscurantisme n'a jamais ouvert les yeux à personne. Tenez, les instituteurs d'école maternelle les plus avertis entament le procès d'enseigner aux petits à être critiques, c'est-à-dire à réfléchir au sujet du langage qu'ils parlent, écrivent et lisent. D'ailleurs nous sommes tous instinctivement de tels critiques, et n'avons besoin que de nous rappeler des phrases telles que « Surveille ton langage ». Que ce soit dans les ultimatums ou la timidité qui s'autocensure, nous analysons sans cesse les mots de nos discours.

Si les gens sont assez intelligents pour apprendre le langage de l'argent, comme ils doivent l'être pour payer leurs impôts et acheter des marchandises sans être la proie facile des arnaqueurs légaux ou autres, ils sont assez intelligents pour apprendre le langage du langage, avec un peu d'aide de la part des linguisticiens qui se sont pénétrés de leurs responsabilités sociales.[8]

Bolinger avait déjà défini d'une manière engageante le linguiste comme « la métapersonne par excellence » et comparé sa profession à l'acte du médecin qui se guérit lui-même, ou l'acte de réparer un bateau quand il est à flot, ou de se redresser en saisissant ses propres tirants de botte.[9] Les deux actes premiers sont faisables, mais pas le troisième. On parle souvent sur les clichés sans réfléchir. Le fait que tant de gens répugnent à scruter le langage montre son importance capitale. C'est la peur du narcissisme, voire du nombrilisme, qui fait que tant de gens évitent l'analyse.

La première partie de ce livre n'est pas, comme celui d'Eric Partridge, un dictionnaire de clichés, mais plutôt une analyse du concept de cliché. Les exemples brilleront pour la plupart par leur absence, malgré l'avertissement de bon sens que j'ai reçu d'un collègue, Christie Davies, que le lecteur moyen se sentira frustré si on lui refuse des exemples. (Comme il est collectionneur et chercheur de blagues racistes, il se peut que ses réflexes diffèrent des miens). J'invite, implicitement, le lecteur à combler le vide lui-même. Si mes idées sont acceptables, cela devrait être facile. Si elle ne le sont pas, tous les exemples du monde ne me sauveraient pas. Une autre raison semblable c'est l'espoir de ne pas me démoder trop vite. D'ailleurs, les clichés renversent les barrières entre l'individu et la masse. Barthes lui-même parle de « tous les codes qui me constituent de sorte qu'à la fin ma subjectivité prend la généralité des stéréotypes.[10] Comme dans *Puns*, j'invoquerai des approches de mon sujet anglaises, françaises et américaines. Après avoir inventé le terme (et souvent, paraît-il, la pratique) du cliché, beaucoup d'écrivains français qui ont étudié lesdits clichés les ont désavoués d'un ton plus caustique que leurs homologues anglais ou américains, plus tolérants. Ils représentent donc un cas extrême, et un point de référence. Je prends les peu nombreux exemples dont je dispose à la fois à la littérature et au discours de la vie quotidienne. Alors que les livres et la conversation sont évidemment différents les uns de l'autre, tous peuvent employer abusivement la pensée et le discours.

> Une grande partie de l'expression écrite et parlée de nos jours ressemble au fond sonore qui nous harcèle de toutes parts et incessamment. Il tape comme un sourd, il tinte, mécanique, incolore, sans inflexion, vigueur, charme ou distinction. Ceux qui ont à travailler dans l'ambiance d'un fond sonore vous disent souvent et avec orgueil qu'ils ne l'entendent plus. La similitude avec le langage de nos jours est alarmante.[11]

Ainsi Edwin Newman, qui parle là strictement. Quant à moi, je veux moraliser aussi peu souvent que possible.

Un des nombreux risques qu'on court à étudier les clichés c'est celui d'être pris pour un snob réactionnaire, qui se lamente sur une époque plus noble, toute mythique qu'elle soit, et un niveau culturel supposé plus élevé (« Augmenter les diplômés, c'est décerner des diplômes de moindre valeur »). Mais nous parlons tous le latin vulgaire. Lorsqu'il s'agit de clichés, tous les hommes sont des boucs émissaires, tous habitent des ghettos. Qui donc le premier expulsera un autre ? Ce sont toujours les autres, cela ne va pas sans dire, qui débitent les lieux communs. Tout professeur, tout parent, tout homme de la rue le plus relativement honnête ont dû maintes fois grimacer et souhaiter d'être rendus muet, à cause des banalités énormes qu'ils viennent de proférer. Est-il possible d'être original ou même relativement nouveau à propos des clichés ? Si je me laisse paralyser à l'avance, même si je reconnais le danger de la congestion cérébrale qu'il y a à les fréquenter, je céderai à l'inertie qui, déjà, règne sur tant de choses humaines.

Ils se répandent partout, ces mots sans pensée, ces charrues avant les bœufs. Surtout dans le reportage sportif : pourquoi, par exemple, seuls les footballeurs sinistropédaux ont–ils le pied dit élégant ? Inéluctablement, pour pouvoir parler des clichés, il me faut copier le petit page du bon roi Venceslas et mettre mes pieds dans des traces toutes faites. Je mettrai, d'ailleurs, les pieds dans le plat de plusieurs façons. « Quelque chose d'antique, de nouveau, de prêté, quelque chose de bleu » : devise pour le trousseau des futures mariées, les comiques, et bien des écrivains. J'aimerais croire que dans ce livre chaque cliché est utilisé sciemment, mais je ne saurais jamais être certain que je sois toujours vigilant, ou que je les fasse gagner leur pain honorablement. L'étude des clichés est immanquablment une étude du savoir (et de l'ignorance) : comment on les acquiert ou les transmet, et l'influence sur nous de tout cela.

Ma répugnance à classer sinon à circonscrire et à suggérer des liens est due à ma conviction qu'il est malavisé comme stratégie, ou peut-être comme éthique, de mettre sous tranquillisants ce qui est plein d'entrain : vestiges de la vie qui hantent le présent et restent toujours capables de le troubler ou de l'infléchir. Bon nombre des études sur les clichés que j'ai lues, surtout celles écrites par des psychologues, des linguisticiens ou des sociologues, finisssent par mécaniser l'objet de leur enquête. Ils se donnent ainsi des cibles faciles. Ils ne lâchent pas la bride, ils ne rendent pas justice au sujet. Je ne suis donc pas évasif, bien qu'il me plaise assez d'être élusif, lorsque je dis en effet, comme le cowboy de la chanson populaire : « Ne m'enfermez pas, laissez-moi m'aventurer à travers le pays ouvert que j'aime. » Les clichés survivent et sont étonnamment libres. Je cherche à entrer sous la peau de cette bête-là.

De même qu'un imitateur professionnel sait faire ressortir ce qui est particulier et signifiant chez une personnalité très en vue, ma sorte de mimétisme que je veux critique (car l'imitation est, dans ses meilleurs moments, un véritable commentaire) peut illuminer cet autre type de figure de rhétorique, également bien connu : le cliché.

CHAPITRE 2

La Langue à l'école : apprentissage du cliché

Encore qu'explorer toutes les possibilités fasse penser au casque colonial, j'essaierai tout de même, si lacunairement que ce soit, de faire exactement cela. II n'y aura pas de logique triomphante dans l'ordre des chapitres, car les clichés ont coutume de se mettre en boule, peut-être pour survivre. Si j'avais à dessiner les courbes de mon argumentation, elles formeraient une série de cercles qui se chevauchent. Le comité olympique qui arbore ce logo-là fait montre plutôt de la guerre intestine que de la paix œcuménique. Les clichés sont variés. Ils peuvent prendre la forme de l'hyperbole, de l'embellissement, ou de la litote (extraire la pointe, simplifier la complication). Ce qu'il leur manque souvent, comme à l'anglais d'aujourd'hui, c'est l'adéquation. Cela ne veut pas dire (il y a littéralement un cliché apte pour toute occasion) qu'ils sont superflus ou non pertinents.

Tandis que nous avons la capabilité pour repenser – adapter, tordre, questionner – les clichés sont des pensées premières, en fait souvent des non-pensées automatiques. Ce savoir de bas niveau soutient le statu quo. Ainsi, « s'accrocher à quelque chose », « s'identifier avec quelqu'un », généreux en tant qu'idéaux à suivre, exigent rarement un saut courageux de l'imagination ou un sursaut d'empathie, mais souvent une diminution de la cible. Se mettre à la place d'un autre peut être un acte d'annexion plutôt que de partage ou de compassion. Le cliché courant du « Système », que ce soit l'oligarchie de *1984*, les sociétés de science-fiction, les réseaux de liens, ou une expérience banale de frustration, doit sa notoriété à Rousseau et sa manie de la persécution. Les systèmes on peut les affronter ou les subvertir, directement ou autrement, et les clichés de même, qui sont des systèmes parcellaires de pensée et d'expression. Je pense comme Lerner que l'usage fréquent ne décrit pas nécessairement les clichés.[1] Un W.C. n'est pas plus un cliché que les décorations d'un sapin de Noël. Peut-être moins, car il ne fait pas semblant, à moins d'être enrubanné, d'être ce qu'il n'est pas. Alors que ces babioles-là portent une lourde charge de significations obligatoires (fête et bonhomie).

L'archétype de la dissertation estudiantine débute prudemment par une définition des termes utilisés. Allons-y donc. Comme une bonne partie de la langue anglaise, nous autres Biftecks avons emprunté le mot « cliché » aux Français. Il se peut que ce soit un mot échoïque comme « click » ou « clack », bien que le son du mot français soit doux. A cause de ses origines, ainsi que « stéréotypé », dans l'imprimerie et dans son extension ultérieure à la photographie (= négatif), le terme de cliché suit en parallèle l'évolution de la technologie moderne. Imitation, reproduction identique (ou clonage avant la lettre), de telles associations ont conduit à la signification figurative (car la reproduction s'accompagne de l'usure), les processus mentaux mécanisés et la fatigue texturale de la culture moderne. Si celle-ci s'éloigne en effet de l'imprimé pour se tourner vers les images, une mise à jour du terme donnerait « image », quelque chose de fixe (bien que ce soit possible de le retoucher à l'aérographe), examinable et important. Je commence, comme nous tous, à l'école, où nous recevons notre premier apprentissage dans les formes canoniques de la pensée et de l'expression.

Même lorsque nous nous passons de nos berceaux ou porte-bébés, nous continuons à utiliser les antisèches pour le reste de la vie. Comme d'habitude, Montaigne atterrit sur l'essentiel : « Nous sommes chacun plus riche que nous ne pensons ; mais on nous dresse à l'emprunt et à la queste : on nous duict à nous servir plus de l'autruy que du nostre. »[2] Le mot français « répétition » veut dire et la réitération et la préparation soigneuse. Nous répétons tous pour apprendre notre rôle en vue d'une représenatation future, que ce soit sur la scène de théâtre ou de société. La répétition est en vérité l'essence de la vie, car respirer, manger, boire, excréter, dormir, qu'est-ce qu'ils sont sinon la répétition ? La répétition nous fait nous embrouiller. Je me souviens d'un texte d'examen ainsi rédigé : « Ses efforts pour ne pas se répéter démontre l'obsession de l'auteur avec la configuration répétitive de la vie. » Le fait même que le genre humain dépend de la génération pour se perpétuer exige la répétition bien rodée. Chaque génération nouvelle doit redécouvrir les vérités premières. Il arrive bien fréquemment qu'on se nourrit avec des restes, qui sont souvent plus savoureux que le plat principal.

« Le cliché nous oblige à regarder la banalité droit dans les yeux ».[3] Il est donc troublant et instructif. Il y a une tradition de longue date de l'enseignement de la rhétorique dans les écoles françaises, surtout dans les établissements des Jésuites, car les moines de cet ordre n'hésitent pas à laver la tête aux enfants de bonne heure. L'éducation normative se prête sans difficulté au gavage, bien connu des oies hexagonales. Cette métaphore alimentaire est appropriée. Le romancier de dix-septième siècle, Charles Sorel, nous raconte, dans son *Francion*, ses études, où les écoliers étaient obligés de faire une « capilotade » (pot-pourri ou ragoût) de passages choisis dans les auteurs classiques, au lieu d'être encouragés à développer leurs propres idées et leur propre expression.[4] Ce que le garçon avalait à son insu l'adulte le poursuivait de bon cœur. A la même époque, le sieur de Richesource (comme son nom l'indique) offrait des cours de plagiat pour adultes, qu'il appelait Plagianisme[5] – une lettre de différence avec le Pélagianisme ; vraisemblablement à l'instar de l'hérétique antique, il ne croyait pas non plus au péché originel, ou croyait plutôt que l'originalité était un péché. L'accent majeur de son système éducatif était mis sur le camouflage : on apprenait au plagiaire novice à blanchir ses objets volés. C'était vraiment le français sans peine. Un orateur de premier plan de l'époque, Fléchier, assistait à ces cours dans sa jeunesse.

L'enseignement au dix-neuvième siècle en France systématisa de telles méthodes. Comme les boniments des démarcheurs, la rhétorique a des visées sur nous. Les historiens de la rhétorique décrivent comment l'instrument principal de l'endoctrinement était le *discours*. Il fallait composer des discours écrits, sur le modèle des auteurs de l'Antiquité, dans lesquels des mots à sonorité noble étaient placés par les écoliers sur les lèvres désincarnées des hommes célèbres du passé. Il s'agissait en vérité d'une ventriloquie incestueuse dans laquelle le maître faisait marcher la marionnette. La prose qu'exigeaient les enseignants était abstraite, ou métaphorique de façon conventionnelle, moralisante et parsemée de maximes. On voit bien d'où sort l'art oratoire public en France, et comment il monte quasi spontanément aux lèvres même si l'événement est de peu d'importance. On épargnait aux jeunes filles, alors qu'elles sont d'aussi bonnes chicanières que les garçons, l'initiation rhétorique ; on leur réservait la cuisine et le lit conjugal. On forçait par intimidation les garçons à confectionner des idées et des sentiments qui ne leur appartenaient pas et qu'ils ne comprenaient même pas. Michel Bréal, professeur de grammaire comparée au Collège de France, fit remarquer que cette pratique-là était symptomatique d'une maladie intellectuelle qui consistait à se payer de mots nobles, à s'enfermer dans un rôle emprunté et à tirer de soi-même des passions qu'on ne ressentait pas.[6] Ainsi enseignait-on aux écoliers adolescents une rhétorique formelle avant qu'ils eussent eu assez d'expérience pour se faire rhétoriciens. C'était marcher à reculons : les mots menaient la danse.

Comme se plaint à juste titre l'infortuné héros de Jules Vallès, Jacques Vingtras : comment se faire passer por Mucius Scaevola sans avoir le poignet grillé ? Le latinocentrisme, incube accroché à la pédagogie, contraignait les garçons, qui se démenaient pour deviner qui ils étaient en eux-mêmes, à s'imaginer être Thémistocle. Et pourtant, à force de protester contre le stéréotype exemplaire dans un esprit de jeu sérieux, et d'aborder les dangers inhérents à l'absence d'un style qu'on pourrait appeler sien, Vallès finit par s'inventer un moi et un style inimitables. Encore une fois, car il était plein de contradictions, alors qu'au lycée on enseignait l'abondance, le héros vallésien illustre la remarque de Diderot dans *Jacques le fataliste* que la seule richesse dont jouissent les pauvres c'est le bagout. Et troisièmement, comme Vingtras est prédisposé aux fiascos, il faudrait dire le baragouin, car il se donne beaucoup de peine et de plaisir à noter les pièges de la prononciation.

Dans le lycée on ne favorisait aucune passion véritable pour l'Antiquité, ni aucune curiosité vraie au sujet d'autres cultures que la française : tout était subordonné aux desseins gallocentriques, xénophobes des Français. De là la peur pédantesque des barbarismes et solécismes. La répugnance pour l'originalité trahit la crainte devant la vie elle-même. On voyait d'un mauvais œil l'invention et l'imagination. Ce qu'on exigeait c'était *l'abondance* ; il fallait étoffer un matériel ingurgité (mais non digéré). L'abondance – la décoration, l'art de l'étalage – fournit encore un pool de clichés bien approvisionné. Un critique de ce système, Antoine Albalat, le décrit comme suit : « Faire d'une idée deux ; cherchez l'antithèse de toute proposition ; multipliez les points de vue ; ajoutez des détails frappants ; révisez ce qu'on a déjà dit ; augmentez les détails en évitant la prolixité ; convertissez l'aridité en fertilité. »[7] Par contre, le développement devrait être personnel, être ce qu'on apporte avec soi à un texte ou à une idée. Mais enseigner par la force de tels développements, en imprimer des modèles sur les jeunes esprits susceptibles, ne fait que rendre artificielle une habitude naturelle, et faire naître des prédictions qui s'accomplissent d'elles-mêmes.

Cette discipline étouffante était censée produire des morceaux préparés d'avance, et des membres préformés des professions libérales, et des fonctionnaires à qui on apprenait à travailler selon la lettre de la loi. Même les écoliers les plus rebelles étaient marqués à vie, et gardaient des vestiges de ce qu'ils s'échinaient à se libérer. Une certaine culture, pour contestée qu'elle fût, se changeait en une seconde nature. Inventons un proverbe : « Péroraison n'est pas raison », car les comparaisons ne sont pas seules à être inconsistantes.

Bien entendu, le point de vue opposé est aussi irréfutable. Comment apprendre quoi que ce soit sinon qu'en le copiant ? Albalat dit des *cahiers d'expression* (l'équivalent pour les lycéens du recueil personnel de citations) : « C'est encore une façon mécanique de meubler la mémoire, de bibeloter la littérature. »[8] On formait ainsi des élèves « habiles à plaquer la banalité. »[9] Plaquer : pommader, ou étaler les couleurs : c'est-à-dire, l'accentuation sans discernement, résultat du plagiat inculqué. Quand Vallès admet avoir cousu ensemble des morceaux qu'il avait chipés à autrui, ce qu'il faisait était se conformer au système d'enseignement, jouer le jeu pédagogique. Dans cette espèce de cercle vicieux, le voleur se vole lui-même, se dénie une voix personnelle. Derrière toute la pratique, le capitalisme en marche enseignait aux jeunes comment il fallait exploiter la situation actuelle : vivre sur son acquis, chercher toujours à tirer profit. Dans les années 1930, peu d'importance avait changé. Claude Duneton raconte comment dans les écoles de campagne on mettait toujours l'accent bien pesamment sur la rédaction stylisée.[10] Les élèves étaient parés des plumes du paon, il faut bien le dire, car les jeunes paysans étaient récompensés s'ils singeaient autrui. Céline râle avec passion sur le français de lycée :

> Ils n'ont jamais eu d'émotions ... ils n'ont jamais éprouvé que des émotions lycéennes, des émotions livresques ... Tout ce qu'ils élaborent par la suite, au cours de leurs « œuvres », ne peut être que le rafistolage d'emprunts, de choses vues à travers un pare-brise ... ou simplement volés au tréfonds des bibliothèques.[11]

Céline inculpe mais en même temps typifie une culture où les mots sont bon marché, où on les prends pour des actions, où le procès-verbal d'un policier est une autre verbalisation, où une bonne partie de la vie semble tenir du procès-verbal. Et cependant chaque peuple confond l'ombre et la substance de sa propre manière inimitable. Dans les lycées d'autrefois de l'Angleterre, l'équivalent de *l'abondance* française était la *copia*, quoique la faconde puisse engendrer facilement et paradoxalement le réductionnisme. *Copia* et copillage se ressemblent comme des frères. On apprenait aux garçons à « utiliser les proverbes et les citations sentencieuses des poètes comme source de l'amplification dans le développement de quelque lieu commun. » De telles méthodes « inculquaient dans les écoliers l'habitude de découvrir tout ce qu'on pouvait affirmer pour ou contre une proposition générale, mais ne cherchaient pas expressément à promouvoir l'originalité. »[12] C'est le moins qu'on puisse dire. En fait la miniloquence anglaise, bien qu'on ne la poursuivît pas avec la même rigueur que le style ampoulé en France, est quand même une variété, cachée, à moitié gênée et à moitié arrogante, de la rhétorique – celle de la litote et de l'anti-intellectualisme. Comme l'abondance, elle peut être aussi un système de haute infidélité. A un niveau plus ordinaire, on demande aux élèves anglais et américains, en tant qu'exercice, de compléter une série de syntagmes figés (« noir comme un ... »), qui est destinée à faire respecter les idés reçues. (J'ai rempli un jour un questionnaire pareil, et j'ai obtenu le score de 69,3 pour cent, un tantinet moins qu'excellent. Je jouerai à tout jamais pour l'équipe de réserve.)[13]

On maintient souvent que l'enseignment et l'étude des clichés font partie intégrante de notre apprentissage d'animaux sociaux. « Dites après moi », c'est ce qu'ordonne n'importe quel parent, tout professeur d'élocution, tout maître d'école. Ce que nous avons appris des autres, à moins qu'il ne tombe dans le trou de notre mémoire, nous pèse lourdement. Il y a la correction (comme dans « maison de correction »), et il y a la discipline, que ce soit celle d'un code ou une méthode de punir le contrevenant. « Donner une leçon » : l'aspect punitif de l'enseignement est bien connu de tous. Le pédantisme est lourd, bien que certains, tel que Charles Lamb, le trouve reposant : « J'aime à me perdre dans les pensées d'un autre. Si je ne me promène pas dehors, je lis ; je ne sais pas rester assis à réfléchir. Les livres pensent à ma place. »[14] Pour citer le mot célèbre et délibérément fautif de Winston Churchill à propos des corrections d'un professeur : « C'est là une sorte de pédantisme que je n'accepterai pas jamais. » Il faut répéter beaucoup de vérités si on peut espérer faire changer les atitudes.

Les Manuels

Comme si l'école n'était pas suffisante, depuis l'Antiquité les manuels n'ont pas arrêté, par exemple les traités de rhétorique qui se donnent pour mission de codifier les données et de modeler ceux qui s'en servent. Une minorité influente essaie depuis toujours de mettre la grande majorité sur des voies de tramway, de nous faire nous mettre au pas. Dans ces traités-là s'accumulent des listes de figures recommandées, permises ou interdites, ou d'épithètes qui se marient avec leurs substantifsl le plus étroitement. Le décorum et le décor y vont de pair. A l'époque contemporaine, un cadeau qu'ont fait les Etats-Unis au reste du monde : les manuels ou livres de « know-how » (savoir-vivre) naissent de la conviction qu'il y a une formule et un solution à tout. Le Sioux, indien d'Amérique, disait stéréotypiquement « How », le retardataire yanqui « How to ». Plus que centenaire, Samuel Smiles sourit toujours. Comme le fait remarquer Dwight Macdonald dans son livre *Against the Grain* (*A contre-fil*), en citant comme exemple un manuel qui s'intitulait *Apprenez à votre femme à être veuve* (sans doute à force de lui fourrer l'idée meurtrière dans la tête) : « Les auteurs de manuels gagnent leur vie en se faisant mutuellement la lessive ou même en se plagiant eux-mêmes – en se citant réciproquement ou se citant eux-mêmes des morceaux de leurs livres précédents ou en les étoffant. »[16] Il explique que les Américains sont un peuple actif, astucieux et pragmatique, qui se préoccupe plutôt de la production que du plaisir, le pratique plutôt que le contemplatif, l'efficacité plutôt que la compréhension, et les informations plutôt que la sagesse. Leur passé de pionniers et leur présent industrialisé les poussent également à favoriser la technique, savoir comment plutôt que savoir pourquoi.[17] Le bien nommé Orison Swett Marden (prière/

sueur : effort spirituel et corporel) et son livre *Vers la Victoire* typifient la littérature inspiratrice. En un mouvement de recul, on pourrait se tourner vers le *Bouvard et Pécuchet* de Flaubert : grand anti-manuel – comment *ne pas* faire ; son catalogue d'échecs n'essaie même pas de suggérer comment la réussite pourrait se réaliser.

Une proposition fertile au moins en puissance fut celle de Ludwig Börne, écrivain allemand qui en 1823 écrivit *L'Art de se faire auteur original en trois jours*. Fervent admirateur de Jean-Paul (calembouriste, rêveur et grand producteur), Börne maintenait, sans doute ironiquement mais aussi sincèrement, que ce dont l'humanité a besoin est le livre qui ne réfléchit pas. En partant du principe que l'acte véritable de l'auto-enseignement se trouve dans l'art de se faire inintelligent, Börne conseillait à celui qui aspire à devenir original de prendre du papier et d'y inscrire pendant trois jours entiers « sans fabrication ni hypocrisie, tout ce qui vous vient à l'esprit. » Après ces trois jours, « vous serez étonnés outre mesure devant les pensées neuves et inédites que vous avez eues ». Il est facile de comprendre pourquoi Freud a dressé l'oreille en lisant ceci vers l'âge de quatorze ans. La mémoire de Freud, comme il l'avouait lui-même, était hantée toute sa vie, surtout par cette phrase : « La censure des gouvernements est moins oppressive que celle qu'exerce l'opinion publique sur nos productions intellectuelles. » Freud admet que le texte de Börne lui suggérait le premier le concept de l'association libre. Si bien que le jeu libre des idées de Börne faisait naître une série de pensées qui lui permirent plus tard d'identifier les névroses de ses patients et, ensuite, si tout allait bien, de les libérer de leurs contraintes psychiques. Ce manuel-là, ironique et *sui generis*, incitait la créativité.

Le Jargon

Le slogan cherche moins à dire comment il faut faire que ce qu'il faut faire. Il condense et simplifie, comme on le verra plus tard. Par contre, le jargon, bien à l'aise dans la pédagogie, se tourne volontiers vers l'ornement et l'emphase, d'ailleurs comme une bonne partie de la pratique pédagogique du passé. Aujourd'hui, le discours pédagogique est fécond en jargon. Dans la critique aussi beaucoup trop de textes sont écrits dans un charabia que seuls d'autres jargonautes (ou leurs propres mamans) pourraient chérir. C'est là de la pure mystique. Au commencement, le jargon est proche parent du néologisme, car il institue un nouveau langage spécialisé quand il est nécessaire pour servir les besoins expressifs d'une nouvelle science ou forme de comportement. Mais bien des morceaux de jargon innovent beaucoup moins qu'ils n'obscurcissent. Voyons « l'obscuranto » ou « l'eurospeak ». L'invention de Raymond Queneau est « l'iouropéen vernaculaire ou le néo-babélien ... Vous ferchtéer l'iouropéen ? »[19] Outre-Atlantique, Claire Booth Luce inventa un mot génial lorsqu'elle dit : « Bonne partie de ce que le vice-président Henry Wallace appelle sa pensée globale, quelle que soit la façon de la saucissonner, est globalement imbécile » [« globaloney »].[20] Changer la marque est une ruse chérie des jargonautes ou des voleurs de bétail.

Le jargon a commencé par vouloir dire gazouillement avien (et le galimatias des féministes à tous crins on pourrait l'appeler chant d'oiseau (de poule)). Philip Howard, analyste perspicace du phénomène tout entier, le décompose en trois grandes sections : ésotérique (sténographie, langage secret), discours hybride (pidgin) et style pompier (préciosité, pédantisme) : « le borborygme de l'obfuscation. »[21] Le jargon, l'argot de métier, l'argot tout court, cherchent tous à établir une enclave privée et exclusive dans la communication, à parler secrètement, comme font souvent les jumeaux. Cet acte de tirer la couverture à soi dans le lit communal est évidemment égoïste et antisocial. Quoiqu'il plaise à un groupe homogène, il est, vu du dehors, non-coopératif. Et étrangement, comme le dit Mencken, cette habitude est monnaie courante parmi les divers « téteurs du mamelon public. »[22] Les fonctionnaires sont fréquemment intéressés et ne connaissent que la loyauté du clan. Pour le charlatan, le jargon sert de camouflage de la platitude. « Les métaphores du scientisme nous tentent par une fausse autorité : elles empêchent l'ordinaire de paraître quotidien. »[23] Elles peuvent aussi masquer les sujets dangereux par l'euphémisme. Tout en semblant précis, le jargon se prête au vague. « L'imprécision élargit le champ. »[24] Surtout le jargon trahit une peur de la simplicité, du franc-parler. Par exemple : « Pour résumer le véhicule d'une comparaison toute faite peut métaphoriquement motiver son tertium de deux manières distinctes : l'une due à l'incohérence du champ et l'autre au déséquilibre du caractère saillant qui mène à l'hyperbole. »[25] Cette tentative de faire le savant, ce fourre-tout, sont-ils moins cachottiers, en réalité sinon en intention, que l'argot des voleurs ?

Les sexologues auraient dû nous convaincre que la longueur n'a rien à voir avec la qualité (même si les tailleurs bidon soutiennent le contraire). Pourquoi donc les gens peu sûrs d'eux-mêmes préfèrent-ils le mot plus long en le croyant plus impressionnant ? Pourquoi les étudiants rédigent-ils des dissertations, et les universitaires des livres, plus longs qu'il n'est nécessaire ? Parler comme un livre est décrit dans l'argot de jadis (et il rappelle la fellation) comme « avaler le dic ». Les initiés ne voient pas les métaphores mortes qui, dans leur groupe, sont les moyens acceptés de la communication ; et ils sont aveugles devant l'incongruité ou les contradictions de leur façon de parler boutique. Bolinger détaille l'évolution de ce procédé dans le cas de « Johnny », écolier archétypal :

> Ecrire quoi que ce soit lui est une activité tellement étrangère qu'il présume trop de ses forces. Entrer dans un paragraphe écrit ressemble pour lui à l'acte de pénétrer dans un salon parisien – pour ne pas prendre de risques il s'affuble du style le plus formel qui soit à portée de main, il combine la queue de pie pourpre avec une chemise à jabots, et oublie qu'il continue à porter son bleu de travail. Plus les Johnnies se répandent par la capillarité à travers les professions, plus le niveau de la prose coule à pic sous le poids mort. Plus les inepties de Johnny augmentent, plus elles se transforment. Plus les Johnnies s'assemblent pour exécuter les mêmes activités, plus leur langage métamorphosé devient la devise de leur classe. Le jargon commence à servir de SOCIOLECTE. Il y a une solidarité de bureaucrates, et leur mot de passe est ce langage spécial qui leur est particulier.[26]

Ce « bernaculaire » (joli mot-valise : vernaculaire de parasite), cette excroissance sur le corps linguistique, est un parallèle du cliché par son installation d'un discours stéréotypé qu'on répète bon gré mal gré et automatiquement. Il est également irréfléchi. Le « psychobabble », jargon des psychologues importé de Californie, s'est mondialisé et nous présente l'image du psy emballé sous film plastique. De même que Partridge trouvait le langage du commerce, le parler boutique, contraire au but recherché, et qui peut retentir dans nos oreilles comme une caisse enregistreuse (ou « piano juif ») : « L'anglais du commerce est extrêmement peu professionnel »,[27] le psychobabble peut être considéré comme « une série de formalités verbales répétitives qui portent un coup fatal à la spontanéité, la franchise et la compréhension mêmes qu'elle fait semblant de promouvoir. »[28] Et ce n'est pas uniquement un phénomène du vingtième siècle, car dans le siècle précédent Kierkegaard faisait déjà observer que « notre époque ... exige le pathos sinon élevé, alors gueulard, sinon la spéculation les résultats tout faits, sinon la vérité, alors la conviction personnelle, sinon la probité, alors certes les déclarations écrites sous serment, sinon l'émotion, alors le bavardage incessant à son sujet. »[29] Comme on l'a déjà vu à propos des manuels, ceux qui veulent se débrouiller ont souvent besoin de l'aide étrangère. Rosen dit d'un fournisseur de celle-ci (et ce qu'il dit serait également vrai, à un niveau qui se veut plus élevé, de nombreux ouvrages universitaires) : « Viscott ... se fie évidemment à la faim insatiable du public de se voir rappeler ce qui était déjà connu. »[30] Mon moi adolescent se met à frémir quand Rosen cite le refus de Viscott de lire les livres de son domaine : « Je trouve » dit-il, « qu'en lisant autrui je renonce à mon originalité », alors qu'il serait beaucoup plus près de la vérité de dire qu'en ne lisant pas les autres, il renonce à la possibilité de comprendre qu'elle lui manque. »[31] Les dégâts que provoque le jargon ne sont pas seulement individuels, bien que cela soit assez regrettable. « L'EST [méthode de formation psychologique créée par Werner Erhard] agit comme une amphétamine pour le cerveau, mais comme une boisson droguée pour le corps politique. »[32]

Une grande partie de ce « bafflegab » [baragouin déroutant] provient de la libre entreprise ainsi que du gouvernement.[33] Le très bien nommé Maury Maverick [=franc-tireur] forgea « gobbledygook » [charabia] en 1944, après avoir annoncé à son personnel que quiconque emploierait les mots « activation » ou « application » serait fusillé. Voici son explication : « Je pensais peut-être à ce vieux dindon barbu dans mon Texas natal qui glougloutait en se pavanant pompeusement. Après le glougloutement [gobble] on entendait un gook. »[34] Peut-être que les Texains ont toujours voulu tuer des macs [gooks]. Mais il faut bien le dire, c'est l'énergie des Amerloques autant que leur tendance au galimatias que nous voudrions émuler. Le linguisticien exceptionnellement humain, Dwight Bolinger, nous rappelle que nous sommes tous dans le même bateau. « Pour capter un jargon qui nous vise il nous faut comprendre notre propensité trop facile à nous y tapir. Les mots passent pour des solutions parce que nous permettons au langage de devenir robotique. Nous avons les produits de consommation courante et nous désirons avoir un langage semblable, un langage qui nous fournit une formule à tout faire. »[35] D'une manière plus positive, il ajoute qu'il est persuadé qu' « à côté de l'argot, le jargon fait partie de l'exubérance du langage qui essaie toujours de garder une longueur d'avance sur la réalité. »[36] Et il termine par un distinguo précis : « Le jargon familier est l'alcool de notre monde de drogues verbales, tandis que le jargon non familier en est la marijuana. »[37]

L'argon, gaz inerte mais « noble », constitue presqu'un pour cent de l'atmosphère terrestrielle. On pourrait dire autant du jargon, si l'on augmente le pourcentage et ôte l'aristocratie. Finalement, le jargon ressemble à une blague de coterie, bien qu'il lui manque un sens de l'humour : mettons pédanterie de coterie.

CHAPITRE 3

Hurler avec les loups

> Le langage, de par sa nature même, est une chose communale, c'est-à-dire qu'il n'exprime jamais exactement ce qu'on veut dire mais un compromis – ce qui est commun à vous, à moi, à tout le monde.
>
> — T.E. HULME

Je m'imagine qu'aucun séducteur, de l'un ou de l'autre sexe, n'a jamais réussi à dévêtir sa proie à force de la barber profondément. Et pourtant la fatigue physique, émotionnelle ou mentale veut que nous ne sachions être continuellement sur le qui-vive devant ce que d'autres écrivent ou disent. L'ennui, le décrochage menacent et protègent toute la communication humaine. Les yeux deviennent vitreux ; les régions mentales voient l'émigration en masse. Il est peut-être vrai que la plupart des griefs contre les clichés s'attachent au discours littéraire, où n'habitent pas la majorité des gens. Mais n'importe qui peut identifier l'ennui, provoqué par la nécessité d'écouter des conversations bêtes et répétitives. Les citoyens censés moins intelligents disposent toujours d'un vocabulaire critique : idioties, conneries, foutaises, merde, fian, âneries. Tous ces termes déclarent que le destinataire n'est pas dupe des mots trompeurs, les mots pour les mots, la nullité formelle.

L'élément central du cliché est la dépendance. D'où nous viennent nos idées ? Quand même certains croiraient orgueilleusement qu'ils se sont créés eux-mêmes, une telle attitude présuppose l'existence des autres à laquelle on peut réagir. La plupart du temps nous savons que la vie exige l'interaction, l'échange, le jeu réciproque. Qui décide qui, alors ? « Ai-je lu cela ou l'ai-je pensé ? » demande dans l'angoisse le Clamence de Camus, coincé dans la posture atroce, ou imposture, de son *malconfort*.[1] Même les plus dognatiques d'entre nous tous ont toujours l'esprit ouvert, nous sommes toujours prenables. Nous sommes tous des marchands d'articles d'occasion.

M'achèteriez-vous une idée de seconde main ? Les dogmes et les clichés sont ce à quoi nous nous accrochons : bouées de sauvetage, directives, chimères. Même si nous sommes moins désespérés, nous portons un lourd fardeau d'excédent de bagages, d'aide étrangère. Beaucoup de nos rejetons (intellectuels) sont illégitimes. La contagion mentale, selon Jung, provient de l'existence surpeuplée dans nos cités et du travail de masse ; il avait la franchise d'inclure la contamination du thérapeute par le patient. Le Bloom de James Joyce, qui médite sur l'arrivée du four banal, dit : « Ne pensez jamais aux idées d'autrui que vous mâchez. »[2] Montaigne se montrait également égalitaire quand il proposait que « nous ne faisons que nous entregloser. »[3] Le plagiat et l'intertextualité ne sont pas uniquement des préoccupationa de la loi ou de la critique ; ils sont consubstantiels avec notre vie même, tous autant que nous sommes. Si ce parasitisme semble être plus répandu aujourd'hui, c'est qu'on vit tout le temps mêlés ensemble. Le piratage informatique n'est qu'une application commerciale d'habitudes bien établies.

Comme le calembour, mais moins fructueusement, le cliché est un économiseur de travail. Tout le monde aime dénicher une bonne affaire, acheter pour pas cher, avec un minimum de dépense et d'effort. Le cliché est une solution facile, il choisit la facilité, le chemin d'entrée ou de sortie le moins difficile. Le mot « cliché » lui-même est une formule consacrée pour signifier « toute idée que je n'aime pas », si bien que, quoique les cultures du passé n'eussent pas de terme « cliché » ni les mots apparentés, l'attitude hostile envers le phénomène s'étend sûrement à travers toutes les époques et les sociétés différentes. Quand nous les débitons ou les couchons par écrit, nous cessons de nous remuer le cerveau. Ils constituent un domaine où, pour leurs usagers du moins, la familiarité n'engendre pas le mépris. Les bonnes vieilles chansons, les pantoufles bien rodées, le Bon Vieux Temps – les clichés offrent le confort. Ils fournissent le confort intellectuel, dans le sens ambigu de ce terme chez Marcel Aymé : le suivisme bête, ou le refus très nécessaire de se gambader sur les rivages sauvages d'un pays de rêve – les vertus de l'esprit tranquille. Bien des attaques sur le cliché sont des tentatives concertées de déconcerter. Accompagnés par ce Musak mental, nous choyons notre dada. Nombreux sont ceux qui croient que si ces dadas s'égaraient, nous expérimenterions un sentiment de perte à cause de notre dépendance d'eux.

Les clichés représentent une sorte de mémoire collective ou, moins charitablement, d'inconscient collectif. Bien que beaucoup de choses nous séparent les uns des autres, nous avons beaucoup en commun. « Dans la vie moderne rien ne produit un meilleur effet qu'une bonne platitude. Elle fait de chacun un membre de la même famille. »[4] Oscar Wilde faisait ici de l'ironie robotique, car et lui et bien des autres privilégiés pensaient être, selon la formule anglaise de Baudelaire, « anywhere out of this world. » A vrai dire Wilde était bien moins un socialiste et plus proche de l'élitisme pointilleux du Roquentin de Sartre qui, observant ses concitoyens bourgeois dans leurs réunions semblables à des îles désertes collectives, susurre : « Pour exister, ils se mettent à plusieurs. »[5] Ou selon la variation de Michel Schneider, « on s'assemble le plus souvent pour ne pas penser. »[6] Pour Jonathan Raban, le cliché est « la forme la plus grégaire du langage. »[7] Il s'enracine à une telle profondeur qu'on pourrait le comparer à l'inconscient collectif de Jung, qui est un niveau de la conscience spontanée et mythopoétique, commun aux gens dits normaux et aux psychotiques, et qui s'étend à travers toutes les époques et toutes les cultures. Il nourrit l'esprit de clan et la sociabilité (et on verra plus tard comment les slogans et autres cris de ralliement et mots de passe sont en rapport avec le cliché). Si un chameau est un cheval conçu par un comité, alors le consensus est le plus souvent une notion qu'un groupe a décidée sans difficulté. Se mettre au diapason des points de vue d'autrui rappelle les associations sonores du calembourrage maniaque. De même, les consensualistes recherchent des airs de famille, comme s'ils voulaient faire de la société une seule famille heureuse, ou jeter un pont entre des îles séparées. « Amen », « cela me dit quelque chose », affirmons-nous quand nous voulons établir une association évidente. Jouer à pigeon vole – même ou surtout les jeux nous obligent à nous mettre au pas, régler le pas sur celui d'un autre (à moins, tel Thoreau, qu'on ne choisisse d'obtempérer à un tambour différent. Mais là même cela ressemble à l'action dirigée et pourrait aisément devenir une autre forme d'automatisme). D'un commun accord, le plus souvent on fait comme si on était à Rome. Les clichés cherchent à installer l'euphorie et non pas la perturbation. A cette fin ils nous flattent, en appellent à la camaraderie, et ne tolèrent pas la contradiction. Ils rejettent le dialogue, comme le Clamence de Camus, et feignent de parler de la part de toutes les gens honnêtes. Même les grands esprits se rencontrent. On aurait dit que cet idiotisme prêt-à-penser est prononcé le plus souvent d'une manière ironique, car les grands esprits véritables sont sûrement indépendants. « Qui se ressemble s'assemble » : on dit cela rarement comme un éloge. Le béni-oui-oui est celui qui s'abaisse non pas pour triompher, comme la jeune fille de Goldsmith, mais pour tomber d'accord. Même les êtres humains qui ont aimé et bénéficié de leur éducation ne veulent pas la répéter à l'âge adulte. Et pourtant des artistes, des philosophes, des écrivains, des critiques ont rejoint des écoles, ou, avec un peu plus de courage, ont fait l'école buissonnière après l'inscription. Comment pourrions-nous être du même avis l'un avec l'autre ? L'unanimité n'est-elle que mathématique ? Même si les pommes de discorde sont indigestibles et ne conviennent qu'aux cochons, nous nous mettons d'accord l'un avec l'autre moins souvent qu'on ne le prétend. Cette réalité est captée joliment par le mot forgé de Réjean Ducharme : « unanimosité ».[9] « L'orthodoxie », disait Warburton, l'évèque mal élevé et fanfaron, « est ma maîtresse à moi, l'hétérodoxie est celle d'autrui. »[10] « Doxy » (=maîtresse) a signifié « catin », depuis des siècles, et il est réconfortant d'entendre un prélat qui fait un sermon contre la piété. Juntes, cabales, gouvernements, académies, inspectorats : tous imposent des opinions officielles. Est-ce qu'il nous faut absolument jouer le public captif ou les seconds violons ? Un sociologue analyse avec détermination le déterminisme du cliché : « On pourrait considérer les clichés comme des micro-institutions, alors que les institutions de la société modernisée tendent à se métamorphoser en macro-clichés. »[11] Zijderveld forge le mot société « clichégénique » (par analogie, ce me semble, avec « carcinogène » plutôt qu'avec « photogénique »).[12] Son texte se répète interminablement comme un mantra. Eloquemment sinon de façon convaincante, il réduit les complexités de nos jours à des « idéologies gnostiques » :

> La science moins l'université, la religion moins l'église, l'assistance médicale sans l'hôpital, les arts du spectacle sans le théâtre ou la salle de tradition. On promet à l'individu qu'il découvrira son moi « véritable ». Mais ce que ces idéologies gnostiques promettent en vérité ce sont des piscines sans eau.[13]

« Gnostique » signifie, ici, évidemment « sans contenu ». Comme l'a finement diagnostiqué Christopher Ricks, chez Zijderveld « la crainte des clichés est démesurée. Maintes fois il nous prévient de leur despotisme [...] « C'est une sorte de lavage de cerveau et pour le réussir, il faut appliquer une sorte de behaviorisme grossier. » Je doute que les clichés opèrent en fait par « une sorte de behaviorisme grossier », mais je suis certain que l'argumentation de l'auteur opère ainsi. »[14] Comme s'il reconnaissait le danger de la généralisation, le sociologue trouve de temps en temps un emploi utile pour les clichés, par exemple « comme des phares au milieu du vague, cette instabilité et cette incertitude. »[15] Mais son thème principal est une thèse du complot. « Les clichés manipulent la conscience des gens sans cesse, assez semblablement à un lavage de cerveau. »[16] Il ne fait pas de distinction entre l'intention et le résultat probables d'une pareiile entreprise. Comme avec les débordements sexuels des programmes télévisés ou la violence des rues, on devient blasé devant le langage alarmiste : il se fait clichéique, comme beaucoup de discours sur le cliché.

La Mode

Les clichés sont les bruits qui courent par les rues et d'ailleurs partout, mais lorsque les idées condensées descendent dans la rue sous la forme d'une rhétorique révolutionnaire ou contre-révolutionnaire on voit alors leurs possibilités énergisantes. Par définition, ils vivent plus longtemps que les simples mots ou les phrases en vogue, qui ont leur moment opportun. Selon Partridge, « le cliché naît du vrai terreau profond du langage, le mot en vogue de la terre superficielle. Celui-là, en bref, est naturel, celui-ci artificiel. »[17] On assimile les vêtements, la pensée, le discours, et l'écriture. En français, le prêt-à-porter donne naissance au prêt-à-penser. Il est inévitable que les pensées d'un être d'age mûr se tournent vers la jeunesse ; les périodes rapides, les phases qui passent, l'obsolesecence programmée, la vitesse de rotation, tous ces concepts tout faits s'attachent aux faits et aux vêtements de la jeune génération. L'absence de savoir historique qui se manifeste bien entendu chez la jeunesse fait que les jeunes ont une mémoire culturelle trop lacunaire pour qu'ils puissent se rendre compte de la quantité de lieux communs qui constituent ce qu'ils croient nouveau. Par contre, ils ont un sens plus aigu de ce qui est clichéique, de là leur ruée vers le changement rapide et répété. Ils voient peut-être ce qu'autrefois il fallait passer par plusieurs générations avant de voir que bien des choses sont vieux jeu. L'écart entre les générations dépend de la synchronisation. D'ailleurs les sosies intellectuels sont pires sans doute que les sosies visuels (et les jeunes savent faire la distinction entre leurs propres sous-groupes).

La Chute de Camus est une critique fort élégante, si un peu floue, de la conformité intellectuelle à la mode et les conséquences potentiellement mortelles. Grand fétichiste lui-même dans la vie privée, Flaubert dénigre dans son *Education sentimentale* le fétichisme tant révolutionnaire que réactionnaire. Il n'est pas difficile de rire des engagés fervents, mais je ne peux m'empêcher de me réjouir devant le spectacle de gourous tels que Barthes ou Derrida qui distancent leurs prétendus compagnons de route en les laissant pour morts. Je détesterais cependant m'incliner devant cette réaction anti-intellectuelle vers laquelle la lassitude devant la nouveauté chic pousse certains. Lorsque Schneider se demande si le plagiat n'intéresse que les intellectuels, il insiste que le plagié doit posséder quelque vertu qu'un autre juge digne de voler.[18] Mais il semble ne pas tenir compte d'autres formes du plagiat plus quotidiennes : l'acte de copier les vêtements ou le décor d'un autre, pour ne pas être en reste vis-à-vis du voisin ; ou bien entendu de se comporter pis que les autres, par exemple dans le vandalisme. Bien que les vogues et les lubies (« mot d'origine inconnue ») aient la vie ephémère, elles peuvent çà et là se renouveler (le culte du rétro en France). Le recyclage (qu'on verra, comme il se doit, plus tard) peut insuffler de nouvelles forces à ce qui est en sommeil. Bien sûr, même lorsqu'elle se renouvelle, la mode continue à séduire l'instinct de s'assembler en troupeau –selon le mot d'Ionesco, la rhinocérite. L'ascension sociale anime les pairs. Les gens sont souvent forcés à la hâte d'accepter les clichés parce qu'ils n'ont pas eu le temps pour réfléchir. Le rituel de l'église anglicane permet aux individus élus ou aux autoproclamés de s'immerger de bon cœur dans le conformisme des gestes et des croyances. « A moins que les mots ne soient les mêmes, on se doute qu'ils ne sont plus valables, tout comme l'incantation du magicien n'est acceptable que s'il se sert des formules consacrées. »[19] Les rites, en effet, sont des clichés collectifs, sacrosaints, et même une tentative récente d'une métamorphose : transformer le 11 novembre en une manifestation pacifiste, a dû s'appuyer sur un modèle. Les rituels : clichés, les clichés : rituels – suivent les clichés des rituels.

Clichés et rituels : la communication phatique

Les mots peuvent nous faire défaut. Alors que les phrases stéréotypées qu'on profère à un enterrement – lorque des gens épuisés ou contraints ne savent pas exprimer leurs sentiments autrement – « Et le lieu commun court partout, /la balle vide à la place du bon grain »[20] – les mots également empruntés qu'on grave après mûre réflexion sur mainte pierre tombale ou qu'on fait avaler aux assemblées des proches font penser que la consolation constitue une grande partie de l'existence humaine, et que l'originalité serait malvenue dans de telles circonstances. Les tentatives d'être spirituel ou jovial au sujet de la mort sont pour la plupart de l'humour noir. Et pourtant même l'Ancien Testament tient compte pour la résistance à la banalité, lorsque les protestations de Job tirent de ceux qui veulent lui remonter le moral ne font que répéter servilement des hymnes au monde tel qu'il est. Seuls ceux qui savent très clairement ce qu'ils désirent se moqueraient de l'exemple suivant :

> On entend un paysan français qui fait ses derniers adieux à sa femme défunte laquelle gît dans un cercueil ouvert : « Adieu, ma chère, et fais bien bien attention à toi. » Le bourdonnement confortable d'un lieu commun conventionnel avait détourné son esprit de la réalité. Quoique le sens des mots fût perdu, leur pouvoir hypnotique demeurait encore actif.[21]

Dans son étude sur l'ironie, D.J. Enright maintient que « face à face, nous recourons à des banalités anodines dont celui qui souffre comprend le sens qu'on veut communiquer. C'est là une reconnaissance partagée, on pourrait presque dire sacrée, de l'insuffisance des mots. L'ironie n'oserait jamais y entrer. »[22] Dans une perspective différente sur le même phénomène, Haig dit de la justesse des clichés dans les désastres : « Devant la catastrophe, les mots consolent dans l'exacte mesure qu'ils ne sont pas spécifiques, et on peut les approprier pour embrasser l'incompréhensible et l'inassimilable. Le cliché, c'est comme le destin, car il est prédéterminé, donc consolant dans son immuabilité. »[23] Ceci me paraît par trop schématique, et je préfère le chassé-croisé du *Jacques le fataliste* de Diderot, où le Maître qui se croit maître de son destin est en effet un cliché ambulant ou le plus souvent assis, tandis que son serviteur loquace Jacques, le soi-disant fataliste, est capable de nous surprendre par ses actions. Pour leur part, les lettres d'amour sont notoirement riches pour l'expéditeur et le destinataire, mais énigmatiques ou appauvries ou simplement ridicules pour un tiers. Ce sont là ce qu'on souhaiterait d'être des clichés privés alors que la plupart sont publics. Beaucoup d'amants comme l'insuffisant Léon écrivant à Emma Bovary se voient réduits à copier des phrases toutes faites et à se faire passer pour sincères, ou, pire, comme Rodolphe dans le même roman, qui laisse tomber des gouttes d'eau sur une lettre d'adieu afin de simuler les larmes attendues qu'il est incapable de verser.

Dans des échanges sociaux moins romanesques, savoir quand il sied de proférer des clichés (par analogie avec *savoir-faire*, *savoir-dire* – on considère encore le français tel qu'il était autrefois : la langue du tact diplomatique) révèle sa compétence socio-culturelle. Dans certaines grandes occasions, les clichés servent de mots d'ordre qui distinguent entre ceux qui savent comment se comporter et parler de ceux qu'on tient pour ignares. Ils sont inévitables non seulement dans les situations de stress, mais aussi dans celles qui sont tout à fait formelles comme l'acte de composer une lettre de reccommendation – et là on risque de paraître être nécrologue – ou les missives de protestation, où l'on monte sur ses grands chevaux. Une bonne partie de la comédie de scène ou de société consiste à déplacer ou à mal calculer les déclarations conventionnelles. Certaines des pages bien venues (peu nombreuses) du *Rire* de Bergson étudient la déformation professionnelle et les automatismes verbaux, les gaffes et autres formes du fiasco. Quand nous essayons très fort de parler à propos, nous parlons souvent et comiquement mal à propos. Chez Proust, le docteur Cottard passe à la longue du ratage des répliques à une maîtrise assurée du langage lénitif – le comportement auprès des malades aussi bien que les conversations de salon – si nécessaire pour un homme qui avait toujours été un médecin accompli mais un interlocuteur fautif. Proust était assez réaliste, quand même il satiriserait le cliché, pour reconnaître son inévitabilité. Il en tire les moments les plus amusants de son roman. La cabotine Mme Verdurin est habituée à prendre au pied de la lettre les expressions figurées qu'elle entend, mais par sa tendance également prononcée pour l'hyperbole elle se vautre dans la métaphore qu'elle réemploie. Ainsi, quand elle rit à belles dents de ses propres littéralisations, il faut que le docteur Cottard remette en place sa mâchoire décrochée. C'est comme si elle s'était tordue de rire, et il avait fallu la redresser. Elle joue ainsi les métaphores physiquement, et abaisse tout à son bas niveau, comme le fait son hypochondrie au niveau psychosomatique. Mais cette bassesse veut s'élever, dans une ascension sociale. Son art est celui de « faire accroire ». Cette autodupe prend au piège ses fidèles habitués qui s'illusionnent sur sa véritable nature.

« Les hommes ne débitent les lieux communs plus souvent qu'aux grandes occasions. »[24] Tout le monde n'ignore pas que les derniers mots les plus fameux sont inventés après coup, comme si on croit que les grands hommes voulaient nous léguer des messages importants alors qu'ils sont autrement occupés. Malheureusement, une grande quantité de nos déclarations les plus spontanées sont des clichés. Ce n'est qu'après mûre réflexion que nous commençons à voir combien sont usées ou incongrues beaucoup de nos pensées – ici ce « nous » est global. D'un point de vue plus indulgent, on pourrait dire qu'à de tels moments nous réinventons les clichés, nous les investissons d'une fraîcheur de sentiment. Mais le véhicule ne peut faire qu'avoir l'air délabré. A l'autre extrême, là où vivent la majorité des gens, la palabre (pensez aux talk-shows) révèle la peur du silence : les clichés nous empêchent de ne penser à rien, de penser le néant. S'ils ne sont pas vivifiants, ils sauvent la vie. La « communication phatique », le discours utilisé comme un ciment social et qui se fie beaucoup au langage stéréotypé, n'est pas nécessairement vide de sens, fait de mots creux. Le phatique peut être emphatique. Il peut nous manquer cruellement et briller par son absence. « Euh » n'est pas seulement un bruit de remplissage insignifiant mais aussi essentiel, un bouche-trou dans la phrase ; il fait partie intégrante du dialogue. Les interjections et les jurons cherchent à vaincre l'hésitation. Selon Pierre Guiraud, ils donnent corps à la volonté, même si celle-ci est généralement frustrée ou impuissante. Les personnes vraiment dures agissent mais disent peu.[25] Les jurons en particulier surviennent en particulier dans notre confrontation avec autrui.

La redondance est cruciale. Ecouter et parler seraient épuisants si la communication n'était remplie que de mots essentiels (comme dans un télégramme). A mesure que faiblit notre attention ou qu'interrompent des bruits extérieurs, on a besoin d'une aide supplémentaire pour se comprendre l'un l'autre. « Fait-il encore la même vieille routine qu'autrefois dans le passé ? » – cette phrase répète ce contre quoi elle s'insurge afin de le souligner. La redondance, bien entendu, engendre la monotonie, la prévisibilité, mais combien souvent, lorsque quelqu'un s'est exprimé avec concision, ses auditeurs demandent que ses idées soient expliquées plus clairement ou même formulées autrement. Comme l'a admis un chien de garde bien éveillé, Remy de Gourmont : « Une page sans clichés est une suite d'énigmes ; cela rebute l'esprit le plus curieux, l'œdipe » le plus patient. »[26] Jean Paulhan nous rappelle que les significations supposées mortes des mots sont nécessaires si nous n'allons pas trébucher sur un excès de connotation.[27] La communication phatique est lubrification aussi bien que ciment. On l'emploie aussi pour attendrir, afin de provoquer une intimité plus grande. La petite phrase traditionnelle du comique qui cherche à amadouer (« Arrêtez-moi si vous avez entendu celle-là avant ») pourrait s'appliquer utilement à tous les marchands de clichés. Dans sa sphère d'influence, le langage administratif et légal doit se servir de délayage, de la répétition de synonymes afin de combler les vides juridiques. Il faut réunir une grande quantité de calfeutrage verbal pour rendre un document inattaquable et à l'épreuve du litige. Mais des tentatives récentes pour bannir le bla-bla dans les publications officielles prouvent que non seulement la haute littérature est hermétique à bien des gens, mais aussi les lois qui sont censées nous protéger.

La Rumeur

Le bavardage peut être inoffensif, quelque délayage utile, certaines variétés de communication phatique essentielles pour la santé psychique – mais la rumeur ? Si une grande partie de ce qu'on dit provient de la crainte nerveuse du silence, quant à la rumeur et au papotage, on jacasse, on remplit l'air, on colonise les espaces vides ; les rumeurs tuent le temps et parfois des êtres humains. Ils peuvent servir de lyncheurs qui s'assemblent pour la mise à mort. Dans les lettres de chaîne ou celles pleines de venin, la rumeur c'est le cliché anonyme, car on y fait une affirmation douteuse, prétendue consacrée, mais pour laquelle on n'offre pas de source. De même l'étymologie dite populaire se pratique à tous les niveaux intellectuels, depuis les déconstructionnistes jusqu'à l'homme de la rue ou aux plumitifs nécessiteux ; la rumeur peut être haute de gamme aussi bien que vulgaire. Combien de nos connaissances sont apprises par la bande ? Comme l'affirment les statistiques, la rumeur est quelquefois exacte (« pas de fumée sans feu »), par exemple en ce qui concerne la maladie de certaines personnalités en vue.[28] Les mass media les plus vieux, c'est-à-dire le bouche-à-oreille, est aussi le phénomène social le plus difficile à attraper ; on pourrait voir les légendes comme des rumeurs du passé, et en effet Carlyle caractérise l'histoire comme « un condensé de rumeurs. »[29] Non seulement elle déforme les faits, elle en crée. Maint dénicheur de scandales tente de se disculper en prétendant n'être qu'un intermédiaire. Comme le décréta Napoléon, magistralement, « les crimes collectifs n'engagent personne. »[30] Malgré la métaphore financière tapie dans la « monnaie courante », ces généralisateurs-là cherchent à être non-responsables. Plus on est nombreux, à leur avis, moins on court de risques.

Notre paresse habituelle devant la vérification fait que nous acceptons beaucoup trop les yeux fermés et nous adonnons à l'assouvissement de nos désirs à prix réduit. Souvent, surtout dans les milieux portés à la censure, faire circuler des rumeurs équivaut au prosélytisme. D'une façon moins active, les rumeurs sont « du chewing-gum collectif ».[31] (Il est bien connu que celui-ci perd sa saveur écrasé sur la tête de lit pendant le sommeil).

D'un autre point de vue, « une rumeur est une pomme de terre cuite au four avec laquelle tous se chauffent les mains avant de la passer vite à un autre. »[32] Le « pabulum » (aliment de l'esprit, mais aussi aux Etats-Unis sottise), qui sonne comme « pap » (bouillie) – trop facile à digérer et convenable pour la plupart aux bébés et aux infirmes – est une rumeur alimentaire. Comparant les galeries marchandes aux marchés du vieux temps, Kapferer soutient que celles-là sont devenues des endroits communs du consumérisme solitaire où il n'y a plus d'échanges sociables. Il semble réduire ainsi les possibilités de la rumeur, mais plus tard il insiste que les mass media, y compris le téléphone, transmettent les rumeurs encore plus rapidement aujourd'hui qu'hier.[33] Le téléphone comprend aussi le « téléphone arabe » ou de brousse. Un vide d'informations attire des versions *ersatz* des événements. Il est possible que la crise mondiale de bourse de 1987 ait été déclenchée par une nervosité dans l'industrie des ordinateurs plutôt que par les commérages des hommes dans les bars. Qu'elle soit au niveau universel ou local, la désinformation peut tout déstabiliser.

Pour Kapferer, notre empressement à avaler les on-dit, les campagnes de diffamation, s'explique en partie par nos rapports de plus en plus abstraits avec la réalité extérieure. Bien littéralement, nous nous perdons en conjectures. Nous connaissons le réel principalement par les mots et les images plutôt que par le contact direct. Moins bornés, nous sommes étrangement plus naïfs. La faim de la signification, la peur lâche de la fragmentation, qui dans les siècles passés forçaient les gens à s'agenouiller devant Dieu, continuent à nous obliger à chercher un ordre caché derrière le chaos, une explication de se qui se passe. L'intouchable nous tente comme de la peinture fraîche. Quelque dépassée que soit une rumeur, elle a de quoi étonner quelqu'un.[34] Les mythes urbains contaminent aussi la banlieue et la campagne. Plus récemment, le Netlore (fauxclore du Net) remplit de pareilles fonctions. Dans son « Temple of Fame », Alexander Pope saisit habilement cet effet boule de neige du bruit qui court :

> The flying rumours gather'd as they rolled,
> Scarce any tale was sooner heard than told ;
> And all who told it added something new,
> And all who heard it made enlargements too.

> [Les bruits qui couraient s'amassaient, et sitôt appris tout racontar était retransmis ; et tous ceux qui le racontaient ajoutaient du nouveau, et tous les auditeurs en rajoutaient aussi.]

On se donne beaucoup de mal pour accéder à la paresse d'esprit. Comme le commérage, la rumeur permet aux gens de s'adonner à la diffamation avec impunité et ainsi de se procurer des frissons pour pas cher. Comme les slogans, les rumeurs sont des cris de ralliement. Il y a même des rumeurs renées, parmi lesquelles les éruptions d'antisémitisme. Les rumeurs paraissent souvent caricaturales, et certains s'en moquent, mais dans la rumeur la division manichéenne du monde fait que la plaisanterie macabre se retourne sur la victime. Comme le cliché, la rumeur révèle une peur du nouveau qui prend pour cible les marginaux et les étrangers. Tous les trente-six du mois elle s'approche de la fantaisie, de la littérature orale, d'une sorte de poésie collective, parce qu'elle risque le coup et demande en effet : « Mais si cela était vrai ? » A l'instar des blagues, les rumeurs nous viennent d'inventeurs inconnus. La fiction domine les rumeurs. Cependant, on présume généralement que les blagues, les histoires drôles, ne disent pas la vérité, qu'elles charrient, alors qu'on est moins sûr en ce qui concerne les rumeurs. Celles-ci sont rarement libératrices. Selon Kapferer, les rumeurs qui convergent construisent le plus souvent une situation sans issue. Accusée d'assassinats multiples par ouï-dire, Marie Besnard fut déclarée par les psychiatres être « anormalement normale ».[35] La rumeur peut faire prospérer les théories du complot ; elle peut faire taire l'incrédulité naturelle. Dans la vie politique, elle constitue parfois la vengeance des défavorisés et des marginaux, et démontre une saine préférence pour l'officieux plutôt que l'officiel. De même que les fuites initient une série de révélations, la rumeur est souvent un ballon-sonde ou un moyen de tâter le terrain. Lorsque les victimes de la rumeur publient un démenti, il arrive souvent qu'on traite celui-ci comme une banalité : « Ils étaient certains de dire cela, n'est-ce pas ? » Certes, pour un public avide, le démenti peut ressembler à un non-événement, alors que les rumeurs se présentent comme des scoops. Kapferer cite plus d'une fois le dicton italien : « Se non è vero, è ben trovato » (si ça n'est pas vrai, il devrait l'être), comme la présupposition ou la rationalisation avant ou après les rumeurs. Le parler boutique ou les banalités, tout comme la propagande gouvernementale pendant une guerre enfonce une nouvelle habitude dans le crâne des citoyens, peuvent avoir des conséquences désastreuses. Le progrès d'une rumeur illustre la naissance et l'extension d'un stéréotype, une opinion incontestée. Un *nostrum* (panacée) est un remède de bonne femme non testé. Il est étrange que maint *nostrum* ne nous appartienne nullement. Selon la conclusion spirituelle de Morgan Sportès : « Comme son nom l'indique, le lieu commun est la propriété de tous qui n'appartient à personne. »[36]

Flaubert parlait de l'opinion publique, « l'éternel et exécrable *on.* »[37] Ce pronom passe-partout semble être fait exprès pour les déclarations anonymes, suffisantes ou arrogantes. Il est bien entendu ambigu, car s'il était véritablement impersonnel, comment les impersonnes pourraient-elles opiner quoi que ce soit ? En effet il remplace souvent un des pronoms personnels, mais la question de savoir qui pense ou dit ces choses reste non résolue. Il peut être inclusif ou exclusif (« on ne fait pas cela ! ») On pourrait en dire autant du *Man* allemand, ou des verbes réflexifs à la troisième personne en espagnol ou italien. L'utilisation de l'infinitif pour les modes d'emploi dans certaines langues a de semblables desseins militaristes sur le destinataire. Dans le *Dictionnaire des idées reçues* de Flaubert, le *on* est utilisé pour ridiculiser la pratique d'avoir des avis sur n'importe quoi. Tandis que les livres de recettes s'en servent pour un secret de la réussite, Flaubert s'en sert comme un moyen sûr de la catastrophe, ou du moins l'espère-t-il. Alors qu'un simple impératif ne montre qu'un seul locuteur qui veut régenter un autre ou plusieurs, l'infinitif-impératif semble exprimer la volonté de Dieu. Comme on l'a déjà vu, les variétés de Nous – royal, le nous de rédacteur, le cooptif ou l'évasif – tout en paraissant endosser la responsabilité en fait l'écartent ou la répartent. Bien que dans le français familier, *on* = un vrai Nous, en général c'est un vide cognitif, un trou noir, une dérobade.

Il y a la danse en formation et la natation synchronisée ; et nous pratiquons tous la pensée en commun, ou l'absence de pensée. Dans ce chapitre j'ai considéré certaines des manières différentes dont on essaie de suivre le courant, de jouer double jeu, de hurler avec les loups : la dépendance sociale et l'opportunisme ; les manières dont ces pratiques sont naturelles ou repréhensibles, ou les deux à la fois. Havelock Ellis parle noblement mais un tantinet durement lorsqu'il écrit : « Tous les progrès du style littéraire reposent dans la détermination héroïque de rejeter les accrétions ... toutes les conventions d'une époque révolue qui furent jadis belles parce que vivantes, mais qui sont à présent fausses puisque mortes. »[38] Ces polarités sont par trop rigides. Comme on le verra plus tard, le désir d'une réaction contraire, l'iconoclasme, est tout aussi commun, surtout dans l'humour. Défier les clichés, les croyances conventionnelles, provoque aisément la violence et le choc certain. Mais on ne peut considérer les clichés comme une langue ou une pensée néfastes. S'ils ne possédaient pas de séduction, l'apparence de la justesse, jamais ils ne *prendraient*.

Selon Chamfort, toute idée reçue est à coup sûr bête, car la plus grande majorité de gens en conviennent.[39] L'idée même de lieux communs fait sortir l'aristocrate, l'anti-égalitaire, chez beaucoup de gens. Et pourtant nous existons tous par absorption : nourriture, air, idées, expérience. Seuls les êtres autistes résistent au moins partiellement a cette ingurgitation, ce rajout, cette attaque ; eux seuls sont protégés comme par un mur.

CHAPITRE 4

Va-et-vient

> Se rendre compte de l'essence du cliché n'est pas seulement faire de la critique littéraire, mais aussi confronter l'un de ses problèmes essentiels.
>
> — LAURENCE LERNER

> Ecrire des vers sur la jambe d'une jeune femme, c'est du romantisme ; les interdire, c'est du classicisme.
>
> — D.J. ENRIGHT

Dans ce chapitre j'ai l'intention d'examiner les stéréotypes qui se sont coagulés autour des concepts de classicisme et de romantisme. En les traitant j'essaie de garder à l'esprit la bouteille de Paul Valéry. Personne, nous le rappelait-il, ne s'est jamais saoulé d'une étiquette de vin.[1] J'utilise donc ces slogans comme des synonymes pour des espèces permanentes ou récurrentes de certaines réactions, mentalités, personnalités, et comme un moyen de pénétrer les habituelles configurations binaires et polarisées de la pensée humaine.

Classicisme et imitation

De nos jours on parle des classiques de la culture populaire ou sans prétentions intellectuelles. On a en partie démocratisé le terme, l'appliquant aux grands événements sportifs ou aux plaisanteries mémorables. Il est évident que le facteur décisif c'est la durabilité et le consentement d'une majorité : on convient des classiques, ou on ne les met pas en question. Les classiques sont essentiels pour tout concept de canon, de tradition. Il y a incontestablement une continuité organique entre tous les êtres humains depuis le commencement de l'humanité et plus en arrière avec nos ancêtres moins qu'humains. Et pourquoi pas dans les produits du cerveau ? Un tel continuum n'exclurait pas les régressions ataviques, les variétés anormales ou les sauts que fait la nature, comme dans l'évolution biologique. De même que les espèces et les nations luttent pour survivre, l'iconoclasme fait partie intégrante de la tradition tout autant que l'acte de maintenir le statu quo. Comme l'a fait remarquer Norman Bryson : « Le rapport du néophyte au précurseur est en fait un rapport d'antagonisme intrinsèque ... Le néo-classicisme [dans l'art] est un style mortifère. »[2] Ceux qui sont contre le classicisme en conviendraient. Le classicisme a ses ennemis et en même temps agit avec hostilité contre les prédécesseurs. Walter Gropius décrit avec précision sa caractéristique dominante : « Dans toutes les époques importantes, l'existence des exigences – c'est-à-dire l'adoption constante des modèles – a été la marque d'une société polie et bien policée ; car c'est un lieu commun que la répétition des mêmes choses dans les mêmes buts exerce une influence tranquillisante et civilisatrice sur l'esprit des gens. »[3] Le grand cliché du classicisme c'est que l'imitation est le moyen le plus sûr d'avoir l'accomplissement productif. Il faut faire une distinction entre l'imitation et la copie (le plagiat), car elle insiste sur la sélection et le réarrangement : c'est l'imitation ingénieuse. L'art doit redire le déjà-dit, ou, selon le slogan de saint Vincent de Lérins : « Non nova sed nove » (non pas d'idées nouvelles, mais une expression nouvelle). Les auteurs ont sans doute toujours souhaité être le dernier cri, le *ne plus ultra*. Ils veulent couronner un développement et en même temps surpasser les prédécesseurs.

Un défenseur convaincu de l'imitation, Roger Ascham, déclara : « L'apprentissage enseigne davantage en un an que l'expérience en vingt, et il enseigne en toute sécurité, alors que l'expérience vous rend plus triste que sage. »[4] Là où les romantiques veulent ressentir la vie sur le pouls même, les traditionalistes tels qu'Ascham plaident avec intensité pour l'expérience indirecte fournie par les livres et l'instruction : l'enseignement à distance. On apprenait aux garçons et aux auteurs adultes, dans une éducation permanente, à s'appuyer sur les précédents. L'autorité, comme pour beaucoup d'autres choses, venait d'Aristote : « L'imitation est naturelle à l'homme dès l'enfance. Un de ses avantages sur les bêtes est celui-ci : il est la créature la plus imitatrice du monde, et apprend dès l'abord par imitation. »[5] Ici, la répétition cherche à renforcer la leçon. Greene décrit cela par un terme convenable : « imitation sacramentelle », c'est-à-dire le consentement totalement confiant (à l'instar de celui que le saint Ignace de Loyola exigeait de ses Jésuites, *perinde ac cadaver*). Cette attitude « réifie l'énergie d'un classique vénéré et perd ainsi tout contact avec lui. »[6] L'instrument principal de la pédagogie était le *topos* : telle une toupie les élèves étaient contraints de le faire tourner et bourdonner. En réalité, les *topoi* étaient immobiles, et on les a souvent comparés à des casiers. Richard Rainolde les définissait ainsi : « Cette oraison est appelée lieu commun, car ce qu'elle contient convient à tous les hommes qui y participent et en sont conscients. »[7] Cette sorte d'instruction donnait naissance inévitablement à un formalisme vide. Des siècles auparavant, saint Augustin avait déjà protesté contre les tendances nocives de la rhétorique romaine. Et pourtant la doctrine des « lieux » (ou *loci*) avait sa propre inéluctabilité programmée : « Où que l'esprit humain se tourne, quelles que soient les pensées qu'il entretient, tout cela se rapporte nécessairement à un des lieux communs énumérés ci-dessus. »[8] Quoique des professeurs traitassent les lieux communs en tant que des rênes et en même temps des aiguillons, bien des élèves ont dû s'agiter rétivement. En dépit de toute l'insistance sur l'assimilation, certains maîtres s'efforçaient de justifier leur méthode en parlant de spontanéité. Ce qu'ils voulaient dire par ce terme était une interprétation soigneusement préparée : l'art qui dissimule l'art. Les morceaux de bravoure devaient être si bien digérés qu'on pourrait les reproduire « naturellement. » La discutable valeur pédagogique du système était qu'il visait à perfectionner la mémoire.

Tant de gens se mettaient d'accord avec cette discipline entière, un si grand ensemble de chœurs, que je me demande s'ils croyaient véritablement que la leçon était nécessairement vraie. Prêchaient-ils des convertis ? A la même époque, Montaigne, se frayant un chemin à travers des méandres de citations, avait le don précieux de paraître peu souvent prêcher ou débiter un scénario tout fait. Il offre plutôt un commentaire continu sur un match qui dure pendant toute une vie et dont on ne connaît pas le résultat. Ainsi que conclut Lechner, après une analyse sympathisante du phénomène entier :

« Les concepts ne sont pas casés soigneusement dans des compartiments ... mais la tradition du lieu commun ne se préoccupait pas d'expliquer ses propres suppositions, dont beaucoup, sinon toutes, étaient extrêmement contestables. »[9] Un Jésuite de nos jours, Walter Ong, décrit de manière engageante cette tradition : « O tempora ! O mores ! » Ce morceau que Cicéron inclut dans ses discours catalinariens il a dû l'employer déjà ailleurs maintes fois. C'était le *topos* ou devise : « Les choses vont à la dérive. »[10]

Ong divise cette approche dans les lieux communs analytique et cumulatif. Ces derniers étaient les plus répandus, et pourraient être décrits comme des morceaux de bravoure et qui étaient toujours préfabriqués. La rhétorique et l'art oratoire dominaient toute la tradition, au point où la littérature et l'enseignement étaient conduits et structurés en des termes rhétoriques. Ong souligne qu'elle se centrait sur deux termes élémentaires et binaires : vertu/vice, louange/blâme.[11] C'était de l'hagiographie ou de la publicité comparative : programme d'ordinateur déjà dans les premiers jours de la culture de l'imprimé. Peut-être est-il important que l'antonyme de *topos*, *atopie* (insolite) n'a qu'un usage restreint dans la médicine (=rhume des foins) ; on aurait pu penser que l'atopie était tout à fait ordinaire. Et l'utopie ou l'eutopie (nulle part, ou beau pays) ne sont guère de ce monde d'ici-bas. *Topos* fait la loi.

La tradition française équivalente est, comme il sied à la culture hexagonale, même plus intellectuellement incestueuse. Vers la fin du dix-septième siècle, La Bruyère formule l'expression classique de la mentalité ou de l'impulsion qui se cache derrière l'empressement à imiter : « Tout est dit, et l'on vient trop tard depuis plus de sept mille ans qu'il y a des hommes, et qui pensent. »[12] A peu pres trois cent ans plus tard, Lautréamont, exploitant effrontément le plagiat comme combustible poétique, mettra à l'envers cette déclaration-là : « Rien n'est dit. L'on vient trop tôt, depuis sept mille ans qu'il y a des hommes. »[13] La vantardise romantique, ici, sonne faux. Vers la même époque, les frères Goncourt consignaient dans leur journal : « Tout est unique, rien n'arrive qu'une fois dans la vie ... Rien ne se recommence et tout n'est qu'une fois. »[14] Les pléonasmes hoquetants de ces phrases gâchent leur jolie prétention. Quelques années plus tard, et avec de bonnes raisons, Maupassant développe en ces termes larmoyants la plainte pincée de La Bruyère :

> Qui d'entre nous peut se vanter d'avoir jamais écrit une page, une phrase qui n'existe pas déjà plus ou moins identique, quelque part ailleurs ? Lorsque nous lisons, nous qui sommes si saturés de la littérature française que notre corps entier nous semble être une pâte faite de mots ...[15]

Le jumeau de « tout est dit » est « tout est arrivé. » Non seulement il n'y a rien de nouveau à dire, mais aussi il n'y a pas d'expériences nouvelles qui nous attendent. En 1880, le directeur de l'institut prusse de la propriété intellectuelle adressa une pétition au gouvernement pour fermer le bureau parce que rien de nouveau ne restait à découvrir. Dans le vingtième siècle, pour un écrivain-charnière tel que James Joyce, aucun matériau n'est jamais irrévocablement vieux ou nouveau, mais plutôt les deux simultanément ou alternativement – dans un état de flux et de chevauchement. Le mort peut se ranimer, le nouveau-né mourir temporairement. J'ai confessé dans mon introduction mes stratégies défensives d'adolescent contre l'emprise sur moi des influences venues d'ailleurs. Harold Bloom plagiait sans le savoir mon obscure vie dans mon bled urbain (terre d'oubli comme le Styx). « Le sujet furtif de la plus grande partie de la poésie des trois derniers siècles a été la peur de l'influence, la crainte de chaque poète qu'il ne lui restât rien d'importance à écrire. »[16] Il le qualifie de mode de mélancolie, mais omet d'ajouter que celle-ci a été tenue traditionnellement de la plus créatrice des vieilles humeurs, si bien qu'une lourde conscience de précurseurs puissants peut vous éperonner autant que paralyser ; ces poètes-là peuvent être considérés comme des pionniers au lieu de monopoleurs. En poursuivant la signification changeante du mot « influence » (de fluide éthéré à son sens présent), Bloom néglige le rejeton *influenza* (grippe). Lorsqu'ils contemplent leurs ancêtres, les auteurs ont tendance à prendre froid dans leur tête. Bacon, continue Bloom, voyait l'influence comme phénomène sain. Montaigne, bien entendu, était déjà un commentateur robuste sur la question de l'influence, et sur la bonne utilisation qu'on peut en faire. Bloom fait aligner les grands dénieurs de l'influence : Goethe, Nietzsche, Emerson, Blake, Rousseau, et ses grands affirmateurs : Samuel Johnson, Coleridge, Ruskin.[17]

Je passe à la tradition francaise du classicisme, car « les classiques français avaient l'emprunt facile et gai. »[18] Dans le seizième siècle déjà, des humanistes imprégnés des écrits de l'Antiquité se disputaient entre eux sur le meilleur moyen d'exploiter le stock commun : en tant que corset, ou en tant que trampoline. La croissance du sentiment nationaliste faisait que beaucoup prétendaient que leur pays était aussi grand que les états de l'antiquité, et, naturellement, plus grand que leurs rivaux contemporains.[19] Les auteurs devraient-ils copier ou émuler ? Un lieu commun s'établit vite : les Anciens avaient menti à propos de leurs exploits, et la critique moderne et scrupuleuse devait mettre les choses au clair. Il était convenu au dix-septième siècle qu'on devait rendre hommage aux prédécesseurs, quoique même un champion de la conception classique, Remy de Gourmont, trouve dans ce culte de la déférence une certaine fausseté délectable :

> C'était la mode de manquer de confiance ou de le feindre du moins. Dans le dix-septième siècle, l'imitation des Anciens est un simple prétexte pour produire des ouvrages dont personne ne voulait prendre la responsabilité. Jamais en effet l'originalité du style n'était plus prononcée que dans cette splendide époque où des maîtres naïfs se posaient en misérables écoliers.[20]

Un enfant tel que moi d'une époque, d'une sensibilité et d'un esprit différents doit demander pourquoi les écrivains français d'alors n'étaient pas plus courageux, pourquoi ils chantaient le refrain en chœur. Certains, il est vrai, conduisaient une lutte continuelle contre la ligne de parti de l'Académie française, mais l'établissement de la centralisation du pouvoir et l'imposition d'un gouvernement autoritaire rejoignaient des valeurs culturelles conservatrices pour rendre difficile la résistance. Les écrivains de cette époque, dont les meilleurs ne manquaient pas d'intelligence, étaient pleinement conscients de l'existence du cliché, malgré la tradition du lieu commun. On dirigeait fréquemment la satire contre la préciosité et d'autres types d'hyperbole futile. Le français emploie *phébus* pour signifier le fatras, alors que la version anglaise, Phoebus, n'est utilisée que dans un sens honorifique pour le patron de la poésie. On le considérait comme de la vulgarisation aristocratique (« Mon sucre [ma chérie] est tellement raffiné »). Surtout, les abonnés de l'éthos classique trouvaient les restrictions de celui-ci stimulantes et commodes. Le rejet du particulier et la recherche de l'universel étaient cependant un terrain propice au lieu commun. De même, le culte de la réduction menait au mieux à une aérodynamique élégante et au pire à une perte. Un vocabulaire réduit provoquait et la pauvreté et le culte de l'allusion. Le cliché dominant de l'*unité* (de ton et de genre, surtout) rendait la subversion ou même le non-conformisme à la fois plus difficiles et plus nécessaires.[21] Le penchant pour les querelles de compétence, la passion pour le classement et pour l'hiérarchie, débouchaient dans l'impatience devant le désordre du présent. Une sorte de cliché platonique s'enracina, qui voyait le monde matériel comme bas et un sujet inconvenable pour l'art. Les partisans du classicisme français étaient en passe de devenir les premiers artistes abstraits. Si la nature était évoquée, c'était toujours l'idée de la nature. Michel Tournier décrit cette préférence parfaitement : « L'idée est plus que la chose, et l'idée de l'idée plus que l'idée. En vertu de quoi, l'imitation est plus que la chose imitée. »[22] Les amoureux dans les pièces françaises emploient des phrases de cette sorte : « allumer la flamme », « briser les chaînes », « moissonner des lauriers. » Parfois, par un curieux mélange de clichés, ils parlaient de « couronner la flamme », comme si les mots s'étaient départis de leur base matérielle et flottaient comme des jetons qu'on pouvait combiner à volonté. Après avoir insisté plausiblement qu'on ne trouve les clichés banals que quand l'originalité est un dogme à la mode, Michel Riffaterre, dont les *obiter dicta* perspicaces compensent la systématisation récurrente qui accable et lui et beaucoup d'autres critiques de nos jours, cite le cas de Fénelon, dont le *Télémaque* est un des textes néo-classiques les plus lus : « Horrible danger, passer de la plus amère douleur à la plus vive joie. » Pour Riffaterre, on voit là

> une esthétique de la plénitude peu encline à exprimer des expériences intermédiaires, incomplètes ou rarement rencontrées ; et des formes tautologiques ou extrêmement structurées (les descriptions, comme dans la périphrase ; devinettes, comme dans la synecdoque) qui exercent une emprise étroite sur l'interprétation du lecteur.[23]

« Plénitude », ici, veut dire sans aucun doute stratégie autoritaire. Il est étrange que l'esprit classique anti-pluraliste, qui mettait le seul chef au-dessus de la majorité, ait produit si souvent le contraire, surtout dans les circonlocutions (« Circonlocution ». Subst. Un tour littéraire par lequel l'auteur qui n'a rien à dire le fait savoir au lecteur avec ménagement. »)[24] Le réductionnisme est souvent bavard. Une défense souvent répétée du cliché classique veut qu'il ne gêne pas la compréhension du lecteur : ce style-là serait transparent. On peut discerner une envie moderne de cette pratique chez Pasternak : « ç'avait été le rêve de sa vie d'écrire avec une originalité si secrète, si discrète, qu'on ne pourrait la détecter du dehors ... un style qui ne se remarque pas. »[25] En l'occurrence, le style du Docteur Jivago vire çà et là vers le surréalisme, et il est peu étonnant que Yury se scandalise en se rendant compte de la distance qui le sépare de son idéal.

Les Anciens et les Modernes/Les Géants et les nains

Il est bon de se rappeler, avec Genette, que dans le cours du développement littéraire français, le classicisme ne fut qu'un épisode, un réaction contre un ethos antérieur, et non pas un père fondateur.[26] Le conflit connu sous le nom de la querelle des Anciens et des Modernes, le plus acharné au dix-septième siècle en France et en Angleterre, est de toute évidence une guerre à n'en plus finir. Cette polarité binaire naît du désir de comparer autrefois et aujourd-hui, là et ici, eux et nous, d'un choix politique (conservatisme ou progressisme), des préférences religieuses (péché originel, ou foi dans la perfectibilité humaine), et du conflit entre les générations. Comme avec toutes ces antithèses-là, elle donna naisance à une grande quantité de bavure, de va-et-vient, et de changement de camp. Schneider décrit débonnairement mais sans ambages l'opposition : « Dans un livre, tout est volé. Le sujet, le titre et le nom de l'auteur. Et la différence entre les Anciens et les Modernes, c'est que ceux-ci le taisent et font les originaux, alors que ceux-là le savaient et le disaient. »[27] Les poètes classiques ont tendance à avouer leurs larcins. Les poètes romantiques, s'étant fait pincer, attribuent les leurs à un foyer désuni. Nombreux sont ceux qui veulent tout ramener en arrière. Lorsqu'on lui conseilla d'écrire pour son époque, Charles Lamb riposta : « Que le diable emporte l'époque ! J'écrirai pour la postérité ! »[28]

Vers la même époque, Colton faisait remarquer : « Regarder en arrière vers l'antiquité c'est une chose, y retourner en est une toute autre. Si nous regardons en arrière vers l'antiquité, ce doit être en tant que gagnants de la course. »[29] Se servant moins de termes de compétition et plus de ceux de l'astuce, il écrit : « Si nous volons des pensées aux Modernes, on nous décriera comme des plagiaires : si c'est aux Anciens, on nous prônera comme des érudits. »[30] En effet, si nous autres parvenus sommes à court d'idées, que pouvons-nous faire si ce n'est le plagiat ? Au cœur de la controverse séculaire se trouvait l'idée de la décadence ou la sénilité du monde. Si vous êtes convaincu que tout va à sa ruine, vous regardez en arrière pour trouver des points de repère ; si le monde se détériore, vénérez les sommets du passé, les *loci classici*. Le paradoxe de Bacon, selon lequel les modernes seraient les vrais anciens, à cause de la durée plus longue d'histoire humaine qui les précède, posait la question difficile : comment les hommes d'autrefois auraient-ils pu avoir tout dit, si le genre humain était toujours dans son enfance ? Si, par contre, le monde est encore en train de se faire, reprenons à zéro et suivons le rythme de son évolution. Cette réponse-là était souvent celle des scientifiques, car la science expérimentale cherchait à échapper à la dépendance vis-à-vis de l'autorité classique. Le savoir était-il statique ou bien incrémental (ou, comme diraient d'aucuns de nos jours : exponentiel) ?

Au cœur de la dispute gisait le cliché vénérable selon lequel les hommes ne seraient que des nains debout sur les épaules des géants. L'étude magnifique de Merton de ce *topos* fait marche arrière pour ainsi dire progressivement, à travers les multiples exploitateurs de cette image (qui tirerait son origine, conclut Merton, de saint Bernard). Ce saint-ci est mieux connu aujourd'hui sous la forme d'un chien de sauvetage au cou porteur d'un petit baril de cognac : les clichés ont une certaine mobilité. Ce *topos* est évidemment une idée primordiale, car il renferme la question cruciale : d'où allons-nous chercher nos idées ? Et deuxièmement, y a-t-il du progrès dans le savoir ? Physiquement, l'image est moins celle du port sur le dos que celle de la pyramide humaine chère aux équipes de motards étagées pour les manifestations. Les géants représentent bien entendu le stock : les connaissances accumulées. Même les champions des Anciens se rendaient compte de façon intermittente que le *topos* n'était pas sans ambiguïté flatteur, puisque les attardés pouvaient prétendre que les géants étaient leurs tabourets.[31] L'image représente un rappel à l'ordre, ou comme le dit Merton dans un calembour érudit : « Aphorisme gnomique sur les gnomes. »[32] Il raconte comment les Modernes ont retourné la phrase pour les besoins de leur cause, afin de faire des Anciens du menu fretin. En effet, on sait très bien qu'il y a des pygmées, alors que les géants n'ont jamais existé. La supériorité du passé n'existe que dans la tête de certains. La réaction de Merton à la question toute entière semble être des plus saines. Son livre constitue une défense du plagiat si on le conduit avec probité. De même que le *topos* renferme l'humilité et la confiance en soi, l'attitude de Merton est vaniteuse d'une facon ironique envers lui-même ; il fait étalage et son érudition et de son ignorance. Ce que suggère son étude, c'est que la vraie question n'est pas de savoir lequel vint le premier, le poulet ou l'œuf ? Mais plutôt : « Qu'est-ce qui vint le premier, le cliché ou l'idée originale ? » Car c'est souvent le retardataire qui semble être plus original en se servant du topos, à force de fournir les preuves, le contexte ou la formulation les plus décisifs, ou simplement à force de prêter son propre charme à lui ou à elle, si lui ou elle devient par hasard plus célèbre que les prédécesseurs insignifiants. Marx, qui savait très bien qu'une grande partie du soi-disant progrès est une farce, disait que tout géant engendre un nain. C'est là la situation habituelle, mais elle n'exclut pas la naissance de temps en temps d'un géant, quelle que soit l'époque.

Le romantisme

En poursuivant l'enquête des polarités et du chevauchement ; en se rappelant le sage (ou le je-sais-tout) qui a dit : « Le genre humain est divisé en deux types de personnes : ceux qui croient qu'on peut faire des généralisations telles que celle-ci, et ceux qui n'y croient pas » ; et en me demandant si ce qui nous distingue le plus des ordinateurs c'est notre capacité de dire Ouine ou Noui, je me tourne pour embrasser le romantisme. Si la meilleure leçon du credo classique c'est croire qu'on peut apprendre au pied des autres, le pire côté du romantisme c'est croire que le moi singulier est la seule source et le seul arbitre de ce qui est valable. Je parle en enfant du romantisme. Dans un de ses moments qui nagent entre deux eaux, T.S. Eliot déclare : « Etre original en faisant le moins de changements est parfois plus distingué qu'en faisant le plus. »[33] S'il ne tourne pas là précisément autour du pot, il mesure ses préférences avec une pipette. Une grande partie de l'opposition entre les deux modes repose sur un cliché non examiné. Pourquoi présume-t-on que les auteurs des cultures pré-romantiques n'étaient pas aussi vaniteux et aussi possessifs à propos de leurs idées ou leur langage que les auteurs plus modernes. Comment les écrivains de l'époque du Roi-Soleil, obsédés qu'ils étaient par la gloire et l'honneur, ne se soucieraient-ils pas de la protection de leur propre particularité ?

Un auteur modeste, à n'importe quelle époque, n'est-ce pas une contradiction dans les termes ? Le romantisme visait, du moins en théorie, à enlever la camisole de force du concept classique de la *bienséance*, le décorum, car pourquoi les préjugés mondains d'une classe peu nombreuse domineraient-ils les produits intellectuels ? Mais ensuite les romantiques les plus provocateurs injuriaient et aidaient à donner naissance à la classe des philistins. Cela, est-ce différent de l'élitisme classique ? Non seulement Eliot mais aussi son équivalent et son semi-modèle français, Paul Valéry, jugeaient bon de publier cette déclaration qui ne se prononce pas : « Deux dangers menacent le monde : l'ordre et le désordre. »[34]

C'est Henry Miller qui est le type même du dernier danger : « Le nouveau apporte toujours avec lui le sentiment de la violation, du sacrifice. Ce qui est mort est sacré ; ce qui est nouveau, c'est-à-dire différent, est néfaste, ou subversif. »[35] Mais c'est peut-être le Young de soixante-quinze ans qui fait la description la plus classique de l'argument anti-classique. A cette fin il recycle le paradoxe de Bacon basé sur le *topos* nain/géant, et fait face à la peur de l'influence :

> Pourquoi les Originaux sont-ils si peu nombreux ? Ce n'est pas que la moisson de l'écrivain soit terminée, ni que les grands moissonneurs de l'antiquité n'aient rien laissé qu'on pût glaner après eux ... mais que les modèles illustres nous absorbent, influencent ou intimident ... Une idée trop effrayante de leur supériorité, comme celle d'un spectre, nous ferait une peur bleue, et écraserait notre petit entendement en faisant un géant de leur excellence.[36]

Son propre paradoxe est celui-ci : « Moins nous imitons les anciens renommés, plus nous leur ressemblons. » (p. 11). Il pose la question cruciale, qui pourrait servir d'ange gardien de mon livre tout entier : « Nés originaux, comment se fait-il que nous mourions des copies ? » (p. 20). Et la question rhétorique : « Qui a sondé l'esprit humain ? » à laquelle il répond : « Ses limites sont aussi immenses que celles de la création » (p. 22). L'indéterminé contre le fini.

On répète que le désir romantique français de n'écrire que des récits personnels est formulé souvent dans des clichés, ou, comme préfèrent le décrire Amossy et Rosen, le discours de l'Autre intervient quand ils veulent dire « Je ».[37] C'était peut-être une manière de confesser que l'asocialisme était impossible à accomplir. Le chevauchement (quand on est saoul comme une bourrique) de la rhétorique classique dans l'écriture romantique est bien connue. Musset illustre cette question. Il écrit une lettre pour avertir un ami que s'il ne prend pas de mesures pour éviter les platitudes, il deviendra lui-même une banalité, « un lieu commun, un carrefour où les idées les plus rebattues traîneront comme autant de prostituées déguenillées. »[38] Il avait chipé cette image à Gautier. Il souffrait des clichés rentrés.

> Je hais comme la mort l'état de plagiaire ;
> Mon verre n'est pas grand mais je bois dans mon verre.[39]

C'était là sa réaction à l'accusation selon laquelle il aurait piqué des vers à Byron dans un autre ouvrage. Dans « Namouna », Musset riposta ; Byron avait volé aux Italiens. « C'est imiter quelqu'un que de planter des choux. »[40] Selon Lerner, les romantiques ont tendance à persécuter les lieux communs au lieu d'en faire un étalage débonnaire.[41] Ils se refusent à accepter la longue tradition où l'on considère les lieux communs comme la règle et non comme une déviance. Il est plus qu'ironique que ce soit la moitié asservie et conservatrice de la race humaine, les femmes auteurs, qui doivent se révéler comme les introductrices de l'individualisme, le point de vue personnel, dans les romans qu'elles écrivaient, dans la littérature.

Bien entendu, même jadis, un contre-topos commun existait pour refuser la révérence envers la précédence : c'était se vanter d'avoir dit des choses jamais exprimées auparavant (Cp. Le vers de Milton : « des choses qu'on n'avait jamais tentées ni dans la prose ni dans la poésie »).[42] Comme le maintient Curtius, le lieu commun du monde renversé ou chamboulé est ancien.[43] Si l'on dit que la dislocation est ainsi innée à la tradition, est-ce dire que celle-là n'est qu'un fou patenté qui renverse les rôles d'une façon aussi peu révolutionnaire que la coutume du jour de Nöel dans l'armée britannique ? Lorsque Curtius ajoute que « les motifs comiques ont plus de vitalité que les autres »,[44] est-ce qu'il faut conclure que la moquerie est impossible à étancher ? Il comprend très clairement que la tradition n'est pas seulement linéaire mais aussi qu'elle peut embrasser le saut par-dessus ou la marche arrière. En faisant remarquer que les modernes étaient traités parfois de « neoterics », il ajoute la variante « neuterics », ceux qui n'étaient ni l'un ni l'autre.[45] Samuel Johnson démontre une mesure plus réfléchie que les mots d'Eliot/Valéry cités ci-dessus. « Ce qui est nouveau est opposé, car la grande majorité n'aime pas qu'on lui fasse la leçon ; et ce qui est connu est rejeté, parce qu'on n'a pas suffisamment considéré que les hommes, le plus souvent, demandent qu'on leur rappelle plutôt qu'on leur enseigne. »[46] Sans doute notre prénom nous distingue-t-il, et notre nom montre-t-il nos dettes. Samuel Butler m'aide à me décider sur cette question : « Si quelqu'un veut comprendre ou bien l'Odyssée ou bien tout autre œuvre antique, il ne doit jamais regarder le mort sans y voir le vivant qui y est, ni les vivants sans penser aux morts. Nous somme trop enclins à voir les anciens comme radicalement différents de nous. »[47] Mais il est plus facile sans doute aux modernes d'avoir la vision de dix à chaque œil, rétrospectivement.

Et ceux qui s'estiment modérés ? Le groupuscule français OULIPO travaille comme des partisans du classicisme des derniers jours, qui renouvellent la doctrine selon laquelle les contraintes sont fertilisantes. Les corsets ou les braguettes mettent en valeur la chair emprisonnée, ou bien sont en eux-mêmes accrocheurs. La rhubarbe forcée peut être savoureuse. Par contre, on peut consacrer les contraintes à consolider l'étroitesse d'esprit, comme dans la vieille pratique chinoise qui liait les pieds pour les rapetisser de façon attrayante. Selon George Steiner :

> Nous savons aujourd'hui que le mouvement moderniste ... fut, à de certains points critiques, une stratégie de conservation. Le génie de Stravinsky se développa à travers des étapes de récapitulation ... La biographie de Picasso se caractérise par la rétrospection ... Eussions-nous seules les sculptures, les représentations graphiques, les peintures, nous pourrions reconstruire une bonne partie de l'évolution des arts à partir de l'art minoen jusqu'à Cézanne.

Ensuite dans une reprise astucieuse et juste des vers célèbres d'Eliot, Steiner poursuit lugubrement : « Les supposés iconoclastes ont fini par se révéler comme des conservateurs plus ou moins angoissés qui traversent en courant le musée de la civilisation, à la recherche de l'ordre et de la préservation de ses trésors, avant *l'heure de la fermeture.* »[48]

Les clichés sont-ils spécifiques à une certaine culture, et une lingua franca à son intérieur, et à une époque ? Sans doute chaque ère a-t-elle ses propres clichés, mais chacune en est consciente d'une manière différente. « Un cliché », m'a dit Geoffrey Strickland, « l'est seulement dans un certain contexte et quand on le débite d'une certaine façon irréfléchie »[49] – ce qui me semble être simplement exact. Nous ne devrions pas nous empresser d'étiqueter quoi que ce soit comme une banalité. Cela est évident quand on réfléchit que la parodie d'un cliché est parfois difficile à distinguer de la cible. Il arrive souvent que seul le développement tout entier d'un texte, ou d'une section d'un texte, nous fait signe qu'il s'est agi d'une parodie. A n'importe quel moment de la vie et où qu'on se trouve, on peut se demander si un autre nous mène en bateau, nous fait marcher. Et pourtant n'importe qui, quel que soit le niveau de sa scolarisation, est capable de détecter l'inerte ou l'insincère dans ce que dit un autre. J'ajouterais « avec l'intention de duper » au mot « irréfléchi » de Geoffrey Strickland. Cette intention peut être naturellement une auto-déception aussi bien qu'une duperis qui vise un autre. Certains nostalgiques passent tant de temps à regarder dans le rétroviseur qu'ils risquent une collision avec la réalité imminente.

La révérence envers le passé peut attacher trop d'importance à la longévité et devenir ainsi gérontophile. La nostalgie, souvent indifférenciée, recèle le mythe puissant mais néfaste d'un Age d'or, un paradis rétrogressif plutôt que futur. Tant de gens ressemblent à Oliver Twist qui redemande des portions du passé. Le renouvellement rapide caractéristique de la vie contemporaine a ses propres périls. « Nous avons si bien appris à assimiler la nouveauté que la réception elle-même s'est muée en une sorte de tradition : la « tradition du neuf ». L'expérience de l'avant-garde d'hier est devenue le chic d'aujourd'hui et sera le cliché de demain. »[50] Les aînés dépriment et mettent en rage les jeunes en leur disant que leurs idés lumineuses sont vieux jeu (« Ta bien bonne m'a fait tomber de mon berceau en riant »). La prémisse erronée des partisans du cliché c'est de chercher à nier le changement, alors que le monde physique, les idées humaines, et le langage sont tous dans un état de perpétuel devenir. C'est peut-être la crainte même devant ce perpétuel devenir qui fait que tant de gens se cramponnent aux clichés.

Il est salutaire de se rappeler que le mot « invention » signifiait autrefois l'acte de retrouver ce qui existait déjà. Lorsque Du Bellay, dans sa *Défense et Illustration de la langue française* (1550), écrivait : « Je me vante d'avoir inventé ce que j'ai mot à mot traduit des autres », il voulait dire qu'il était fier de recycler ce qu'il avait emprunté aux écrivains etrangers. Howells commente ainsi cet ethos selon lequel ce qu'on met en ordre est plus important que le sujet :

> C'est vraiment une façon de dire que le sujet présente moins de difficultés que l'organisation des idées, en ce qui concerne la composition. Une société qui nourrit de telles attitudes doit être par voie de conséquence une société qui est satisfaite de sa sagesse traditionnelle, et qui sait où la trouver. Ce doit être une société qui n'insiste pas tant sur les vertus d'un examen poussé de la nature que sur les vertus de la clarté formelle. On ne devrait attacher aucune culpabilité ni à l'une ni à l'autre de ces tendances. Chacune est valable, et est avec nous à tous moments, nous préservant des excès de l'autre.[51]

Le présent a besoin du passé, si ce n'est que pour le subvertir ou pour en décoller ; rien n'arrive *ex nihilo*. Alors que peu d'entre nous voudraient sympathiser avec la béatitude suffisante de T.S. Eliot, « le commerce sans friction entre le vieux et le nouveau »,[52] quelque petit doigt nous dit que les deux sont interdépendants. Les Japonais font une distinction bien jugée entre les deux : pour notre seul mot « nouveau », ils disposent de deux : « agréablement nouveau » et « nouveau de façon repoussante », ce qui reflète sans doute leurs cultes jumeaux du progrès et de la tradition.

Ce doit être vrai qu'une bonne partie de notre activité cérébrale veut qu'on réinvente la roue, que ce soit par ignorance, par illusion ou par incapacité de voir le même sous des dehors différents. « On pourrait deviner », dit Chase, « que les observations erronées des êtres humains sont conservées comme dans du vinaigre dans les mots, et ne sont ainsi pas sujettes à la vérification continuelle dans l'environnement, comme chez les chats ou les éléphants. » Bien qu'il poursuive en s'exclamant :

« Combien ferme est la foi des enfants dans les mots. Ceux-ci viennent en premier et s'enracinent de plein droit »,[53] il ne faut pas accuser le langage. « C'est par les mots qu'on se fait humain », écrit Ashley Montagu, « et c'est par les mots aussi qu'on peut se déshumaniser »[54] – soit par nos propres efforts ou notre paresse, soit par ceux d'autrui. Le langage est Janus Bifrons – Monsieur-qui-se-tourne-vers-les-deux-côtés-en-même-temps. C'est là le point essentiel de l'étude magnifique des clichés par Jean Paulhan : *Les Fleurs de Tarbes.* Comme Queneau, plus proche de la tradition classique qu'à celle post-romantique, pour Paulhan le contraire du « Terroriste », qui se veut révolutionnaire du langage et qu'il étudie perspicacement, est « le Mainteneur ». On pourrait dire également le « Commémorateur », celui qui maintient en vie le meilleur du passé. C'est un classique moderne. Il soutient fermement que le même mot clichéique signifie diverses choses à des gens différents. Ennemi du normativisme linguistique, comme le démontre sa gratitude pour les créations de l'étymologie populaire, Paulhan, élitiste, n'est nullement un snob. Son livre tout entier fournit des exemples souples de la pensée latérale, c'est-à-dire qu'il se fait ses propres opinions au sujet des clichés (et se les faire vous rend accessible aux autres). Une de ses questions favorites est : mais si … ? Sa probité intellectuelle n'est pas réduite du tout par ses fréquentes questions rhétoriques, posées pour la forme, car elles visent à persuader au lecteur de tomber d'accord avec l'argumentation sans lui marcher sur les pieds. Il confesse que le diagnostiqueur a besoin de se guérir lui-même : « Nous avons été nous–même ce que nous poursuivons. Nous sommes nous-même en jeu. »[55] Cet Ahab soigné, ce rhétoricien, fait montre d'une franchise peu habituelle. Pour prouver son impartialité, Paulhan avoue, comme le Terroriste, que les mots, ou notre préoccupation avec eux, peuvent devenir les maîtres et détruire la communication, dans un court-circuit du sens.[56] Et il reconnaît par-dessus tout que le clichés sont des entités suspectes, « une langue étrange, et comme double, que nous possédons tout à la fois et ne possédons pas. »[57] Pourtant, lorsqu'il conclut en qualifiant le cliché de « lieu d'incompréhension », il veut dire qu'une préoccupation des clichés mène à des mésententes et érige des barrières.[58]

S'il avait vécu assez longtemps pour la lire, je crois qu'il aurait goûté la question songeuse de Schneider ; peut-on jamais identifier un cliché en soi-même ? « La mer foncée comme du vin », fut-il déjà un lieu commun du temps d'Homère, ou une nouveauté éblouissante ?

> L'impression du déjà-dit, comme celle du déjà-vu, reconstruit un passé à l'image du présent, en une sorte d'hallucination inverse. Le nouveau déforme l'ancien en lui donnant la forme intelligible qu'il assume à chaque temps de sa répétition.[59]

Lerner affirme qu'il a cessé de penser qu'une certaine phrase était originellement brillante et qu'elle a depuis connu une traversée du désert. « Ce n'est là », prétend-il, « qu'une hypothèse pour parler du présent. »[60] Un poéte espagnol maintient que « le premier à comparer les larmes à des perles était un génie, mais l'énième un idiot. »[61]

CHAPITRE 5

Apogée

> Je ne pense jamais en écrivant
> Nul ne peut faire deux choses à la fois
> et les bien faire
>
> — DON MARQUIS

> Was uns alle bändigt, das Gemeine
> [ce qui assujettit tout le monde, le lieu commun]
>
> — GOETHE

Dans ce chapitre je ne tenterai pas de construire un panorama chronologique et compréhensif. J'ai choisi certains auteurs importants de deux littératures qui démontrent ou compliquent diverses attitudes envers l'exploitation du cliché. Le cliché est en effet la *reductio ad absurdum* de l'œuvre d'art. Comme elle, il jouit d'une forme définitive et d'une reconnaissance générale. Un critique formaliste russe va jusqu'à prétendre que la poésie n'est le plus souvent que du réchauffé : « Les poètes s'occupent beaucoup plus souvent d'arranger les images que d'en créer. Les poètes reçoivent les images ; la capacité de se les rappeler est de loin plus importante que celle de les générer. »[1] La plupart des œuvres descendent à la grande majorité des lecteurs sous des formes extrêmement condensées, par exemple des citations dont on se souvient de façon inexacte. Il y a aussi la pratique de la demi-citation, c'est-à-dire : on laisse à l'écouteur ou au lecteur le soin d'ajouter ce qui manque en se servant d'une réserve à laquelle les deux interlocuteurs peuvent se fier. Ce court-circuit est peut-être une tentative pour réduire la redondance (ou *redondondance*). Notre mémoire, de plus, souvent réduit les choses à l'absurdité. Des citations célèbres se muent en clichés si elles sont banalisées par une utilisation inopportune, par exemple « to be or not to be » [être ou ne pas être], répété comme par un parroquet lors de quelque décision insignifiante. Par contre, la citation favorite de mon père, « Vêtons-nous du costume de clown », qu'il proférait avant de se traîner vers son monotone travail d'usine, gardait tout son sens. A l'instar de Pagliacci, s'il vous plaît, il prenait tout avec le sourire et ne se laissait pas abattre. D'un autre côté encore, la réutilisation moqueuse de vers bien connus prouve que nous avons tous un besoin psychologique de dégonfler, de temps en temps, la pompe, de rappeler aux gens de lettres que les belles paroles n'arrangent rien (ou, en anglais, ne mettent pas du beurre dans les panais). A l'intérieur de la haute culture, un refrain célèbre tel que « X est une sphère dont le centre est partout et la circonférence nulle part », a eu une histoire de longue durée, comprenant des variantes, et qui s'étend de Parménide et Platon, à travers Alain de Lille, Rabelais, Bruno et Pascal, pour aboutir à Marshall McLuhan. On lui prête une signification tantôt divine, tantôt laïque. Schneider voit cette citation comme un exemple de la façon dont une idée dans une certaine formulation autonome et apparemment parfaite commence à vivre de sa propre vie et passer ainsi d'époque en époque.[2] Pour moi, c'est encore davantage : un exemple du danger qu'il y a de l'euphonie et des jolies configurations, où la première partie de la phrase convoque la dernière d'une manière inéluctable et donc douteuse. Automatisme mental de très bon ton.

Depuis les dernières années du dix-neuvième siècle, bon nombre d'écrivains ont été attirés vers une esthétique de la banalité, une prosaïque pour faire pendant à la poétique traditionnelle. Alors que les soap operas empruntent indéniablement le romanesque le plus rebattu, font du battage pour l'exotisme et le mélodrame, une partie considérable de la littérature sérieuse s'est efforcée d'extirper le romanesque et d'en offrir une critique aciduleuse, comme dans *Madame Bovary*, qui a pour centre une femme quelconque qui rêve de devenir quelqu'une, par moyen d'un romanesque emprunté. Des titres tels qu'*Une Journée* d'Henri Céard (où il ne se passe rien), *La Vie d'un simple* d'Emile Guillaumin, le *Diary of a Nobody* (Journal d'un zéro) des frères Grossmith, ou *La Mort de quelqu'un* de Jules Romains donnent le ton de cette contre-tradition basse de gamme du culte romantique du héros superflu. Elle ne naît pas que de l'esprit de contradiction, mais aussi d'une conviction que « la banalité, chose curieuse, est ce qui échappe le plus à notre compréhension. »[3] Alors qu'elle peut prendre la forme de la banalité simulée (burlesque, ironie pincée, condescendance), elle s'adresse plus profondément au cliché existentiel, la vie stéréotypée. C'est alors que des écrivains génèrent des intrigues clichéiques, un cliché qui jette une arche par-dessus tout, de même que des jeux de mots peuvent diriger une narration toute entière, ou un spectacle public tel que le catch peut être manipulé pour en faire un parti envoûtant, car, qu'on le déteste ou l'aime, le cliché vous captive.

Que dirai-je à propos de Shakespeare que lui-même ou ses innombrables commentateurs n'aient pas déjà dit ? Il présente ces arguments en faveur de notre dépendance et notre indépendance conjointes :

> The sun's a thief, and with his great attraction
> Robs the vast sea ; the moon's an arrant thief,
> And her pale fire she snatches from the sun :
> The sea's a thief, whose liquid surge resolves
> The moon into salt tears ; the earth's a thief,
> That feeds and breeds by a composture stolen
> From general excrement : each thing's a thief.[4]

> [Le soleil est un voleur : par sa puissante atraction, il dépouille la vaste mer. La lune est une voleuse effrontée : elle soustrait sa pâle lumière au soleil. L'océan est un voleur : sa vague résout en larmes amères les émanations de la lune. La terre est une voleuse qui se nourrit et s'alimente du compost furtif de tous les excréments. Tout vole.]

Ou encore, son sonnet 76 :

> So all my best is dressing old words new,
> spending again what is already spent.

> [Tout ce que je sais faire c'est revêtir des paroles déguenillées, et faire circuler ce qui est déjà périmé.]

Les acolytes de Shakespeare sont d'une franchise variable, mais Edward Ravenscroft, dans le prologue de son remaniement de *Titus Andronicus*, confesse de façon grimaçante sa glane : « Il ne dédaigne pas, comme d'autres poètes, d'avouer qu'il n'avait fait que trier le blé de Shakespeare. »[5] Dans une belle illustration du sens glissant du mot « original », Landor disait de Shakespeare : « Et pourtant il surpassait en originalité ses originaux. »[6] Shakespeare est bien entendu le grand commémorateur, « un conservateur et un réfléchisseur habiles de la sagesse accumulée d'une partie considérable de la race humaine. »[7] Pour raison de ses nombreux recyclages, Robert Green le traitait de « Johannes Fac-totum ».[8]

Vers la fin du dix-neuvième siècle, Tennyson fourrait dans un seul vers d'une manière, beaucoup plus méfiante et gênée sinon peut-être autocritique, ces mots : « Défraîchi par la fréquence, réduit par l'usure au lieu commun le plus ordinaire. »[9] Quatre-vingt ans auparavant, Wordsworth saluait de façon plus doucement la pâquerette comme « Toi, le lieu commun modeste de la Nature. »[10] Les yeux de Wordsworth avaient tendance à s'embuer de larmes, et son cerveau à s'attendrir, devant les lieux communs. Ce vers-là au sujet de la pâquerette pourrait passer pour une idée originale, vu que les lieux communs sont normalement moins modestes que vaniteux. Mais Wordsworth était lui-même membre d'une guirlande de paquerettes, comme l'indique l'épigraphe de son troisième poème consacré à cette fleur, tiré de George Wither (qui était lui-même considéré jusqu'à la fin du dix-neuvième siècle comme synonyme de l'écrivaillon).

> That from everything I saw
> I could some instruction draw
> And raise pleasure to the height
> Through the meanest object's sight.[11]
>
> [De sorte que de tout devant moi je tirais quelque leçon et ajoutais au plaisir général par la vue même de l'objet le plus insignifiant.]

La pâquerette est certes un lieu commun, car il y en a des billions. « Modeste » est un épithète anthropomorphique (ou gynomorphique, étant donné la suggestion stéréotypée du mot et son genre en français). Pourquoi voulait-il prêter une stature saillante à l'ordinaire, à force de le saluer, de l'entourer d'espace blanc annoblissant ; cette campagne pour faire de la banalité quelque chose de capital ? Dans l'argot anglais, un « daisy » peut signifie une personne de première classe, ou un pot de chambre (on présume que c'est à cause du dessin floral qui décorait autrefois souvent la vallée du po(t)). La « marguerite » vient du mot grec pour la perle : la pâquerette marie depuis toujours le rare et le commun. Dans son poème « Unité », Victor Hugo compare cette fleur au soleil, et comme le démontre de facon convaincante Sabin, la fleur, ici, est moins une pousse naturelle qu'une figure de rhétorique, une formule de louange, dans la mesure où le poète néglige les données de la vie d'une pâquerette, par exemple celle qui veut qu'elle ferme ses pétales au coucher de soleil. « Le style figuratif d'Hugo donne aux symboles naturels une autorité dogmatique, quasi ecclésiastique, plutôt que la force de persuasion inhérente. Bref, la « leçon » qu'offre la nature dans ce poème est aussi pédantesque et doctrinaire qu'un catéchisme. »[12]

Balzac est un autre écrivain positif, sûr de soi ; il souffrait d'une « copieuse pénurie du doute. »[13] Bien que Joubert estimât que la grandiloquence de Balzac ne fût qu'un jeu, car il ne s'illusionnait jamais là-dessus, Proust était certain que Balzac était en fait la dupe de l'éclat social qu'il avait coutume de décrire. En effet, Balzac nous montre combien le style accrocheur peut être aussi inintelligent que le banal : « Tout est bilatéral dans le domaine de la pensée. Les idées sont binaires. Janus est le mythe de la critique et le symbole du génie. Il n'y que Dieu de triangulaire. »[14] Bien souvent Balzac compare des gens ordinaires à des personnages extraordinaires (un commerçant est « le Napoléon de la finance », et, comme l'a noté Baudelaire, même les concierges sont des génies). C'est là un moyen bon marché d'agrandir le mesquin, et d'élever le prosaïque dix-neuvième siècle au prestige d'autres époques. Il ne tenait pas plus ses engagements avec la réalité observée que les minimalistes qui annoncent qu'il n'y a rien de nouveau sur le Front Ouest ou ailleurs. Chez Flaubert, l'ambition détumesce : tout se fait négatif, se gâche.

« Littérature : occupation des oisifs. »[15] L'utilisation flaubertiennne de cette idée reçue se moque à la fois de ceux qui la dégoisent sans réfléchir et (mutilation volontaire) lui-même qui sut consacrer sa vie entière à une poursuite semblablement défavorisée. Dès sa jeunesse, il exploitatit ainsi ses ennemis pour se justifier lui-même, généralement d'une facon masochiste. En sus de ses aversions fondamentales, il se laissait inspirer par le type littéraire imaginé par Henry Monnier, Monsieur Prudhomme. Ecrivain de sketches qui goûtait l'humour anglais pince-sans-rire et le Nonsense, illustrateur de Balzac, Monnier semble s'être métamorphosé bon gré mal gré en sa création comique : un type conçu pour symboliser la pensée stéréotypée, l'emphase, les truismes, les Irish Bulls [coqs-à-l'âne].[16] Un exemple bien connu est celui-ci : « Ah ! Quels malheurs sont causés par l'ambition. Elle ruina Napoléon. S'il était resté lieutenant d'artillerie, il serait encore sur le trône. »[17] Monsieur Prudhomme se gonflait d'importance à mesure que Monnier le développait ; et il était adopté par d'autres écrivains et illustrateurs. Il finit par être considéré comme le Bourgeois par excellence, et il est le père spirituel et matériel d'écrivains postérieurs (Flaubert, Queneau, Ionesco). Plus ou moins non-problématique dans les textes originaux (Monnier voulait en faire un personnage comique, rien de plus), M. Prudhomme paraît aujourd'hui plus complexe et ambigu : son mythe semble poser des questions sur la nature de la pensée et du langage. Monnier fit publier un texte, à l'époque léger, à présent sinistre, qui s'intitule *Les Diseurs de rien*.

Flaubert

Selon le stéréotype, le bougeois illustre le cliché par ses actions et ses paroles. Il est le cliché par excellence, la parfaite médiocrité. L'adaptation de ce type par Flaubert, « le Garçon », est un cabotin activé par des lieux communs agressifs, mais qui se distingue de ses frères bourgeois par le plaisir sadique qu'il prend à les choquer. (« Epater le bourgeois » est bien entendu le principal cliché littéraire du dix-neuvième siècle et suivants). Par une distorsion affreuse, il se transforme en une risée afin de faire de ses cibles, qu'elles le veuillent ou pas, des objets de dérision. Il fait l'intéressant pour étaler son ignorance. Comme le fait remarquer astucieusement Jonathan Culler, Le Garçon, comme le Neveu de Rameau de Diderot, atteint à une sorte de liberté tout en y renonçant apparemment.[18] C'est quand même un sport dangereux, celui d'exagérer afin de rapetisser, encore que Rabelais en ait pratiqué un semblable des siècles auparavant.

Le Garçon renaît en Homais, dans *Madame Bovary*, livre dont le lieu commun est comme le point mort. Le thème dominant de l'existence de seconde main, que l'ersatz soit un amant idéalisé ou un discours tout fait, exige que le cliché soit le personnage principal. La conception même du roman menaçait même d'être mort-née. « Bien écrire le médiocre », c'est-à-dire s'échiner à composer du dialogue insignifiant, c'est là l'oxymore fondamental qui explique la gêne continuelle.[19] Et pourtant Flaubert se sentait fier de son ambition pervertie (comparez Beckett se vantant à voix basse que personne n'avait écrit sur l'impuissance avant lui) ; il savait très bien que son dessein de produire une banalité distinguée était monstrueux.[20] A l'intérieur du texte, les *plat*itudes d'Homais, chaque fois qu'il ouvre la bouche, l'obligent à y mettre les pieds, mais en même temps elles lui attirent le public plus étendu dont il a soif. En Homais on voit le cliché incarné qui mène à la propagande et à l'autolouange. S'il est insuffisant pour exprimer ses véritables émotions, le langage sert assez bien à profiter d'autrui. On aperçoit ce phénomène dans les séductions différentes d'Emma par Léon et par Rodolphe. L'allocution du discoureur officiel aux Comices agricoles, Lieuvain (lieu vain), saisfait à la foule des auditeurs, pendant que, à une élévation supérieure mais à un niveau de banalité constante mais profitable, les clichés urgents de Rodolphe arivent à leurs fins avec la réceptive héroïne. Convaincu que le discours humain sert de laminoir, Flaubert égalise la plus grande partie de ce qu'il touche : en une sorte de misanthropie œcuménique. Au cours de leur affaire, Rodolphe continue à manipuler les clichés, alors qu'Emma essaie de se nourrir de leurs calories chimériques. Elle trouve avec amertume que les platitudes de l'adultère reprennent et valent celles du mariage.

Dans ce roman les clichés créent des rythmes fugués. Le chasse-croisé des platitudes à l'auberge d'Yonville (celles d'Emma et Léon, et celles d'Homais) trouve son parallèle mais se voit distancer dans le baratin du séducteur aux Comices agricoles, où les réponses sans originalité d'Emma, et le jargon administratif proclamé à la distribution des prix, fournissent un contrepoint au meuglement des vaches, le gloussement des poules et le grognement des cochons. Homais choisit pour le tombeau d'Emma l'inscription latine des plus rebattues (« Sta viator : amabilem conjugem calcas » : arrête, voyageur, car tu foules aux pieds une épouse bien-aimée) ;

et il recommande le saule pleureur archétypal. Dès le début du texte, on apprend aux lecteurs qu'Emma ne sait croire à rien qui ne se montre sous des formes conventionnelles, et cependant les clichés de la vie domestique sont incompatibles avec les rêves romantiques également éculés. Même la rhétorique d'Homais est pseudo-littéraire. Seuls le père à moitié communicatif, la servante Catherine pour ainsi dire muette devant les bourgeois éptanouis aux Comices, et le mari maladroit Charles, semblent échapper à la contagion du langage trompeur. Vers la fin, sous la pression de la réalité, Emma se dépouille d'une bonne partie de sa stupidité romantique. Après des mois de péché, sa dignité tardive et ses paroles plus simples et plus à propos font en quelque sorte d'elle une femme sincère. Il ne faut jamais oublier que ce sont les clichés qui l'ont énergisée. Ils la font agir et la font s'affirmer, jusqu'au point où elle devra épuiser sa capacité d'aveuglement à son propre égard. Les clichés sentimentaux, comme les harangues d'officiers dans les tranchées, la font monter à l'assaut.

Malgré son attaque acharnée sur les idées reçues, Flaubert consent de temps en temps un cessez-le-feu. Dans un passage capital (« Comme si la plénitude de l'âme ne débordait pas quelquefois par les métaphores les plus vides »), il nous rappelle ce que peuvent cacher les clichés. Puisqu'Emma ne réussit pas à percer les fausses protestations de passion de Rodolphe pour voir l'anémie émotionnelle qu'elles cèlent, elle se persuade qu'il sécrète l'amour, tandis que lui ne voit pas que c'est elle qui le secrète véritablement : l'un passe à côté de l'autre. Ce passage-là passe ensuite à comparer la parole humaine à « un chaudron fêlé où nous battons des mélodies à faire danser des ours, quand on voudrait attendrir les étoiles. »[21] Etrange métaphore pour décrire un défaut commun, et un vénérable *topos* romantique : l'ineffable. Harry Levin recconnaît cette « banalité éloquente » que Flaubert voulait atteindre.[22] En effet, Emma et Léon en disent long sur leur amour bateau. Ils parlent comme des livres, mais surtout, en ce qui la concerne, elle sent mieux qu'elle ne parle. De toute façon nous les lecteurs avons besoin de croire qu'il en est ainsi, car, si rien ne la distingue de ses semblables banalisants, pourquoi son auteur l'a-t-il choisie pour son attention toute spéciale ? Quelques belles métaphores se découpent de la débâcle générale ou la *rigor mortis* du langage. A cela j'ajouterais ce dont les critiques parlent peu : la gaucherie fréquente du style flaubertien, malgré sa préoccupation, criée sur les toits, du *mot juste*. C'est comme si un choréographe célèbre ne cessait de se marcher sur les pieds : c'est la *maladroiture* qui, paradoxalement, le sauve ; un Flaubert impeccable aurait menti. Autrement, l'embaumement qu'il applique à son langage pourrait glacer n'importe lequel lecteur.

La correspondance de Flaubert était l'égout ou le pot de chambre dont il ne voulait pas pour sa fiction : un exutoire pour les émotions.[23] Il se réjouirait du fait que le français pour *loci* (lieux), c'est aussi la fosse d'aisance, où les êtres humains se sentent à l'*aise*. C'est dans ses lettres qu'il peut annoncer ouvertement, parce qu'en privé, que, quoique l'univers ait ses limites, la bêtise humaine est infinie, ou que le bourgeois est pour lui, quelque chose d'incommensurable.[24] Les esprits bornés peuvent ainsi ouvrir sans le savoir de vastes perspectives ; la bêtise peut nous enseigner. Selon van Boxsel, « la bêtise n'est pas tant le résultat d'une perception fautive ou une logique fallacieuse qu'une forme d'extase : chaque fois que nous essayons de faire valoir notre valeur, nous sommew hors de nous. »[25] Dans le dernier texte paru de son vivant, « Ueber der Dummkeit », Robert Musil définit la stupidité non pas comme un manque d'intelligence, mais plutôt comme un manque de sentiment. Aussi parlait-il d'une bêtise intelligente, et à vrai dire ses cibles principales étaient les intellectuels prétentieux. Paradoxalement, dans plusieurs pays de l'Europe occidentale, le hibou est un symbole de la stupidité, parce qu'on le croit aveugle et impuissant pendant le jour. Il est donc juste qu'en anglais on parle d'un parlement d'hiboux.

Bouvard et Pécuchet, cette baleine échouée – un livre écrit contre les livres – devait énumérer les leçons qu'il faut tirer de la bêtise humaine. En partant du conte d'un autre écrivain, *Les Deux Greffiers, Bouvard et Pécuchet* est de par sa composition même un texte parasite, de sorte que la solution de leurs problèmes par les deux bonshommes, un retour conjoint au boulot de copiste leur est entièrement convenable. Comment parviennent-ils à fermer le cercle, à faire de leur existence un grand O (un chiffre est à la fois un zéro et un mystère) ? Comme tous les protagonistes flaubertiens, ils pourraient dire, comme Flaubert lui-même l'a écrit dans une lettre : « Je suis trop petit pour moi », confession poignante et autodivisante. Les deux copistes sont à leur propre façon des pèlerins qui finissent par découvrir que le pèlerinage, qui consiste à refaire la route de prédécesseurs censés être illustres dans la quête du savoir, n'est que de l'imitation. De fait, pendant le cours du livre, ils n'ont été à l'origine de presque rien. Leur activité principale a été de commenter sur les propositions d'autrui et de les essayer, de les réorganiser dans la plupart des cas de manière désordonnée (leur jardin hétérogène). Ces deux rabat-joie excitables se plongent dans les romans de Sir Walter Scott avant de les prononcer des amas de clichés. La dernière étape de leur vie sera consacrée au classement (ou plutôt l'inscription pêle-mêle) de la non-sagesse accumulée des supposés experts, l'enregistrement des échecs réitérés de l'intelligence humaine. Ils vont citer *ad infinitum*, et de cette façon ils se résigneront au travail répétitif au lieu d'en démissionner comme au début du roman. La copie leur fournira un soulagement du devoir de penser, ou du moins d'une tentative pour absorber ce qu'ont dit ou écrit d'autres : ce sera un heureux écervèlement bienvenu. Mais aussi, comme avec le Garçon, une vengeance sur d'autres écrivains dont ils coucheront par écrit lesa idioties, et qui se condamneront ainsi de leurs propres lèvres ou plumes. De cette façon Bouvard et Pécuchet atteindront peut-être à cette « persévérance dans l'être » dont parle Spinoza.[26] Deux imbéciles font ressortir la bêtise généralisée. Cette solution révèle et la modestie de Flaubert, qui se sentait souvent dangereusement proche du crétinisme lui-même, et la stratégie habile de l'homéopathie : traiter une chose avec une autre comparable, au lieu d'importer une perspective intelligente étrangère dont il doutait d'ailleurs l'existence. Ses protagonistes trouvent qu'imiter (c'est-à-dire mettre en pratique les idées d'autrui) est impossible : le savoir est non-transférable, inassimilable. La seule imitation qui reste est donc l'acte de coucher par écrit, reproduire textuellement : le *clichage*. Ils apprennent la leçon amère, inculquée de force dans la gorge *protestante* d'Emma : qu'il ne sert à rien de transporter dans la vie quotidienne ce qu'on lit dans les livres.

Pour Flaubert, les livres sont merveilleux, indispensables, mais inutiles. De là, son assimilation fréquente des chefs d'œuvre avec la stupidité : « Les chefs d'œuvre sont bêtes ; ils ont la mine tranquille ... comme les grands animaux et les montagnes. »[27] Le mot « stupide » est ambigu chez Flaubert ; il peut aussi signifier « stupéfié par la joie ou l'étonnement » ; il dit des œuvres de Shakespeare qu'elles le comblent de stupéfaction et d'exaltation comme lorsqu'il pense au système solaire. »[28] C'est là la seule variété de système à le captiver, car l'esprit de système provoque son obsession des clichés. Sa véritable bête noire, c'est la pontification : les raseurs d'estaminet, les chicaniers de corps de garde qui, n'ayant rien à dire, le disent *ad nauseam*. Il avoue un jour que les discussions à propos de Voltaire, du magnétisme, de Napoléon, de la révolution, du catholicisme, qu'on soit pour ou contre, lui tapent également sur les nerfs. C'est l'acte même de conclure, la pensée arrêtée, qui le mettent en fureur.[29] Les dernières années du dix-neuvième siècle ont vu le début d'une perte de foi en un corpus de savoir unifié, après les systèmes ambitieux de Comte, Fourier et Saint-Simon dans la première moitié du siècle, et la prolifération démente de systèmes encyclopédiques par ces *fous littéraires* qu'un fils spirituel de Flaubert, Raymond Queneau, passa des années à étudier avec une fascination horrifiée dans « l'Enfer » de la Bibliothèque nationale. Quand on essaie d'embrasser tout, on n'étreint rien.

Il est ironique (si peut-être logique) que deux d'entre les grands avaleurs de la littérature française, Flaubert et Sartre, protestent si abondamment l'ingestion.[30] En effet, dans *La Nausée*, où l'Autodidacte répète, mais sans se poser la moindre question, l'odyssée futile de Bouvard et Pécuchet, Sartre propose un vomitif pour remplacer le digestif suffisant que fournit la littérature qui se veut consolatrice. Il se peut que l'énorme (ou « hénaurme ») hommage/étude critique, *L'Idiot de la famille*, jamais terminé, ait servi de purgatif pour sa relation d'amour/haine avec Flaubert. Dans ce magnifique pavé, il se force à répéter la fascination et l'horreur de Flaubert devant la bêtise. Dans l'analyse sartrienne, le leitmotiv est que la bêtise est pareille à une chose solide, concrétisée.[31] La cause de l'obsession flaubertienne, ou sa névrose (car Sartre traite Flaubert comme un cas pathologique, quoique d'une grande complexité), est la passivité inculquée à l'enfant Gustave, le père duquel lui avait persuadé qu'il était « l'idiot de la famille ».[32] Flaubert était en effet impressionné par l'état de stupeur ; phénomène où, comme dans un tétanos mental, n'importe lequel d'entre nous peut regarder ou lire fixement sans rien enregistrer, moins absorbé qu'aspiré par ce qu'on contemple. Le vertige en résulte. La bêtise, pourtant, n'est seulement un puits insondable (une de ses images les plus chéries) sur lequel Flaubert se penche, mais aussi une haute colonne qui inspire l'admiration béate. Flaubert était profondément écœuré par l'acte d'un certain Thompson de Sunderland, qui avait sculpté son nom dans des lettres de deux mètres de hauteur sur la colonne de Pompée : « Ce crétin s'est incorporé au monument et se perpétue avec lui. »[33] C'est un exemple parfait de stupidité minérale, cette inscription éternelle de manie égocentrique. Selon Henry James, trouver un exemple parfait de stupidité tel que celui-là était pour Flaubert ce qui ressemblait le plus à la béatitude.[34] Enregistrer l'absurdité c'est refuser une signification aux gestes ou paroles d'un autre ; on endurcit son cœur, sa tête et son imagination. Dans un autre livre de voyage, Flaubert décrit comment il a vu la cabine d'un télégraphiste perchée très haut, et il se dit que l'opérateur transmet par des gestes robotiques des messages qu'il ne comprend pas. Il fait gonfler la scène jusqu'à une méditation sur l'incommunicabilité humaine.[35] Lorsque de façon comparable Camus décrit la pantomine muette d'un homme dans une cabine téléphonique, la réaction brusque de Sartre est de dire que la scène n'était que relativement absurde, vu qu'on n'avait qu'à ouvrir la porte pour rétablir le circuit tronqué.[36] Le gesticulateur bizarre ou le télégraphiste cloisonné ne sont pas aussi déshumanisés que l'observateur qui refuse de combler le fossé et qui souhaite effectivement l'accentuer.

> Je sens monter contre la bêtise de mon époque des flots de haine qui m'étouffent. Il me monte de la merde à la bouche comme dans les hernies étranglées. Mais je veux la garder, la figer, la durcir : j'en veux faire une pâte dont je barbouillerai le dix-neuvième siècle, comme on dore de bouse de vache les pagodes indiennes ; et qui sait ? Cela durera peut-être.[37]

Merde coagulée dont on veut faire du marbre : cette étrange vision ressemble à l'invocation de Baudelaire à Paris : « Tu m'as donné ta boue et j'en ai fait de l'or ».[38] C'est un peu trop près de ce Thompson de Sunderland : Flaubert désirait laisser un monument, qu'il avait marqué à vie, à la postérité, mais le matériau est la bêtise des autres. Dès l'âge de neuf ans il en avait cueilli des exemples : « Comme il y a une dame qui vient chez papa et qui nous contes toujours des bêtises, je les écrirait. »[39] Flaubert ne fait pas de distinction (et c'est aussi le plus grand défaut de ses protagonistes confus) entre « les bêtises » et « la Bêtise », entre sottise secondaire et profonde stupidité ; il fait une montagne d'une taupinière, et se met en une colère énorme contre des nullités. Stupidement, il s'acharne sur des cibles faciles qu'il a érigées lui-même. En société, également, il épuise, il éreinte une blague. Comme l'a dit de lui son vieil ami Théophile Gautier, il aurait abattu une forêt entière pour en faire une boîte d'allumettes. Il fouette sans pitié les chevaux morts. Selon Sartre, dans son *Dictionnaire des idées reçues* Flaubert ne distingue pas (et mettre les entrées dans l'ordre alphabétique est un aveu de défaitisme) entre les clichés, les locutions, les calembours et les perles. C'est un fourre-tout (ou merde alors). « Plus d'un millier d'articles et qui se sent visé ? Personne. Tout ce que Flaubert peut faire c'est de mettre les clichés côte à côte ou face-à-face, et espérer qu'ils auront l'air évidemment ridicules et se détruiront les uns les autres : activité vraiment passive. »[40] Le grief principal de Sartre c'est que Flaubert n'analyse pas ses échantillonnages et, de plus, qu'il permet « la fuite constante de l'idée ou, plus exactement, la *fuite devant l'idée.* »[41] Flaubert ne fournit pas le contexte (lieu, date, classe du locuteur) : du coup nous ne savons jamais qui pense, ou ne réussit pas à penser. C'est comme si Flaubert a volatilisé le locuteur, et s'est volatilisé lui-même à la fois. Un élitisme arrogant et une modestie autopunitive se font mutuellement la guerre dans son for intérieur. Ses impulsions destructrices n'excluent pas une « bosse de la vénération » pour les grands écrivains du passé. Il se tapissait dans les avant-monts de l'Himalaya ; il n'était même pas un nain juché sur l'épaule d'un géant. S'il est vrai que « tout est dit », sa solution était de marteler sa conviction du caractère répétitif du discours humain. Son horreur notoire de répéter les mots ou les sons, et pourtant son recours fréquent à la réitération en tant que réalité incontournable ; sa prédilection pour l'imparfait (temps de la routine, des clichés – « Tous les perroquets s'appelaient Jacquou » –), l'insistance sur la bêtise dans *Bouvard et Pécuchet*, si voisine aux rythmes martelés du « Boléro » de Ravel ; l'amalgamation du mariage et de l'adultère (l'un singe l'autre) dans *Madame Bovary* ; la vie était pour lui comme un radis interminable qui lui donnait des renvois. Comme Marx le soutenait vers la même époque, toute répétition tient de la farce. L'œuvre de Flaubert est une débauche lugubre ; il danse comme un pachyderme sur la tombe où gît le corpus des pensées humaines. L'emploi de l'imparfait (le nom même fait penser à l'échec) transforme les occasions spéciales en platitudes. Proust signale le *trottoir roulant*, l'escalator horizontal, de la prose flaubertienne : sa stase sans arrêt.[42] Flaubert décrit un jour les perroquets comme des singes ailés, et dans « Un Cœur simple » mélange les prières de la servante Félicité aux cris rauques de son perroquet chéri, la litanie de l'oiseau : la religion, ou la rengaine débile. Dans ce conte-ci, la répétition se trouve au carré, l'excruciation accentuée, car le perroquet reproduit aussi des sons qui sont déjà répétitifs : le bruit métallique de la broche qui tourne, celui d'une scie de menuisier (et une *scie* en français est un cliché, comme « saw » en anglais).[43] Le *sottisier* de Flaubert, son recueil d'idées reçues, avait pour but de faire taire à tout jamais le bourgeois bavardeur, lui *clouer le bec*. Le fatras dont se plaint Sartre est destiné, le désespoir au cœur (car Flaubert n'aurait jamais écrit l'espoir au cœur), non pas à évacuer les clichés (Flaubert était plus proche de Sisyphe que d'Hercule) mais à en saturer les gens, qui en auraient en conséquence ras-le-bol. Après tout, si vous essayez d'utiliser le silence, le mutisme électif ou forcé, contre la platitude, celle-ci a toujours le dessus, car qui ne dit mot consent. Le pionnier Flaubert et son après-coureur Sartre se rapprochent l'un de l'autre le plus, pour se servir d'une des expressions favorites de ce dernier, toujours plus convaincante chez les écrivains que chez les sportifs ou les guerriers : « Qui perd gagne. » Chez Flaubert la perte constitue un bénéfice. La simplicité est la destination dont la majorité des êtres humains doivent se passer. Il faut naître simple, comme coiffé. Quoiqu'il soit généralement malhabile à faire des distinctions (et c'est là la principale réserve qu'a pour son maître le gentil Henry James), Flaubert sait distinguer entre la bêtise active et passive. Charles Bovary, Félicité sont muets mais (quant à leur intention, du moins) inoffensifs. La variété triomphale se fait voir de la façon la plus flagrante chez Homais.

A présent iconique, le *Dictionnaire des idées reçues* était loin d'être original ou nouveau même à son époque, qui avait engendré à gogo des *sottisiers* : recueils de perles et de clichés. La diffusion des idées à travers une campagne naïve, c'est là toute l'intrigue de *Madame Bovary*, selon Mary McCarthy.[44] Le mutisme et la stupidité de Charles lui épargnent le sort de ses semblables à moitié instruits : Emma, Léon, Rodolphe, Homais. Bouvard et Pécuchet, qui finissent par apprendre à ne plus apprendre, dégraissent leur existence par trop encombrée, où s'empilent des articles et des maux venus de l'extérieur ; leur amitié authentique survit à la ruination de leur entreprise démente ; nous leur disons adieu quand ils s'asseyent côte à côte à jamais à leur pupitre à deux places : deux écoliers grisonnants. Il faut bien se rappeler ces faits, pour empêcher Flaubert de paraître un monstre (voire un *monstre sacré*). Un monstre, il l'était, comme il le savait bien et comme nous le sommes tous à un niveau plus modeste, mais il savait toujours se moquer de lui-même devant le miroir en accomplissant le rituel absurde du rasage. Cet homme maladroit avait la bonne grâce. Se laissait-il céder à la sentimentalité ou disait-il la simple vérité quand il écrivit à son bon ami Louis Bouilhet : « Il n'y a que les lieux communs et les pays connus qui soient d'une intarissable beauté » ?[45] L'ambition qu'il caressa longtemps d'écrire un livre « sur rien » serait-elle le seul moyen d'échapper au cliché ? Là encore, le désir d'éviter et de retravailler les idées reçues s'installe dans sa propre ornière, devient un contre-cliché, un talisman élitiste.

Flaubert est, selon Felman, *notre* lieu commun.[46] Notre Pénélope véritable, selon Ezra Pound, est Flaubert. J'ai sans doute la bêtise de m'attacher tant sur l'obsession flaubertienne de la bêtise : c'est peut-être un réflexe ou une déformation professionnels, un signal franc-maçonnique, et ainsi une sorte d'inintelligence. Il est tellement facile (ça chatouille les méninges) de méditer sur le sottisier illustrement terne de Flaubert. Comme un tueur à gages fidèle au parti, de n'importe laquelle idéologie, l'anti-idéologue Flaubert pratique l'amalgame implacable, et met toutes les têtes d'œufs dans le même panier. Sartre, envoûté, évoque Flaubert qui se penche vertigineusement sur l'abîme sans fond de la bêtise humaine, mais une métaphore moins mélodramatique serait : une plaine interminable : la pampa de la pompe, la steppe de la stupidité, le veldt du *Weltschmerz*. La *platitude* est l'absence de relief, où tout est exactement au même niveau. Inévitablement réactionnaire, Flaubert considérait l'extension démocratique du suffrage et de l'alphabétisation comme dangereuse et productrice d'encore plus de clichés. Ecoutons Hugh Kenner : « L'art tendant vers le général et le comportement humain vers le cliché, il faut revenir au fait que l'artiste suprême est le spécialiste du cliché, et qu'il ne saurait faire mieux qu'imiter, d'aussi près que possible, les procédés du pisseur de copie. »[47] Flaubert permet, mais ne saurait endosser, cette habilité inintelligente, ou inintelligence habile. Personne n'a établi ce « fait ». Quand même il existerait, une logique pareille n'est applicable qu'à un artiste simplement mimétique qui se borne à reproduire ce qu'il observe. Malgré sa passivité (*dixit* Sartre), Flaubert est autre et meilleur que cela. Une fraction considérable du doute contemporain sur la possibilité ou la validité de la création littéraire vient, pour le bien ou pour le mal, de l'exemple flaubertien. Lorsqu'on en vient aux clichés (et tout, pour Flaubert, aboutit ainsi), nous sommes tout un chacun l'idiot de la famille. Si les clichés sont de l'ersatz, ils sont aussi notre pain quotidien. Une bonne partie de l'égalisation de tout promue par l'élitiste Flaubert, sa globalisation, est après tout démocratique.

La Stupidité

Mis à part le sexe, bien des langues ont plus de vocables – snob, factuel ou vulgaire – pour fou/ivre/stupide que pour n'importe laquelle autre dimension de la vie.[48] La bêtise est–elle un choix, une imposition, ou une simple réalité ? Peut-on comprendre ce qu'est l'intelligence sans essayer de circonscrire la stupidité ? Un proverbe norvégien maintient : « S'il n'y avait pas d'imbéciles, comment pourrait-on reconnaître les sages ? »[49] Nous ressemblons aux ordinateurs primitifs de cette seule manière : il nous faut l'option binaire, mais nous en faisons quelque chose de plus utile. Suspendus sur le jet de leurs puits c/artésiens, les Français rejettent la stupidité sur les animaux qui ne pensent pas (bêtise – bête). La langue anglaise préfère rapprocher la stupeur et la stupidité même si nous chargeons certain animaux de ce fardeau. Tout chercheur qui étudie la stupidité court le risque d'être pris ou pour un snob ou pour un idiot. N'est-il rien de plus idiot que de passer des années de votre vie à compulser des livres pleins de sottises ? Le véritable « Enfer » de la Bibliothèque nationale, comme de toute autre, n'est pas la littérature pornographique enfermée dans le sous-sol, mais celui de milliers de livres inutiles éparpillés sur les rayons supérieurs. Mais pourquoi ne s'exposer qu'aux chefs d'œuvre des époques révolues ? Selon Bechtel et Carrière, dans leur *Dictionnaire de la bêtise*, étudier ce phénomène n'est pas préconiser la camelote ; au contraire, c'est un moyen de resituer les survivants, les grands, dans l'océan de médiocrité qui les entoure.[50] Bien qu'ils précisent que ce n'est pas un « dictionnaire des idées reçues » mais « des idées rejetées », ils citent maint écrivain reconnu aussi bien que les oubliés, et le rapport avec les clichés, les dadas ou l'inintelligence est assez soutenu. Les spécimens sont plus surchauffés, ou bancaux, que dans l'ouvrage de leur grand avant-coureur Flaubert. Nombreux sont anodins, par exemple la théorie, tirée par les cheveux, que la langue de l'Eden était le breton : *a-tam* (quelle bouchée !) et *ev* (bois donc !) (p. 23). Mais des idées plus dangereusement ineptes sont prononcées par les détenteurs du pouvoir : hommes politiques, officiers de l'armée, police, clergé, patronat, media, enseignants, parents. Des êtres humains s'entre-tuent à propos de vétilles. L'opinion du lexicologue Pierre Larousse, selon laquelle les membres des pédérastes seraient de forme spirale à cause de l'anus infundibiliforme de leurs partenaires nous donne-t-elle une perspective simplement bizarre ou potentiellement nocive sur la vie (le vice) (p. 374) ?

Puisque le fanatisme est la grande pépinière de la bêtise, il n'est pas étonnant que bon nombre d'antisémites apparaissent dans cette chrestomathie (Drumont : « Tout protestant est à moitié juif ») (p. 401), bien que ce soit souvent à cause de leurs notions lunatiques sur d'autres sujets, comme dans la haine que ressentait Toussenel pour les félins parce qu'ils sont, croit-il, fascinés par les asperges (p. 54). Le mythe français très tenace de la prodigieuse montagne de merde excrétée par les troupes allemandes trouve son apogée dans l'affirmation d'Auguste Blanqui que les intestins teutons sont plus longs d'un mètre que les tripes françaises (p. 33). On ne peut pas se disputer avec une personne véritablement stupide : à la différence de certaines preuves, elle est irréfutable. Il n'y a pas de place pour un dialogue avec un esprit fermé. Voyez la qualité monumentale de la réaction de Brunetière au darwinisme en 1890 : « Ces idées doivent être fausses, parce qu'elles sont dangereuses » (p. 137). Le même homme, le critique le plus en vue de son époque, souhaitait voir à vrai dire l'obscurantisme : « L'hérétique est celui qui a une opinion » (p. 227). Selon un certain docteur Auvard, « il n'y a de vraiment idiot que le végétal et, à plus forte raison, le minéral » (p. 240). Ce que démontre ce dictionnaire de la bêtise, c'est le génie des hommes pour l'extrapolation, et notre tendance flagrante à ne pas nous contenter modestement de l'ignorance. Devant cette idiotie accumulée, la seule consolation c'est de la voir comme une sorte de mort vivante qui n'a plus besoin de liquidation, comme dans ces paroles littéralement immortelles du maréchal MacMahon : « La typhöides est une maladie terrible ;

ou on en meurt, ou on en reste idiot. J'en sais quelque chose : je l'ai eue » (p. 504). La véritable stupidité est naturellement ennuyeuse ; elle vide ou fait s'immobiliser l'intelligence du receveur. Un soupçon d'énigme et elle peut provoquer chez vous des pensées ou du moins vous sembler excentrique de façon intéressante. Voyez cette héroïne de Zola qu'il décrit en train d'avaler sa soupe les lèvres serrées (p. 359). Comme si souvent c'est le poète comique américain Ogden Nash qui sonne juste, dans un mélange de snobisme et d'humilité :

> So away with you, all you parrot-like repeaters of high-sounding phrases
> that you never stop to consider what they actually mean.
> I wouldn't allow you to stay in any college of which I was the Dean.
> I can never listen to you without thinking Oh My !
> There but for the grace of God speak I.[51]

> [Allez-vous-en, perroquets de phrases ronflantes dont vous ne vous demandez jamais la signification, je ne vous laisserais vous inscrire dans aucun collège dont j'étais le Doyen. Je ne vous écoute jamais sans me dire : oh mon dieu, ça pourrait très bien m'arriver aussi.]

Ou comme l'a exprimé plus sobrement George Eliot : « Les plus vifs d'entre nous se promènent bien bourrés de bêtise. »[52] Et nous avons tous fait beaucoup d'erreurs à l'école, nous goûtons tous les bourdes, ou comme le veut le joli mot-valise : « Nitwitticisms » [mots d'esprit idiots].[53] En plus des perles marines il y a les cultivées.

Léon Bloy

Nous rejoignons la tradition littéraire avec un autre « grand exaspéré », Léon Bloy, qui élève le cliché à un niveau métaphysique, tout en gardant les pieds enfoncés dans la fange de cette terre. Il est un exemple frappant d'un écrivain qui, encore que la plupart de ses valeurs soient rétrospectives (un Moyen-Age idéalisé), est tellement hors de lui en voyant le mal que causent les clichés qu'il forge des mots, créant du nouveau pour combattre le suranné. L'urgence de ce qu'il a soif de communiquer et de répéter le pousse dans le même sens. Ecrire, pour lui, est ce à quoi Flaubert a fini par s'abandonner en travaillant sur *Bouvard et Pécuchet*, une soupape d'échappement : « Je vais enfin dire ma manière de penser, exhaler mon ressentiment, vomir ma haine, expectorer mon fiel, éjaculer ma colère, déterger mon indignation. »[54] C'est le thème et les variations minimales, le hoquet du grand adversaire de la répétition.

Les lieux communs sont cruciaux pour cet adorateur de la croix que fut Léon Bloy. Au nez de beaucoup qui se rongent le sang à propos d'eux, ils s'apparentent à une mauvaise odeur. Quant à lui, Bloy est obsédé par l'âme pourrie qui émet cette puanteur. Les significations conjointes du mot *lieux* en France (*topoi* et latrine) sont faites pour plaire à son tempérament scatologique. L'épigraphe de la deuxième série de son *Exégèse des lieux communs* vient des Philippiens : « Omnia arbitror ut stercora, ut Christum lucrifaciam » [Je regarde toutes choses pour une perte, afin de gagner le Christ]. Aux yeux de Bloy, tout est un signe qu'il faut déchiffrer, et il propose dans son texte la fondation d'une chaire de la lecture entre les lignes.[55] Dans son *Journal* il écrit : « Telle parole banale, éternellement ressassée par les imbéciles, est une affirmation prodigieuse de leur néant et ... par conséquent, elle est *divine.* »[56] Vraiment, Dieu agit mystérieusement afin d'accomplir ses miracles, car débiter des lieux communs est ainsi révélateur, et s'autopunit. C'est comme si Bloy disait : « Damnez-les, Seigneur, car ils ne savent pas ce qu'ils disent. » (« Damnez », car Bloy est vindicatif, et s'est réjoui en apprenant l'incendie du Bazar de la Charité en 1897, où périrent plus de cent personnes de la haute société parisienne, dont de nombreuses dames). Les clichés ont donc des profondeurs insoupçonnées. Puisque le Bourgeois autosatisfait est un relativiste, un modéré, il faut que Bloy soit un extrémiste : « On ne voit bien le mal de ce monde qu'à la condition de l'exagérer. »[57] Poussant plus loin encore la logique de la révélation involontaire, Bloy y trouve une ironie inconsciente : les formules figées de ces êtres qui ne pensent pas veulent dire le contraire de ce qu'elles semblent dire. En dépit de mainte période de lassitude profonde pendant les vingt-six années où il entretenait son exégèse, Bloy se persuadait avec un sublime entêtement que c'était là son ouvrage le plus original. Il lui fallait pour ainsi dire se fouetter pour l'achever, car il était adonné à l'algolagnie métaphysique comme le voulait la tradition romantique de l'agonie ; il aimait parler du « paradis de la douleur ». Il se voyait engagé dans une linguistique éthique, en prétendant que là où d'autres ont essayé de décaler les dessous du comportement, au rez-de-chaussée lui il voulait révéler les dessous du langage qu'il fallait pénétrer jusqu'à une profondeur effrayable.

Il dédie son texte à saint Jérôme, patron des traducteurs et pour Bloy « l'inventoriateur plein de gloire des Lieux communs éternels » (p. 23). Il existe donc de bons clichés. Dans une opération censée être de nettoyage qu'il compare à cele de Jérôme lorsqu'il dénichait les hérétiques, Bloy reprend le rêve brutal de Flaubert : provoquer le mutisme des partisans des clichés (p. 33). Le verbicide à la place du génocide, quoique faire taire l'ennemi entraînerait une immense pénurie de combustible pour attiser son invective. Le lexique du Bourgeois est une sorte de petit-nègre ou français de base : un petit stock qu'on déplace *ad nauseam*. Paradoxalement, les clichés sont riches (après tout, quatre-vingt d'eux ont généré son gros livre), et pleins de sens dans leur ineptie. Bloy permet au lecteur de décider si la sagesse proverbiale de Salomon et celle de la classe moyenne française sont ou non du même type ; le terme connaît une transformation radicale en passant d'un contexte à l'autre. Car « Dieu a toujours dit la même chose de mille manières ! » bien que les clichés divins soient remplis de tonnerre et de foudres (p. 35). D'après les icônes, il est vrai, les anges récitent toujours la même litanie sur leurs harpes. Toute cette perspective est fort éloignée des maximes de « bon sens » des bourgeois, mesquines et hypocrites, et qui sont fondamentalement anti-chrétiennes. Le rapport dont j'ai déjà parlé entre la platitude et l'absence de relief trouve chez Bloy son expression parfaite : « Toute sa lignée, depuis les siècles, garde l'horizontalité absolue dans la platitude géométrique du lieu le plus bas » (p. 153).

Conformément à sa position d'exégète des vérités non sollicitées, aimé de personne, non rémunéré, sans soutien, Bloy se plaint (et c'est un échantillon bien jugé de la cible qu'est la classe sociale) d'être incompris également du notaire, de la dévote, et du fabricant de suppositoires (p. 269). Il ne quitte pas son entreprise rituelle d'employé des Pompes funèbres de Lieux communs (p. 274). Ceux-ci, çà et là, sous sa plume, semblent être la véritable langue universelle : la bêtise inébranlable, et de là sa fatigue périodique de les combattre. Ils sont *infaillibles* (p. 419), comme Dieu, ou son vicaire terrestre. Selon Donat O'Donnell, la pensée de Bloy est « constamment amphibologique », un mot chéri de Bloy, et qui exprime sa perception du symbolisme surnaturel et multiple des événements réels et les répercussions surnaturelles du langage humain. »[59] Bref, Bloy entretient des calembours qui relaient les lieux communs divins aux humains-trop-humains. Peut-être que la simple vérité est que tous ceux qui désirent l'infaillibilité sont catholiques, cachés, émergents, ou professés. Et c'est là un de mes refrains, mes dadas, à moi.

Raymond Queneau

Raymond Queneau est un fils spirituel et non-extrémiste de Flaubert, et aussi différent de Bloy que possible. Féru d'encyclopédies mais demeurant sceptique en toutes choses, plus souvent séduit que dégoûté par les idioties de l'homme, il décrit ainsi Bouvard et Pécuchet : « Ils font avec un enthousiasme plein de sagesse l'élevage des huîtres perlières de la bêtise humaine. »[60] Comme les personnages de son maître reconnu, ceux de Queneau atteignent par moments à l'aide de clichés une sorte de lyrisme bas de gamme mais touchant. C'est l'ouïe fine de Queneau qui capte le psittacisme du genre humain, et qui lui fait inventer des héros, tel que celui éponyme de *Pierrot mon ami*, qui pense « beaucoup à rien ».[61] Ici, « rien » montre la qualité étrangement positive de l'équivalent anglais dans *Alice au pays des merveilles* par cet autre mathématicien littéraire, Lewis Carroll. La déclaration peut-être la plus indisputable de toute l'œuvre de Queneau se fait jour dans *Pierrot mon ami* : « Du temps eut lieu. »[62] L'observateur du *Chiendent* « constate avec amertume que ces banalités [de conversation de café] correspondent parfaitement à la réalité. »[63] Dans *Zazie dans le Métro*, cependant, Queneau exploite un perroquet lugubre et antisocial pour se moquer du discours humain par son refrain sarcastique : « Tu causes, tu causes, c'est tout ce que tu sais faire. » Le commentaire quenaquatique sur le rôle du drôle d'oiseau est que, dès que les gens commencent à mettre la sauce, [Laverdure] leur dit de la boucler. »[64] Par moments et comme par contamination (et la psittacose est une maladie contagieuse), certains comparses reprennent le slogan de la bête, et il arrive souvent que chacun répète l'autre mécaniquement. A un moment, quatre hommes débattent longuement la question de savoir si qui que ce soit d'entre nous puisse débiter des sottises sans les avoir contractées auparavant d'un autre : dispute parfaitement circulaire. A mesure que la controverse avance par à-coups, le mot *connerie* (version basse de gamme de la *bêtise* de Flaubert) acquiert une sorte de signe plus, comme si dire des bêtises était un talent social. Finalement, Laverdure et son propriétaire Turandot changent de place de façon surréaliste : l'oiseau porte la cage qui contient l'homme qui criaille dedans, car ils ont échangé leur langage aussi bien que leur rôle.

Quoique mort, Queneau est une preuve vivante que le ludique n'exclut pas mais illumine le sérieux. Sa préférence « classique » pour le métier et le travail assidu au lieu de l'effusion est discrètement flagrante. Un des personnages de son *Saint Glinglin* ambitieux, philosophique, énigmatique et comique, se rend compte qu'à la suite d'une méditation, il a découvert un lieu commun, mais, puisque c'est sa découverte à lui, la banalité devient vertigineuse.[65] Queneau, qui était fasciné par les néologismes autant que par les lieux communs, passe ensuite à fabriquer des variantes sur le mot *vertige* : *vertigénial* (sorte d'idiotie parfaite), *vertiginosité*.[66] Comme Flaubert et Bloy s'étaient déjà appesantis sur cette métaphore, le vertige même se mue en cliché, et l'abîme en un sentier battu. On ne peut quand même aller plus loin que la limite, et nous avons à prendre pour argent comptant des formulations telles que « la connerie, c'est parfois insondable »,[67] où les mots distingués et familiers se heurtent l'un contre l'autre. Bien qu'il fasse sortir beaucoup d'urine de la vessie gonflée du discours humaine, Queneau était pleinement conscient de l'essence fondamentale, incontournable des clichés. Il n'offre pas d'échappatoire. Ayant déclaré que la « répétition est l'une des plus odoriférantes fleurs de la rhétorique »,[68] il illustre, sous la tête de page « Maladroit » de ses *Exercices de style*, le phénomène ouroborique (Ouroboros, le serpent mythologique qui se mord la queue) de ladite réitération :

> Coucher par écrit ne me paraît pas bien fameux, Ça doit être une de ces expressions toutes faites qui rebutent les lecteurs qui lisent pour les éditeurs qui recherchent l'originalité qui leur paraît nécessaire dans les manuscrits que les éditeurs publient lorsqu'ils ont été lus par les lecteurs que rebutent les expressions toutes faites dans le genre de coucher par écrit.[69]

Ce texte a une structure circulaire comme celle de nombreux romans quenaquatiques. Il n'est pas étonnant que Queneau ait parlé de la rhétorique flaubertienne « qui chasse la répétition avec horreur et la poursuit avec méthode. »[70] Le contraire de la répétition est la variabilité, par exemple les déguisements multiples que pratique le « type » au nom ironique dans *Zazie dans le Métro*, et à juste titre : « Moi, mes trucs, je les varie constamment. »[71]

James Joyce

Comme Queneau qui l'admirait beaucoup, James Joyce était un point de rencontre entre plusieurs traditions, et un éclectique à tous crins. Et moi de me retirer un peu et paresseusement, mais économiquement, et je me bornerai à rassembler une gerbe d'opinions de certains critiques sur la liaison de Joyce avec les clichés.[72] Premièrement une éruption sans doute défraîchie mais toujours vivace de D.H. Lawrence : « Mon Dieu, quelle olla putrida mal cuite que ce Joyce ! Il n'y a rien dedans que de vieux restes, des trognons de chou ... Quelle usure vieux jeu et laborieuse qui veut passer pour du neuf ! »[73] Après avoir cité *Finnegans Wake* (p. 181–2) : « Qui peut dire combien de shamians pseudostylistiques, combien ou combien peu des impostures publiques les plus vénérées, combien de palimpsestes pieusement contrefaits on glissé en premier lieu de sa plume pélagiariste », Levine souligne l'image double : « Sham est à la fois sham [faux] et chaman, plagiaire et pélagien, homme de la rue et saint », et s'étend sur la longue tradition de transcription scribale :

> Copies pieuses de la signature de Dieu. Il fut la cause première et en tant que telle la seule origine du langage. La transcription n'était pas le vol : elle était plutôt une reconnaissance de notre statut dépendant et subordonné ... La vieille théorie de l'écrivain en tant que copieur, qui se rapporte toujours à une source antérieure et plus autorisée, a été remplacée par celle de l'ecrivain original, dont la valeur définitive dépend d'un affranchissement des sources. Et pourtant, comme le proposent ces quelques lignes de *Finnegans Wake*, on peut considérer l'écriture ou bien comme une transcription pieuse ou bien comme une tromperie et un vol : l'originalité pure, étant donné la nature commune du langage, est inconcevable.

Levine soutient ensuite que, sous la plume de Joyce, le cliché est subverti par le recyclage, proposition bien connue des pro-Joyciens, et qui semble très près du clinquant. Elle parle de « l'art comique de Joyce qui enfile des clichés verbaux et multicolores de diverses parties du discours sur le fil détendu de phrases, si bien qu'ils étincellent et cliquettent en se heurtant les uns contre les autres. »[75] Cherchant à défendre *Ulysses* contre l'accusation d'être construit de clichés, Levine offre une interprétation plus charitable : « Quelque part en route les « rails familiers » ont été sabotés, et nous nous trouvons déraillés, avançant par à-coups dans une série cahotante de déceptions préarrangées. »[76] Exploitant une métaphore différente (ou un stéréotype), McLuhan déclare que « le désir du poète pour des moyens toujours nouveaux d'explorer l'expérience le fait pénétrer de plus en plus dans la charrette du chiffonnier entassée de clichés abandonnés. »[77] Citant le « Circus Animals' Desertion » de Yeats, – « Que puis-je faire si ce n'est énumérer de vieux thèmes ? » McLuhan aurait pu ne pas faire les choses à moitié et citer aussi le sonnet LXXVI de Shakespeare ; « All my best is dressing old words new » [Mon meilleur effort c'est rajeunir les paroles surannées], ou bien un vers plus loin : « For the sun is daily old and new » [comme le vieux soleil est neuf à chaque aurore]. Je cesserai là de singer la stratégie joycienne des interpolations, d'épaissir le ragoût (irlandais) de mouton, car j'ai dit ailleurs combien irrémédiablement banale me semble être une bonne partie de l'œuvre joycienne.[78] J'ajouterais seulement (et c'est le revers de la médaille mince) que Joyce s'échine à éveiller en nous tout l'attirail de stéréotypes somnolents, les détritus banals, de nos esprits à demi conscients.

Surréalisme

Encore une région du modernisme qui me semble franchement décevante, c'est le surréalisme. Impeccablement au courant, Gérard Genette s'oppose au « style gendarme » d'André Breton : « Breton chaussait le cothurne, ou le brodequin, pour le moindre pet de travers (la pratique de l'écriture automatique, tissu de clichés, y était pour quelque chose), et ce pompiérisme d'avant-garde a fait école. »[79]

Julien Gracq, qui étant un écrivain créatif aussi bien qu'un critique mordant est encore plus que Genette son propre maître, décrit avec une précision éloquente comment la révolution visée du surréalisme aboutit très souvent dans la banalité :

> Un langage, surtout celui qui est usé (je parle ici de l'utilisation littéraire) tend à se rapprocher de plus en plus d'un réseau compliqué d'aiguillages qui s'entrecroisent – où le mécanicien aux yeux bandés [= « l'écrivain automatique »], au lieu de dérailler sa locomative dans la forêt vierge, dans un désastre prodigieux tel que Breton en rêve, court le risque, encore plus que les simples mortels comme nous, de finir dans une voie de garage somnolente.[80]

Il n'est guère surprenant que le jeune Queneau ait battu en retraite des surréalistes et fait cavalier seul, ou cherché une compagnie plus agréable. Lorsque les surréalistes ont proclamé que « la littérature doit être faite par tous et pas par un seul »,[81] ils essayaient naturellement de duper leurs lecteurs, car par « tous » ils voulaient dire eux-mêmes et compagnie, et non la populace mal lavée. Leur penchant pour les objets trouvés (et le plagiat n'est-il pas l'acte de profiter de l'objet trouvé ?), pour le mauvais goût recherché avec goût, pour les affiches populaires et les blagues idiotes, leur fixation sur la folie (les dépourvus qui sont à la fois « automates » et « autonomes » et inimitables), leur recherche du merveilleux dans le quotidien, toutes ces poursuites-là sont devenues des lieux communs décrétés par les surréalistes. De nos jours, où on pourrait se persuader que « le surréel se fait banal »,[82] dans les vidéos pop par exemple, j'opte pour le contraire. Des phénomènes aussi coriaces et durables que les lieux communs doivent nous apprendre quelque chose sur l'art de l'autoconservation.

Nathalie Sarraute

L'œuvre résolument individualiste de Nathalie Sarraute met l'accent non sur l'esprit de corps ou le travail d'équipe des auteurs mais plutôt sur ceux du discours de l'homme social. Ainsi que le rappelle Sartre dans son texte sur *Portrait d'un inconnu*, en plus du sens de pensée rebattue le terme de lieu commun désigne le lieu de rencontre de la comunauté ou du groupe, où chacun se retrouve et retrouve les autres. C'est la propriété de tous : « Il est la présence de tout le monde en moi. »[83] Parlant en son propre nom et tout en niant n'être qu'une formaliste, Sarraute définit ainsi son objectif littéraire : « Des mouvements à l'état embryonnaire, qu'on ne peut encore nommer, et qui n'ont pas encore fait surface dans la conscience où ils vont se figer en lieux communs, voilà la substance de tous mes livres. »[84] Déjà, dans *Les Caves du Vatican* de Gide, le chercheur scientifique au cerveau ankylosé, Anthime Armand-Dubois, avait découvert dans des « tropismes » comparables des réactions purement automatiques. Ce qu'évoque Sarraute n'est pas un mouvement libre qui se mue ensuite en prison, mais un chaos qui se coagule – et un chaos peu fertile en même temps. En conséquence, même ceux d'entre ses personnages qui ont une vague idée de la nature fausse du discours social et même du soliloque doivent recourir à la banalité pour exprimer leur découverte. Sarraute laisse voir une fidélité au chaos, un mimétisme pas trop différent de celle d'un écrivain naturaliste à la réalité observable. On dit que Sarraute laisse à la porte la politique ; elle ne date ni n'explique « la perte du langage » de ses personnages, et il n'est guère étonnant que Simone de Beauvoir mette en sourdine son admiration pour un auteur par trop obsédé par une sorte de schizophrénie discrète et socialement acceptable qui plaît à une classe de gens narcissiques.[85] Néanmoins, Sarraute communique une vision convaincante d'une culture de seconde main, surtout parmi les gens censés être bien instruits.

Eugène Ionesco

Ionesco offre plus de variété que Sarraute, quoique ses textes possèdent leur propre monotonie. Les clichés/appareils de sauvetage ou du moins de consolation que marmonnent ses petits héros combattent de leur mieux les stéréotypes plus écrasants de leurs nombreux ennemis (par exemple, le troupeau d'hommes cocufié par l'endoctrinement, dans *Rhinocéros*).

Exilé de sa langue maternelle, passager clandestin dans la culture française, travailleur immigré, Ionesco s'efforce de garder ses distances par rapport à sa langue adoptive et ses absurdités mécaniques (communes, d'ailleurs, à toute langue). Et pourtant il est permis de douter qu'il s'attaque vraiment aux clichés, ou s'il se contente de les exploiter. Comme les romanciers catholiques devant le péché, comment se débrouillerait-il sans leur aide ?

Dans sa perspective prévenue, la majorité des hommes sont bêtes et ne parlent couramment que le blabla. Il illustre, et espère prouver, cette croyance préconçue en faisant débiter par ses personnages/marionnettes des lieux communs plus concentrés qu'il ne serait pas possible de réunir en réalité. Alors, par la répétition, et en exploitant le charme de la scène avec ses traditions, et naturellement sa propre jugeote dramatique, Ionesco engendre une poésie démente et sonore, qui fait penser à des jingles ou des vers amphigouriques, et qui atteint un paroxysme rythmique. Les antagonistes dans ses pièces se servent des mots comme le Humpty Dumpty de Carroll : tyranniques, ne tolérant pas la discussion. Les intimadateurs mâles et femelles d'*Alice dans le Pays des merveilles* prennent du moins au pied de la lettre ou dévient leurs syntagmes figés (« Take care of the sense and the sounds will take care of themselves » [Occupez-vous des sens, les sons se débrouilleront bien eux-mêmes]),[86] et les emploient de facon déroutante ; Alice ne cesse pas d'être déconcertée. Ionesco veut nous persuader que dans ses pièces nous écoutons le cadavre animé de notre discours usuel. Derrière cette tentative se tapit le cliché fondamental et facile du désespoir. Comme l'a dit caustiquement Susan Sontag, les premières pièces saisissantes d'Ionesco « ne traitent pas l'absence de sens. Ce sont des tentatives pour exploiter de façon dramatique ladite absence. » Lorsqu'il s'adapte à son ornière confortable de l'absurdisme, ses pièces se transforment dans « les comédies de boulevard de la sensibilité d'avant-garde. »[87]

Parmi des dramaturges plus jeunes, les pièces de Denis Potter incarnent sa théorie que même les fantaisies peuvent très bien être de la pure banalité (*Pennies from Heaven*, *The Singing Detective*). En France le culte récent du *rétro* refait les sentiers battus. D'une manière bruyamment livresque, c'est-à-dire bien française, les romans de Patrick Modiano mettent à jour la vie clichéique d'Emma Bovary en générant des protagonistes (ou plutôt agonistes) sosies l'un de l'autre. Un d'eux, le bien nommé Raphaël *Schlem*ilovitch (dindon de la farce) pastiche non seulement le style de nombreux écrivains, mais s'approprie la tuberculose de Kafka et voudrait bien piquer le suicide de Nerval. C'est une illustration presque parfaite du sens de « kitsch » : réactiver les clichés à des fins improductives.[88] L'agonie de Flaubert au sujet des idées reçues et ce qu'elles impliquent sur la médiocrité de l'existence paraît beaucoup plus authentique que celle d'écrivains tels que Modiano ou Ionesco, qui vivent passivement des rentes du désespoir immérité. C'est là, sans doute, mon préjugé bien à moi.

Il est difficile pour toute personne sincère de ne pas être du même avis que Pope dans ces vers :

> Like buoys, that never sink into the flood,
> On Learning's surface we but lie and nod.[99]
>
> [Comme des bouées qui ne descendent jamais sous l'eau, sur la surface du Savoir nous nous étendons pour sommeiller.]

Les bouées, il est vrai, balisent utilement les profondeurs dangereuses ; et nous pourrions tous bénéficier de temps en temps de ce qu'on a appelé « l'art doux de la non-pensée », c'est-à-dire, l'évasion des moules mentaux de notre culture dominante. Pour cela il ne faut pas fuir mystiquement dans l'inconnaissable, ni s'absenter, par moyen de l'absinthe, mais tout simplement çà et là refuser de courber l'échine ou de laisser passer les idées reçues sans les questionner. Confesser son ignorance et s'efforcer régulièrement de nettoyer les conduits bloqués du cerveau pourraient nous aider à éviter les périls de la semi-instruction, de la pensée bancale. Je ne conseille pas d'adopter aveuglément les us et coutumes locaux, de rappeler quelque simplicité mythique perdue. Les gens mal instruits qui lisent peu n'échappent pas à l'appel des clichés, car ils ont des oreilles et, d'ailleurs, comme on l'a vu, maint cliché semble surgir du for intérieur de tous. Les clichés sont en même temps de l'ignorance commune (que nous déployons lorsque notre réponse à une question brûle les étapes) et de la compréhension commune. Un des termes français pour le cliché est *passe-partout* : la réaction polyvalente. Le domestique Passepartout dans *Le Tour du monde en quatre-vingt jours* de Jules Verne remplit le rôle subalterne de touriste en visite (le syndrome de l'abeille attirée au pot à miel) et qui prend des instantanés mentaux (*cliché* a aussi une dimension photographique), tandis que son maître Fogg [brume] pense nébuleusement aux choses élevées : le défi des configurations mathématiques et les horaires.

Selon Voltaire, la foule de livres est en train de nous rendre ignorants, paradoxe que le livre *Bouvard et Pécuchet* se donne pour tâche de démontrer longuement. Dans ce texte, Flaubert communique la découverte de l'esprit non-scientifique, à moitié consternée et à moitié joyeuse, que les soi-disant experts produisent collectivement un méli-mélo de faits, d'erreurs, de controverses, de faux et de fictions assez semblables à ceux de l'art. Il est un joli terme francais, un *pense-bête* (mnémotechnique) qui jumelle les deux faux contraires, pensée et bêtise. De même que « l'oxymoron » (aigu/stupide) est soi-même un oxymore, et « sophomore » un fou sage, les sorciers et les cancres portent le même chapeau conique (ou bonnet d'âne). On rabaisse l'orgueil de façon saine en pensant au phénomène de l'idiot savant : ces individus rares doués d'un seul talent étonnant qui fait sauter le corset des catégories normalisantes. Un idiot savant, dans *Les Météores* de Michel Tournier, exerce un contrôle parfait, de par sa mémoire prodigieuse et ses calculs rapides comme l'éclair, sur la dimension régulière des calendriers, mais il en manque totalement pour maîtriser les éléments incalculables (le *temps* de l'horloge et de la météorologie). Franz se noie dans une tempête, mais en vérité il meurt de manière encore plus signifiante pour accomplir la solution finale de l'auteur, avec son obsession des signes et des inversions malignes. Jacques Audiberti, qui sait ce dont il parle, forgea l'excellent néologisme *onanité* (*onanisme* et *inanité*) pour décrire la masturbation intellectuelle et stérile.[91]

La conscience des clichés est-elle une onanité pareille ? Ils s'offrent comme des réponses toutes faites, des recettes ou des consolations, et il est certain qu'on a toujours été conscient et ennemi de leurs postures, car les formes multiples de la parodie et de la satire, communes à toutes les cultures, s'en repaissent. Cela ne veut pas dire, bien entendu, que les mêmes clichés sont bien connus de tout le monde au même instant – et c'est là l'excuse du politicien d'y recourir : l'idée la plus éculée semble nouvelle pour certains. Les allusions historiques ne sont pas comprises par beaucoup de gens, et des fragments de n'importe quelle langue sont toujours en train de disparaître ou du moins d'hiverner. Il arrive que la plupart des gens n'ont ni le temps ni l'énergie ni le désir d'être vigilants ou pointilleux (« chercher la petite bête ») au sujet du langage, l'expression des idées ou des sentiments, et considéreraient de tels efforts comme dignes d'un trouble-fête ou une poule mouillée. Nous sommes tout un chacun, pourtant, sensibles au ton et aux sous-entendus. Après tout, là où nous habitons la plupart du temps c'est le *lieu commun*, et pourquoi faire toute une histoire à propos de la normalité ? Si l'on pense au cliché comme du discours non examiné, c'est ce dont bien des étudiants, voire des adultes, voudraient jouir. Encore qu'en privé nous coupions les cheveux en quatre, en public nous feignons un malaise devant cette opération. Le cliché nous rappelle utilement combien nous partageons avec autrui, alors que tant de choses nous persuadent que nous nous en séparons, comme des atomes. La conscience des clichés nous sépare encore plus. Dans une inversion typiquement élégante et convaincante, Jean Paulhan nous fait observer que ce n'est pas l'auteur mais le lecteur de lieux communs qui s'en trouve tout occupé.[92] Le « catéchisme des clichés » est une magnifique blague catholique due à Flann O'Brien, basé sur le modèle de question/réponse (et ses exemples sont souvent en latin, comme dans la messe de jadis) : réflexes conditionnés. « Et le commentaire ? Superflu. »[93] En effet, il l'est bien souvent. Mais une telle conscience des clichés conduit logiquement au silence inévitable (l'éjaculation tant rêvée de Flaubert et de Bloy). Dès qu'on y devient hypersensible, les clichés se métamorphosent en l'indicible. Et cependant ils continuent à sortir furtivement ou éclater comme des jurons, des lapsus et autres tabous enfreints. La frontière entre les clichés conscient et inconscient zigzague.

Les Balises

Quant aux signaux de notre conscience, car nous voulons annoncer quelque chose ici également, il y a les italiques, qui peuvent souligner l'étrangeté ou la répréhensibilité ou la banalité d'une déclaration. Il y a les guillemets, tout à coup insérés dans une typographie autrement dépourvue de marques, et qui servent à rendre une chose inadmissible : de la banalité exemplaire saisie en flagrant délit.[94] Il y a le discours indirect libre, que Flaubert éleva à un haut niveau d'ambiguïté : deux voix, celle de l'auteur qui dirige et celle du locuteur qui est dirigé, sont fondues en une seule, et le ton vacille inconfortablement entre la sympathie et l'ironie. C'est en effet un propos ambigu d'auteur, et un produit de l'esprit moderne, moins sûr de lui, ou moins dogmatique, qui se couvre. Ou bien on peut intercaler des phrases telles que « comme on dit », « selon la formule », « pour ainsi dire », et cétéra. « Prétendument » est un cliché rusé qui avertit et qui donne une carte blanche circonspecte. Tous ces trucs constituent ce que Haig qualifie d'« un cordon sanitaire graphique ».[95] Comme Culler dit à propos de Flaubert, en utilisant des moyens de distanciation tels que « Comme dirait M Prudhomme, ou l'épicier », il se protège de la bêtise qui contamine n'importe quel discours. »[96] Cela dit, il oublie les nombreux moments où Flaubert se clôture avec les stupides, s'embrasse (dans les deux sens, car l'autodiminution ressemble à l'autolouange) avec eux. Dans sa nouvelle « L'Enfance d'un chef », à force de citer sans commentaires les clichés potentiellement meurtriers des contemporains réactionnaires de l'anti-héros, Lucien Fleurier, Sartre les fait se condamner apparemment par leurs propres paroles, quoique ce soit lui, naturellement, le directeur des opérations, le dieu caché – malgré sa fameuse insolence envers François Mauriac, l'accusant de jouer ce rôle dans sa fiction à lui. Amossy et Rosen commentent cette ruse :'De cette façon, la narration/thèse échappe au piège d'avoir à peindre l'authentique par ses propres clichés ... l'authentique se trouve ainsi en suspens. »[97] On pourrait penser à l'humanité putative de Laclos dans ses *Liaisons dangereuses*. Dans une manipulation comparable, Lucien passe d'un brouillard juvénile (avec de courtes éclaircies dans lesquelles il entrevoit où se tapit le comportement authentique) à la certitude de l'adulte (encore puéril), l'option fasciste. De cette manière, Sartre stigmatise l'ennemi sans dire ouvertement un seul mot contre lui. En même temps, il s'amuse probablement à se moquer du grand cliché cartésien et francais : la *clarté*.

L'anathème post-romantique contre le cliché est réglé par des polarités vite consacrées : Individu contre Société, Nouveau contre Ancien, Spontanéité contre Calcul. Pour tous, homme de la rue ou écrivain d'élite, le cliché est un phénomène suprêmement relatif.

CHAPITRE 6

Nadir : plagiat

After, when they disentwine
You from me and yours from mine,
Neither can be certain who
Was that I whose mine was you.
To the act again they go,
More completely not to know.
Theft is theft and raid is raid
Though reciprocally made.
Lovers, the conclusion is
Doubled sighs and jealousies
In a single heart that grieves
For lost honour among thieves.

[Après, quand ils se dépêtrent – toi de moi, et le tien du mien, ni l'un ni l'autre ne peut être sûr quel était ce mien qui était toi. A l'acte ils se remettent et ne sauront pas plus ce qu'ils font. Vol est vol et raid est raid, tout réciproques qu'ils soient. Amants, on finit par soupirs et jalousies redoublés dans un seul cœur qui pleure : les loups se mangent bien entre eux.]

— ROBERT GRAVES

Dans un livre antérieur (*Georges Darien : vol et entreprise privée*), j'ai étudié le larcin comme un programme social et littéraire. Le cliché, où l'on chipe la pensée d'autrui, et le néologisme, où l'on mélange des fragments de mots déjà existants pour inventer du neuf, semblent se rapprocher approximativement du même sujet. Entre les nombreuses manifestations du plagiat, je trouve rasoir celui de l'écolier ou de l'étudiant, qui fait monter certains collègues sur leurs grands chevaux (de bataille). Aujoud'hui, on crée (ou on en fait du battage) des programmes d'ordinateur afin de détecter ces activités supposées infâmes. Les apprentis sont nécessairement parasites, ce qui ne les empêche pas au même moment ou plus tard d'être créatifs. Le plagiat forcé, cependant – la pédagogie dictatoriale – est, comme on l'a vu, fascinant. Le plagiat, ou comme il est baptisé aujourd'hui plus honorifiquement, « les bonnes pratiques », est un emprunt qui après tout nous épargne la réinvention de la roue. Les tentatives de loi pour cerner avec précision le plagiat sont habituellement hilarantes, comme toujours chaque fois que la loi se mêle de contrôler ce qui n'est pas contrôlable. Le plagiat culturel, de la vie quotidienne, et en tant que déterminisme psychologique avec toutes les angoisses qui l'accompagnent – ceux-ci seront au centre de mon attention dans le chapitre suivant.

La mythologie engendre de voleurs notoires : Hermès, Prométhée, Robin des bois, les gentlemen-cambrioleurs de la fin du dix-neuvième siècle ; le Décepteur ou divin fripon qui se fraye un trajet plein de facettes à travers la majorité des cultures. Ajoutons la sagesse des nations : « Lo mío mío y lo tuyo de entrambos », ou, triste à dire, « Omne meum, nihil meum » (Macrobe).[1] Stuart Gilbert emprunte à un contexte divin pour faire un bon mot : « La conception du poète ne saurait être totalement immaculée. »[2] Le vieux dicton « rien ne peut se produire de rien » n'était pas nouveau quand Lucrèce le formula il y a deux millénaires.[3] Plus près de nous, l'anarchiste Luis Buñuel cite Eugenio d'Ors : « Ce qui ne provient pas de la tradition est un plagiat. »[4] Dans ma propre approche, le leitmotiv du chevauchement (pensons aux épicycles) s'apparente aussi au plagiat. A son tour, celui-ci se lie avec les clichés, car ces derniers font du plagiat de masse, le raccourci dont se servent notre paresse et notre lâcheté, mais en même temps notre cordon ombilical pour la vie.

J'ai plus haut étudié quelques aspects du concept classique de l'imitation. L'exemple de Montaigne démontre qu'il faut avoir autant de génie pour être un imitateur fécond que pour être un original pur, cette créature à peine concevable. L'attitude classique contient des impulsions et féodales et démocratiques. Puisque nous sommes tous redevables à nos prédécesseurs illustres reconnaissons-le franchement. Mais les idées appartiennent à tout le monde, et ce qui est à un autre est là pour que je le prenne. Selon la majorité, l'imitation servile ne vaut rien : il faut ajouter autre chose (des idées poussées plus loin, une expression nouvelle). Dans l'Antiquité, certaines des figures favorites pour décrire ce procédé étaient : des abeilles produisant du miel ; la digestion ; et « les voix diverses qui se confondent dans un chœur, des instruments dans un orchestre ; ou des essences qui se marient dans un parfum. »[5] White cite ensuite des opinions selon lesquelles, tandis que la culture de l'Antiquité contenait bien le concept du plagiat, les principaux chefs d'accusation qui le concernaient étaient : la jalousie entre des auteurs rivaux ; le pédantisme des critiques qui ne créent rien ; ou la propagande des apologistes sociaux ou religieux (par exemple, Clément d'Alexandrie, pro-juif et anti-grec).[6] On a déjà vu comment l'invention dans la régéneration de l'Antiquité pendant la Renaissance ressemblait assez au système de recherche documentaire sur l'ordinateur d'aujourd'hui. Le nombre croissant d'accusations contre le plagiat dans l'Angleterre du dix-septième siècle et l'autodéfense vigoureuse qui les rejetait indiquaient sans doute un sentiment accru de propriété littéraire, mais, de façon peut-être plus importante, témoignait d'une effervescence d'idées, une culture intellectuelle vitale. De nos jours, certains organisent des séances de remue-méninges [brainstorming], où la métaphore voudrait décrire des troupes d'idées qui attaquent les remparts d'un problème, mais ne saurait éviter de faire penser à un accès de folie temporaire. Il y a des variétés de plagiat (et des diplômes ...) : à un bout le vannage, à l'autre le pillage. « Certains », pour Colton, « ne nous offrent rien que le cadavre des pensées d'un autre, mais dépourvues de leur vie et leur âme, et c'est là ajouter le meurtre au vol. »[7] Certains s'évaporent si parfaitement qu'ils ont besoin d'un « nègre » (comme disent les Français : réalisme cynique ou impérialisme rémanent ?) pour produire à leur place. Cette pratique, et le recours comparable par des politiciens à des aides pour écrire leurs matériaux de ventriloque est une autre paire de manches (rafistolées). Vers 1950, l'American University de Washington annonça un nouveau cours de « négritude ». Le *Washington Post* (qui des années plus tard devait publier les fuites spectrales de « Deep Throat » (gosier profond) dans l'affaire de Watergate) fit paraître une annonce ainsi conçue : « Artistes nègres » ; nous peignons – Vous signez – Pourquoi ne pas organiser une exposition ? »[8] On peut voir du plagiat au trente-sixième degré, comme dans les remaniements incessants de la Joconde. Quand vous savez que beaucoup de vos prédécesseurs ont volé, pourquoi vous sentez-vous coupable en rejoignant la bande de brigands (« Everybody's doing it » : tout le monde le fait, selon la vieille chanson). La gamme va de mots sélectionnés au mot pour mot.

Le terme de plagiat signifie, étymologiquement, enlèvement, mais a des rapports aussi avec le mot grec pour « oblique ». La phrase anglaise : « Taking a leaf out of someone's book » [prendre une feuille du livre d'un autre : prendre modèle sur un autre] embrasse utilement le vandalisme, l'imitation et le plagiat. L'idée du plagiat s'est attiré bon nombre de métaphores, qui sont les clichés du plagiat. Schneider en choisit quelques-unes : arbre/greffe, nain placé sur les épaules du géant ; mosaïque, marqueterie ; femme publique déchue, puis sauvée ; voyage pour rapporter des trésors ; digestion ; cueillette des fleurs ; couvade des œufs volés ; constructions recomposées ; singe/perroquet/corneille.[9] Le plagiaire inventif et non le criminel se doit de faire fructifier ce qu'il prend, et non seulement de chaparder dans la pommeraie d'un autre. A vrai dire, les plagiaires sont tellement inventifs dans leur autodéfense qu'on se demande pourquoi ils carottent la créativité d'un autre. Il va de soi que l'image principale se centre sur l'acte essentiel : la prise de ce qui ne vous appartient pas. De là, toute une série de verbes : arnaquer, annexer ou récupérér. En anglais, le mot « hackney » a pendant des siècles rapproché cheval de fiacre, prostituée et banalité, sans doute parce que les trois ont à trimer dur. Le grand euphémisme pour le plagiat c'est bien entendu l'emprunt. Surtout, comme presque tout, le plagiat est un instrument à double tranchant : vampire, et sangsue ; extraction et nettoyage. Souvent le plagiaire transfuse du sang nouveau dans un corps exsangue. Et, à la différence de la pie voleuse, le coucou décharge ses rejetons autre part, à l'instar de Sartre qui refile des propres névroses à Baudelaire, Flaubert et Genet.

Mémoire et oubli

La recherche par les commentateurs littéraires pour les influences ou les avant-coureurs est souvent une tentative mesquine pour apprivoiser le nouveau ou, comme dit Schneider, trouver pour lui une famille toute faite, changer le nouveau venu en tout le monde.[10] Pour Schneider, au contraire, les grands écrivains créent, ou pour parler moins paradoxalement réactivent, leurs prédécesseurs. Cette localisation des sources qui sont, comme disait Gide de celles de la motivation humaine, aussi variées et cachées que celles du Nil,[11] préoccupe toujours bien des Stanley de l'entreprise littéraire. Et pourtant, certains écrivains, honnêtes par à-coups, semblent parrainer de telles recherches. Parmi eux, Barthes décrit « une rémanence obstinée, venue de toutes les écritures précédentes, et du passé même de ma propre écriture, couvre la voix présente de mes mots. »[12] Mémoire acoustique : la tête barthésienne bourdonne des sons d'autrui. « Je ne suis nullement un pickpocket de l'intelligence d'un autre », prétend Sir Philip Sidney, tout en traduisant du Pétrarque pour seconder sa vantardise.[13] Un poète qui accuse, plutôt qu'il ne résiste à l'accusation, Martial, dit : « Dicitque tibi tua pagina fur es » [et ta page te dit que tu es un voleur].[14] Toute l'histoire du plagiat est tellement compliquée qu'en la décrivant Schneider recourt à une imagerie alambiquée : le plagiaire ressemble à du papier buvard, qui absorbe mais ne donne rien en retour, qui enregistre les traces mais les entoure dans un transfert inverti ou un chassé-croisé de marques illisibles.[15]

Le plagiat « innocent » ou involontaire aurait pour cause, selon Gourmont, un affaiblissement cérébral, et il cite le cas de Macaulay devenu vieux, qui écrivait le lendemain matin, persuadé qu'elles étaient à lui, des idées qu'il avait cueillies des livres la veille. Aussi évidemment, on peut se souvenir de ce qu'on a lu mais, comme dans le somnambulisme, oublier où.[16] La peur d'oublier les pensées éphémères oblige beaucoup d'entre nous à noter tout, bien qu'on en omette souvent les sources. Le phénomène du déjà-vu brouille encore plus la question des sources. Si seulement notre mémoire savait accomplir le rappel présumablement total du flash-back cinématique. On entrevoit cette possibilité dans le déjà-vu, mais cette expérience n'est d'habitude que d'une durée restreinte. De plus, le déjà-vu ne ressemble à l'acte de revisiter le passé, mais à celui d'entrer dans une sorte de présent qui paraît trop familier et connu déjà de façon troublante. Notre mémoire, comme un débarras, un fouillis ou une poubelle, est un lieu de bric-à-brac en désordre, un dépotoir. La mémoire excelle en la production de clichés. Ce que nous nous rappelons ce n'est pas la complication ni le mystère, mais un certain résumé simplifié, souvent épuré, des expériences passées. Tout en nous lestant d'articles de camelote, cela aide à nous sauver, car la conscience morale dépend de la mémoire. Le réaliste cynique, le révérend Colton, déclare : « La mémoire est une alliée amicable de l'esprit, mais une alliée traîtresse de l'invention ; et il y a bien des livres qui doivent leur réussite à deux choses, la bonne mémoire de ceux qui les écrivent, et la mémoire défectueuse de ceux qui les lisent. »[17] Notre mémoire est fréquemment empruntée, héritée, embrouillée, ou banale.

C'est à cause de la mauvaise mémoire, commune à presque tous, que des plans de formation ont proliféré depuis l'Antiquité. D'après la théorie classique, on enseigne aux apprentis à associer les souvenirs avec certains lieux (*topoi*, *loci*). Proust ressuscite cette vieille tradition en ordonnant que tout acte de mémoire dans son vaste roman consacré à cette poursuite ait pour foyer d'attention un cadre, une habitation locale et un nom de lieu. Puisqu'elle aime à emmerder tout le monde, la mémoire choisit souvent de rappeler des lieux moins communs, car c'est ce qui dépasse le reste qui survit. Les procédés mnémotechniques étudiés de manière savante par Frances Yates se relient aussi à l'habitude de regarder le monde extérieur comme un livre.[18] Celui que veut mémoriser un discours imprime sur le monde façonné de l'homme (la pièce ou la maison) les idées fixes dont il désire se servir dans un discours ; il transforme le monde en un entrepôt de significations ordonnées qui se substitue à l'espace chaotique que les Français appellent *capharnaüm* (d'après la ville de Judée où Jésus attira une multitude devant sa porte).[19] On comparait souvent l'intelligence à une tablette de cire réutilisable, où on pouvait inscrire des données en palimpseste. Comme nul ne l'ignore, tous les arts de mémoire présupposent une mémoire déjà exceptionnelle, car il faut maîtriser et retenir la méthode mnémotechnique aussi bien que les sujets visés. On proposait des jeux de mots pour aide-mémoire, car ce sont une sorte de sténographie mentale, et on peut cultiver les ressemblances. Les professeurs essayaient de systématiser l'association des idées souvent aléatoires, tout en insistant que les apprentis trouvent les exemples par eux-mêmes ; et ils réagissaient de manière compassée si ceux-ci s'avéraient scabreux.[20] La section de *Bouvard et Pécuchet* consacrée à la tentative de rappel ordonné des dates historiques réduit en bouillie la tradition rhétorique étudiée par Yates. Ils métamorphosent leur propriété en dépositaire (les pommiers figurent des arbres généalogiques, les buissons des batailles) : « Le monde devenait symbole. Ils cherchaient sur les murs des quantités de choses absentes, finissaient par les voir, mais ne savaient plus les dates qu'elles représentaient. »[21]

De même qu'à les souvenirs, on voue un culte à la mémoire elle-même. N'importe quel durcissement du cœur contre les torts qu'on nous inflige exige l'oubli, qu'on euphémise parfois sous le nom de pardon. Swann, par exemple, doit en effet écarter son verdict de la fin d'*Un Amour de Swann*, selon lequel Odette n'était pas son genre, pour pouvoir l'épouser plus tard dans la chronolgie du roman. Est-ce qu'on oublie jamais pour de vrai ? Au contraire, ne fait-on qu'enterrer ? A un niveau différent, nous souffrons tous de temps en temps de cryptomnésie, « le souvenir submergé ou sublimé par le moi supraliminal », ainsi que l'enseigne le dictionnaire. On est tous habitués à la difficulté intermittente de faire sortir de la tête (y compris le subconscient) quelque chose de lu ou d'entendu une fois. Avant de reconnaître ses dettes envers Börne, Freud devait évidemment lutter contre sa propre préférence de n'être redevable à personne. L'article dans lequel Freud confesse avec regret que Börne l'avait inspiré n'était pas signé.[22] Thomas de Quincey évoque poétiquement cette zone nébuleuse :

> Mille accidents peuvent mettre un voile entre notre conscience présente et ce qui s'est inscrit secrètement dans l'esprit ; des accidents comparables vont aussi arracher le voile ; mais voilée ou non, l'inscription perdure à jamais ; de même que les étoiles semblent se retirer avant que la lumière recouvre comme un voile – et qu'elles attendent pour être révélées quand le jour qui les obscurcit se sera retiré.[23]

Mise à part l'amnésie elle-même, il n'y a pas d'oubli total. Si nous n'avions pas de mémoire, nous serions libres des clichés, mais aussi de notre humanité. Et pourtant il nous faut les arts jumeaux de la mémoire et de l'oubli pour survivre. On peut même oublier les clichés, ainsi que le nom qui accompagne un visage et vice versa.[24] La thérapie d'aversion permet de se donner ou laisser un autre vous donner (comme dans *L'Orange mécanique*) le contrôle de ce qui est ancré dans la tête ou le comportement. Mais dans ce roman il n'y a pas d'oubli mécanique. Forcer un protagoniste, difficile à aimer, à voir plein dans les yeux une quantité insupportable de ses violences amorales antérieures n'a pas le résulatat voulu. Désapprendre sera encore plus pénible qu'apprendre. Si la thérapie d'aversion réussit du tout, c'est avec le temps, mais alors on ne peut être certain si le temps ou le traitement a été le moyen de guérir.

Le sujet qui s'appelle « S » du livre du psychologue russe, A.R. Luria, *Une Prodigieuse Mémoire*, était plutôt crétin : il ne pouvait pas comprendre les histoires qu'on lui lisait à une vitesse assez rapide. En d'autres mots, il ne se souvenait pas d'oublier, de se débarrasser des détails les plus insignifiants. Son problème principal c'était son habitude de convoquer des images graphiques pour représenter les listes qu'il avait à mémoriser – méthode plus primitive et épuisante que l'utilisation d'une analyse logique des données. Il disait souvent qu'il ne pouvait comprendre que ce qu'il visualisait. Il trouvait donc difficiles des idées abstraites telles que « rien » ou « infini ». Cela dit, nous trouvons tous difficile de nous imaginer ces vacuités, ces trous noirs cognitifs interminables.

Le conte de Borges, « Funes el memorioso » (dans *Labyrinthes*) a pour héros un Uruguayen qui, après être tombé d'un cheval, se rappelle tout ce qu'il voit ou imagine. Sa tête est pleine à craquer – il mourra à vingt-et-un ans d'une congestion pulmonaire – de détails sans fin. Il est donc faible en oubli, en abstraction, en généralisation. Chez lui, tout est particulier. Borges le présente comme une merveille sans pareille, mais une merveille bien triste.

L'approche plutôt différente de Proust en ce qui concerne la mémoire involontaire la montre produite par le hasard, un pur hasard : elle constitue donc une base très fragile pour sa théorie totale de la mémoire. L'épisode célèbre de la petite madeleine offre un exemple du déjà-goûté, bien qu'il finisse par étaler un déjà-vu panoramique. Là, passé et présent sont fondus ensemble, à la différence des couples d'amoureux proustiens qui ne coïncident jamais, dans une dimension extra-temporelle. Pour Proust, si l'on essaie d'invoquer le passé de propos délibéré, de le mobiliser, notre peur des vérités incommodes et notre paresse émotionnelle nous obligeront à l'écrémer et falsifier ainsi son unité authentique. La mémoire involontaire, au contraire, opère quasi mystiquement et certes mystérieusement. Elle nous apporte une sorte de grâce qui peut arroser notre désert interne. La volonté, néanmoins, a un rôle : elle sert à écarter toutes les distractions. La petite madeleine elle-même, le petit gâteau ordinaire, devait être à l'origine un biscuit sec pour bébés. Cela montre un Proust anti-snob, un homme convaincu que l'objet le plus infime peut faire naître la signifiance authentique. Elle est le catalyseur, la gâchette qui déclenche ; elle est un « Sésame, ouvre-toi ! » Le bathos apparent de la fin (la tasse de tilleul) est, au contraire, une apothéose. La mémoire involontaire chez Proust est une théorie de points culminants, de moments privilégiés, d'épiphanies. Elle est proche parente de l'insistance générale de Proust sur les « intermitences du cœur ». Tout compte fait, Proust adore avoir le beurre et l'argent du beurre. La phrase proustienne, notoirement allongée et alambiquée, exige un grand effort de la part du lecteur, un acte de mémoire constamment renouvelé, ce qui convient parfaitement à un roman obsédé de la mémoire. Finalement, pour Proust, la mémoire involontaire est synonyme de la conscience, et toute la série d'expériences qui y est associée possède une dimension morale aussi bien que psychologique et esthétique.

Ce serait dans l'esprit du livre de Schneider, qui m'a secondé dans mon effort pour éviter de me montrer moraliste au sujet du plagiat, si je ne reconnaissais pas ce que je lui dois. Schneider pose en principe que nous vivons tout le temps l'un sur l'autre, nous fouillons dans le slip de l'autre, nous nous infiltrons dans l'esprit d'autrui ou nous sommes envahis par lui. Il agit de façon œcuménique envers d'autres psychanalystes qui sont cités sinon avec révérence du moins complaisamment. Il a écrit un texte véritablement humain qui met l'accent sur la communauté du genre humain de mille façons persuasives. Ma seule réserve (tout en me murmurant à moi-même « Docteur, guéris-toi ») est que son étude est çà et là par trop ingénieuse, qu'elle joue des variations suffisantes sur un thème donné (ou volé). Ses gourous franchement reconnus sont : Borges, Montaigne, Burton, Proust, et Nodier (« grand plagiaire et fin théoricien de cette supercherie », et écrivain-charnière de la réputation changeante du plagiat comme quelque chose d'abominable et donc, pour certains, séduisant).[25] La pratique de Schneider le décharge de toute accusation car, avec tour son « citationisme », il est absorbé si passionément dans son sujet qu'il n'emprunte pas de faciles raccourcis ; ses répétitions et son obsession générale, montre qu'il ne garde pas pour lui-même la question. Son humour prouve son sérieux, Çà et là, il semble presque disparaître dans se antithèses et ses chiasmes élégants (« Quand je crois écrire, je cite, et quand je veux copier, je dis » (p. 85)). Mais cela même reflète le va-et-vient du plagiat. Son équilibre mental tourne dans des cercles vicieux.

Avant tout, il voit le plagiat, que ce soit infligé ou enduré, comme une crise d'identité (p. 124). C'est encore un autre des abondants mécanismes de défense, notre instinct de conservation. Schneider le compare à la mélancolie qui, comme le plagiat, ressasse tout en prétendant que tout a déjà été dit : « Cette stérilité féconde » (p. 335), que j'adapterais à « cette stérile faconde ». Tout n'est pas encore dit puisqu'il est nécessaire de répéter que tout a été dit. Les mélancoliques sont de grands optimistes. Sous une dépréciation constante du présent et un rejet exaspéré du passé, ils entretiennent l'espoir secret d'un avenir vraiment neuf (p. 336). En étendant son enquête, Schneider s'inspire de l'analogie entre le plagiat et la copie à l'école ou l'enseignment supérieur (lieu où maintes gens ragent devant cette pratique). La personne que je copie (pour souligner que nul ne peut se passer des autres, Schneider emploie de façon régulière la première personne. Je est un autre ?) doit savoir davantage ou savoir mieux que moi, simplement parce qu'il/elle est un autre, un non-moi (p. 121). Le snobisme naît d'une image inadéquate de soi-même, d'un sentiment d'infériorité. En conséquence, le snob s'accroche au charme, à l'esprit ou au savoir-vivre d'un autre, et finit par vénérer de faux dieux. Un parvenu est un zéro qui essaie d'émuler quelqu'un d'important. Et pourtant c'est pour d'aucuns une étape nécessaire ; il leur faut s'enticher de célébrités avant de pouvoir les laisser tomber, de même que les pasticheurs peuvent à la longue trouver leur propre voix. Schneider ressent de la pitié pour cet « enfer du plagiaire », et fait observer que celui-ci est souvent adorateur, au point où il souhaite se plonger dans la personne qu'il imite, afin de devenir ce qu'est l'autre (p. 121). De façon comparable, je m'imagine que les imitateurs professionnels du monde du spectacle doivent se demander souvent s'ils possèdent un visage ou une voix bien à eux. « Les plagiaires sont des envieux. Ils cherchent à annexer la créativité de l'auteur plagié plutôt que sa création, ils prennent sa faculté de prendre, et volent son être de voleur » (p. 351). Cette activité rappelle celle des cannibales signalés par Montaigne, qui se donnent des forces empruntées en mangeant leurs ennemis.

Il semblerait que le plagiaire ait décidé trop vite qu'il ne peut pas faire cavalier seul. Comme dans l'éjaculation précoce, il part avant le signal, au cran de sûreté (le *coitus interruptus* est connu à Sydney sous le terme de « descendre à Redfern », le dernier arrêt avant le terminus : enfin, la gloire !). Qu'il arrive trop tôt ou vienne trop tard sur une scène qui paraît pouvoir se passer de sa présence, le plagiaire oscille dans un no-man's-land. « Etre les premiers, n'être que des copistes. Chacun peut être poussé à l'extrême. Le premier atteint une sorte de mégalomanie des origines ; le second, qui n'exclut pas les délires de filiations, prend la forme courante d'un mutisme asservi » (p. 92). Et la victime de l'expropriation ?

L'extrême susceptibilité au plagiat est un symptôme qui varie de la constatation ridicule (« C'est mon concept, ne me le prenez pas ! ») au sentiment tragique qu'on a été volé, violé, dépossédé de ses pensées par un autre. Celui-ci peut même croiser l'expérience insoutenable de maint psychotique, surtout les schizophrènes. S'accrocher à ses ideés inspire le respect. Vous vous y accrochez comme à un fil qui vous lie à votre identité, comme à une peau qui, arrachée, vous exposerait à un terrain inhabitable. Ce n'est pas s'accrocher à ce qu'on possède déjà, mais c'est quelque chose qui vous tient, vous maintient, vous garde en vie. La victime du plagiat est mis hors de lui (p. 239).[26]

Bien entendu, l'auteur du vol peut se croire à son tour persécuté. Comme l'enfant qui croit que vous l'avez abandonné quand il vous quitte, ou l'amoureux qui se sent quitté quand il quitte, le plagiaire se croit plagié quand il plagie (p. 239).

Non seulement les malades mais aussi les analystes peuvent connaître de pareilles angoisses. Jean Cau raconte une anecdote merveilleusement méchante au sujet de Jacques Lacan. Ce dernier se met en une rage démente parce que sa petite fille a osé mettre ses petons dans les godasses de son père. L'analyste dépourvu d'humour interprète cette innocente expérience spatiale comme un meurtre symbolique du géniteur : elle prenait la place d'un mort.[27] C'était là, soit dit en passant, le seul calembour pointu parmi les nombreux exemples perpétrés par Lacan, ou plutôt endurés par lui. Il ne pouvait pas supporter que la réalité quotidienne lui jouât le sale tour du calembour (l'enfant « suivait les traces du pater »). Lacan a en effet avoué un jour : « Moi, je pense avec mes pieds. »[28] J'aime mieux dire : il pense comme un sabot. Pour Schneider, les psychanalystes sont souvent si peu en eux-mêmes qu'ils cherchent la substance chez leurs patients. Pionnier, ni scientifique ni littéraire à tous crins, mais un peu des deux, un contrebandier qui fait la navette. Schneider nous rappelle que les mots « douane » et « divan » semblent avoir les mêmes origines (p. 250). Si un analyste se sent coupable d'avoir séquestré des marchandises, il n'a qu'à s'en remettre de son trouble à force de penser à la férule d'un maître, et répéter ses paroles (p. 249–50). Schneider se délecte évidemment du cas d'un malade obsédé du plagiat et qui mange habituellement de la cervelle fraîche au restaurant. Cet acte symbolique serait une réplique à son analyste : « Cervelle pour cervelle, je préfère celles du café d'à côté à vos manigances de plagiaires suceurs des méninges de leurs patients » (p. 224). Renversement de rôles qui tombe bien, et invitation au docteur à se guérir lui-même. Schneider souligne fréquemment les déterminismes oraux du phenomène en général : « Le plagiaire est un cannibale, comme l'inhibé est un anorexique, et le citationnaire un boulimique » (p. 300). Mais ça ne marche jamais : « Un boulimique écœuré, l'excès au bord des lèvres, le vide toujours plus grand au creux de l'être que les mots gavent » (p. 124).

Bien qu'il le qualifie de « kleptomanie intellectuelle » (p. 317), Schneider sait très bien que de tels larcins sont peut-être de temps en temps commis (mais trop souvent expliqués par l'accusé en disant qu'ils se sont produits) dans une transe somnambule. En effet, comme dit Schneider, le plagiat est du sombambulisme, il n'est ni le sommeil de ceux qui n'écrivent pas, ni l'insomnie de l'écrivain (p. 124). Le plagiaire est « un écrivain sans travail, sans œuvre, un écrivain désœuvré » (p. 123). Il souffre des difficultés de lecture. Il lit trop et mal. Il souffre d'une maladie étrange : à la différence des émigrés de la Révolution française, « il a tout appris et n'a rien oublié. Il a trop de mémoire et pas assez de pensée » (p. 120). On a déjà entendu Barthes se plaindre doucement de sa tête saturée et bourdonnante. Il a une opinion plus enjouée sur la question que celle de Schneider, qui est plus désespérée, urgente et primordiale. Selon Barthes, « le texte de plaisir » ne peut être discuté. « Vous ne pouvez parler « sur » lui, vous pouvez seulement parler « en » lui, entrer dans un plagiat éperdu ».[29] Une sympathie maniaque ?

Je n'essaie pas de me justifier d'avoir consacré plusieurs pages à jouer les seconds violons, à me faire passer pour un psychologue amateur, car tous ceux qui débitent des clichés jouent à être des sages amateurs (à qui Sartre accorde l'étiquette honteuse d' « hommes d'expérience »). Une grande partie du texte riche de Schneider se limite aux auteurs, mais il parle en effet du parasitisme, la vie par procuration, qui nous concerne tous. Le plagiat resemble aux rentes, le revenu immérité, et constitue une tentative de profiter du travail d'autrui. Lorsqu'il assimile l'imitation à un désir d'accéder à une généalogie, ne sommes-nous pas tous à cet égard des bâtards, avides et snob, qui souhaitent être greffés à un arbre généalogique plus chic ? Comme la citation, le plagiat se rattache étroitement à la vanité et en même temps à l'humilité. Le désir, maintient Schneider après Girard, opère comme la métonymie, par une sorte de ricochet. « Une chose n'apparaît belle ou désirable qu'évoquée par un autre. » Et pourtant, ajoute-t-il, « il y a des plagiaires et des écrivains » (p. 291). Afin de ne pas terminer cette section de mon livre sur une note trop pépère, je dois reconnaître que la partie la plus morne de l'enquête de Schneider trouve au cœur du plagiat « le désir de n'être rien. Rien que l'ombre de l'autre, sa trace, son pas. Pas même sa copie, mais plutôt le sillage de vide qu'il laisse après soi. Se fuir est notre première occupation » (p. 247). Pour combler certains vides lexicaux, j'ai trouvé moi-même nécessaire de forger *néminité* et *nihilité* pour décrire cette impulsion reconnaissable, et pour le désir, qui n'est pas inévitablement désir de mort, de n'être nulle part : la *nusquamité*. Pourquoi le positif – l'ubiquité – ferait-il loi ? On reviendra au néant plus tard, – c'est sûr.

Encore qu'elles puissent provoquer des dégâts, les idées d'emprunt sont probablement plus dangereuses que les émotions d'emprunt (la comédie, ou la claque). Une des principales raisons de se méfier des clichés est que les sentiments étalés sous des dehors décrochez-moi-ça ne sont pas sincères. Comme si la douleur ou la joie se devait d'être verbalement créatrice, alors que nous sommes probablement plus proches de nos voisins (et donc moins originaux) quand il s'agit des extrêmes de l'expérience, et plus loin d'eux dans les situations vastes et variables de second plan. Nous craignons à de tels moments que les clichés ne soient pas sérieux. L'autre possibilité, qu'ils ne disent pas réellement leur pensée, est aussi pertinente mais moins urgente. Une définition de travail du cliché pourrait être celle-ci : une expression conventionnelle de ce qu'on ne ressent véritablement pas. En plus des émotions d'emprunt, il y a celles distancées, qui sont le domaine préféré de George Steiner :

> La capacité du réflexe imaginatif, du risque moral de n'importe quel être humain, n'est pas infinie ; au contraire, elle peut être vite absorbée par des fictions, et ainsi le cri d'un poème peut-il paraître plus bruyant, plus urgent, plus réel que le cri de la rue voisine … Il y a peut-être un rapport souterrain et traîtreux entre la cultivation de la réaction esthétique et la possibilité de l'inhumanité personnelle. Qu'est-ce que nous faisons quand nous étudions et enseignons la littérature ?[30]

C'est là une question indubitablement cruciale, que je serais près d'esquiver, si je ne citais pas le cas de la Françoise de Proust, qui éprouve de la sympathie pour les victimes de catastrophes lointaines, mais qui traite durement la servante enceinte qui travaille à ses côtés. Cette situation du livre parle à la conscience du lecteur, mais à quelle fin utile ? Je ne crois pas que la littérature doive nous offrir règlements et usages, bien que la meilleur (et la pire) fournissent des modèles et des alertes pour nous faire penser.

Pour Schneider, les écrivains sont probablement trop obsédés de leur propre moralité pour se poser en modèles de conduite. Tout en citant Malcolm Lowry, épouvanté qu'on puisse deviner son jeu – ses nombreux emprunts à Conrad Aiken dans *Ultramarine*, Schneider comments : « Pas un écrivain qui ne tremble d'être dit plagiaire, c'est qu'aucun ne doute d'en être un » (p. 93). Je suis incapable de décider laquelle des deux confessions suivantes vous secoue le plus. Mark Twain : « Nous ne sommes que des chambres de réverbération. Nous n'avons pas de pensées qui nous appartiennent, nous ne sommes qu'un tas de compost fait de ce dont nous avons hérité, au moral et au physique. »[31] Ou bien Vladimir Jankélévitch, qui plus tard dans son livre écrit très astucieusement sur l'escalade verbale :

> Je ne peux pas ouvrir la bouche sans imiter quelqu'un ou sans falsifier. J'ai beau m'efforcer d'être le premier, de penser originalement, la tradition ou la mode m'émeut : mes phrases, mes idées … mes sentiments mêmes, je regrette de le dire, sont plus ou

> moins des pastiches ; on pense qu'on aime et on récite une leçon ! ... Toute ma personne n'est que du plagiat, la somme de mes rôles. Ne suffit-il pas pour vous faire abandonner l'amour ou la sincérité ?[32]

J'ai déjà parlé de la tradition ancienne de courber l'échine devant ses prédécesseurs, ce qui, sans doute, satisfait au besoin naturel de parrainage, aussi bien que le besoin psychologique des garants. On dit bien aux étudiants : « Citez vos sources. »

La Citation

La récitation c'est la re-citation : la citation ou la copie. Alors que la citation est parfois parasite, élogieuse d'elle-même, inquiète ou pédantesque, il est étrange que les écrivains qui en font un emploi considérable (Montaigne, Burton) paraissent avoir une voix immédiatement reconnaissable. Il se trouve peut-être que le choix de citations (comme le choix de compagnons pour Ignazio Silone) nous renseigne beaucoup sur celui qui le fait. Conformément à leur répugnance culturelle, théologique et sans doute idiosyncratique pour l'écriture de soi, terme nouveau pour l'autobiographie (Pascal : « Le moi est haïssable »),[33] les grammairiens jansénistes, Arnauld et Nicole, fustigeaient le penchant de Montaigne pour l'autocitation, c'est-à-dire son habitude de se proposer comme source d'exemples. Ils assimilaient cette pratique à « l'amour de soi violent », bien qu'ils n'aient pas critiqué le subterfuge de leur protégé Pascal pour parler de lui-même de derrière un déguisement, un pseudonyme/anagramme.[34] Il me semble que le véritable grief de ces critiques supposées chrétiennes contre Montaigne est qu'il n'était pas orthodoxement didactique. Les mots-clés principales de la tradition chrétienne pendant des siècles étaient : autorité (*auctoritas*) et obéissance. Les perdants citaient machinalement la Bible et les pères de l'Eglise. Tandis qu'on avait la permission d'interpréter ces autorités, on n'avait pas le droit, sans être taxé d'hérésie, de les contester. Selon Compagnon, pareille *auctoritas* est fondamentalement un rite d'initiation :

à force de citer les autorités vous espérez accéder enfin au même rang, et devenir un *auctor*.[35] Aujourd'hui, bien des postmodernistes souhaiteraient mettre hors d'action le *canon*, l'enclouer.

Dans une tradition plus mixte, à moitié païenne, Montaigne, à force de nombreuses citations, devint en effet lui-même. Il est un des meilleurs exemples d'une intelligence tranquille, réceptive malgré la lourde facture d'articles d'importation au sujet d'un déficit extérieur. Il n'est pas douteux que Montaigne ait nourri le désir toujours frustré de n'être redevable à personne, car son but était la connaissance de soi, et l'incrustation étrangère pourrait contrecarrer cet objectif. Compagnon décrit ainsi la tension, ou le désordre, qui en résulte : « Mais tout se mêle, tout est bavure. Il n'y pas plus de répétition propre que d'originalité pure. »[36] Afin de contre-attaquer, Montaigne choisit la stratégie du ludisme. Çà et là, il enfouit des citations de prédécesseurs illustres, et jubile lorsque les commentateurs injurient Plutarque ou Sénèque, se faisant illusion que les idées sont de Montaigne.[37] Il complique pour la compréhension du lecteur ses propres efforts pour se comprendre lui-même. Montaigne, comme s'en aperçoit n'importe quel lecteur raisonnablement ouvert, est « divers, hétérogène, pluriel, autant de personnages distincts que de phrases dans le livre » (p. 305). Je me suis souvent dit que Montaigne est le plus authentique romancier de la France : personne d'autre n'offre le sens de la vie complexe telle qu'on la vit ; personne ne moralise plus ni ne juge moins autrui. Il fuit, dit Compagnon, sur place, insaisissable (p. 305). La citation elle-même est répétition : elle court sur place.

Inventer des citations et les attribuer à des autres innocents mais plus célèbres est une sorte de plagiat inversé qui se déleste au lieu de dérober : le coucou plutôt que le voleur d'œufs. C'est aussi de la ventriloquie. Quand même les citations ne seraient pas inventées franchement par d'autres que ceux qu'ils nomment, avec le temps elles se voient changées, et la citation inexacte ou raffinée est parfois supérieure à la formulation originale et insipide d'où elle décolle, de même que les blagues, mises en circulation, gagnent à être polies et améliorées.

Compagnon soutient de facon convaincante qu'il y a trois modèles de la pratique citationnelle : la possession (comme par un corps étranger), l'appropriation (étape intermédiaire) et la propriété (saisie totale et assimilée)

(p. 354–5). Pour moi, je me rappelle que « citer » veut dire l'effort du matador pour magnétiser l'attention du taureau (citation : provocation) ; décerner une médaille (et à vrai dire on fait souvent un défilé de citations) ; ou assigner quelqu'un en justice (et on fait appel parfois à une citation pour fournir des preuves). Ce troisième sens (citations/preuves, ou du moins des insinuations intimidantes), selon lequel on se sent qualifié pour parler sur un certain sujet, se joint à l'ambivalence des deux autres sens. En citant, est-ce qu'on se montre humble ou vain, nous courbons-nous devant une autorité ou faisons-nous une révérence aux applaudissements ? Comme autant de crottes, citer des noms de célébrités comme si on les connaissait sentent toujours bon à celui qui les laisse tomber. Mais pourquoi faire appel à un autre afin qu'il parle en votre nom garantit quoi que ce soit laisse perplexe. Si la citation est dans une langue étrangère, cela peut éviter des tabous, et faire étalage de la publication à compte d'auteur de votre savoir. Dans un manuel de rhétorique qui donne stéréotypiquement à chaque figure le nom d'une fleur dans un jardin à la française comme il se doit apprivoisée, la citation est le narcisse.[38] Comme partout, la question du contexte – comment on donne un cadre à une citation – est cruciale. Une citation sert non seulement de béquille mais aussi de tremplin. En fait, l'utilisation débonnaire de la citation indique celui qui a jeté sa béquille pour marcher sans aide. Pour Compagnon, elle est une alliance de contraires, comme l'oxymore : disjonction et conjonction, mutilation et ente, export et import, découpage et collage (p. 29). Je pense au mot anglais « cleave » : fendre, et unir. La conjonction forcée d'incompatibles apparents – nommons Don Quichotte et Sancho Pança – fait, comme certains calembours, des compagnons de lit de partenaires invraisemblables.

Selon Compagnon, la citation se faufile partout, comme le plagiat pour Schneider, ou les calembours pour votre serviteur pas si humble : elle est le souffle même de la vie littéraire et cultivée. Il va de soi que les stéréotypes et les clichés sont des citations, prélevées ou piquées à autrui. Même la paraphrase est une sorte d'annexation, car là on met le texte d'un autre dans ses propres mots, bien qu'on doive porter toujours les œillères de l'auteur original (encore un exemple de la polysémie de ce vocable, car il peut signifier seulement « premier », sans aucune garantie de la qualité, et une forte suspicion d'incompétence, de primitivisme). Egalement, la paraphrase peut être un exercice critique, puisqu'elle sert de contrôle du sens ou du non-sens d'un texte qu'il faut résumer ; elle pose la question valable : « Qu'est-ce qui se cache derrière le rideau de fumée des mots ? » Selon Kellett, le premier usager d'allusions « était un original de par son mépris même pour l'originalité ... avoir vu qu'il lui était possible de donner un plaisir de surcroît à ses écouteurs à force d'éveiller leur mémoire de cette façon, de les obliger à voir l'ancien dans le nouveau, exigeait une faculté de pénétration de premier ordre. »[39] Cette personne, pour réussir, doit naturellement choisir des sujets bien connus du public, et il ne peut s'écarter trop du sentier battu. L'allusion, c'est à bon entendeur salut (*verbum sapientibus*, qu'on abrège souvent en *verb sap*) ; on fait signe de l'œil au lieu de vendre la mèche. Quoiqu'elle soit plus économe, elle peut faire plus la timide que la citation directe ; elle ressemble à cet égard à la recherche des compliments. D'autre part, comme s'en est aperçu Genette, une allusion mal calculée sert de gaffe, comme lorsque le M. Verdurin de Proust, qui espère intimer qu'il sait que Charlus appartient à l'élite intellectuelle, emploie un terme qui signifie d'habitude l'attache homosexuelle (« que vous en étiez ») ; ou lorsque sa femme, irritée par la loquacité de Charlus, s'écrie : « Ah, quelle tapette ! »[40]

On peut citer bien entendu de façon délibérée, de façon blessante, aussi bien que distraitement ou sans comprendre. Le moraliste espagnol Gracián recommande qu'on prenne des libertés avec les citations (la citation par antithèse, par déplacement du sacré vers le profane ou réciproquement, et ainsi de suite).[41] Gracián était un analyste subtil de l'esprit, et aurait goûté les manipulations de Montaigne des sujets empruntés, comme des voleurs de chevaux qui peignent la crinière ou la queue, ou quelquefois éborgnent le cheval.[42] On peut citer pour clouer quelqu'un au pilori, le forcer à se condamner lui-même, aussi bien que pour le célébrer ou nous féliciter des gens que nous fréquentons et courtisons. La citation sélective (mais toute citation l'est nécessairement) peut exterminer un rival. De façon moins meurtrière, dans les cultures orales, les joutes de citations écrasent d'une manière formelle ; les concurrents marquent un point autant pour les citations que pour les arguments.[43] La citation désobligeante nous mène à dévaloriser les mots célèbres, ou, comme le dit Merton, « des millions de répétitions par ceux d'entre nous qui tiennent à convertir le langage des géants en les clichés des nains. »[44] Sabin met en contraste les phrases toutes faites des locutions avec ces discours-là en voie de disparition : « Dans le langage idiomatique, les syntagmes figés, qui n'appartiennent plus à des contextes originaux ou spécifiques, ont l'autorité de l'expérience et la sagesse des nations. Dans la citation littéraire, c'est la sagesse peu commune des mots, ou même par le simple abrégé d'une phrase, « to be or not to be. »[45]

On peut aussi banaliser par l'autocitation. Si on force là-dessus, elle fait que le lecteur ou l'écouteur murmure : « Il me semble avoir déjà entendu cet air-là quelque part. » Elle peut se prêter à l'autodérision. Queneau, par exemple, a un penchant pour cette sorte d'intratextualité, une sorte de plaisanterie interne pour les lecteurs (analement, ou autrement) rétentifs. Quand même, encore qu'il soit disposé à enrichir ses propres textes par des imports prestigieux, il se moque souvent et doucement de ces monuments culturels ; à l'instar de Rabelais, il gonfle et il réduit. Dans *Zazie dans le Métro*, sa fiction propose que la tête des gens est une boutique de bric-à-brac hétérogène, mais aussi que de ce chaos on peut récupérer des fragments de sens. « A vrai dire », dit Kellett, « tout ou presque tout de ce que nous écrivons est de la citation. Mille ans d'écriture nous ont fourni une série de vocabulaires, chacun convenable à des utilisations particulières.[46] D'un autre point de vue, bien entendu, chaque livre et à peu près chaque phrase à son intérieur, est un néologisme. Et pourtant, le champion même de l'originalité, Emerson, avoue : « Les originaux ne sont pas originaux. Il y a imitation, modèles et suggestion, jusque chez les archanges mêmes, si l'on connaissait leur histoires. » Si on substitue « Japonais » à « Chinois », on peut répéter sa question : « La littérature tout entière est-ce apprendre par la bande, et tout l'art de l'imitation chinoise ? » Mais le partisan éhonté de l'originalité se fait voir quand il conclut : « Nous ne pouvons pas exagérer notre dette envers le passé, mais le moment présent passe par-dessus tout … La vaste mémoire n'est que de la matière première. »[47] Et les derniers venus sont, vraisemblablement, les fabricants.

Swift conseille aux poètes en 1733 d'entasser citation sur citation. Il aurait pu s'adresser aussi aux critiques et aux universitaires quoiqu'il pensât probablement aux citations classiques. On n'emploie pas tout ce pillage pour remonter le moral à son propre texte ou son moi ; il est souvent indispensable, car si vous voulez faire un commentaire, il vous faut travailler sur un texte préexistant. Cependant, nul auteur même irrégulièrement sain d'esprit ou honnête ne nierait qu'il soit facile d'abuser de la citation. (Voyez mon livre tout entier). Considérez la façon dont les critiques d'avant-garde ou traditionnels se lèchent réciproquement le cul à force d'écrire des textes qui consistent pour la plupart dans des citations de l'autre. Peut-être, dans le cas de ceux-là, est-ce une sorte de preuve *per absurdum* de leur cheval de bataille : l'intertextualité. La majorité des critiques à la tâche reconnaissent les instruments du travail : la bibliographie qui met en ordre alphabétique les sources des citations, l'épigraphe, qui est une sorte de citation étoilée, « la quintessence de la citation », selon Compagnon, « un raclement de gorge, un prélude ou une profession de foi » (p. 337). Les notes en bas de page (ou plus habituellement de nos jours les notes de fin de livre) sont « des voussoirs : le texte est un pont suspendu au-dessus du vide qu'il a en horreur. Il craint la chute » (p. 339). Ce sont des fétiches que nous avons peur de ne pas vénérer. Les scientifiques ont un fétiche différent – l'index de citations, qui est une pépinière des clichés en puissance dangereux du milieu universitaire contemporain, imposés par l'administration mais soutenu, comme dans une cinquième colonne, par les enseignants eux-mêmes : c'est la théorie selon laquelle la valeur intellectuelle peut être calculée, comme les ventes des disques du hit-parade.

En anglais, « to con » signifie lire attentivement, et duper. Mainte enquête littéraire comporte sans doute du faux témoignage, de la cuisine de comptes, des coups montés. (Et un *passe-partout*, qui revient ici comme un mauvais sou, est un cadre, une clef maîtresse et une idée toute faite). Un plagiaire, de même qu'un parodiste, est souvent un érudit. Puisque la documentation est incontournable, le plagiat est un risque du métier et une cause de la déformation professionnelle. Lindey trouve difficile de décider qui a été l'auteur de l'idée que « copier un livre c'est du plagiat, en copier plusieurs c'est de la recherche. » C'était peut-etre Charles Reade, qui a érigé nombreuses théories détaillées à ce sujet sous les étiquettes d'emprunts homogène et hétérogène. Ou le prétendant peu indiqué, Wilson Mizner, chercheur d'or, bagarreur, entraîneur de boxeurs, et inventeur de bons mots mordants. Lindey fait la remarque prévisible mais essentielle que beaucoup d'accusations de plagiat peuvent être rejetées en soulignant le caractère banal d'une grande partie du matériel littéraire (le nombre limité d'intrigues élémentaires), la coïncidence (échappatoire fréquente mais parfois vrai événement), l'utilisation par deux personnes du même sujet, le vol pratiqué par les deux sur le même prédécesseur, « le poids de l'influence, des impératifs de l'orthodoxie et de la convention. »[48] Malgré tout cela, il parle de « l'enlèvement des rejetons intellectuels » (p. 509), bien qu'il eût dû savoir qu'aucun d'entre nous n'a pas plus d'influence sur le produit conjoint de nos reins et nos matrices que sur nos idées géniales.

De même que vivre par procuration c'est vivre indirectement, le commentaire vit aux crochets du texte qu'il étudie. On a défini les critiques comme les passagers clandestins sur l'envolée d'imagination d'un écrivain. Il arrive que le critique se sent non seulement contraint mais plus ou moins lié physiquement à son sujet, comme les Caténistes (chaîne de forçats théologiques) qui à partir du cinquième siècle relayait des commentaires bibliques à force d'un chapelet de passages d'écrivains antérieurs : la *Catena patrum*. Scolies sur gloses sur commentaires. Thomas d'Aquin contribua une *Catena Aurea* sur les Evangiles. Ci-dessus, j'ai parlé indirectement (avec un tantinet de connaissances de première main) de la *Seconde Main* de Compagnon. Tout cela est normal pour un critique : on se fait mutuellement la lessive, on essaie de la laver plus blanche que neige, d'écrire virginalement alors qu'on est expérimenté sexuellement. D'autres choisissent une attitude plus pratique. Le romancier moyen et présentateur de télévision, Melvyn Bragg, afin de défendre son programme *The South Bank Show* contre le réquisitoire de David Noakes (« ses formules figées et faciles »), dont celle qui parle de la carrière de V.S. Naipaul qui avait été « un voyage de découverte de soi », répondit qu'il lui incombait de renseigner les spectateurs qui ne savaient rien ou très peu sur le sujet : « J'adopte les clichés à cause de leur familiarité utile. » Plus loin il maintient qu'une telle politique consciente était « bien entendu, au centre de tout débat sur la télévision et les livres ».[50] C'est-à-dire : le critique est rassurant, il dit « prenez ma main et vous ne vous perdrez pas. » C'est une attitude raisonnable, mais elle a l'air fort condescendante.

Montaigne devrait terminer cette section consacrée au plagiat sous ses aspects le plus généraux :

> Il y a plus affaire à interpréter les interprétations qu'à interpréter les choses, et plus de livres sur les livres que sur autre subject : nous ne faisons que nous entregloser. Tout fourmille de commentaires ; d'auteurs il en est grand cherté.[51]

Voilà Montaigne écrivant sur les méta-écrivains. Pour finir, voyons Michael Edwards qui remanie les vers bien connus de Marianne Moore pour nous rappeler que par rapport à la critique de la poésie, surtout celle d'aujourd'hui où le critique choisit souvent de regarder de haut le poète, il y a des choses plus importantes que toutes ces fadaises de joueur de sous-fifre.[52] Peut-être que nous autres critiques, comme les psychanalystes, sont aussi des plagiaires. Non pas des faussaires mais des imposteurs.[53] C'est-à-dire : non seulement on fait circuler des billets forgés, mais aussi on s'empare de la personnalité même d'un autre, on prend un pseudonyme, une seconde identité, un nom d'emprunt. Et cet « autre » peut être un sujet aussi bien qu'une personne.

Sources et Autorité

Je voudrais maintenant traiter des sources, des stocks, et des attitudes qu'on prend à leur sujet. La plupart des sources, surtout dans cet âge de la pollution universelle, pourraient être qualifiées avec plus de justice d'égouts, où tout le monde fait ses grosses commissions tout en montant un coup. Les personnages stéréotypés sont ceux qu'on imite le plus, les comparaisons banales les plus communes, et les émotions toutes faites les plus incontournables. Les êtres humains, afin de survivre, font des réserves de tout, quoique les excédents de nourriture et l'accumulation nucléaire menacent, ou ne font rien pour assurer, une survivance semblable.

L'apparition de la culture de l'écrit stimula le recueil, le classement et l'indexation des données, et à mesure que se développait la technologie, la multiplication et la diffusion de ces données.[54] Depuis la révolution de l'imprimerie, la mémoire des gens se fie de plus en plus aux livres, que ce soit pour lire ou pour écrire : nous prenons note de tout. Les entrepôts du passé, telles que les archives ou les bibliothèques, jettent périodiquement certains livres ou documents en conservant le reste : certaines données, comme certaines créations artistiques, sont peu mémorables. Le film futuriste *Fahrenheit 451* postule une société où, après l'autodafé des livres, des groupuscules d'individus résolus s'efforcent de mémoriser ce qu'ils ont lu, de se transformer en des entrepôts ambulants, qui murmurent les grandes œuvres du passé. Le documentaire d'Alain Resnais, consacré à la Bibliothèque Nationale, s'intitule *Toute la Mémoire du monde*. On dirait que nous avons peur de surcharger notre tête. Si notre savoir était là-dedans, nous pourrions mieux le contrôler, l'ayant pris, suivant le cliché contemporain, en compte. Alors qu'il se cache (pour mystifier) dans les livres, il possède une autorité d'une espèce souvent douteuse. Le phénomène moderne de la reproducibilité (photocopieuse, enregistrement sur vidéo ou sur cassette, appareil photographique) diminue évidemment le concept d'authenticité. Ce qui était protégé par copyright est tombé dans le domaine public. Les éditions pirates (phénomène assez antique) offrent un angle commercial au plagiat. L'art est de plus en plus disponible, (souvent sous une forme vulgarisée ou miniaturisée) pour presque tous. Et pourtant le changement de contexte transforme la perspective : imaginez l'étude d'une photo d'une cathédrale pendant qu'on est vautré sur un canapé. La disponibilité très étendue provoque l'obsolescence rapide ou la réaction blasée. La conversation dans le village global se mue en esprit de clocher sur une échelle universelle.

Autrefois on avait naturellement des moyens pour populariser la créativité de l'élite. Les recueils personnels de citations notaient les pensées remarquables qu'on avait lues. « Peu importe que sa tête soit vide », s'écria Swift, « pourvu que son recueil soit plein. »[55] Des recueils pareils s'appelaient aussi des « copybooks » (« des livres qui assurent la *copia*, ou le mouvement libre du discours essentiel pour l'art oratoire »),[56] ou, à cause de leur utilité condensée, des épitomés. Au cas où on serait tenté de rejeter de telles pratiques en les traitant de passives ou parasites, Ong déclare sans ambages que

> là où la littérature moderne est à son apogée, elle garde un rapport vivant avec la tradition des lieux communs, et là où elle est pauvre, sa pauvreté est due à son incapacité à établir ce rapport – c'est-à-dire – due à son ignorance d'elle-même et comment elle est arrivée là où elle est. Plus on vieillit, plus notre littérature mérite d'être mûre.[57]

Bref, Ong défend la continuité, et actualise ainsi et cherche à résoudre la polarité Anciens/Modernes. *Florilegium*, calque latin du mot grec *anthologia*, signifie « recueil de fleurs » ; l'équivalent anglais, plutôt mièvre, est « petit bouquet » [posy] C'étaient des recueils de citations gnomiques ou d'*exempla* – histoires illustratives, soit historiques soit imaginaires. La série entière d'habitudes mentales se sont cristallisées pour donner le tableau stylisé suivant : « L'abeille » rhétorique industrieuse traverse le jardin (ou peut-être la forêt) de l'invention pour visiter les lieux (*loci*, *topoi*) d'où on extraira des « arguments ». Du jardin elle recueille du nectar pour faire du miel (des discours ou des poèmes). »[58] La plus grande de ces abeilles était Erasme, dont *L'Eloge de la folie* montre cependant comment il savait se distancer spirituellement du consensus passif. Je goûte aussi l'idée de la *Corne d'abondance* de Textor (1518), qui est principalement un catalogue de ce qu'on trouve en grande quantité dans des endroits spécifiés. Elle se termine pourtant par son contraire : « Il n'y a pas de cochons en Arabie, surtout dans le pays des Scénites. »[59] Cete exagération d'une exclusion absolue défie la logique : il n'y en a point, par-dessus tout dans cet endroit ! *L'Epitheta* de Textor (1524) « fournit un assortiment de choix pour ajouter à la pensée présumablement « nue » du tresseur de mots peu habitué à la rhétorique une texture plus riche, plus attrayante – c'est-à-dire plus banale ! ... On trouvera ici l'attirail et souvent la substance de milliers de poèmes à travers l'Europe occidentale, à travers la renaissance et indéfiniment plus tard. »[60] Cette vision de l'esprit humain en tant que couverture en patchwork (un *cento* était un manteau fait de bouts de tissus) ou en mosaïque trouve son expression la plus captivante dans l'*Anatomie de la mélancolie* de Burton, « omnium-gatherum » ou fourre-tout suprême. Hommes et femmes ont toujours été experts en l'art du bricolage qui nécessite le recyclage de ce qu'on a sous main.[61] Il nous faut tous apprendre, quelle que soit notre position sociale, à nous servir d'une chrestomathie – recueil de passages ou de reçus accompagnés de notes explicatives (par exemple, pour faire sa déclaration d'impôts). Des décombres des travaux d'autrui s'élèvent nos constructions à nous. Même s'ils sont légaux et fournissent toutes les références requises, les florilèges sont de par leur nature même de seconde main, donc plagiés, bien que l'art de choisir des citations pertinentes exige beaucoup d'intelligence et d'imagination.

De tous les manuels langagiers, le dictionnaire est celui qu'on compulse le plus. Les lexicologues sont des plagiaires par excellence, puisqu'ils font leurs compilations en consultant d'autres ouvrages de référence ou y ajoutent. En effet, un fourre-tout, un dictionnaire est nécessairement le plus grand réservoir de clichés : il travaille sur le langage sous ses aspects les plus normaux et normatifs. Les définitions mêmes, comme les maximes, proverbes ou lieux communs, recherchent la fixité, le caractère décisif, l'exhaustivité. Il faut que les dictionnaires se posent en autorités (et beaucoup d'entre eux essaient de contrôler le langage dans son état courant aussi bien que de le décrire de façon descriptive.) Nous nous inclinons devant autrui tout en les consultant. Il est facile de confondre les auteurs de ces tomes lourds avec ceux de nos vies (que ce soit les parents ou les divinités). Mais la culture de l'imprimé et la libéralisation progressive de la société et des attitudes ont conduit beaucoup à se montrer hostiles envers de telles autorités avec leurs lieux communs imposés. De nos jours on a vu un contre-mouvement vers l'anonymisation du mot écrit, et il semble parfois que les textes doivent porter des numéros tatoués comme les prisonniers des camps d'extermination. Le *locus classicus* de ce renversement, cette « mort de l'auteur », est dû à Barthes, dont *Le Plaisir du texte* confesse, quoique l'institution de l'auteur soit périmée, qu'il *désire* toutefois l'auteur.[62]

Nous savons à présent (et sans doute depuis toujours) qu'un texte n'est pas composé de lignes de mots qui transmettent une signification définie qu'on pourrait appeler « théologique » (c'est-à-dire un message de l'Auteur/Dieu), mais d'un espace aux dimensions multiples, où divers écrits, dont aucun n'est original, se marient ou se combattent l'un contre l'autre : le texte serait un réseau de citations venant d'innombrables sources culturelles ... L'unique recours de l'écrivain c'est de mélanger ces écrits, de créer une concurrence entre eux, et de ne jamais se décider à accepter aucun d'eux. S'il désire « s'exprimer », il devra se rendre compte que les données « intérieures » qu'il prétend traduire ne sont elles-mêmes qu'un dictionnaire tout prêt dont on ne peut définir les mots que par d'autres mots et ainsi *ad infinitum*.[63]

« Concurrence », ou peut-être « mise sur écoute » : c'est-à-dire à la fois embêter agressivement et espionner, pratique extrêmement parasite. L'exclusion de cet auteur (classique) absent mène à une présence proportionnellement plus intense du lecteur d'aujourd'hui. Le sacrifice de Saint Jean-Baptiste me vient à l'esprit : pour que croisse le Messie, l'avant-coureur doit être réduit. Barthes voudrait décapiter le texte. Comme le fait remarquer Schneider sur un ton caustique, on meurt beaucoup de nos jours : après Dieu, l'homme, le sujet, l'auteur. « Hélas, les fantômes ont la vie dure », et le subjectif s'est ressuscité après l'épisode du structuralisme.[64] Il se concentre sur la contradiction essentielle : il faut un auteur pour proclamer qu'il n'en est point, que tout texte n'est qu'une série de citations anonymes et inassignables sans guillemets (p. 36). De plus, j'ajouterais que Barthes lui-même passa sa vie à faire le différent, l'insaisissable et, malgré son affection pour le marxiste Brecht, rien moins qu'une propriété commune. Quand il parle des instantanés de famille, Barthes maintient que la *doxa* – la banalité – donne naissance à une nouvelle *doxa*, qui à son tour engendre un autre Paradoxe. Barthes court, il court sans cesse, fait la course des haies auteur des paramètres d'un cercle fermé : c'est le saute-mouton à des jeux olympiques intellectuels. « La Doxa ... est l'Opinion Publique, le cerveau de la majorité, le Consensus petit-bourgeois, la Voix du Naturel [c'est-à-dire ce qu'on n'examine ni ne questionne], la Violence du Préjugé. » Et pourtant il la bonne grâce d'admettre qu'il y a dans le discours de la doxa « d'anciennes beautés dormantes, le souvenir d'une sagesse somptueuse et fraîche autrefois. »[65]

Des dizaines d'années auparavant, qui plus est, Jean Paulhan s'était opposé au « terrorisme » du concept de l'auteur volatilisé, c'est-à-dire l'auteur qui refuse d'être responsible de ses clichés ou en vérité de n'importe quoi. Un terroriste pareil prétend n'être qu'un médium (au sens spiritualiste ou de mass media), et une telle renonciation est à trouver chez les réalistes et les surréalistes, qui sont tous deux logés à la même enseigne. « Tous deux mettent en code un curieux système d'alibi. Simplement, l'écrivain s'efface ici devant le document humain, là devant le document surhumain. La tranche de vie comme la tranche de rêve lui permettent également de dire « Je n'étais pas là. » A quoi Paulhan répond par le rappel simple et rude : « Car vous *écrivez* pourtant, quoi que vous en ayez, et ne l'ignorez pas. »[66] Il résiste résolument au cliché contemporain (« Le langage vous parle »), fort répandu dans certains milieux critiques, linguistiques et psychiatriques. Sa théorie ressemble à celle que Sartre dresse contre le dictionnaire de clichés flaubertien : vous négligez le locuteur/écrivain et vous concentrez sur ce qui est dit/écrit ; vous éludez ainsi sa motivation, sa particularité et le contexte : en d'autres mots la spécificité des clichés.

« Quoique le logos soit commun », déclare Héraclite dans un de ses fragments moins énigmatique, « la plupart des hommes vivent comme si la pensée était une propriété privée. »[67] C'est là le contraire du plagiat : l'effort pour protéger ce que vous croyez vous appartenir. Dans *The Gutenberg Galaxy*, McLuhan maintient que le concept de la possession privée des idées et des mots n'aurait pu se produire qu'avec l'invention de l'imprimé. Dans son commentaire sur ce texte, Steiner écrit : « L'utilisation par McLuhan d'une « collectivité » de vérité. »[68] C'est là que gît peut-être le catholicisme de McLuhan. L'énigme ou le nœud gordien depuis toujours : si la langue nous appartient à tous, comment certaines phrases pourraient-elles être considérées comme de la propriété privée exclusive ? La propriété c'est le vol, affirme Proudhon, après quelques autres. D'ailleurs, dans l'inconscient, croit Freud, « il n'y a pas d'originalité », de même que « le contenu manifeste du rêve n'est que le résultat du refoulement de son contenu latent. » Schneider établit une comparaison avec une cure psychanalytique, après laquelle le fantasme original (dans les deux sens) aboutit au malheur banal : le patient voit qu'il n'est plus unique mais malade comme tant d'autres.[69] On a vu plus haut la générosité douloureuse de Freud quand il confesse ses dettes envers des précurseurs, surtout les créateurs littéraires (et « dettes » se joint à d'autres termes financiers de la psychologie, tels que « économie psychique » ou « solde »). Après une visite de Jung en 1907, Freud commence à avancer la notion de « communisme intellectuel », un réservoir commun, ou bien une sorte de plagiat donnant donnant. Ce projet de travail en équipe, destinée à économiser sur l'effort et à éviter l'inquiétude qu'on ressent pour donner ou pour prendre, ne saurait guère échapper aux images de l'économie, car un chaînon de la chaîne tirerait profit certainement des idées d'autrui. Il ne pourrait ressembler à une lettre de chaîne par laquelle personne ne gagne. Schneider voit dans cette expérience un mythe précapitaliste, celui du troc.[70] Ou bien, comme disent les Français qui sont à leur heure gens de terre : « Passez-moi la rhubarbe et je vous passerai le séné. » Les clichés sont le communisme langagier, la propriété commune, la richesse communautaire.

La loi s'intéresse sans doute plus à la propriété qu'aux bienséances. Les disputes légales quant au plagiat ont été souvent violentes, bien que déjà en 1768 le juge anglais Yates ait décrété ceci : « Les idées ne sauraient pas être l'objet de la propriété : elles ne sont pas visibles, tangibles ou corporelles. »[71] Alors que préempter les sujets par le copyright restreindrait le champ de la pensée, le romancier canadien James Curwood n'hésita pas à revendiquer le vaste territoire entier du Nord-ouest du Canada comme le sien, et proclamait qu'aucun écrivain rival ne pouvait y transgresser ou l'approprier.[72] On regarde souvent ainsi les sujets sans imagination dans des termes spatiaux : domaine, champ, couverture, envergure. Cette attitude possessive est mesquine, et « de minimis non curat lex » (la loi ne se préoccupe pas de bagatelles) : du petit larcin – des jugements à son sujet encombreraient les tribunaux. La loi auquel manque parfois le bon sens y fait souvent appel dans de telles disputes. Et qu'est-ce qui devra se produire lorsque les livres tomberont dans le domaine public ? Peut-être, et les féministes en conviendraient sans doute, devrions-nous parler moins de la *paternité* d'une idée. Si on disait *maternité*, on mettrait plus d'accent sur la créativité et sur le partage généreux. Malgré la possessivité stéréotypée des mères, c'est bien les pères qui, ne serait-ce que par leur exemple, encouragent les autres à penser à la propriété : maison, job, etcétéra. En France, les droits d'auteur remontent à la Révolution. Dans un calembour excellent, Schneider fait observer : « En même temps qu'elle abolissait les droits de glane, la Révolution mit fin à des siècles de vaine pâture intellectuelle. »[73] A la même page, il dit que parce que « le renom est moins protégé que le nom », ni la parodie ni le pastiche, tous deux dimensions comiques et critiques du plagiat, ne sont passibles de sanctions. Pourvu qu'on ne défame pas, on peut se permettre tout (jusques et y compris l'assassinat, comme on dit plaisamment en Angleterre). Le dix-huitième siècle vit une polémique qui allait croissant sur les droits d'auteur, et en même temps se mit à faire toute une histoire au sujet de l'originalité.

CHAPITRE 7

Les Moyens du plagiat

> Nous sommes, en vérité, plus que la moitié de ce que nous sommes par l'imitation.
>
> — LORD CHESTERFIELD

Les modes (ou les états d'esprit) du plagiat englobent l'imitation, le pastiche, la parodie, la contrefaçon et ses cousines, et compliquent ainsi encore plus la question du parasitisme. Schneider souligne jusqu'à quel point Sterne, grand plagiaire, a été plagié.[1] Un plagiaire est, en langage courant, un singe, tout comme la poursuite du haut but artistique, la mimésis, et comme une de ses subdivisions, le réalisme. « Le trait le plus significatif d'un stéréotype est la vérité qu'elle communique ; on le reconnaît pour une copie, il est donc fidèle à un original. »[2] Mais est-ce une fidélité déplacée ? « Original » est polysémique et « copie » également. Nous avons tous des sentiments contradictoires et des idées confuses sur toute la question. Génétiquement parlant, nous sommes tout un chacun des copies, ce qui ne veut pas dire que nous ressemblons immuablement à nos pères tout crachés (ou conspués). Une *copie conforme* écrite sur un document, et *copie certifiée* ((1) norme (2) aliénation mentale). Chez les imprimeurs, la copie est l'original. Une copie peut prêter la fréquence, la publicité, le renom à un original sous-estimé. Le mot de louange, *inimitable*, de même que *sans pareil*, n'est, on le sait bien, qu'un vœu pieux. Et pourtant tous, jeune enfant ou adulte, connaissent l'expérience de la difficulté qu'on a à copier parfaitement ; aujourd'hui, les machines, croit-on, feront cela pour nous. Un écho n'est jamais identique au son d'où il résonne. En anglais, un « ringer » est et une doublure au théâtre et un imposteur. Imitateurs sur les planches et escrocs dans la rue gagnent leur vie honnêtement ou malhonnêtement en pratiquant l'imitation. Stravinsky, orfèvre en la matière, déclara que pour un compositeur « le danger ne se trouve pas dans l'emprunt des clichés. Il se trouve dans leur fabrication et en leur donnant la force d'une loi. »[3] Comme le propose Genette, à la différence de la musique ou la littérature, le copiage dans les arts plastiques est un acte véritablement esthétique ; au niveau technique pour le moins, le copieur vaut l'original.[4] A une échelle plus cosmique, selon Ouspensky, « l'homme, tel qu'il est, n'est pas un vrai de vrai. Il n'est qu'une imitation de quelque chose d'autre, et une très mauvaise imitation. »[5] Ouspensky a probablement une idée de Dieu en tête, ça le tient. La comparaison n'est pas juste et d'ailleurs, comme le rappelle Lindey, « Dieu lui-même ne peut éviter un prototype. Lorsqu'il créa l'homme il ne pouvait ou n'osait l'inventer de zéro. Il le fit d'après sa propre image. »[6] Dieu, l'autoplagiaire original.

Sans aucun doute, il existe de bonnes imitations. La sympathie et l'empathie l'exigent : prendre la place de quelqu'un ou se mettre dans sa peau. Diderot parle de « la singerie des organes »,[7] et Flaubert est bien connu, lorsqu'il répétait par l'imagination le suicide d'Emma Bovary, pour avoir vomi en éprouvant le goût de l'arsenic dans sa propre bouche. Dans certaines cultures, le mari s'échine à simuler et ainsi à partager les douleurs de l'accouchement de sa femme. C'est là de l'imitation créatrice ou du moins compatissante. On trouve le même phénomène dans la conversation : l'un se sert de manière délibérée du vocabulaire ou du registre de l'autre pour lui épargner la gêne ou le sentiment d'être bête. Dans la haute culture,

> les poètes immatures imitent ; les poètes mûrs volent ; les mauvais poètes abîment ce qu'ils prennent, et les bons en font quelque chose de meilleur, ou du moins différent. Le bon poète soude son larcin à un ensemble d'émotions qui est sans pareil, totalement différent de ce dont il a été tiré ; le mauvais le jette dans un ensemble qui manque de cohésion.[8]

Le style plutôt médiocre de ce texte met le banquier Eliot au débit du livre de comptes. Schneider exprime la même idée plus succinctement : « Les grands écrivains sont des voleurs, les mauvais des receleurs. »[9] Non seulement les écrivains parlent boutique, mais aussi ils en cambriolent. Ils lessivent leurs larcins. Ils reconnaissent plus lucidement que nous autres, que nous sommes tous grevés d'hypothèques, non seulement dans l'Occident à notre banque locale ou dans le Tiers Monde à la Banque mondiale, mais aussi que nous sommes endettés les uns aux autres. Si, comme les bons poètes, nous transmuons nos vols pour en faire de l'art, nous esquivons la passivité et atteignons le combinatoire. Pour Rousseau, l'imitation (dans le théâtre mais aussi dans la vie quotidienne) nous corrompt et nous diminue. Au contraire, pour Diderot, elle nous agrandit et nous enrichit. Je ne pense pas quand même qu'il eût applaudi le spectacle d'un autre intellectuel, Umberto Eco, à notre époque, qui force la dose, comme les spectacles de Disneyland qu'il analyse. « Le plaisir de l'imitation, comme le savaient les anciens, est parmi les plaisirs les plus innés de l'esprit humain ; mais à Disneyland on voit non seulement une imitation parfaite, mais aussi on a la conviction que l'imitation est arrivée à son apogée et qu'à tout jamais la réalité lui sera inférieure.[10] Inférieure, mais meilleure, aurait-il dû dire.

« Quand les gens sont libres de faire ce qu'ils veulent, d'habitude ils se copient les uns les autres. L'originalité est voulue et forcée, et tient de la protestation. »[11] Et, bien entendu, « l'imitation est [la forme] la plus sérieuse de la flatterie. »[12] On nous martèle fréquemment de nos jours la duplication terroriste ou psychotique d'actes violents, aussi bien que la singerie, pour la plupart non mortifère, par les groupies de leurs idoles, à travers le vêtement ou le comportement. Les sociologues arrivent à parler de ce phénomène comme d'une situation de perdant. Voyez la formulation étanche de Gabriel Tarde : « Une société est un groupe de gens qui font preuve de mainte ressemblance produite, soit par l'imitation soit par la contre-imitation (c'est-à-dire : faire ou dire le contraire de ce qu'ils voient ou entendent).[13] Cela donnerait à entendre que la rhinocérite (voyez la pièce d'Ionesco) ou le nonconformisme sont le même instinct grégaire : même les éléphants solitaires seraient assimilés. Tarde tenait aux stéréotypes comme un ciment social sinon exactement de la lubrication. Lorsque, pourtant, le romancier communiste Paul Nizan cite l'opinion traditionnelle de la nature comme royaume du mimétisme, celui s'applique aussi aux couleurs autoprotectrices : agir, ainsi que Mao le conseillait plus tard, comme un poisson dans l'eau.[14] Dans cette perspective, le camouflage seconde la subversion ; il s'agit d'imiter l'imitation. En copiant ainsi la Nature en général, le révolutionnaire ne copie pas d'animaux en particulier. Si les bêtes se communiquent les unes aux autres, ce doit être par moyen de clichés, de réactions conditionnées et pourtant adaptables. Si elles pensent, elles ne le font pas dans un but séditieux : ils ne calembourrent ni ne retournent les maximes.

Voici néanmoins une courte section qui défend les droits des animaux. Les grands singes sont nos cousins les plus proches. Diderot partage l'opinion de Nietzsche et de Thomas Mann selon laquelle le trait fondamental de l'artiste serait simiesque : goumandise, sensualité, amoralisme, mimétisme. Je doute qu'aucun des trois ne fût moraliste orthodoxe. En fait, Diderot déclara un jour que « le génie et la bête se touchent » (et il ne parlait pas de l'onanisme).[15] Le héros douteux du *Neveu de Rameau* de Diderot tient, dans la ménagerie sociale de son époque, un peu du chimpanzé, un peu du perroquet, alors que son interlocuteur autosatisfait, « Moi » tâche de jouer le hibou sage. Nous autres bipèdes aimons rejeter sur des animaux choisis la propension humaine (trop humaine) au mimétisme. Peut-être que l'oiseau moqueur devrait nous rappeler que la répétition peut servir à ridiculiser, comme on le voit dans le sarcasme. Malgré la valeur péjorative qu'on prête à la singerie, on croit les singes habiles. Et il y a un terme ancien de vénerie : « une astuce de singes ». Le dieu égyptien de l'écriture était souvent représenté sous les traits d'un singe. Même le perroquet a été défini comme la seule creéature douée de la parole qui soit contente de répéter ce qu'il entend sans l'exagérer.[16] Le bien nommé Henry Parrot (fl.1600–26) se voyait souvent parodier parce qu'il se faisait l'écho d'autres écrivains : « parler sans savoir s'appelle « psittacisme », mais c'est une pratique qui ne concerne pas uniquement les êtres humains. »[17] Nous anthropomorphisons les animaux de plus d'une manière. Dans les contre folkloriques à travers le monde entier, les perroquets parlent droit au fait : ils parlent avec franchise, grossièrement, même de façon obscène. L'oiseau aurait, paraît-il, retourné une situation dans sa tête et en fait un commentaire libre. Dans ces contes, le perroquet remplace l'enfant indiscipliné, et pensez un peu aux habitudes sales des deux.[18] Les scientifiques mêmes pratiquent une prise de contrôle : les tentatives pour apprendre aux singes à parler montrent qu'on essaie de les dresser pour singer les êtres humains, un peu comme Dieu qui créa l'homme à son image. Il y a le mimétisme volontaire et celui obligatoire.

Pastiche

On doit la formulation sinon la pratique de « faire le singe assidu » à Robert Louis Stevenson, qui fait franchement la liste de ses maîtres (dont Sir Thomas Browne, Montaigne, Hawthorne), afin de montrer « par quel art d'imitation et par quels efforts de ventriloque je vis pour la première fois mes mots couchés par écrit. »[19] C'est là l'imitation choisie par le sujet lui-même et non celle imposé par force dans les écoles pendant des siècles. C'est en effet, le pastiche comme moyen d'apprentissage pour un écrivain.[20] En anglais, « to take off » (imiter/décoller) signifie la dépendance (il nous faut un modèle à copier), et un pas vers l'indépendance (quitter le sol). En même temps, « to take off », c'est soustraire ou se dénuder, ou se déprendre de son propre orgueil. Un pastiche flagrant, un plagiat non déguisé, peuvent être une variété d'hommage, par lequel le menteur crétois veut bien révéler son jeu louche. Proust souligne l'effet exorcisant et thérapeutique du pastiche : « Faites un pastiche volontaire afin de trouver votre propre voix après, et éviter ainsi de faire des pastiches involontaires toute votre vie. »[21] Dans les soirées mondaines, Proust fut un mime excellent ; il payait de sa personne. Il met l'accent sur la nécessité absolue de l'intuition et l'empathie : le pasticheur doir chanter le même air, chanter en même temps que le pastiché. Proust disait qu'il réglait son métronome intérieur à la cadence de la prose de Renan.[22] Le même « démon de l'analogie » qui produit ses comparaisons fréquentes, son désir de combler les vides (*metaphorein* : transporter) l'aidaient dans cette recherche. Comme, à son avis, tout grand artiste se donne des renvois, comme s'il a avalé un radis interminable, les apprentis devraient chercher à réitérer les maîtres. Ce serait là le bon emploi du plagiat. Vers la fin de son roman, Proust s'adonne à un pastiche des frères Goncourt, qui sert de moyen d'autodéfinition et d'affirmation de soi ; il invente sa différence, s'établit en point de référence. Pour que le débutant s'érige en expert, il doit abandonner les vieux vêtements de ses précurseurs. La répétition mène à la maîtrise. Pour base de ses pastiches de Balzac, Flaubert et ainsi de suite, Proust exploite le cas contemporain d'un escroc, « L'Affaire Lemoine. »[23] Selon André Malraux, également, tout artiste commence par le pastiche, mais ensuite, chacun, s'il possède un vrai talent, détruit la copie et forge son propre style.[24] Malraux fut un pirate bien plus bravache que Proust, quoique celui-ci fût un efféminé plutôt dur. C'est la réaction contre les artistes antérieurs plutôt que contre la société ou même contre eux-mêmes qui crée les métamorphoses continuelles qui fascinaient Malraux et qui fleurissent dans le « musée sans murs » des traditions artistiques. Ceux-ci construisent un état-tampon invisible entre les artistes et le monde extérieur.

Contrefaçons

Aux yeux de W.H. Auden, l'homme « est la seule créature qui falsifie. »[25] Un joli exemple serait l'invention de la braguette, qui en même temps enserre, cache et accentue. Une bonne partie de ce qu'on écrit est, dans un sens différent, une tentative de duperie, qui cherche à faire monter les lecteurs tout en se posant en ce qu'elle n'est pas. Les contrefaçons visent à duper les prétendus experts. Qu'ils soient employés dans un musée, une maison d'éditions, ou un ministère des finances : c'est l'arroseur arrosé. Genette offre une analyse subtile de l'affaire de *La Chasse spirituelle*, écrite prétendument par Rimbaud : « Ses auteurs l'avaient écrite pour prouver qu'ils étaient capables d'écrire comme Rimbaud, mais, par un retour de bâton ironique, on a fini par décider qu'ils ont dû en effet l'écrire, parce qu'elle était tout à fait indigne de Rimbaud ». Pris à leur propre piège, alors. Genette conclut que de pareils pastiches, ou presque tous, forcent la dose et sont inévitablement vulgaires, parce qu'il est toujours de mauvais goût d'en faire trop.[26]

Le dépistage lent de supercheries semblables a beaucoup en commun avec les efforts des limiers pour se tenir au courant de l'inventivité criminelle. Pourquoi s'étonner, encore moins se choquer, que la malversation dans les affaires littéraires ou artistiques, la théologie, les sciences dures ou molles, soit aussi répandue qu'elle l'est dans la société dans son ensemble

– nous corrompant tous, mais de temps en temps énergisant certains ? Le problème avec l'excellent livre de Ruthven sur ce sujet, c'est que ses lecteurs puissent finir par penser que tout écrivain non coupable, ou pas encore prouvé coupable, de contrefaire est l'exception et irrémédiablement naïf. Il critique ainsi certaines pratiques de *l'industrie culturelle* : « On peut persuader aux admirateurs des *Hauts de Hurlevent* de visiter Haworth afin de contempler une maison de ferme élisabéthaine délabrée – appelée autrefois « Top Withins » – mais aujourd'hui baptisée pour leur bien « Hauts de Hurlevent » – et d'éprouver pour eux-mêmes ce que signifie être hurleventé sur les landes sauvages du Yorkshire. » Il nous rappelle que les « supercheries littéraires, c'est bien cher payer le choix d'autoriser des écrivains créateurs à imaginer des situations et à écrire sur elles. »[27] La fiction toute entière est plus ou moins de la contrefaçon sublime. D'autres historiens de la pratique ancienne de la supercherie littéraire ont fait observer comment de tels faux-monnayeurs opèrent de facon éhontée, soit par le désir autodestructeur d'être pris sur le fait, soit pour accentuer un risque déjà considérable. Tout faux-monnayeur se prête évidemment à l'empressement humain bien attesté à être roulé. Alors que le plagiat, de sa façon devant derrière, respecte un texte original assez pour le voler, le faux-monnayeur invente un texte qui veut se faire passer pour original, bien que d'habitude il l'attribue à un auteur précédent. Les faux sont ou bien des copies de textes originaux existants, ou en effet des originaux : parasites ou inventifs. Les ordinateurs permettent que le couper-coller soit maintenant un jeu d'enfant. La contrefaçon va de la mystification (canular, ou blague qu'on sait être de courte durée) à un extrême, et au crime et à la fiction à l'autre.

Parodie

La parodie fait face à la banalité, car comme l'indique Dwight Macdonald : « Pour faire une bonne parodie, il faut une combinaison bizarre de sophistication et de provincialité, celle-là pour des raisons évidentes, celle-ci parce que les lecteurs doivent être assez homogènes pour piger. » Alors que la plus grande partie de la parodie écrite est nécessairement livresque (« Un art folklorique aristocratique, comme la décrit Macdonald, ou « un parler boutique littéraire »),[28] le désir de se moquer d'un autre est universel. Tous, quel que soit leur niveau d'alphabétisation, comprennent l'esprit parodique, même s'ils le traiteraient plus volontiers de « mise en boîte » ou de « farce ». La parodie oscille entre la tendresse ou la malveillance. Elle exploite les clichés, les traits les plus voyants de l'écrivain visé, d'habitude pour construire un commentaire hostile. De ce point de vue, on peut brandir les clichés comme des armes. La parodie est un genre double : elle est conformiste et transgressive, elle s'approche et se distance.[29] Pour Bouché, qui parle des parodies de Lautréamont dans ces termes-ci, le lecteur d'une parodie se trouve dans un état constant d'oscillation entre ces pôles-là – c'est une perspective vertigineuse. Pour retravailler un terme de la publicité, la parodie est de la copie critique (« knocking copy »). Elle est aussi, comme le pastiche, l'hommage douteux que le vice rend à la vertu, les successeurs aux prédécesseurs, les jeunes aux aînés.[30] Il s'agit évidemment de l'inceste intellectuel : l'art imite l'art pour faire rire ou faire une observation ; et, tout en exploitant le cliché, elle peut très bien se transformer en un cliché elle-même, c'est-à-dire : facile et automatique. En général, seuls les textes célèbres ou notoires attirent le parodiste ; et, comme la parodie est de plusieurs façons un genre conservateur, les écrivains d'avant-garde sont souvent choisis pour cibles. Dans leur *Roland Barthes sans peine*, qui arbore sur sa couverture une image qui reproduit le manuel scolaire le plus traditionnel, Burnier et Rambaud font la noce en ridiculisant ce qu'ils appellent les deux types de truismes barthésiens : le vêtu et l'à poil. Les deux auteurs veulent déshabiller l'empereur des frusques dont ils le parent, car ils composent des textes en son nom et à peu près dans son style.[31] Cela illustre le piège de la parodie. Il faut être mordu, être saturé par un sujet, afin de pouvoir s'appeler parodiste ; il faut être tout à fait contaminé. C'est la raison pour laquelle Robert Desnos tente de faire une cure de désintoxication du langage.[32]

Tandis que, comme l'ironie, la parodie joue au cache-cache (et celui qui se cache, enfant ou adulte, pivote entre le désir d'être découvert et celui de garder le secret de la retraite), elle doit vendre la mèche, car autrement on la prendrait pour du plagiat de second ordre. Quoique tout auteur déteste qu'on le cite hors contexte, nous aimons tous la parodie qui souvent fait exactement cela, et en le faisant redessine les frontières, donne un nouveau cadre à l'image. Cette citation pervertie, ce détournement, est le contraire de la métaphore, car elle ne cherche pas les similitudes : elle provoque la séparation ; elle ne construit pas de ponts, elle les sabote. Bien que personne ne puisse démoraliser le langage, ainsi qu'Aragon se vantait de le faire,[33] un écrivain vivant peut être désarçonné par un semblable détournement de ses fonds. Comme toutes les bonnes choses, la parodie peut être exagérée, et alors elle risque de se dispenser en pure perte (en anglais, fouetter un cheval mort). Il est probablement impossible de réussir à parodier un écrivain comique, car il applaudirait sûrement à votre déviation. Voir la parodie, à son apogée, en tant que critique littéraire, la fait paraître moins parasite (à moins qu'on ne considère toute critique comme superflue). Les sangsues, après tout, à force de sucer le sang, aide à enlever les impuretés du système. Les parodistes peuvent prolonger la gloire des parodiés en créant des suites à des ouvrages célèbres. Pour défendre ses adeptes, Kellett prétend d'une manière fantaisiste que « la parodie doit être une sorte de corollaire de l'original, et déduire du théorème des conclusions qui y sont latentes depuis l'origine, mais qu'on ne perçoit pas avant que le géomètre ne les ait établies. »[34] Les pied sur la terre, je dirais, moi, que la parodie sert à vendre la mèche, à dévoiler les entrailles ou les rouages d'un texte.

Le fait qu'un grand écrivain tel que Cervantès se soit servi de la parodie nous fait penser que celle-ci n'a pas à être obligatoirement une manœuvre mesquine. Comme le dit Genette de « l'hypertexte », c'est-à-dire le texte qui décolle d'un autre ou de plusieurs : « A son apogée, la parodie est un mélange indéfinissable et imprévisible de sérieux et de jeu (lucidité et ludicité), de talent intellectuel et de divertissement. »[35] (Cette *apologia pro arte sua* est un exemple parfait du génie genettique, qui louvoie adroitement entre les distinguos et le brouillage, et que je trouve, malheureusement, très sympathique.) La parodie a suscité le néologisme américain « playgiarism » (plagiat + jeu).[36] Elle a l'adaptabilité de tous les genres ludiques. On peut l'employer « autant pour resacraliser que pour désacraliser ».[37] Le ludique peut très bien enseigner comment on récupère « l'art du passé par l'incorporation textuelle et le commentaire ironique. »[38] Comme le mot-valise, une parodie est hybride, et comme le calembour elle a la langue fourchue. Aux yeux de beaucoup, la parodie sent la décadence, une culture trop faite qui abuse de ses talents sophistiqués. Aux yeux d'autres, et plus charitablement, elle est « un mode majeur d'expression pour une civilisation dans un état de transition et de perpétuel changement. »[39] En tant que telle, elle fournit un moyen sûr de rester en contact avec le meilleur, ausi bien que le pire, des époques plus stables. « C'est dans ce sens que la parodie est la gardienne du patrimoine artistique, et définit non seulement où en est l'art, mais aussi d'où il est venu. »[40] Enfin, il n'est pas prudent de répondre à la parodie. La réponse cagneuse de Wordsworth à ses nombreux moqueurs (dont Byron) était elle-même une imitation du *Tetrachordon* de Milton.[41] Ce qui montre que les moqueurs avaient sans doute raison : un poète plus critique à l'égard de lui-même aurait été plus indépendant et dans son art et pour se défendre.

Intertextualité

Genette définit « l'hypertextualité » comme l'un des noms pour « cette circulation incessante entre les textes sans quoi la littérature ne vaudrait pas un second coup d'œil. »[42] C'est le *perpetuum mobile* de l'écriture, auquel il est extrêmement sensible, encore qu'il nuise parfois à sa flexibilité en ayant recours à des néologismes difficiles à articuler et de la marque la plus classique, comme si, ayant fait ce qui lui chantait comme un hippy hypercivilisé de l'Université, il s'oblige çà et là à châtier sa chair par des taxinomies pseudo-scientifiques. Très reconnaissable en tant que styliste, Genette est clairement le produit d'une tradition longue et dense qui est hautement consciente d'elle-même. Il est en effet, comme les auteurs qu'il aime à analyser, un écrivain « palincestueux ».[43] Ce mot, qui a été forgé dans sa forme anglaise par Anthony Burgess à l'intention de Joyce, qui demande rhétoriquement dans *Finnegans Wake* : « Qui peut dire combien de palimpsestes pieusement forgés ont glissé ... de sa plume pélagiaire ? »[44] Le palimpseste, la réutilisation du papier, du parchemin, de la toile après un nettoyage sommaire, était bien entendu un moyen d'économie, mais représentait aussi une attitude différente : l'art n'était pas encore sacré. On l'a adapté comme une métaphore qui indique le chevauchement, la persistance du passé dans le présent (les traces du premier texte). L'étymologie, l'archéologie, la psychanalyse représentent toutes des efforts divers pour retourner aux sources. Schneider laisse entendre que nous sommes tous des palimpsestes vivants, et il nous rappelle que Freud comparait « le moi à un copiste donnant des versions successives d'un même texte, altérant, interpolant, censurant : aucune version n'est première ou vraie. »[45]

« L'intertextualité », la présence d'autres textes dans un texte donné (par une sorte de sédimentation) semble être utilisée souvent comme une alternative neutre, objective ou euphémistique à « plagiat ». Kristeva attribue à Bakhtine la primauté de l'hypothèse que « tout texte est construit comme une mosaïque de citations, tout texte absorbe et transforme d'autres textes. Au lieu de l'idée d'intersubjectivité, prend racine celle de l'intertextualité, et le langage poétique doit être double au moins. »[46] C'est une vision spectrale : *doppelgänger*, ou même *vielgänger* – des textes qui chuchotent les uns aux autres ou s'espionnent à travers les espaces déserts des bibliothèques ou des bureaux. Et pourtant le but des champions de l'intertextualité a été de déculpabiliser le plagiat, à force de le rendre quotidien. Un acte si universel ne saurait guère être une aberration ou un péché. En décrivant le critique intertextuel idéal, Laurent Jenny déclare d'une manière décourageante qu'un long apprentissage en l'art de déchiffrer est nécessaire et q'il n'y aura que de la lassitude qui l'attend. Il suggère aussi que l'évolution des modes critiques est surtout question d'un changement de métaphores ou plutôt de poncif : une cathédrale pour parler de Joyce, mais pour Roussel la folie bâtie pêle-mêle par le facteur Cheval ; les métaphores aquatiques de « l'influence » ou des « sources » cèdent le passage « à celles tirées des textiles : imbrication, réseau ou texture ».[47]

Un texte a hypnotisé surtout les critiques d'avant-garde, le « Pierre Menard, autor del Quijote » de Jorge Luis Borges.[48] Le projet « simplement stupéfiant » de Menard (un oxymore introduit un texte hautement paradoxal), c'est de rester lui-même mais en même temps d'écrire *Don Quichotte* (p. 52–3). Il admet que l'entreprise est impossible, car il ne lui faut que l'éternité (p. 53). Il n'y a rien d'inévitable dans le choix de *Don Quichotte* ;

comme Huysmans, Borges aime aller à rebours, et les autres ouvrages de Menard diffusaient des idées qui étaient tout à fait le contraire de ceux auxquels il tenait vraiment. Son *Quichotte* à lui est défini négativement : il ne sera pas une reduplication, ni une copie, ni un anachronisme, ni une coïncidence (car il est voulu). Les deux textes (il faut bien dire que celui de Menard est le plus court, car il n'a réussi à écrire qu'un ou deux chapitres) sont verbalement identiques, mais celui de Menard, prétend-on, est infiniment plus riche ; de plus il est composé dans une langue étrangère qui n'est pas celle de Menard (p. 56–7). Le narrateur de ce conte a eu beau essayer de reconstituer les brouillons de Menard. Ce serait là un troisième niveau du roman de Cervantès, qui devient ainsi, comme il l'était déjà en vérité sans doute, un palimpseste. La grande leçon que nous propose Menard c'est qu'on attribue habituellement à tort les grandes œuvres : Céline ou Joyce sont les auteurs de *L'Imitation du Christ* (p. 59).

Ainsi que disait Borges de la traduction anglaise par Henley du roman écrit en français par Beckford, *Vathek* : l'original est infidèle à la traduction[49] – ce qui est une plaisanterie qui inverse le vieux dicton « traduttore traditore », et encore une preuve de l'amour de Borges pour les paradoxes, duquel témoigne son culte de Chesterton. En dépit de tous ses efforts de nous époustoufler ludiquement, l'histoire de Pierre Menard nous apporte la vérité fondamentale qu'une chose n'est jamais exactement la même qu'une autre. On peut distinguer entre les copies et les répliques. Les textes peuvent être des jumeaux mais non pas des clones. Si les plagiaires prennent littéralement une page, le héros de Borges veut prendre le livre tout entier, mais ce serait alors un livre tout différent. Afin de recréer *Don Quichotte*, Menard doit oublier que ce roman existe. Si cela était tout juste possible, le cliché disparaîtrait, car toute reformulation serait néologique. Il est évident que nous ne pouvons pas décrocher, désapprendre, cesser de nous rappeler de cette facon-là, ni essuyer complètement le palimpseste.[50] Peut-être la raison pour laquelle tant de critiques de nos jours ont dépassé la mesure dans leur adoration de ce texte de Borges est-elle qu'eux aussi voudraient être des génies involontaires, des vierges féconds, des sauvages ultra-sophistiqués.

Sur l'évènement où son protagoniste écrit plus ou moins la même lettre à Albertine qu'il avait autrefois écrite à Gilberte, Proust commente : « Le plagiat humain auquel il est le plus difficile d'échapper, pour les individus (et même pour les peuples qui persévèrent dans leurs fautes et vont les aggravant), c'est le plagiat de soi-même. »[51] Comment pouvons-nous nous fier à nous-mêmes, sans réserve, sans nous singer et devenir, ne serait-ce que de temps en temps, des parodies de nous-mêmes ? Maint auteur a dû sentir qu'il devient un cliché public, un produit de pacotille de la demi-conscience collective de leurs lecteurs. « La vie », disait Ortega y Gasset sur un ton de grand seigneur, « est une tâche poétique, et l'homme est le romancier de sa propre vie, ou bien original, ou bien, pour la plupart, un plagiaire. »[52] Les étrangers sont souvent frappés par le don qu'ont les Anglais de l'auto-parodie, soit consciente, soit inconsciente. Il est en effet prononcé. Mais c'est là la réaction commune n'importe où devant l'étranger. Je me rappelle être entré dans un bar à Marseille. Aussitôt que les habitués se sont rendu compte qu'ils avaient en moi un passant étranger, ils se sont mis tous à se comporter en figurants d'un film de Pagnol. Ils vivaient leur vie de stéréotypes provençaux jusqu'au cou. Dans un discours prononcé devant des étudiants, le peintre Sir Joshua Reynolds déclara : « Celui qui se résout à ne jamais piller un autre cerveau se verra réduit, pour cause de stérilité, à la plus pauvre de toutes les imitations : il sera obligé de s'imiter lui-même et de répéter ce qu'il a déjà bien des fois répété ».[53] Diderot disait que le Voltaire de soixante ans était le perroquet de celui de trente ans. D'un ton résigné, Joseph Roux murmure : « Jeunes nous imitons autrui ; vieux, nous nous imitons nous-mêmes. »[54]

Un moyen de se défaire de toute inquiétude au sujet du plagiat (si tant est qu'on l'éprouve), c'est de renverser la question au niveau temporel. Aelius Donatus, qui enseignait Saint Jérôme et qui fleurit au quatrième siècle, exprima parfaitement cette notion : « Pereant illi qui, ante nos, nostra dixerunt » (Maudits soient ceux qui ont dit notre script avant nous).[55] Il est réconfortant de croire que nous sommes les victimes d'un plagiat par anticipation commis par des prédécesseurs sans scrupules. Baudelaire, se demandant pourquoi il avait traduit Edgar Allan Poe si parfaitement, conclut que c'était parce que Poe lui ressemblait. Lorsqu'il lut Poe pour la première fois, il s'aperçut avec joie mais aussi avec horreur non seulement des sujets qu'il avait lui-même conçus, mais aussi des phrases entières qu'il avait inventées, mais couchées par écrit par le poète américain vingt ans auparavant.[56] Dans une perspective raccourcie, Eco dit : « Les médias apprennent.

Et ainsi les vaisseaux spatiaux de la *Guerre des étoiles*, volées effrontément à *L'Odyssée de l'espace* de Kubrick, sont plus complexes et plausibles que leurs ancêtres, et voilà que l'ancêtre semble être leur imitateur. »[57] Ce plagiat par anticipation va de l'avant vers l'arrière. C'est là une bien bonne (chère aux « Pataphysiciens), mais est-ce tout ? Même le moins mystique des êtres éprouve parfois la sensation étrange du déjà-vu. Agrippa d'Aubigné forgea le mot *apophéties* : des prophéties après coup. Il faut penser à la formule juive « already » (déjà). Les Juifs ont toujours *déjà* entendu vos blagues. Le déjà-vu est le royaume du chevauchement. Les clichés d'autrui empiètent sur nos pensées à nous (ou nos semblants de pensées). « Avant la lettre » et « après coup » ne sont pas diamétralement opposées. Schneider invoque le mot *Ahnung*, très cher aux romantiques allemands, pour son enquête sur le vol des idées, et commente : « Ahnung, pressentiment qui n'est qu'un souvenir, réminiscence qui annonce, anticipation rétrospective, futur antérieur. »[58] Il décrit le plagiaire dans ces termes : « Tout ce qu'il [lit] lui [semble] d'un livre antérieur écrit par lui-même » (p. 91). Tout écrivain, suggère-t-il, a des inquiétudes et des confusions semblables :

> L'écriture est amnésiaque. Ne sait d'où elle vient. Qui parle en elle. Non qu'elle n'ait pas de souvenirs ; ils ne lui disent pas ce qu'elle est, de qui elle est. L'espace littéraire est un espace régi par un vertige essentiel. Chaque livre est l'écho de ceux qui l'anticipèrent ou le présage de ceux qui le répéteront. Le temps littéraire est ce temps où l'avenir a déjà eu lieu. Il rompt avec le temps ordinaire, ordonné, et la chronologie. (p. 81)

Parasites

Richard Fortey, biologiste, fait observer que le sujet des vers célèbres de Swift sur les puces est un peu mieux connu par le couplet d'Augustus de Morgan : « Les grosses puces ont de petites puces sur leur dos occupées à les mordre / Et les petites puces ont de plus petites encore, et ainsi de suite à l'infini. » Et il commente : « Vu que ces vers ont été écrits dans le siècle après la mort de Swift, ils représentent en effet une sorte de parasitisme littéraire. Et, comme tous les parasites, Mr de Morgan est minuscule en comparaison avec son hôte. »[59] Les parasites pénètrent la chair, le cerveau, ou le ménage. Le sens du mot contient : pique-assiette, opportuniste biologique, interférence dans les systèmes de communication, et bogues d'ordinateur. Le *Finnegans Wake* de Joyce illustre à satiété jusqu'à quel point les langues elles-mêmes sont saturées de parasitisme. Dans le discours de n'importe qui, des mots parasites (tautologies, citations, impuretés, emprunts) sont en effet des corps étrangers dans le texte de l'existence de tout le monde. Comme les puces, le parasitisme se faufile partout. Après tout, nous commençons tous en parasites dans l'utérus. Ce n'est que justice que le pique-assiette doive chanter pour manger, jouer le fou patenté, et endurer en retour pour les aumônes la besogne de souffre-douleur pour la malignité de l'hôte. Le Neveu de Rameau de Diderot est l'archétype inimitable du parasite.

De même qu'un parasite peut dévaliser le frigo d'un hôte, les derniers venus peuvent effacer les prédécesseurs, ou vice versa. A un niveau plutôt comique mais un peu troublant quand même : John Hamilton Reynolds a publié une parodie du « Peter Bell » de Wordsworth avant que ce poème ait été écrit. Il déclare : « C'est mon but et mon accomplissement de déduire du tonnerre moral des boutons d'or, des pâquerettes, et des ficaires. »[60] C'est de la parodie avant la lettre.

Voici deux points de vue opposés par des écrivains, sans doute ceux que concerne le plus le plagiat. L'un s'indigne : « Ils ne veulent pas que ma pièce se déroule, et pourtant ils me volent mon tonnerre » – ce sont les mots de John Dennis à une représentation de *Macbeth*, où l'on employait son nouveau procédé de simulation du tonnerre qu'on lui avait interdit d'introduire dans sa propre pièce, *Appius and Virginia* (1709). Et le deuxième, plus insouciant :

When 'Omer smote 'is bloomin' lyre,
He'd 'eard men sing by land and sea ;
An' what 'e thought 'e might require
'E went an' took – the same as me ![61]

[Quand Homère pinçait sa foutue lyre, il avait déjà entendu chanter sur terre et sur la mer ; et ce dont il croyait avoir besoin il s'en fut prendre, de même que moi !]

Plus orgueilleusement, Montagne prétendait ne citer les autres si souvent que « pour d'autant plus me dire. »[62] Plus blasé, Giraudoux explique que le plagiat est à la base de toutes les littératures, mise à part la première, qui nous est entièrement inconnue.[63] Lautréamont, qui s'appuyait beaucoup sur les emprunts, disait que le plagiat était essentiel, « le progrès l'implique, il serre de près la phrase d'un auteur, se sert de ses expressions, efface une idée fausse, la remplace par l'idée juste. »[64] Il est en effet vrai qu'une bonne partie du plagiat cherche à corriger : il tord, adapte, récrit. Ce qui semble être parasite peut, comme la sangsue, être vital. En anglais, « vamping » est polysémique : rénover, rabâcher, improviser, vampiriser.

Très souvent l'écriture manque d'originalité, mais les fleuves, les gènes ne sont-ils pas aussi des dérivés ? Et il faut draguer ces fleuves-là pour rouvrir les chenaux ensablés de la communication. Young aborde la question sur un ton noble : « C'est par une espèce de contagion noble, conduite par une familiarité avec leurs écrits, et non pas en conséquence d'un vol sordide particulier, que nous pouvons nous améliorer grâce à ceux qui nous ont précédés. »[65] Y a-t-il plus de chapardeurs vulgaires que de voleurs qualifiés ? Devrions-nous émuler le Japonais stéréotypique :

> Il sourit et fait un salut poli :
> « Désolé, ce jardin est à moi maintenant. »[66]

Le plagiat proprement dit est de la contrefaçon, du vol caché, mais même là la gamme s'étend du cambrioleur aristocratique et adroit au voleur à la tire maladroit. Il y en a qui différencient le vol des idées du vol de l'expression des idées – on considère ce dernier encore plus comme de la propriété privée ; de la matière brute, on n'a qu'à se donner la peine de la prendre, mais le produit manufacturé on doit le protéger contre la piraterie ou l'espionnage industriel. Le plagiat ne cesse de nous confondre. On peut se mettre debout sur l'épaule des géants ; et la tricheuse, pour emprunter la phrase de Walter de la Mare, peut être douce.[67] Aide-toi et le Ciel t'aidera, mais que Dieu ait pitié de ceux qui se servent. Dans un bon mot-valise Enright parle de « faux-similés authentiques. »[68] Comme le Neveu de Rameau de Diderot, qui, tout en mimant le violon, n'oublie pas de faire de fausses notes, Victor Hugo, en volant à Guizot, a repris aussi les erreurs de cette source.[69]

« Le cas de Coleridge laisse penser qu'il a pu avoir une dépendance non seulement de l'opium mais aussi du plagiat ; il jouait avec l'équivalent d'une surdose – voyez les risques auxquels il s'exposait. »[70] Comme on aurait pu s'y attendre, Poe oscillait comme un pendule sur la question du « cribbage » (aussi bien plagiat qu'un jeu de cartes, et en plus la paroi d'un puits fortifié pour éviter l'effrondrement). Le plagiat, il est vrai, peut étayer un texte qui chancelle. Poe est là brusquement sévère, mais ici bienveillant. A un moment plus équilibré, il écrit :

> Le sentiment poétique implique une appréciation anormalement vive de l'excellence poétique, avec une assimilation inconsciente de cela dans l'entité poétique, si bien qu'un passage admiré, oublié et plus tard rappelé par une suite mystérieuse d'associations, est présumé par le poète qui plagie être vraiment la création de son propre cerveau.[71]

W.T. Bandy prétend que l'étude sur Poe par Baudelaire fut largement plagiée de deux critiques américains du *Southern Literary Messenger*. C'est ainsi qu'on joua un tour sur un mauvais plaisant célèbre.[72] On pourrait jouer utilement à notre tour sur les *Contes fantastiques* de Poe en les appelant « comptes fantastiques. » A l'opposé de l'approche de Poe plutôt pédantesque, La Fontaine, à la démarche légère, passe sans problème de la description du geai qui emprunte le plumage du paon à la pratique uiverselle et épidermique du vol : « Loin d'épuiser une manière, /On n'en doit prendre que la fleur. »[73] A moins qu'on ne rejette aristocratiquement toute la question, à la Voltaire, qui dit que le plagiat est le moins socialement dangereux de tous les larcins,[74] il faut justifier la pratique. Il y en a peu qui puissent atteindre le niveau de bon sens insolent de John Donne :

> But he is worst who (beggarly) doth chaw
> Other wits' fruits, and in his ravenous maw
> Rankly digested, doth these things out spew
> As his own things, and they are his own, 'tis true,
> For if one eats my meat, though it be known
> The meat was mine, th'excrement is his own,
> But these do me no harm.[75]

> [Mais celui-là est le pire qui tel un mendiant avale le fruit d'autres esprits, qui dans sa gueule vorace digérés fétidement, le vomit comme s'il était à lui, et c'est vrai qu'il

l'est, car si l'on mange ma viande sachant très bien qu'elle est à moi, on laisse tomber son propre excrément. Mais ces gens-là ne me font pas de mal.]

Une méthode d'autojustification consiste à prétendre qu'on enlève les mauvaises herbes de l'ouvrage du passé, pour libérer l'essentiel des impuretés. Une autre est de jouer la carte nationaliste : « Prendre à ses compatriotes, c'est un vol ; prendre aux étrangers, une conquête. »[76] Le désir de recycler, valable en d'autres circonstances, peut en tombant en mauvaises mains aider à faire d'un original une banalité, tout comme les touristes peuvent gâcher un paradis jusque-là préservé, ou un remake d'un film classique peut souvent ensevelir l'œuvre originale. Bien que cela me fasse mal de l'admettre, les distorsions sont souvent improductives. Eco nous rappelle la dimension politique de la falsification, la guérilla non mortelle des pirates informatiques : « la contestation électronique » et la désinformation »,[77] L'Internet habitue ses millions d'utilisateurs à se convaincre que tout le savoir, toute la musique et toutes les images sont la propriété de tous, avec laquelle, bien démocratiquement, s'entend, tout le monde peut se servir. En mixant des morceaux de musique, on peut se faire ses propres cocktails en se servant de l'alcool d'autrui. La puissance de l'Internet a donné naissance à des scénarios de cauchemar où des ordinateurs sont détournés pour déclencher un holocauste nucléaire, ou, perspective encore plus effrayante pour les nantis, l'effondrement du marché des valeurs. A un niveau plus discret, il y a certes un air de triomphe dans le plagiat : « Voyez comment je m'en suis tiré. »

Et n'oublions pas le plagiat réciproque, la dépendance bilatérale, la controverse prolongée, par exemple, entre Camus et Sartre, où un ouvrage de l'un jodle à celui de l'autre (*La Chute : Saint Genet* ; *Les Justes : Les Mains sales*) par-dessus l'abîme béant de leur désaccord. Chacun dépendait de l'autre pour se définir par contraste. Peut-être que c'est là ce qu'entend Deborah Cameron par la « telementation » : le transfert d'idées d'un cerveau à un autre.[78] Ce faisant, les deux illustrent ce fait essentiel de la vie littéraire, selon Schneider : « écrire à la dérobée »,[79] formule qui suggère à la fois voler et agir furtivement. Mais l'écrivain véritable justifie son vol, si bien que, selon Hazard, beaucoup des idées dans les *Vies de Haydn, Mozart et Métastase,* bien connues pour leurs emprunts massifs, qui semblent le plus « stendhaliennes » ne lui appartiennent pas du tout.[80] On euphémise le plagiat en le traitant d'hommage, quoique les hommages authentiques ne soient pas d'habitude aussi discrets que l'est le plagiat avant qu'on le démasque ou le confesse. Il ne saurait y avoir de dernier mot sur un phénomène tellement complexe, répandu et riche, si ce n'est le rappel sage du proverbe Sotho à tout plagiaire, pasticheur, parodiste, et à moi qui les suis pas à pas : « Moi et mon rhinocéros », dit l'oiseau qui y cherche des tiques. »[81]

Je ne saurais m'empêcher de gloser, d'avoir après tout le dernier mot, dans ce chapitre. L'oiseau pique-bœuf est un parasite industrieux, qui se nourrit en nettoyant le corps de son hôte en même temps. Nous volons tous par moments, et à d'autres nous nous grattons mutuellement : donnant donnant.

CHAPITRE 8

Du Sublime au ridicule

Le proverbe de Sotho qui termine le chapitre précédent, avec son mélange de bathos et de disproportion, me fournit une liaison utile mais à moitié fausse avec ce chapitre-ci. Les clichés esquivent la gradation (ou la jouissance), et en fait ils ressemblent souvent à l'onanisme, qui frotte lui aussi sur le même endroit. Mais qui a parlé du « bathos fécond de l'existence » ?[1] Il peut être significatif qu'au français manque un seul mot commun pour « climax » (si ce n'est, bien entendu, au sens sexuel), ou « anticlimax » ; et la culture française par nature élitiste ne supporte guère les concepts anglais tels que « bonne poésie mauvaise », ou (dans le sport) « le perdant courageux » avec sa « victoire morale » (il a perdu, mais il *aurait dû* gagner). *L'Art de ramper en poésie*, écrit pour la plupart par Pope, se rapporte par contraste de *Sur le Sublime* de Longinus (*Peri Bathous* à *Peri Hupsous*), de même que les mots latins d'*altus* et *altitudo* couvrent et la hauteur et la profondeur. Bien qu'on puisse trouver dans sa poésie à lui une bonne partie de ce que Pope satirise, il se méfie constamment de la bêtise solennelle qu'est le bathos. Selon Kenner, « Pope exploitait les mauvais vers d'autrui comme Flaubert devait exploiter son *Dictionnaire des idées reçues* : un recueil de lieux communs desquels sa propre entreprise créatrice pût s'inspirer. »[2] Un successeur au vingtième siècle, D.B. Wyndham Lewis dans son anthologie, *Le Hibou empaillé*, notait les façons étranges dont un poème peut échouer, « si bien que l'échec devient une sorte de qualité positive. Cela est à peine croyable, c'est comme si quelqu'un avait réussi à inventer un nouveau péché. » L'introduction de ce recueil définit le bathos comme « cette glissade soudaine, cette descente en piqué, on dirait un toboggan bien beurré – qui va de l'apogée à l'abîme. » D'autres éléments : « Pauvreté de l'imagination, sentimentalité, banalité, prosaïsme, style pompier, anémie, obstipation ou constipation de la faculté poétique, impuissance à jouer juste en ce qui concerne l'imagination : désaccord du contenu émotionnel avec la forme métrique. »[3]

Aussi bien que le va-et-vient entre des extrêmes, la banalité prend la forme plate de la médiocrité : « la platitude à bec de canard. »[4] Le français manque d'un mot pour l'absence de relief (« flatness » en anglais) qui puisse accompagner l'adjectif *plat*, mais certains écrivains, dont Bloy, ont annexé le mot *platitude* pour servir à cette fin. Par exemple, Ponge, décrivant un pré sans dénivellation, dit : « La platitude est une perfection. »[5] Peut-être sur un trajet comparable, Don Marquis conseille qu'on affûte un lieu commun : « Caressez une platitude jusqu'à ce qu'elle ronronne comme une épigramme. »[6] Que cherchait Flaubert dans son but de « bien écrire *le médiocre.* » ? « Emma retrouvait dans l'adultère toutes les platitudes du mariage » : la banalité est un cercle vicieux. La conversation de Charles est « plate comme un trottoir de rue, et les idées de tout le monde y défilaient, dans leur costume ordinaire. »[8] Ses vêtements et le corps bovin qu'ils recouvrent mettent Emma en rage, et elle voit, étalé sur sa redingote, « toute la platitude du personnage. »[9] Son pauvre dos sans défense est vulnérable à cette offensive oculaire. Pour le successeur de Flaubert, Queneau, il se peut que le seul royaume que n'importe qui d'entre nous est capable d'habiter, mis à part les mathématiques abstraites, soit celui de la platitude. C'est cette possibilité morne qui fait surface çà et là dans l'univers souvent ludique de Queneau qui incita Gaston Bachelard à décrire l'œuvre de celui-là comme « de la dynamite déguisé en barbe à papa. »[10]

Euphémisme

Il y a depuis longtemps une lutte acharnée entre les tenants de l'explicite (le franc, le nu intégral) et ceux du tacite (les pincés, les constipés). L'euphémisme camoufle, l'hyperbole brouille ; le cliché est maintes fois un écran de fumée qui cache ou la vacuité ou la motivation indicible. De même que le « speakeasy » [parler à voix basse] était un bar clandestin pendant la Prohibition, l'euphémisme fait régner le secret et dresse un obstacle au franc-parler.[11] Afin de protéger le mythe de leur savoir esotérique, les médecins dans leurs ordonnances emploient des termes latins ; ou des savants se sont servi de la langue la plus proche du latin, l'italien, pour cacher les passages obscènes des textes latins quand ils sont traduits dans d'autres langues. Désireux de calmer les situations difficiles, le discours diplomatique recourt à des termes internationaux tels que *détente*, ou *modus vivendi*, et déguisent ainsi les critiques sous des termes qui font penser au choc d'être frappé par une laitue mouillée.

Un dessin humoristique de 1965 de Jules Feiffer rend parfaitement l'essence clichéique du double parler, ou jargon bien intentionné :

> [Un gueux parle.] Je croyais autrefois que j'étais pauvre. Puis on m'a dit que j'étais nécessiteux. Et après qu'il était défaitiste de me croire nécessiteux, j'étais démuni. Ensuite on m'a dit qu'on parlait trop des « défavorisés », et que j'étais déshérité. Je n'ai toujours pas le sou. Mais j'ai un fameux vocabulaire.[12]

On peut utiliser les mots pour se moquer d'eux-mêmes, par exemple quand on parle des handicapés comme « grièvement euphémisés ». Par cette blague on ne vise pas les handicapés, mais un certain abus des mots : patelinage, échappatoires. Cette tactique pervertie anesthésie le discours. C'est la plus lâche et la moins amusante des versions de l'ironie, c'est-à-dire débiter une chose pour en cacher une autre. Cette recherche apparente du mot juste (ou plutôt acceptable) s'écarte en effet du franc-parler. De tels efforts font naître les « mots-belette » (équivoques) qu'attaque Theodore Rosevelt en 1916 :

> Un des principaux défauts de nos concitoyens c'est une tendance à utiliser ce qu'on appelle des mots-belette ... On peut avoir l'entraînement militaire universel, ou l'entraînement volontaire, mais quand on emploie le mot « universel », l'on se sert d'un mot-belette : il suce comme d'un œuf toute la signification du mot « volontaire ». Les deux mots se contredisent catégoriquement.[13]

Le *1984* de George Orwell nous montre comment même des mots simples peuvent se convertir en mots euphémiques et mystificateurs. « Goodsex » n'est pas l'orgasme simultané promis par les conseilleurs conjugaux, mais son contraire, le sexe privé de plaisir et consacré uniquement à la procréation. »[14] L'euphémisme blanchit la réalité.

Il n'est guère douteux qu'on ait besoin de l'euphémisme, « l'élémentaire *lingua non franca de* l'humanité. »[15] Ce qui semble être un jeu, le franc-parler, aux uns n'est qu'insensible et cruel aux autres. On pourrait voir la « correction politique » comme de l'euphémisme réparateur ; on essaie par là de nous laver le cerveau pour que nous nous comportions linguistiquement comme il faut. Alors que personne qui ne soit totalement équilibré ne voudrait déclarer illégale la sensibilité, certains se demandent si la peau des gens est devenue plus susceptible à l'offense : résultat peut-être de la diminution de la couche d'ozone ... La correction politique est une source majeure de clichés, car elle rechigne à penser pour elle-même, elle trouve tant de tabous dans le discours, qui sont donc dans une large mesure impensables. Un des innombrables bouche-trous lexicaux au dix-neuvième siècle pour « pantalon » (objet obscène, qui l'eût cru ?) : « ineffable », spiritualisait ce vêtement pratique, si bien que Dickens les appelle « éthérés ». Lawrence souligne l'humour inconscient caché derrière ces feuilles de figuier victoriennes, et leur utilité pour élargir le registre du lexique national.[16] Nous avons nos équivalents aujourd'hui, surtout dans le commerce, par exemple « la comptabilité fantaisiste » au lieu du truquage des comptes (ou délinquance en cols blancs). L'euphémisme oscille entre l'évasion des insinuations désagréables et l'embellissement de l'ordinaire (« technicien du service sanitaire », pour l'éboueur). C'est un mode important du contrôle de la réalité. Employé pour combattre la paillardise irréfléchie, l'euphémisme feint de ne pas être conscient de ses propres tentatives de censure. Dans certains cas psychiatriques, en effet, la censure peut indiquer une perturbation aussi criblée d'obscénités que celle de la maladie de Gilles de la Tourette. Certains sujets, variables selon l'époque ou la culture, demeureront sans doute à jamais tabous, et le slogan de 1968 « Il est interdit d'interdire » ne fut qu'un rêve de courte durée. Aussi bien qu'il démontre le génie humain de compliquer les choses, l'euphémisme naît du désir d'écarter, et il reconnaît la puissance magique des mots. L'inexplicite contrecarre le désir de tout déballer. Mais cette effort finit par foirer : un mot de remplacement arrive à s'imbiber des mêmes insinuations que celui qu'il supplante. Inversement, un des mots yiddish les plus crus pour l'acte sexuel, *yentz* (de l'allemand *jenes*, l'autre. Cp. en anglais, « a bit of the other » : tirer un coup) était à l'origine un euphémisme. Comme avec tous les codes, l'ennui avec celui-ci c'est qu'on veut le déchiffrer, le retraduire. La « fortitude intestinale » a l'air d'une définition de mots croisés ou d'un calembour (et ces deux ne font souvent qu'un), et elle concentre notre attention, la fait se diriger vers le mot autrefois interdit : avoir des tripes. Et pourtant on persiste, comme le dit joliment Lawrence, « à faire le dégoûté devant le « tire-jus ».[17] Mettre un fragment du pronom féminin dans une parenthèse ((s)he), dans l'espoir de réduire le monopole masculin du discours, n'est qu'un geste infime d'égalité, mais cette tentative peut toujours nous faire penser (homme ou femme) à cette pratique automatique (« he » règne), encore que, bien entendu, le rappel devienne lui-même robotisé.

Le déguisement cherche à cacher quelque chose d'interdit ou de meurtrier, mais il se trouve être lui-même meurtrier, comme dans le jargon de la CIA, « terminer avec le maximum de préjudice » (tuer), qui a l'air d'une décision de larguer une bombe nucléaire pour casser une noisette. C'est là du langage tiré à quatre épingles avant que ne tombe le couperet de la guillotine. Le verbicide du discours américain sur le Vietnam est proche parent de l'herbicide qui dévasta le paysage.[18] L'euphémisme exige non qu'on invente des mots nouveaux mais qu'on exploite le vocabulaire existant d'une manière nouvelle et mensongère. Est-ce qu'ils restent les mêmes mots après cette chirurgie esthétique ? Est-ce qu'on peut protéger les mots, comme les jeunes femmes vulnérables, contre une vie de péché ? La bonne censure, est-elle possible, quand « la censure met en cause le langage même. C'est l'hommage que le pouvoir fait aux mots. C'est le langage qui se juge lui-même. »[19] Si la censure prend la forme de blancs, d'espaces vierges – tirets, points, astérisques, bips – elle s'avère encore une fois improductive. On emploie les points de suspension pour indiquer, bien entendu, le suspense, et l'astérisque requiert notre attention dans le roman à clef. Comme maintes fois ailleurs, Queneau fournit un aperçu comique et pointu sur la lubricité contenue dans l'euphémisme supposé pudique. Son héröine irlandaise et faussement naïve, Sally Mara, novice dans l'apprentissage de la langue française, annexe le terme érudit de zoologie, *périprocte* (anus de l'oursin). Avec sa devise « Tiens bon la rampe ! », même si dans la conversation souvent elle comprend mal, elle sait instinctivement comment saisir le gourdin.[20] Ses coquetteries suscitent la lascivité, qui fait passer la contrebande. Dans les jeux de cache-cache que nous jouons avec les mots, l'euphémisme peut servir d'un moyen non seulement de préserver mais aussi de contourner le tabou.

Litote et Circonlocution

La litote, elle aussi, nous permet d'être jésuitiques, de garder des restrictions mentales sous les mots. Comme l'ironie, le calembourrage, l'énigme ou la circonlocution, elle exprime le plus en spécifiant le moins. (Chose étrange, « emphasis » voulait dire à l'origine une sorte de litote ou déclaration évasive destinée à encourager l'écouteur à chercher la véritable signification de ce qu'on disait.) Comme l'a proposé Robert Browning : « Less is more » [moins est plus].[21] Et pourtant cette désescalade, le contraire apparent de l'hyperbole, est elle aussi un procédé de rhétorique, un agent de persuasion, à sa propre façon discrète. Rappelez-vous la rhétorique bouchée – qui devient à la longue assourdissante par la répétition – de Hemingway ou de Camus.

La circonlocution compte sur un style plein d'allusions, et elle invite, comme l'énigme, la devinette. Qu'est-ce qu'on vise par là ? En tant que telle elle ne peut pas toujours contrôler les réactions d'autrui, quoique dans une autre fonction, celle d'expliquer en toutes lettres, elle peut conduire à la définition. Elle convient à ceux qui mettent l'accent sur l'ambiant – environnement, éducation, circonstances – et qui minimisent le choix et la responsabilité personnelle. Comme l'euphémisme, elle veut esquiver la gêne. Pendant de longues années, elle fut au beau milieu de la poésie, et l'est toujours peut-être (présentation disjointe d'une scène ou un état d'âme, répugnance à nommer ce qu'elle vise), car la poésie exprime les choses de sa manière bien à elle, elle évoque une chose en nommant une autre ou plusieurs, elle suggère, elle refuse d'en venir aux faits. Cela peut mener à une périphrase ridicule, une énigme sans valeur, comme quand Roucher écrit, fuyant devant le gros mot « hippotomane » : « Des rivages du Nil le cheval amphibie. »[22] C'est naturellement Dickens qui tire un parti comique et sociologique dans son « Circumlocution Office » de *Little Dorrit*. Dans sa propre prose circonambulatoire, il satirise la pratique du renvoi, l'inaction, la bureaucratie qui tourne autour d'un problème sans jamais le résoudre : la rhétorique vide des institutions officielles. Sa méthod : la réitération, l'hyperbole prolongée et la grotesquerie, qui n'est peut-être toujours pas voulue, comme dans cette phrase : « Le doigt s'était introduit dans le plus grand gâteau des affaires et dans la plus petite tarte [en anglais, « tart » – putain] publique. »[23] Barnacle (un de ceux qui s'accrochent au char de l'Etat comme une bernacle à un vaisseau) dit : « Au Bureau de Circonlocution » en lui donnant l'air d'un mot d'à-peu-près trente-six syllabes. »[24]

L'argot rimé est une autre version de la circonlocution, secondé par un regard lubrique ou un clin d'œil, une sorte de tour m'as-tu vu autour du pot voyant. C'est un pas vers l'innovation, et en vérité les permutations semblent très étendues, sinon interminables. Par exemple « wank » (se branler) appelle Jodrell (Bank), Sherman (tank), J. Arthur (Rank). Quelle qu'ait été sa fonction jadis et naguère, l'argot rime ne vise pas aujoud'hui un véritable camouflage. Ce qu'il offre c'est une devinette, et aussi le divertissement. C'est une des nombreuses formes de la broderie linguistique et de jeux de compétition. Quand même, comme tout système d'allusions, pour rimer en argot d'une façon efficace il faut, comme ci-dessus, recourir à quelqu'un ou quelque chose de célèbre, c'est-à-dire : consacré, éculé.

Hyperbole

Si l'euphémisme ressemble au pieux mensonge, l'exagération en dit de monumentaux. Si l'euphémisme choisit la pédale douce, l'exagération (comme le slogan) recourt à la vente agressive. Si la litote rapetisse, l'hyperbole en fait trop. Elle commence par se détacher, mais par la répétition devient facilement une norme ennuyeuse, de la boursouflure, du vent. Un auteur (*auctor*) est par définition celui qui augmente (*augere*). Celui qui écrit charrie, et s'il cherche à édifier, il accumule. Lorsque Poulou, le petit garçon que Sartre persécute le long de son autobiographie partielle/partiale, *Les Mots*, répond, avec une véracité toute rhétorique, à un questionnaire pendant la Grande Guerre en prétendant que son vœu le plus cher est de devenir un soldat de première ligne et de venger les morts français, le lecteur et le narrateur adulte s'aperçoivent sans difficulté que ce n'est que dans les mots que le garçon monte à l'assaut. Celui-ci fournit aux consommateurs bourgeois captivés par sa comédie tout ce et même plus qu'ils ne lui exigent. Les mots escaladent sans cesse. On parle communément d'appuyer violemment (« punch ») sur les boutons d'un poste de télévision ou d'autoradio, alors qu'un terme plus exact serait « toucher ». Si en effet on essayait de donner un coup de poing (punch) aux boutons de réglage très rapprochés, on donnerait à la machine des commandes contradictoires et qui s'annulent mutuellement. Nous parlons ainsi parce que ça a l'air décisif et macho : nous sommes friands de l'exagération. Il n'est pas étonnant que les agences de publicité caressent des espoirs si forts de nous plier à leur volonté. Tout comme la litote, l'exagération est une tentative d'étouffement. Seul l'assaut (nu intégral) du dysphémisme joue franc jeu, va droit aux faits, et refuse de mâcher les mots. Le langage survit heureusement à nos abus. « Tout euphémisme cesse d'être euphémique après un certain temps, et le sens véritable commence à se faire voir. C'est un jeu perdu d'avance, mais on persiste. »[25] Ainsi qu'il arrive quand les pièces de fausse monnaie s'usent, la réalité perce la croûte de la convention.

Métaphore : morte, disparate, ou autre

« Usé jusqu'à la corde » est une métaphore assez fatiguée qu'on applique souvent aux métaphores. Pourquoi le discours humain est-il tellement métaphorique ? Pourquoi cette envie de marcher en crabe au lieu de droit devant soi ? Elle est peut-être une affirmation de notre libre arbitre relatif, la petite marge de manœuvre dont nous disposons vraiment, de même que néologiser est un stage d'affirmation de soi. A un niveau moins quotidien, « la pensée créatrice et non mythique dans les arts, les sciences, la religion ou la métaphysique doit être invariablement et irréductiblement métaphorique. »[26] La métaphore nous implore : « Ne me prenez pas au pied de la lettre, lisez entre mes lignes. » L'adverbe « littéralement », effectivement, introduit souvent une déclaration métaphorique et sert d'intensif (« Il est littéralement un géant parmi d'autres hommes »). Son contraire, tout prendre au pied de la lettre, est naturel aux petits enfants, aux schizophrènes, ceux qui parlent une langue étrangère moins couramment, et nous tous si nous ne faisons pas l'effort de combler les vides. Et pourtant il faut que le langage se décolore pour la rapidité et l'efficacité de la communication. Si l'on était constamment distrait par les images évoquées par nos propres mots ou ceux d'autrui, on n'avancerait pas du tout. De même qu'il faut oublier qu'une bonne partie du langage est ambigu lorsqu'on écoute un autre, il faut nous faire ignorants quant à la nature imagée du discours. La blague pointue de Swift centrée sur les académiciens de Lagado qui portent partout avec eux des objets au lieu des mots qui les désignent satirisait le projet de Thomas Spratt et l'Académie royale d'enlever au langage son contenu figuratif. Quand nous parlons du « bras » d'un fauteuil, c'est une habitude tellement familière et naturelle que nous n'y pensons plus en tant qu'une métaphore, un emprunt. Une grande partie de notre pensée quotidienne, ou du moins de notre discours (car la pensée y brille souvent par son absence) a besoin de telles silhouettes en carton linguistiques afin qu'elle puisse fonctionner sans saccades. Certains, pourtant, ont une opinion différente. « Quand une phrase telle que « le vaisseau de l'état » attire notre attention, l'esprit se décontracte mais ne se repose pas, car nous sommes fatigués sans avoir levé le doigt, par le lieu commun. »[27] D'autres encore, dont moi, croient qu'aucune métaphore n'est jamais vraiment morte. Elle fait le mort seulement, ou elle est étendue dans l'engoudissement de l'hibernation, et elle peut donc se réveiller.

Si les clichés, ces métaphores mortes, peuvent être réactivés, ils ne sont pas morts, mais en sommeil, ou même s'ils sont morts. Ils peuvent renaître. Nous pouvons tous pratiquer le vaudou linguistique. « Le cliché n'est pas une métaphore à demi morte, c'en est une qui refuse de mourir. »[28] Empson développe ce point de vue : « Toutes les langues sont aussi faites de métaphores mortes que le sol l'est de cadavres, mais l'anglais est peut-être exceptionnellement rempli de métaphores pareilles, qui ne sont pas mortes mais ensommeillées. »[29] Marx affectionnait une métaphore consacrée à la mort. Dans la préface du *Capital*, il déclare : « Nous souffrons non seulemet du vivant mais aussi du mort. Le mort saisit le vif. »[30] Auguste Comte avait précédemment écrit dans son *Catéchisme positiviste* de 1850 : « Les morts gouvernent les vivants » (p. 29). Et bien entendu, rappelons aussi le dicton antique « Nil de mortuis nisi bonum. » « Le mort saisit le vif » est en fait un vieil axiome du droit français qui tient que, lors du décès d'une personne, l'héritier devient le propriétaire de ses biens sans qu'il y ait de formalités légales. Ainsi, selon le droit, le vieux bénéficie-t-il le nouveau et ne l'étouffe pas. Marx a donc compris de travers la formule, que ce soit par ignorance ou par désir de jouer sur les mots, et il ranime de cette facon une vieille métaphore sur le vif et le mort [Le titre de mon livre s'aventure aussi dans ces parages].

Que ce soit exprès ou non, Marx faisait là un melange de métaphores. Les journalistes, surtout, sont enclins à faire de tels ragoûts à cause de la hâte dans laquelle ils sont tenus de travailler (délais très serrés, Fleet [rapide] Street, *The Daily Express*). A force d'écrire chacun la moitié d'une phrase, deux reporters forgèrent un salmigondis qui, autoréférentiellement, commente sur lui-même ; « Les transactions boursières autour du monde ont menacé de se métamorphoser dans une spirale vers le bas qui est une prédiction qui s'accomplit d'elle-même. »[31] Les clichés se marient entre eux avec joie. J'ai entendu dire des locutions fusionnées qui sont des phrases-valises fortuites. « Il y a plus d'une façon de retourner un chat. » « It's no grist to his mill » (il ne fait pas feu de tout bois), alors qu'on voulait dire certainement : « That's no skin off his nose » (il s'en balance). Le médecin qui témoignait dans un tribunal et déclara : « La chaîne d'événements consiste entièrement dans des chaînons manquants » offrait en effet une description assez exacte de la fragmentation de la pensée humaine.[32]

L'Irish Bull dépend aussi de l'agglutination de clichés. Si par hasard un de mes lecteurs se croyait supérieur à ces faiseurs de bourdes, je dirais, moi, que nous sommes tous des métaphores disparates, des oxymorons, des gloires et des clowns, des anges et des bêtes, et que c'est là en vérité un lieu commun très antique. N'empêche qu'on goûte le spectacle d'un concitoyen qui laisse tomber des mots à double sens inconscients, ou un homme politique qui glisse sur la peau de banane qu'il a lui-même laissée tomber dans un discours public. Perle, malapropisme (un mot pour un autre) ou contrepèterie. Orwell soutient que « le seul but d'une métaphore est d'évoquer une image visuelle. Lorsque ces images se heurtent les unes contre les autres – par exemple : La pieuvre fasciste a terminé son chant de cygne, ou : on jette la botte militaire dans le creuset – on peut être sûr que l'auteur n'a pas en tête une image mentale des objets qu'il nomme ; en d'autres mots, il ne pense pas réellement. »[33] Or, la métaphore n'entraîne pas toujours une image mentale ; nous saisissons le sens d'une comparaison par d'autres moyens qu'un recoupement visuel ; et les exemples que fabrique Orwell sont de par leur pêle-mêle comiques et voire surréalistes. Néanmoins, il a sûrement raison de nous mettre sur nos gardes conte le blabla des puissants et leurs apologistes par l'examen critique de leurs métaphores habituelles qui cherchent à nous laver le cerveau.

Le domaine vaste de la licence poétique qui s'étend aussi jusqu'à la prose compte souvent sur une semblable élision de la pensée, un télescopage rapide ; et une erreur ponctuelle peut finir par se justifier quand on la replace dans le contexte de l'ouvrage tout entier. Du point de vue du lecteur ou de l'écouteur, la lecture rapide ou l'écoute inattentive, ou la mémoire à court terme inefficace, glissent toutes sur bien des imperfections que seul le ralenti met en relief. D'ailleurs, le désir inquiet d'éviter des métaphores disparates mène souvent à la métaphore filée, qui sait produire ses propres perles. C'est une source encore plus probable de l'absurde, parce qu'elle semble être provoquée par l'inertie, la dictée mécanique de l'euphonie, la bienséance par trop littérale. On pourrait s'imaginer que la métaphore disparate (p.e. « repasser au fer les problèmes initiaux »), l'Irish Bull et congénères subvertissent, quoiqu'inconsciemment, les idées toutes faites en en faisant une bouillie loufoque. Sir John Pentland Mahaffy, célèbre érudit irlandais, à qui on demandait la différence entre les variétés anglaises et irlandaises, répliqua : « L'Irish Bull [le taureau irlandais] est pleine, alors que l'English Bull est stérile. »[34] Un autre adepte célèbre, Sir Boyle Roche, a fait entraîner ses « taureaux » ; ses ragoûts soi-disant impromptus il les cuisinait d'avance avec soin.[35] Lorsque les locuteurs distingués pratiquent l'Irish Bull avec préméditation, on ne les trouve pas stupides comme les gens moins instruits qui font la même sorte d'erreur involontairement, mais même là on ne peut exclure l'intention de suivre le stéréotype : on coule les moqueurs à force d'y arriver le premier et d'avoir ainsi le dessus sur eux. C'est là une version de l'auto-ironie, très important mécanisme de défense, comme les blagues qu'on dirige contre soi-même.

Nous oscillons constamment entre le littéral et le figuratif comme si on ressentait le besoin de jouer entre eux, de les faire monter l'un contre l'autre. Revoir le littéral dans le figuratif, surtout lorsque celui-ci est consacré, est une source majeure de comédie et de réflexion. Nous recourons aux métaphores corporelles pour exprimer des phénomènes incorporels : c'est notre *esprit de corps* existentiel.

Adjectifs

Métaphores non disparates, épithètes classiques (Homère, Virgile), les *kennings* de la poésie anglo-saxonne, tous comptent, selon Lerner, « sur l'absence de peur, parce qu'il n'y a pas de danger, du cliché. »[36] Je ne suis pas convaincu. Le fait que de telles formules aient coexisté avec des vers frappants, des adjectifs insolites, indiquent sûrement le besoin du renouvellement et de la variation. Homère a très bien voulu re-chanter de vieilles chansons mais non pas des couplets consacrés. Les poètes savent exploiter les formes fixes, mais les enseignants opèrent selon les règles. Ong fait remarquer qu'

> une épithète est généralement un seul mot, le dénominateur le moins commun, un atome dans la rédaction des lieux communs imposée aux écoliers. C'est sans doute la raison pour laquelle le recueil de Ravisius Textor et autres étaient utiles pour les néophytes de l'art rhétorique. Ces recueils fournissaient les particules élémentaires du discours.[37]

C'était là l'utilisation des épithètes sévèrement réglée et dirigée, sans doute parce que, comme une autre maladie, la conjonctivite, qui touche la vision, l'adjectivite a toujours été considérée avec méfiance et visée par les critiques qui reniflent l'affectation. Le héros médiocre de Camus, Joseph Grand (au nom ironique), ayant sué pendant ce roman de la peste pour la phrase d'ouverture, pur lieu commun, d'un roman qu'il n'achèvera jamais, annonce vers la fin, lorsque l'épidémie a reculé : « J'ai supprimé tous les adjectifs. »[38] Les adjectifs véhiculent plus de potentiel des clichés que les substantifs ou les verbes. Ils sont secondaires, m'as-tu-vu, surajoutés à l'essentiel. En tant que tels, ils sont plus sujets à la mode, à l'obsolescence et à la prétention. Ils moralisent, ils jugent. Ils sont souvent des raccourcis faciles. Par-dessus tout, ils ne font que répéter la qualité essentielle de l'objet qualifié. Ce qu'appellent habilement les Français une *épithète de nature* (« le dur caillou », « la blanche neige ») est un truisme adjectival, un hoquet pléonastique, comme le cadavre décrit, sans l'ombre d'un jeu sur les mots, comme « rigoureusement immobile. »[39]

Tautologie et Truisme

> I have lived through a visit from a lady who is best described as overflowing: She is full of truisms, but she is not like a truism, because a truism goes without saying, but she says without going.
> [J'ai enduré la visite d'une dame qu'on peut décrire comme débordante. Elle est pleine de truismes, mais elle n'y ressemble pas, car dans un truisme tout va sans dire, mais elle dit sans aller.]
>
> — OGDEN NASH[40]

Il va sans dire qu' « il va sans dire » ou « inutile de dire » sont tautologiques. L'espagnol dispose d'un idiotisme plus scientifique : « Eso cae de su peso » (cela tombe de son propre poids, ce qui prête au phénomène une certaine gravité castillane). On devrait prendre l'évidence comme allant de soi, bien qu'une présomption pareille puisse être une évasion de la pensée. « Il y va de soi » fait penser à l'autopropulsion ou à l'inertie. « C'est logique » peut être illogique. Il faut admettre qu'il y a bien des moments ou n'importe qui voudrait louvoyer. Etre sur le qui-vive sans répit, analyser chaque déclaration comme si elle faisait partie des détails d'un document légal, détruisent la spontanéité, ou du moins réduit considérablement la lubrification des échanges. Rogers commente à propos de superfluités habituelles telles que « mort et enterré » : « La tautologie possède autant de charme pour les êtres humains que l'allitération. »[41] Tous, nous surajoutons

– verbe qui est lui-même un pléonasme, comme le « tautautologically » de James Joyce. La sagesse classique, chez Horace, veut que « Bis repetita non placent » (ce qu'on répète deux fois nous déplaît). Mais ce n'est pas toujours vrai : les enfants implorent qu'on leur relise leurs contes favoris, ou les adultes qui se replongent dans les romans de Jane Austen pour la dixième fois (et Horace écrivit ailleurs : « Haec decies repetita placebit »[42] [Ceci répété dix fois plaira]), le goût universel des rengaines. En principe, je n'aime pas, moi, la répétition, je déteste la réitération, j'abhorre le rabâchage, bref je hais la multiplication.

Un truisme insiste sur une évidence, et il reste un truisme même après avoir été traduit. Un truisme étranger est une scie d'outre-mer répétée par une multitude. Le terme espagnol est *perogrullada* ou *verdad de Pero Grullo*, personnage imaginaire qui ne disait que ce qui sautait aux yeux. L'équivalent français est *vérité de La Palice* (ou Palisse), ou *lapalissade* : remarque absolument évidente et sottement inutile. Le substantif français *évidence* devrait dériver du verbe *évider* (mais ce n'est pas le cas). Les nombreuses interventions publiques et pléonastiques du Général de Gaulle (qui reviennent à dire souvent « Je suis ici, vous êtes ici ») sont décrites par Revel comme « l'annonce de la présence réelle de l'eucharistie. »[43] Revel tient compte du fait que de telles déclarations soutiennent une idéologie, projettent une image, établissent un rapport hiérarchique d'intimidation, et provoquent des réactions aussi prévisibles que les répons lors d'une messe. Les velléités de monopolisation du Général, que Sontag qualifie de pur kitsch,[44] et dans lesquelles comme un reporter sans vergogne il réclame des droits exclusifs sur tout ce qu'il passe en revue, donne naissance au « truisme hyperbolique » (Revel), par lequel l'habitude de De Gaulle de parler de lui-même dans le pronom impersonnel *on* cherche à générer un prestige universel. Je l'ai entendu discourir aux étudiants de l'Ecole Normale Supérieure en 1959 dans ces termes-ci : « Que vous êtes nombreux, que vous êtes jeunes, que vous êtes gentils ! » Les deux premiers adjectifs ne faisaient que souligner un fait peu remarquable ; le troisième constituait une ignoble tentative d'amadouer un auditoire qui lui était pour la plupart hostile. Voici un autre truisme un peu plus complexe : « Les chagrins sont les chagrins, les difficultés sont les difficultés. Mais la France est la France. » Il y a une sorte de métastase dans la troisième paire de substantifs. Dans les deux premières, le mot répété signifie la même chose chaque fois. Dans la troisième, la France est différente chaque fois ; elle peut surmonter les difficultés de par ses vertus éternelles. Le mot répété fait appel en effet à une essence fixe et propose en même temps qu'elle évolue.

La tautologie sublime de Dieu, en réponse à la question de Moïse : Comment vous appeler ? – « JE SUIS CELUI QUI SUIS » (L'Exode, 3, 14) – trouve un écho chez la multipersonne Trouscaillon dans la *Zazie dans le Métro* de Queneau, qui ridiculise ainsi l'idée de l'identité fixe que Dieu revendique dans la Bible. D'une façon plus terre-à-terre, les phrases du type « un sou est un sou » (ou en anglais « Boys will be boys » – Les garçons seront toujours des garçons) ne sont des tautologies qu'en apparence. Le mot répété souligne l'importance du concept et en étire la signification. La phrase anglaise veut dire « Ces garçons spécifiques se conduisent naturellement comme les garçons archétypaux à travers le monde entier. » Il glisse du littéral au figuratif, et le contexte seul nous dira quand il faut déchiffrer une formule apparemment absurde ou superflue. Barthes résume la question de main de maître :

> La tautologie dispense d'avoir des idées, mais en même temps s'enfle à faire de cette licence une dure loi morale ; d'où son succès : la paresse est promue au rang de rigueur. Racine, c'est Racine : sécurité admirable du néant.[45]

Ou pensons à l'instinct qui fait rentrer les gens au doux foyer, ou le taureau à la *querencia* où il se sent à l'abri des assauts : ce n'est pas l'appel sauvage mais l'appel maîtrisé.

Le truisme ou la tautologie ressemble au complément d'objet apparenté, c'est-à-dire on fait d'un verbe intransitif un transitif, par exemple dans cette phrase de Trollope : « Elle sourit un petit sourire. »[46] Cette répétition est une tactique habituelle de la rhétorique, surtout en français (« pour de la chance c'est de la chance », qui traduit « Vous êtes un veinard, pas de question ». Ou « pour un été chaud c'est un été chaud » : c'est effectivement une saison avec beaucoup de chaleur).[47] En principe, sans doute, le truisme cherche à atteindre le juste milieu entre l'exagération et la litote : il ne dit que ce qui est, il faut le croire, il met dans le mille. Il est vrai qu'on reste la plupart du temps en deçà ou au-delà de nos possibilités, et on n'arrive que rarement à l'adéquation. Il est possible que les seuls clichés véritables sont les truismes : ce qui ne valait pas la peine d'être dit en premier lieu. Et pourtant la sagesse biblique aime à jouer avec « premier » et « dernier » (« les derniers seront les premiers », et ainsi de suite). Pascal nota que « la dernière chose qu'on trouve en faisant un ouvrage est de savoir celle qu'il faut mettre la première ».[48] Beaucoup d'auteurs écrivent en effet l'introduction après tous le autres chapitres et la dotent ainsi d'une sorte de prévoyance posthume. Selon Camus. « on appelle vérités premières, celles qu'on découvre après toutes les autres. »[49] On postempte, comme lorsqu'on dit qu'on est acheteur d'une proposition.

Après les truismes, les sophismes, qui s'enracinent eux aussi. Ou le pur ornement de mainte architecture.[50] Une bonne proportion de ce qu'on dit est inutile, c'est parler pour ne rien dire, et la répétition remplit les espaces vides. Pour ceux qui préfèrent penser critiquement, une vérité incontestable n'est aucunement une vérité, et est peu digne de respect. « Les choses familières se produisent, et les gens s'en préoccupent peu. Il faut avoir une intelligence peu commune pour entreprendre l'analyse de ce qui est évident. »[51] On peut toujours, cependant, bien que ce soit assez facile, manipuler un truisme, comme dans les tours de dandy de Wilde ou de Cocteau, qui ne font souvent que simuler la paradoxalité. Colie nous rappelle que « dans la tautologie, ce qui est, est ; dans le paradoxe, ce qui est est, et n'est pas. »[52] Quoique le truisme soit, oxymorement, un secret de Polichinelle, on ne peut le convertir au paradoxe qu'au prix d'un dur labeur. Voyez l'effort que doit fournir Barthes pour mettre « l'obtus » au-dessus de « l'obvie. » A propos d'un film d'Eisenstein, Barthes fait ressortir le contraste entre « l'obvie » (utilisé d'habitude en français seulement dans le discours théologique : « ce qui vient naturellement à l'esprit ») et « l'obtus », le domaine équivalent de la signification, au moins aux yeux de Barthes. Quand il rappelle que *obtusus* veut dire émoussé, il va sans dire que Barthes approuve l'atténuation de la clarté (cp. Mallarmé : « Le sens trop précis rature/Ta vague littérature »).[53] Protée n'aime pas qu'on le coince. De même qu'un angle obtus est plus grand qu'un angle droit, un sens « obtus » « élargit le champ de la signification. » Barthes affirme qu'en plus de restreindre les catégories morales ou esthétiques, « l'obtus » est proche parent du carnaval. Il fait tout un plat de la difficulté d'être spécifique. Il établit une analogie entre lui-même et les anagrammes enfouies de Saussure. Et il finit par assimiler le sens « obtus » au « filmique » – tout ce qui dans un film n'est pas réductible au discours critique : sans doute une idée platonique de la filmicité ; il avoue que c'est un phénomène très rare.[54] Il finit par assévérer que le film est le film. Savoir si la deuxième apparition de ce mot ajoute quoi que ce soit à la première : les paris sont ouverts.

« Les vérités du passé sont les clichés d'aujourd'hui » est un métacliché, un lieu commun sur les clichés et donc un truisme : inutile.[55] Certains truismes sont tout de même des rappels opportuns et ont besoin d'être sortis périodiquement, par exemple celui-ci de Vallès : « La jeunesse est un âge, et non pas un talent, pas plus qu'une vertu. »[56] (On pourrait remplacer « la jeunesse » par diverses valeurs insuffisamment contestées telles que « le bon vieux temps »). Ceux qui rédigèrent la Déclaration d'Indépendance des Etats-Unis d'Amérique trouvaient naturel de proclamer que certaines vérités coulaient de source, et ils priaient sans doute pour que de tels truismes constituassent une prédiction qui s'accomplirait d'elle-même. Dans le monde de la fiction, les clichés peuvent s'avérer vrais : « Le vent était un souffle chaud, comme disent les poètes, mais ce jour-là le cliché était vrai : le souffle d'un être vivant. »[57] Ou même dans la société, du moins pour un optimiste comme H.G. Wells :

> Certaines expressions – vides et répétées comme un perroquet – on les trouve dans les journaux et les discours politiques – l'abolition de la guerre, l'abolition de la distance, l'abolition de la compétition et l'inégalité sociale. Mais après que les gens ont répété une expression bon nombre de fois, ils commencent à se rendre compte qu'elle a un sens. Et alors elle s'avère exacte.[58]

Ce point de vue assimile certains clichés à un charme magique, et leur accorde pour une fois une fonction créatrice et instigatrice. Haig pose la question incontournable mais à laquelle il n'y a pas de réponse : « A quel moment, pourrait-on demander, un dit devient-il un dicton et un dicton une scie ? Les clichés sont-ils des distorsions, ou des distillations de la vérité ? »[59]

Quand je me regarde dans la glace, je me demande si dans ce livre j'enfonce des portes ouvertes, si je suis en train d'accommoder mes idées à toutes les sauces, de fouetter, à l'anglaise, un cheval mort, ou d'employer une masse pour casser une noisette ? Est-ce que je valse dans la redondance ? Suis-je assez conscient du fait que le bathos n'est pas une pièce de résistance mais une pièce de reddition où l'on cède à la paresse ? Comme le truisme ou la tautologie, est-ce que je cours sur place, ou cale, ou tourne au ralenti, et au mieux cahote ?

Est-ce que je veux vraiment le savoir ?

CHAPITRE 9

Quelques Mots bien choisis

PUBLIEZ, ADVIENNE QUE POURRA

— DUC DE WELLINGTON

Parler avec mépris des sociétés dites primitives ne nous convient guère, nous qui vivons nous-mêmes dans une culture réglée par les rythmes insistants du tambour et de la guitare et, aussi longtemps qu'on aura un pouls et des pulsations cardiaques, peut-être qu'on y vivra toujours. Le rythme des expressions reçues nous berce et nous pousse vers la répétition et l'irréflexion. Ressemblons-nous si peu au vieux producteur d'énigmes dans le conte d'O.W. Holmes qui, dans la vieillesse, se satisfait par la simple cadence de ses devinettes – il laisse en blanc le contenu.[1] Quant au limerick, on commence, métaphoriquement, à taper du pied dès le premier vers. Les vieux programmes radiophoniques de la BBC (ITMA, The Goons), dans lesquels un pourcentage élevé des routines comiques consistait dans des mots d'ordre, des refrains, répétés hebdomadairement at attendus avec reconnaissance par les auditeurs, suivaient le même modèle. Ce qui est familier vous accroche. Mais, quand on bat une cadence, le terrain favori cède au sentier battu de la banalité. Les bulles assénées aux papistes enseignent à ces fidèles comment se servir des rythmes de la méthode des températures. Celle-ci, malgré son sobriquet de « roulette du Vatican », promet mais ne garantit pas la sécurité. La méthode rythmique des clichés insensibilise également l'intelligence et fait taire les questions. Le souci de l'euphonie transporte les mots le long de rails de tramway sans détours, et la créativité dégénère en une chaîne de fabrication. Passons d'une image de mobilité à une autre d'immobilité : le cliché tombe dans la catégorie étendue du prémoulé :

fentes, meules, stencils (« stencil » dérive peut-être, et ironiquement, du verbe « étinceler »), recettes et formules. La pensée se trouve simplifiée, programmée, servie sur un plateau. Voici venir le slogan.

Slogans

« L'homme est une créature qui vit non pas sur le seul pain mais surtout de mots d'ordre. »[2] On est pris par celles-ci, les devises, et elles font surface souvent quand celui qui parle se trouve à court d'une réplique logique, quand les mots lui manquent : alors on recourt au tout fait. « Le cliché est un mot de passe utile dans la conversation : il vous épargne l'émotion. »[3] L'expression empruntée, toute faite, économise sur l'effort. Comme les signes indiqués par les francs-maçons ou autres formes d'affiliation ou d'esprit de club, le mot de passe est un *schibboleth* qui sépare le bon grain de l'ivraie. Le slogan vise plus loin et mérite un examen plus serré.

Comme le proverbe (mais, en dépit de leur forme péremptoire, la plupart des slogans n'espèrent même pas être d'aussi longue longévité que les proverbes), le slogan utilise l'ellipse et la concision, dans sa poursuite de la mémorabilité. Il est une mitrailleuse (Maxim) à maximes. Il est un mot d'ordre, venu souvent du passé, réitéré dans le présent, dans l'espoir de déterminer l'avenir. Comme le jargon, la propagande fournie par les slogans est ce que le Humpty Dumpty de Lewis Carroll appelle « l'argument-massue ».[4] La forme primitive de notre mot moderne (comme le vocable allemand *Schlagwort*), « slug-horn », rend clairement l'idée de l'impact [*slug* = assommer). Un slogan est une offre qui feint d'être une garantie, et il prend la forme d'un serment de loyauté : tout cela est dans l'optatif. Les coteries, les cabales, les écoles de théorie exigent un style et un lexique obligatoires. Elles cherchent à condenser leur idéologie, la réduire à des proportions maniables, la résumer en un mot. Et pourtant, selon Reboul dans son excellente étude sur le sujet, bien qu'on ait tendance à trouver les slogans éhontés – ils nous frappent en plein dans les yeux ou les tripes – il y en a beaucoup d'autres dont nous ne nous apercevons pas ; les plus virulents sont peut-être ceux dont nous nous apercevons le moins.[5] Ils sont insidieux, ils font de la persuasion clandestine ou de la séduction subliminale, mais, quelle que soit leur approche, leur but est de faire pression sur nous, et à cette fin ils exploitent maint tour rhétorique. Reboul nous rappelle sans indulgence que les intellectuels ont eux aussi besoin de slogans, car essayer de penser pour soi est une activité solitaire et souvent angoissante.[6]

Les clichés sont des points de ralliement (et Nuremberg alors ?), et les slogans aident à produire ce regard vitreux des gens assaillis par le matériel pré-emballé. Aujourd'hui, tout groupe en a, à mesure que s'organise la protestation sur une échelle globale. Le désir de faire passer son message aux patrons, au gouvernement, aux sympathisants hypothétiques mais éparpillés à travers le pays, veut que toute manifestation ait lieu, accompagné de pancartes et de bannières, toutes inscrites de slogans percutants, injurieux, parfois spirituels. Ceux qui les portent se mettent en rang devant les caméras de la presse écrite ou de la télévision, comme s'ils faisaient partie d'un concours de beauté, ou d'une marche sur place. On ne saurait interviewer chacun d'eux : leurs chants scandés font entendre un babel cacophonique. De façon briève mais mordante, leurs slogans parlent pour eux. Le risque, bien entendu, c'est la prévisibilité, et la réaction blasée des spectateurs. Certains créateurs de slogans, cependant, ne comptent pas sur un effet immédiat, mais se persuadent plutôt que leurs messages sont des bombes à retardement, et qu'il faut les répéter *ad nauseam*. Il est toujours ambigu, lorsqu'une foule se met en marche et prend d'assaut une position en scandant des slogans, si ceux-ci la propulsent ou l'accompagnent, s'il s'agit d'un train en marche ou une avant-garde.

De même qu'un proverbe peut être interpreté de différentes manières, le slogan peut se prêter à des camps opposés. Sa concision même entretient la possibilité du prêt-à-penser qui tente ces agitateurs professionnels (prêts-à-manifester ?) Comme les causes sont plus ou moins honorables, les slogans varient des nobles « Droits de l'Homme » à l'ignoble « Vous n'avez jamais été aussi prospères ». « La Force par la joie » serait un sentiment admirable si Hitler ne l'avait empoisonné à jamais. Comme toujours, il nous faut savoir quel est le contexte : qui l'a proclamé, où, quand et dans quel but ? En eux-mêmes les slogans peuvent concilier des besoins opposés, par exemple en alimentant la haine ou en exorcisant la peur (le mantra de Mao :

« Les impérialistes sont des tigres de papier »). Le stéréotype est souvent mortifère. On extermine les tigres de papier lors d'un safari en temps réel. Les slogans vendent la mèche ou s'envoient des fleurs, et ceux de l'oligarchie de *1984* génèrent la désinformation et mystifient les destinataires. Le slogan, et c'est ici qu'il s'apparente le plus au cliché, économise sur l'effort mental : les deux nous obligent à « penser » robotiquement. Il peut arriver qu'un slogan inspire la pitié, car en lui on voit une langue ou une tête se cogner contre le mur de l'indifférence ou de l'incompréhension. Une conviction de votre impuissance politique vous conduit à la surcompensation verbale, où l'on brandit une menace qu'on n'est pas à même de mettre à exécution. C'est l'inertie, le trottoir roulant des phrases. La dilatation des prunelles ou des mots font naître la démesure. S'il y a des métaphores dont nous vivons, il y a certes des slogans dont certains meurent, comme dans celui-ci du Ku Klux Klan dans son enfance (ou son gâtisme) : « Kill the Kikes, Koons and Katholics » [Crevez les youtres, les bamboulas et les papistes].[8] Dans une tradition un peu plus rassurante, Disraeli répondait dans ces termes-ci à des expressions telles que « franchises de fantaisie » : « L'allitération chatouille l'oreille et elle est une forme chère aux sauvages ... mais elle ne concerne pas la législation. »[9] Allez dire cela aux lyncheurs. Montaigne qui écrivait pour soutenir le bon sens dans une époque vouée à la violence, personnalise le sujet des slogans en peignant cinquante-sept maximes sur les poutres de sa chambre. Doublant Montaigne comme si souvent dans son livre sur la seconde main, Compagnon prend cette exposition de sentences en compte : « Le slogan est un signe qui ne me quitte pas des yeux ... un ange gardien avec lequel je m'identifie pour qu'il me représente ... Il me colle à la peau comme un tatouage. »[10] Mais en général le slogan se déploie dans des idéologies plus publiques.

Dans la nouvelle de Sartre, « L'Enfance d'un chef », cet exubérant massacre des clichés autojustifiés, le protagoniste velléitaire, Lucien Fleurier, à mesure qu'il aspire de plus en plus à se faire une autorité, se convainc que le slogan de type Action Française, « Trouver sa voie », vaut plus par son dynamisme que le fataliste mot d'ordre freudien « Suivre sa pente ».[11] Ce faisant, il fuit l'individualité, il abdique pour donner gain de cause à l'esprit de bande. Même les fondateurs d'idéologies se transforment en disciples ou esclaves de leurs propres doctrines.

> Toutes les institutions officielles de langage sont des machines ressassantes : l'école, le sport, la publicité, l'œuvre de masse, la chanson, l'information redisent toujours la même structure, le même sens, souvent les mêmes mots : le stéréotype est un fait politique, la figure majeure de l'idéologie.[12]

Barthes reconnaît ici qu'un ressassement pareil aussi bien que « le Nouveau » peuvent donner du plaisir, mais il présente, lui, ses excuses : il ne souhaite pas se joindre aux jouisseurs. « Dès qu'une chose va de soi, je la déserte. »[13]

Les « mythologies » de Barthes sont en fait elles-mêmes des stéréotypes : des formes fixes (par exemple, la Nature : ce qui ne change pas). Malgré sa splendide moquerie de ceux qui essaient de désamorcer les débats et par là d'apprivoiser toute idée déconcertante, il court lui-même le risque de métamorphoser sa condamanation globale dans un schéma totalitaire, de devenir lui-même un essentialiste, un réfrigérateur. Il se concentre sur les produits finis et ne nous montre jamais la genèse d'une « mythologie ». Il est possible qu'il se voie en arriviste attardé sur la ligne de la critique pro-Marx et anti-bourgeoise. Plus tard il deviendra plus tortueusement subjectif, et refonde la vieille école française, baptisée par le *Canard enchaîné* « nombrilisme » – le narcissisme gidien *redivivus*. Comme chez Gide, il vous semble que la disparition soudaine de l'ennemi : l'orthodoxie, lui laisserait fort peu de sujets de composition.

La Politique

Convaincu de la « stupidité de granit » des masses, Adolf Hitler conformait ses actes à ses paroles : « Les masses sont lentes, et il leur faut toujours beaucoup de temps pour pouvoir s'apercevoir de quoi que ce soit. Ce n'est qu'après avoir répété mille fois les idées les plus simples que les masses s'en souviendront. »[14] Un dictateur ordonne qu'on imite ce qu'il proclame. A mesure que disparaît le dialogue, s'accroît la probabilité de la boursouflure, le désir de s'impressionner soi-même ainsi que les autres. Le discours n'est plus que style. « C'est l'abîme entre la prétention du style, et l'absence d'un styliste qui crée l'absurdité. Le cliché, c'est le style sans l'homme même. »[15] Ce n'est que morceaux de bravoure. La propagande cherche à nous distraire de nos propres pensées.

On maintient souvent que le discours politique tout entier est clichéique, et inévitablement. En esquivant la franchise, les politiciens se réfugient dans l'embrouillement ; l'interminable répétition de déclarations vides d'un contenu précis est leur spécialité. La surmédiatisation, comme Margaret Thatcher l'a admis pour une fois sans mentir, explique le phénomène ci-dessus : « Le problème pour les politiciens est qu'il nous faut parler plus souvent que nous n'avons quelque chose à dire. »[16] Dans un passage typiquement pléonastique, Carlyle écrit : « Les parlements marchent lourdement et si naturellement dans l'ornière de leur routine ; c'est le lieu commun usé et qui forme des ornières qui montent jusqu'aux chevilles. »[17] Puisque la vie politique exige qu'on atteigne le pouvoir et qu'on s'y accroche à tous crins, elle est de par sa nature conservatrice et ne saurait se permettre l'originalité, quand même elle en serait capable. Elle se doit de faire appel au côté le plus dépourvu d'esprit critique des électeurs tout en paraissant leur lancer un défi. Les clichés sont démocratiques, égalitaires : tout un chacun a le droit d'y accéder ; ils ne sont ni exclusifs ni impénétrables. A une époque où les multinationales semblent avoir le dessus sur les gouvernements, la même sorte de comportement tend à s'imposer dans les deux domaines : « L'Homme du Parti et l'Homme de la compagnie sont tenus d'accepter le principe de la totale submersion dans le travail. Les deux se protègent par un manteau épais de formules et de clichés. »[18] Méditant sur le cas d'Edward Heath, Hudson poursuit : « Voici ... *l'homo politicus* suprême et fini, un être qui n'a pas de vie privée à cacher, un Lénine. Les clichés sont l'homme même, son sang et ses os aussi bien que son épiderme ».[19] Cette opinion est encore plus vraie de la *mulier* (têtue comme une mule) *politica*, Thatcher. Fónagy prétend même détecter une sorte de musique dans la répétition des lignes de parti qu'il couche par écrit dans des portées de partition.[20]

En anglais, *claptrap* (âneries) veut dire aussi un procédé linguistique ou autre, pour s'assurer des applaudissements. En français, blablabla, ou en clair : jaspinage. En français, « gueule de bois » indique le mal de tête après avoir trop bu, tandis que « langue de bois » signifie la survivance de discours antérieurs, le reliquat du passé. D'où vient « langue de bois » ? Peut-être de la Pologne, de l'Allemagne, ou de George Orwell. Il a une certaine parenté avec d'autres idiomes français basés sur le bois, et qui symbolisent l'insensibilité ou la pachydermosité, comme avec l'arbre désobéissant de « L'Enfance d'un chef » de Sartre. Les religions en savaient long des siècles avant Pavlov, sur le consentement provoqué, le stimulus et la réaction. L'art oratoire politique doit sans doute simplifier à cause du public très étendu (et depuis l'arrivée de la télévision, hétérogène) qu'il vise. De temps en temps, la situation se renverse, et de nombreux électeurs rappellent de façon blessante à un parti ou un gouvernement que leurs dogmes ont besoin d'être rafraîchis ou abandonnés. On qualifie le comportement électoral de « versatile » quand il fonctionne comme il devrait : en liberté. Les transformations sociales sont produites par le défi lancé aux clichés (le statu quo), et il n'en résulte pas inévitablement un autre cliché, comme le voudraient les cyniques, mais une amélioration positive. Le slogan essaie d'opérer comme de la magie, ou la contre-magie : jeter un sort à la mystification. Un lieu commun réactionnaire est d'évoquer un passé mythique vers lequel on veut nous diriger. Orwell souligne les tendances archaïsantes du fascisme des années 1930 (architecture romaine, athlétisme grec, chevaliers médiévaux). Les valeurs « victoriennes » dans l'Angleterre des années 1980, ou « l'esprit des frontières » dans l'Amérique contemporaine remplissent une fonction semblable, bien qu'on ait changé de langage :

> La propagande, une de ces expressions usées qu'on entend peu de nos jours, parce que les *relations publiques* s'y sont substituées (ou *l'éducation*, ou *la sensibilisation*) : le propagandiste ne cajole pas, n'endoctrine pas, n'entortille pas le public pour qu'il accepte son point de vue mais *l'éduque* ou *le sensibilise*.[21]

Orwell s'efforce de sensibiliser ses lecteurs par des moyens plus honorables. Dans son essai très remarqué, « La Politique et la langue anglaise », il soutient que « la prose d'aujourd'hui consiste de moins en moins dans des mots choisis pour leur signification, et de plus en plus de phrases clouées ensemble comme les sections d'un poulailler préfabriqué. »[22] Il déteste la manufacture prolixe de phrases qu'il appelle « des membres artificiels » ;

elle accompagne une fuite devant le concret où il se sent chez lui. « Un entassement de phrases éculées étouffe l'écrivain comme des feuilles de thé qui bouchent un évier » (p. 164). L'écriture paresseuse va en tandem avec l'esprit de parti (p. 166). Encore qu'il soit assez honnête, comme toujours, pour admettre que son essai pèche par les mêmes fautes à propos desquelles il proteste lui-même (p. 167), il finit sur un ton d'un certain optimisme :

> On peut au moins changer ses propres attitudes et, de temps en temps, si on les raille suffisamment on peut envoyer une phrase rabattue et inutile – une certaine *botte militaire, talon d'Achille, foyer du crime, melting-pot, épreuve de vérité, véritable enfer*, ou bien d'autres ordures – dans la poubelle où elle sera à sa place. (p. 170)

C'est là le passage que choisit Christopher Ricks afin de pratiquer un recyclage écologique sur les déchets du cliché. Il maintient qu'Orwell crée « une étrange vitalité poétique » à partir des éléments en italique :

> La *botte militaire* que talonne le *talon d'Achille*, ensuite le *foyer du crime* se fond sous la chaleur dans le *melting-pot*, et puis (autre fusion) dans *l'épreuve de vérité* – il y a là peut-être un souvenir d'Achille, tenu par le talon quand on le plongea dans le Styx ; et finalement le *véritable enfer*, qui engloutit non seulement *l'épreuve de vérité* et le *melting-pot*, mais aussi, à cause de *véritable* fait face à l'*épreuve* de véracité. Orwell a très bien pu s'élever contre ces clichés-là, mais son cerveau, y compris son subconscient coopératif, était autre chose.[23]

Dans mon quatrième degré de distance des clichés originaux (passez-moi l'oxymore), je dirais que cette glose de Ricks m'impressionne de façon tape-à-l'œil par son effronterie quelque peu coquette, ses jeux de mots – je reconnais chez moi des tentations comparables. J'apprécie la perception de Ricks sur un esprit critique comme celui d'Orwell, qui collabore avec les clichés tout en les attaquant (cp. le noyautage). Ailleurs, Ricks exemplifie, ou détruit (on est en démocratie !) son faible pour la camelote en faisant un plaidoyer partial pour les paroles assez piètres écrites par Bob Dylan.

Dans *1984*, Winston Smith s'efforce de se remonter le moral prêt à s'effondrer en se rappelant qu' « il faut défendre l'évident, le sot et le vrai. Les truismes sont vrais, ne lâche pas ça ! »[24] Il s'accroche au sens commun – ou dans l'univers cauchemardesque de *1984*, peu commun – comme le seul moyen de résister au grand mensonge du régime. Il est assez sentimental pour se dire que la plèbe est invulnérable à la propagande ; le *doublethink*, d'ailleurs, est trop compliqué pour les prolétaires, ainsi que le singlethink. Le système du doublethink vise à consolider les clichés, à congeler le langage, et ainsi à avorter ce qu'on peut penser. Le vestige de doublethink à moitié idiosyncratique est tout ce qu'il sait opposer au système officiel qui tâche de contrôler et de liquider ladite opposition subversive. Big Brother et Goldstein sont tous les deux des fictions conservées, une polarité nécessaire (le Héros qui incarne l'esprit collectif, et l'Ennemi qui symbolise ls pensée du cavalier seul). Naturellement, comme certains sont plus égaux que les autres, ces deux pôles exercent chacun un pouvoir inégal. Goldstein jouit d'un pouvoir évacué, alors que Big Brother jouit d'une toute-puissance artificiellement gonflée. Selon Anthony Burgess :

> Orwell reconnaissait très vivement son essence double. Il était à la fois Eric Blair et George Orwell, un produit venu de la périphérie de la classe dirigeante qui s'efforçait de s'identifier avec le prolétariat, un intellectuel qui se méfiait des intellectuels, un manieur de mots qui s'en méfiait. Notre attitude à nous envers le double-think est inévitablement criblé de double-think.[25]

Pas étonnant qu'Orwell fasse cause commune avec les clichés.[26] Le double-think est aussi de l'humour noir, conclut Burgess, bien qu'on ne sache au juste contre qui la plaisanterie se retourne. Tout aussi effrayante est la notion de l'écriture officielle « sur rien », qu'a inventée Aldous Huxley, « l'acte de rayer tout sens pour le langage, du langage et dans le langage. »[27] Winston Smith n'est pas seulement « le dernier homme de l'Europe » ; il est aussi le dernier à parler un anglais qui ait de la signification sensée.

Publicité

Afin de vendre leur image, les marchands de slogans ont besoin d'afficher leurs marchandises ou du moins leurs offres. Ils vivent pour profiter et recourent donc aux slogans. Ils promeuvent dans un grand tourbillon dynamique des produits fixateurs, des adhésifs, qui sont en effet des clichés de la mnémotechnique que les consommateurs ne doivent pas oublier. A peu près la seule poésie que la plupart des occidentaux entendent ou lisent après les années d'école maternelle, ce sont les paroles des chansons pop et les jingles publicitaires. Ceux-ci envahissent notre tête et en ressortent souvent en jinglant sur nos lèvres, mais la question reste non résolue même par les producteurs (nous persuadent-ils de dépenseer de l'argent ?) Comme les slogans politiques, ceux de la publicité (ou « pufflicity », pour citer le mot-valise opportun de Walter Winchell) exploitent quatre d'entre les nombreuses fonctions du cliché : ils recherchent la répétition, et visent à avoir un impact hypnotique, sédatif ou galvanisant. Les plus flagrants ressemblent à l'acte d'enfoncer un clou, à coups répétés, dans une tête de bois. Quand il analyse la tradition française nettement moins innovatrice, Duisit insiste sur l'inévitabilité d'un martèlement pareil.

> Il s'agit, à peu de frais, de réitérer l'évident, de valoriser le banal, ou d'implanter plus fermement une vérité déjà acquise. L'investissement sémantique de chaque slogan est à peu près nul (« C'est Shell que j'aime »), mais partout en revanche, les signes publicitaires sont multipliés à l'infini pour pallier à une grande déperdition dans l'acheminement des messages.[28]

Aussi, dans la tradition française, un des mots pour la publicité, « réclame », comme « slogan » et comme les intentions derrière l'argot et le jargon, voulait dire à l'origine un cri de ralliement, le signal par lequel un groupe reconnaît ses membres. L'équivalent de nos jours c'est « l'image de marque », car la fidélité des employés est aussi précieuse que celle des consommateurs. Les slogans sont des noms de marque connus aux deux bouts de la chaîne.

Etant donné le caractère plagié d'une grande partie de la culture contemporaine, pourtant, et le délai d'exécution rapide qui typifie le commerce, la variation et la surprise relaient la vieille insistance sur le refrain seul. Sauter sur le train en marche des slogans rivaux amuse les clients et rabaisse les concurrents sans recourir à la publicité comparative maussade. Cet acte de faire autostop est devenu si familier que les comiques s'y mettent aussi, et n'ont qu'à citer des slogans publicitaires bien connus pour déclencher le rire de la reconnaissance ; le culte de l'allusion règne à tous les niveaux de la société. Le caractère suggestif se borne aux images plutôt qu'aux textes, de même que les dirigeants de l'audiovisuel reçoivent plus de plaintes basées sur les gros mots que sur les scènes violentes ou érotiques. Encore que ce soit une époque d'icônes, les mots comptent toujours pour beaucoup. Bien que Bolinger parle du « vacarme d'euphémismes » dans la publicité, il souligne que c'est là une fausse atténuation et qui vise en vérité la visibilité.[29] La litote, on l'a déjà vu, peut forcer la dose.

De même que certains écrivains sur les slogans, Jaubert par exemple, parce que le slogan condense de différentes images et fait voir souvent des héros fabuleux, le jumelle avec d'autres manifestations de l'inconscient. « Il est fait de la même matière fluide que nos rêves et nous fera donc toujours rêver.[30] Ou délirer ... Reboul résume plus à propos la nature et les fonctions du slogan :

> Ce n'est pas seulement une formule brève, car c'est là un pléonasme (« formule » implique brièveté), mais une formule qui est trop brève pour ce qu'elle veut dire. Et c'est par ce que le slogan omet qu'il s'épanouit. Il rallie au sujet des implications ou les promesses. Il affirme mais de façon hâtive. Il accroche, mais en faisant appel plus à l'inconscient qu'à l'esprit conscient. Il obéit au code langagier, mais joue avec les ambiguïtés. Il peut séduire, comme un mot d'esprit ou un poème, sans que l'esprit ensorcelé s'en aperçoive. Dans toutes ses fonctions, c'est une pensée toute faite, qui pense à notre place pendant notre absence.[31]

Dans cette perspective, le slogan ressemble davantage au cheval de Troie qu'à un bélier. On ne peut rejeter les jingles stéréotypés comme une simple aberration du vingtième siècle. La belle attaque de Pope contre les rimailleurs du dix-huitième siècle imite parfaitement leurs refrains imbéciles :

> While they ring around the same unvaried chimes,
> With sure returns of still expected rhymes,
> Where e'er you find « the cooling western breeze, »
> In the next line, it « whispers thro' the trees ; »
> If crystal streams « with pleasing murmurs creep, »
> The reader's threatened (not in vain) with sleep.
> Then, at the last and only couplet fraught
> With some unmeaning thing they call a thought,
> A needless Alexandrine ends the song,
> That like a wounded snake drags its slow length along.[32]

> [Pendant qu'ils font sonner les carillons monotones, avec le retour certain de rimes attendues, chaque fois qu'on lit « le frais zéphyr d'ouest », au vers suivant « il murmure à travers les feuilles » ; si des ruisseaux de cristal coulent en chuchotant, le lecteur se voit assailli par « le sommeil ». Puis accablé dans le dernier couplet par une idée dépourvue de sens qu'ils appellent une pensée, un alexandrin inutile conclut la chanson, lequel tel un serpent blessé traîne en longueur.]

Si bien que tout vers de mirliton a son moment de gloire, et il n'est pas toujours possible d'en rire.

La langue publicitaire a recours aussi aux proverbes et aux idiomes, phénomènes vers lesquels je m'achemine. Les Mieder soutiennent que « ce processus d'innovation basée sur la tradition tend à prouver la continuité des formes traditionnelles. »[33] La logique de cette déclaration-là entretient des espoirs chimériques, car on pourrait considérer un recyclage sembable comme une violation du passé, ainsi qu'ils l'admettent dans une note en bas de page qui définit cette réutilisation commerciale du folklore comme du « fauxclore ».[34] C'est peut-être leur concentration sur l'aspect « philosophie du Café de Commerce » ou son équivalent américain qui leur fait croire que ce folklore est rentable. Il est vrai qu'on cite certains proverbes sans modification, et Spitzer nous avertit qu'on se tromperait si on croyait déterrer un prêche dans chaque exemple de publicité.[35] C'est peut-être leur origine allemande/américaine qui mène les Lieder à faire cette déclaration, assez douteuse dans une époque qu'a abandonnée Dieu. « Il n'y a sans doute pas de meilleur moyen pour prôner l'autorité et la fiabilité d'un slogan publicitaire que celui d'utiliser un proverbe biblique » (p. 313). Et pourtant le lien entre le protestantisme et l'essor du capitalisme, et la pratique américaine de vendre la religion comme un produit industriel, nous donnent à penser que même la citation non altérée ne montre pas le respect pour la sagesse antique. Les Mieder notent aussi le processus inverti par lequel le slogan devient si familier (le « C'est le vrai du vrai » de Coca-Cola qui date de plus d'un siècle) qu'il sert de proverbe (p. 311). Je modifierias cette opinion : il sert de rengaine, car cette sorte de slogan n'aspire guère au statu de la sagesse des nations. Ce slogan-là, s'étalant à travers le monde dans plusieurs langues, ne vise qu'à avertir les consommateurs de se méfier des autres cocas. Lorsqu'il s'agit de dictons manipulés, les Mieder choisissent bien le slogan de Volkswagen lors de l'extension de la marque

Beetle : « Different Volks for different folks » (p. 312) [des Volkswagen différents pour différentes gens]. Cette altération imite la structure et la rime de la formule originale (« Different strokes for different folks »), et elle communique le message avec concision. Une locution retravaillée met en plein dans le mille. Le Comité pour le contrôle de l'arme à poing demandait des donations : « Nous avons besoin de balles comme d'un trou dans la tête » – on enfonçait le message par une image du crâne d'une jolie femme avec des orifices d'entrée (p. 314). Dans des termes purement commerciaux, une maison de confection s'est contentée d'exploiter le résonnement de son nom : « JONES NEW YORK. Pas étonnant que tous les autres essaient de se maintenir à notre hauteur » (p. 315) [« To keep up with the Joneses » : imiter ses voisins].

Proverbes et maximes

On se sert souvent de proverbes comme s'ils étaient des rengaines. On cite un fragment d'un proverbe pour déclencher un réflexe conditionné (comme on lit les poèmes à un jeune enfant) « Un point à temps ... ». Un proverbe suisse allemand affirme qu'un « proverbe vous met des mots dans la bouche. »[36] – sans doute par une sorte de ventriloquie collective. Etant poète, Ponge a plus en jeu quand il déclare que « c'est toujours au proverbe que tend tout langage. »[37] Si l'on se tourne vers le discours quotidien, on pourrait prétendre que, sauf si on regrette d'avoir dit quelque chose, on souhaite généralement inscrire nos paroles dans la mémoire d'autrui. Si l'on échoue fréquemment, on peut toujours, en tant que compensation, se donner la chance d'une mûre réflexion.

(Deutéronome, 28, 37) : Moïse prévient les Israélites des peines de toute violation de la Loi : « Et tu seras un sujet d'étonnement, de railleries et de fables, parmi tous les peuples » [en anglais : « a proverb and a byword ».) Le mot « proverbe », comme le phénomène lui-même, est polyvalent. Les termes qu'on utilise à travers diverses langues chevauchent cette panoplie de significations : vieux dicton, jeu de mots, analogie, parabole, maxime, exemple, répétition, discours, ou écriture élégante.[38] Comme le cliché, une raison pour laquelle le proverbe jouit de la durabilité est qu'il sait signifier bien des choses différentes aux hommes, femmes et enfants. Pour beaucoup de gens, c'est là précisément ce qui cloche là-dedans. On le sait bien, de nombreux proverbes d'une même tradition se contredisent les uns les autres. Et il arrive que le même proverbe réapparaît dans diverses langues, porteur de significations opposées ou au moins différentes. En train de recueillir les proverbes à travers le monde entier, et notant ce phénomène, Champion le traite d'un aspect mineur de la question. Selon lui, les proverbes dans leur totalité démontrent des renvois en écho remarquables entre une culture et une langue et une autre (p. xxii). Il détaille quatre caractéristiques communes : opportunisme, fatalisme, diplomatie, et charité (p. xviii). Les deux premières indiquent déjà une polarité. Peut-être anticipant une telle objection, un exemple irlandais déclare que « les proverbes ne sauraient être contredits » (p. 58). Un autre inconvénient, c'est que « des hommes sages créent des proverbes, mais des idiots les répètent » (p. 38). Il me semble que le proverbe fournit un bouclier qui fait autorité, et qu'il épargne à l'utilisateur la nécessité de faire une déclaration personnelle ; il offre un gain de temps car il est tout fait, et il rend inutile toute précision, parce qu'il généralise. Ces formules concises plaisent aux laconiques ; pensez combien d'exhalaisons humaines ou d'encre sont normalement gaspillées en pure perte. Isaac Disraeli appréciait leur « parcimonie verbale et leur générosité de sens », et nous rappelle que les proverbes existaient avant les livres imprimés.[39]

Les proverbes cherchent à paraître sages *avant* coup, à prévoir les dangers (« tristis *ante* coitum »), ou à vous consoler si tout tourne mal. Ils adoptent la pose de celui qui a l'expérience du monde ; leur domaine est le « wiseacrage » [*wise* – sage = *acreage* – superficie. *Wiseacre* : je-sais-tout].[40] La sagesse des proverbes est sans doute parfois utile (tout le monde a son moment de gloire). Pareillement, j'exploite les clichés pour pouvoir en parler. Pour Reboul, les proverbes ne prétendent même pas promulguer des vérités sûres ; ils sont situationnels et se réfèrent à des cas généraux sinon universels. C'est pour cette raison qu'ils changent de position devant une nouvelle situation.[41] Dans cette perspective, les proverbes ressemblent à une quantité de doigts qui essaient de boucher les fuites d'eau de la digue de l'existence. Kenneth Burke les considère comme de la médecine sociale, des shamans qui nous renseignent sur ce que nous savons déjà, mais authentifié, ritualisé, rendu spécial. Bien souvent ils se bornent à nommer une situation : « On a besoin d'un mot pour cela. » Désireux de faire tomber les barrières qui compartimentent trop rigidement la vie, Burke écrit en faveur de la littérature, si on la définit de façon libérale, en tant qu' « équipement existentiel ». A l'intérieur de cette stratégie générale, les proverbes nous persuadent de « veiller au grain. »[42] En fait, la plupart des proverbes sont invoqués, si tant est qu'on les cite, après coup, et, en tant que tels, ressemblent plutôt à une glose sur le comportement – ironique, pédantesque ou consolatrice – (« Patch grief with proverbs » : raccommodez la douleur avec des proverbes, ainsi que le propose avec précision Shakespeare).[43]

Le proverbe veut enseigner l'économie ; de la parole, de l'effort, de la souffrance, de la dépense, et le fait économiquement, Le laconisme prime (« Un proverbe est plus court que le bec d'un oiseau »).[44] C'est pour cette raison que les proverbes prolixes ont l'air comique. La maxime et l'épigramme (et congénères) généralisent également, et ne nous offrent pas de guides spécifiques pour la conduite. Ils sont voués à la recherche du bonheur (d'expression), domaine où les Anglais se voient obligés de concéder la victoire aux Français – bien sûr le compliment est souvent équivoque. Dans le *Dictionnaire des idées reçues de* Flaubert, écrit Sabin,

> Un recours implicite à l'aphorisme ou à la maxime caractérise l'attaque satirique sur les idées reçues. Flaubert nous fait comprendre que le cliché n'est qu'un aphorisme raté, et ce n'est peut-être que par l'orgueil français à propos de leur brillante tradition de l'aphorisme que ce critère implicite ne paraît pas plus arbitraire et limité qu'il n'est en réalité.[45]

La tradition française autoritaire s'expose carrément à la contradiction de la part des destinataires, pourvu qu'ils ne soient pas totalement passifs. Dans ce qui me semble être une distinction facile, pieuse et fausse, Barthes oppose l'aphorisme bourgeois – qu'il tient pour statique et tautologique, et qui donne à croire que rien de nouveau n'est à découvrir, déclarer ou faire – au proverbe populaire qui vise, à ce qu'il prétend, à se diriger vers un monde à faire.[46]

Dans une perspective à long terme, les proverbes s'apparentent aux capsules témoin, bien que cette sorte de pilule s'avère souvent amère. Ils agissent souvent comme un silencieux et font taire les plaintes ou l'opposition ; ils veulent être le dernier mot sur le sujet. Il y a des similitudes entre le proverbe et le slogan politique, qui cherche à être proverbial, un diktat irréfutable. Tous deux sont cyniques, comme la grande majorité des politiciens. Un stratagème très usité c'est d'attacher « comme dit le proverbe » à un cliché (« ça glisse comme sur le dos d'un canard »), quoique ce soit douteux que ce tour de main minimise l'effet amortissant du mot ou de la phrase réchauffés. On associe souvent les proverbes avec le mystère ou la mystification, tout comme d'autres formes de discours indirect ou voilé (allégorie, ironie, paradoxe). « Le proverbe est un évangile en miniature. »[47] Il est principalement métaphorique. Ainsi que l'admet un exemple allemand, dans un sophisme tout jésuitique : « Un proverbe ne ment jamais, ce n'est que sa signification qui nous trompe » (p. 11). Une vague globale de blagues déferla lors de la publicité qu'on fit de la citation par Krushchev de nombreux proverbes russes déroutants et probablement inventés de toutes pièces. Ceux-ci singeaient fréquemment le tour cher au proverbe : l'analogie avec les animaux ; c'est un moyen de souligner la présence éternelle chez l'Homme de la Nature. Aujourd'hi les militants pour les droits des animaux qualifieraient cette pratique d' « animalism » – c'est-à-dire : on rejette sur les bêtes innocentes les péchés humains, en faisant ainsi des boucs émissaires. (« Chacun a son chien », disait Diderot). Que ce soit un tour lâche qui prend du recul, un tel recours aux fables animalières vise évidemment le pittoresque – moyen très ancien d'enfoncer un message dans l'esprit d'autrui. La forme archaïsante de bien des proverbes n'est pas seulement traditionnelle, elle est quasi indispensable, comme le reconnaissent même les faux proverbes du type californien/chinois (« Confucius il dit ... »). De même que les slogans publicitaires peuvent réanimer les proverbes exsangues pour se donner de l'autorité, les proverbes évoquent souvent une époque mythique où l'on imagine que les gens parlaient autrement et mieux. De façon semblable, la présence de la rime, l'assonance, l'allitération ou les jeux de mots rappelle aussi les formes les plus traditionnelles de la communication, et indique que c'est la forme, l'argument apparemment décisif qui importe plus que le contenu. La répétabilité des proverbes se trouverait captée par le mot espagnol, *refrán*, s'il voulait jamais dire « refrain ». La raison d'être principale du proverbe est dans sa phraséologie : on goûte les recettes, les messages brefs (un télégramme effraie aussi, sans doute). Et jouer avec les mots fait preuve d'une certaine maîtrise sur eux ; « Praemonitus, praemunitus » (un homme averti en vaut deux).

Le seul proverbe irréfutable que je connaisse est américain ; « Quand ce n'est pas une chose, c'en est une autre ». Il y en qui sentent l'esprit de clocher, comme dans cet exemple péruvien : « Evitez d'habiter Quive », qui demeure inintelligible avant qu'on apprenne que c'était là un village maudit par un archévêque (p. 636). Mais ce qui est obscur peut toujours vous étonner, comme dans ce proverbe anglais : « Les fous et les boiteux copulent le mieux » (p. 24). (Avec le pied plutôt plat et provisoirement sain d'esprit, je ne saurais rivaliser avec ceux-là). Le recueil de George Herbert s'intitule *Proverbes excentriques* (*Outlandish Proverbs*) : personne ne sait pourquoi. La majorité des proverbes, comme les locutions, paraissent conservateurs. Voici leur appel ; « Vous savez que nous en savons long. » Ils font appel à notre côté égoiste, avare, celui qui s'agrippe au statu quo, tout en ayant l'air de nous offrir des choix. Selon Denis Saurat : « Les proverbes sont du plus grand secours au genre humain en ce qu'ils présentent clairement les deux côtés de toute question, et laissent ainsi le choix aux hommes eux-mêmes. » Là où il se trouvait dès l'origine. Pourquoi alors se donner le mal ? Dans cette perspective, le provebe renvoie la balle dans la solitude de notre court. Saurat poursuit : « Peut-être dans le cas des proverbes français, pourrait-on voir la tendance générale qui se fait voir à travers la littérature française : chercher à trouver des déclarations universelles, déclarations qu'on pourrait tenir pour valables pour le monde entier. »[48] La mission globale de la France : un nombrilisme éclaté. Cette « sagesse des nations » est moins œcuménique qu'elle n'en a l'air dans ce terme-là, et « sagesse » couvre et comportement conformiste (« enfant sage », « prix de sagesse ») et intelligence. Le non-conformisme est répandu aussi peu en France que le libéralisme aux Etats-Unis ou le franc-parler en Angleterre. Malgré ou à cause de son histoire hautement querelleuse, le discours et l'écriture français mettent l'accent lourdement sur le conformisme : règles de la tragédie, pour peu qu'on leur obéisse rigidement ; règles de la conduite sociale, quel que soit le cynisme avec lequel on les contourne.

Trois critiques de gauche qui se sont occupés de la sagesse conventionnelle, des vérités éternelles, réagissent comme suit à la leçon du proverbe. Claude Roy soutient que, hostiles au présent ou à tout avenir ouvert, les proverbes ne prennent jamais de risques. Ils se réfèrent plutôt d'habitude au passé, à l'expérience (surtout triste). La seule porte qu'ils laissent entrebaîllée est celle qui ne s'ouvrira jamais – le jour où les poules auront des dents, les cailles tomberont rôties (ou, en anglais, où les cochons voleront). Ils font penser à un joueur craintif qui mise sur le noir et le rouge en même temps, et s'étonne toujours de se voir retourner la moitié de son enjeu. La fameuse concision des proverbes est de mèche avec les tendances vers l'économie de la sagesse populaire : la peur de la dépense.[49] Sartre trouve désabusée et pingre la sagesse des nations (« Charité bien ordonnée commence par soi-même »). La métaphysique, ou le message sous-jacent, des proverbes est réaliste, fataliste, conservatrice. « Il ne faut pas lutter contre les pouvoirs établis, il ne faut rien entreprendre au-dessus de sa condition sociale. L'expérience montre que les hommes vont toujours vers le bas, qu'il faut des corps solides pur les retenir, sinon c'est l'anarchie. »[50] Sa partenaire Simone de Beauvoir se met à l'unisson : la sagesse veut qu'on se protège partout contre le malheur, ce qui mène à une éthique de la médiocrité. « Pour vivre heureux, vivons cachés. »[51] Elle maintient en effet que l'existentialisme est diamétralement opposé au proverbe et à la sagesse des fables, dont aucun ne dit : « Vous êtes libres, mais vous êtes responsables de vos actions. » Dans cette perspective, la « sagesse des nations » comporte des alibis, l'abdication de la responsabilité, la fraude fiscale psychologique. Bref, elle est la mauvaise foi codifiée.

On peut contrecarrer les impulsions castatrices de la sagesse proverbiale par des moyens moins solennels : par le jeu, qui sait aiguiser les vieilles scies. Le wellérisme (ou yanquisme, car les Américains aiment croire que cette manipulation leur est spécifique) tâche de torpiller les clichés : « Comme disait le prêtre sur la *Titanic* : « La famille qui prie ensemble reste ensemble. »[52] Ici, une formule exploitée d'habitude pour rassurer ou pour intimider est subvertie, convertie à l'humour noir : c'est un rappel déconcertant que les oraisons ne sauraient empêcher un naufrage. Le wellérisme met une phrase toute faite dans un contexte différent, et la révèle telle qu'elle est : peu fiable, une girouette, un passe-partout. Ou bien on change légèrement une expression rebattue, ou on la met de travers : « [Jusqu'] où va la jeune génération ? »[53] La distorsion des formes congelées telles que le proverbe est un acte d'écologie sémantique et linguistique : très utile quand les ressources naturelles sont en voie d'épuisement. Selon le proverbe estonien, « avec le vieux il faut servir le nouveau » (p. 127). Les proverbes se muent en « perverbes ». On peut réactiver des dictons depuis longtemps inertes et, comme le tremplin, faire rebondir les idées et les mots. C'est exactement parce que le proverbe est une formulation hautement conventionnalisée qu'il se prête à la manipulation. Le désir désacralisant vide le véhicule et le remplit de sens nouveau. De plus, puisque mainte formule nous semble passablement incompréhensible, nous n'hésitons pas à l'approprier à nos besoins. Bien entendu, donner une entorse à un proverbe, le corriger, comme dans la parodie, sert toujours à préserver la vieille forme ; et on soutient parfois que cette réutilisation moqueuse aide au moins le patrimoine (cp. les musées et le tourisme culturel) à ne pas tomber en désuétude. Ce serait là un effet secondaire : l'important, c'est de riposter, d'emporter une victoire mineure, de se remonter le moral. Etant ludique il devient facilement sinon nécessairement frivole. Il est aisé de faire bifurquer un proverbe, par exemple, en mettant ensemble et de façon hétérogène des fragments de deux exemples séparés : « On ne fait pas une omelette sans écorcher des chats ». Les surréalistes français étaient très friands de ce jeu, qu'on a baptisé d'une manière assez pléonastique du « bricollage », vu que le collage est déjà du bricolage.[54] On dirait qu'en effet les contraires s'attirent. Les vérités éternelles et les formes préfabriquées sont diamétralement opposées au surréalisme ; elles servent donc admirablement de bloc de départ pour la course surréaliste. Mais ces détournments se voient parfois piégés par leur adversaire futé, et voilà qu'ils tombent dans le sens : « Quand la raison n'est pas là les souris dansent. »[55]

Les Proverbes dans les traditions orales

De même que bon chien chasse de race, lorsque « le nouveau fait décamper le vieux », le vieux revient au galop, et nulle part mieux que dans les cultures orales, dont nous autres, habitants de la culture de l'imprimé, sommes coupés plutôt par des préjugés que pour des raisons plus honorables. Dans l'Occident dit sophistiqué, nous croyons d'une façon résiduelle au pouvoir des mots ; nous avons toujours une idée de la magie verbale, de même qu'une grande partie de notre savoir contemporain a des bases effectivement pré-scientifiques.[56] Dans les sociétés plus traditionnelles, des formes fixes telles que le proverbe servent de discipline acceptée, mais fournissent en même temps des moyens de compétition ; elles rappellent les règles du jeu social mais permettent une marge de manœuvre à l'intérieur de ces limites-là. Les proverbes sont pour bien des peuples la littérature même : langage spécial, mémorabilité, humour, sagesse. A la différence de la littérature occidentale (sauf dans les psychodrames vraiment plus débridés des années 1960), les cultures tribales permettent et encouragent l'échange, l'interactivité, entre tous les assistants, les vedettes et les hommes de la rue. Il est naturel et logique que les cultures qui manquent de l'imprimé ou qui l'utilisent moins investissent tant d'efforts, de talent artistique et de valeur dans les palabres de toutes sortes. Dans certaines régions de l'Afrique, il y a même des proverbes transmis par le tambour, des messages stylisés marqués par le rythme de la forme métrique régulière.[57]

L'éminence grise des lettres françaises, Jean Paulhan, étudie avant la guerre de 1914–18 les Hains-Tenys de Madagascar : proverbes traditionnels irréfutables qu'on exploite dans des joutes publiques, et forme d'autodéfense agressive. Il en trouvait qui lui paraissaient gnomiques et absurdes, mais sous le clair-obscur des mots il subodorait « une machine de persuasion. »[58] Les participants se livraient à une compétition où chacun essayait de surpasser les autres, de marquer sa supériorité. On n'introduisait rien de nouveau dans la forme des combats : on se contentait d'un stock commun, avec des variantes ; le champion était celui qui sélectionnait le mieux. Un demi-siècle plus tard, Keenan étudie les tournois verbaux.

Elle découvrit que le code oratoire exigeait « l'enroulement des mots », c'est-à-dire parler d'une manière allusive. « Ils entouraient d'un cercle les pensées », phrase qui capte justement la maîtrise et l'indirection qu'on démontre. Avec le passage des années, Keenan trouve qu'une partie du stock oratoire provenaient des pamphlets explicatifs qu'on vendait dans les marchés de l'endroit. La tradition était aussi un peu de tout : brochures, souvenirs d'enfance où l'on écoutait les séances, transmission orale par la famille, et pour finir, variation personnelle. Bien entendu, même dans les sociétés orales, la mémoire est toujours sélective ; il s'agit d'élider tout ce qui pouvait poser problème, et se confine aux situations de coup de force. Se concentrant sur les demandes en mariage ritualisées (Kabary), Keenan s'aperçoit du caractère truqué du concours et les règles convenues d'avance par les deux parties prenantes de la transmission. Le procédé tout entier était pleinement arrangé, « un métalangage qui s'applique à la structure du discours en cours. » L'humiliation impitoyable est exclue ; on y va de main morte (comme parfois dans les malédictions juives). On se sert abondamment des proverbes afin de souligner les liens entre les familles, ce qui est indispensable pour une demande en mariage. De peur que tout cela n'ait l'air d'un rituel vide, Keenan insiste que l'imprévisibilité partielle de l'art oratoire crée une différence entre une séance « chaude » et une autre insipide. C'est, maintient-elle, la forme artistique la plus développée dans la culture malgache. »[59]

De façon comparable, Finnegan, dans son étude sur les différentes sortes de procès dans la culture tribale de l'Afrique, trouve que, d'une manière plus franche que dans nos propres cours de justice, ceux des communautés orales reconnaissent que le litige est surtout une lutte verbale et un jeu verbal en même temps.[60] (Il est à présumer que les avocats, comme les mathématiciens, se réjouissent de leurs preuves et parleraient semblablement de la « beauté » de leur plaidoirie. Dans ces cultures-là, les proverbes décident parfois d'une cause, de même qu'on cite les précédents légaux dans les cours occidentales.) De plus, ils ajoutent de l'embellissement, du panache, et, donnent ainsi libre cours à l'orgueil de l'artiste. Tout cela me fait penser à notre concept (très dangereux) d'une guerre limitée. Somme toute, on considère les proverbes dans de telles cultures comme si spéciaux que leur utilisation est parfois réservée aux élites pour leur langage secret.

Certaines de ces attitudes et pratiques étaient celles d'Européens dans l'évolution progressive de la culture orale au manuscrit et à la culture de l'imprimé. Comme on l'a déjà vu, « la culture orale avait généré les lieux communs pour en faire une partie de la machine formulaire pour l'accumulation et la récupération du savoir. »[61] Ces sortes de communautés se voient parfois qualifier par les anthropologues de « cultures de la honte », qui institutionnalisent « la pression publique sur les individus pour assurer la conformité avec les modes tribaux du comportement. »[62] Et pourtant, telles les sociétés africaines décrites ci-dessus, les cultures orales, et leurs successeurs, ont fait naître aussi la polémique continuelle, la controverse, qui fournissent une partie considérable du jeu dramatique des pièces de Shakespeare. Pendant des siècles, le système éducatif fut basé sur cette langue extrêmement sententieuse et parfaitement adaptée au barreau : le latin. « Même après l'invention de l'imprimerie, des procédés de mise en mémoire propres à la culture orale ou du manuscrit, avec le résidu oral très prononcé de celle-ci, persistèrent à travers de nombreuses générations : c'est-à-dire, le désir de considérer ce qui a été dit comme nécessitant la réitération constante est demeuré fortement implanté. »[63] La logique, mais non les événements, soutient Ong lorsqu'il conclut que l'invention de l'imprimerie « fit démoder la cultivation des proverbes ou même la rendre contre-productive. »[64] Les gens ne sont pas aussi nettement définis que les théories, et les proverbes ont continué à vivoter plus ou moins, parce qu'ils proviennent présumablement d'un besoin profondément enraciné de l'esprit pour l'expression toute faite, sous une forme qui trotte dans la tête, une sorte de vers de mirliton mental et tenace. Si aujourd'hui on les cite moins rarement sans ironie, que nous les citions sous une forme abrégée, que notre gêne devant le cliché nous les fasse timidement superposer (« comme l'eau du dos d'un canard », selon le proverbe anglais), nous rendons encore une sorte d'hommage au mode incantatoire, qui malgré son autoratisme n'a jamais aboli la personnalisation des lieux communs.

Locutions

L'expression idiomatique est peut-être la partie la plus magique, la moins rationnelle d'une langue, et elle possède bien des points communs avec le proverbe : « C'est une sorte de monde à l'envers poétique, parsemé de lunes bleues (tous les trente-six du mois) et d'éléphants blancs (et d'autres bibelots), d'hommes qui perdent la tête et qui ont vu leur langue s'emporter – toute une pagaille de contes de fées. »[65] J'ai plus haut posé la question rhétorique : pourquoi sommes-nous si métaphoriques, si peu disposés à appeler un chat un chat. A l'instar de l'ironie, du calembour, de l'allégorie, de la périphrase, et autres modes obliques, la locution n'est pas littérale. Tout comme le proverbe, mais d'une façon moins réconfortante, elle affirme implicitement et souvent explicitement que « nous sommes tous dans la même galère. »[66] Au-delà de cette réalité quotidienne, qu'il faut nous rappeler quelquefois, les expressions idiomatiques s'aventurent dans des domaines hypothétiques, hyperboliques, tirés par les cheveux. Personne ne peut en même temps, par exemple, courir avec le lièvre et chasser avec la meute (miser sur les deux tableaux, en français). Nous ne saurions faire que laisser une fausse piste ou donner de la voix avec les chiens. Il arrive sans doute que certains emploient des locutions parce qu'ils ne savent pas ce qu'elles signifient, mais souhaitent emprunter de leur soutien du chic ou de l'autorité.

« Idiom » et surtout le terme français « idiotisme », malgré qu'ils viennent du mot grec pour « privé », neutre, ne peut entièrement échapper au lien avec « idiot » ou du moins « idiosyncrasy » (particularité). Il est étrange comment ces jetons, ces formes très élémentaires de cours linguistiques, paraissent si souvent illogiques et disposés à enfreindre les règles. Logan Pearsall Smith (qui écrit en 1935. Le ton de son écriture est parfois d'un charme quelque peu désuet, mais il a relativement bon cœur) se demande s'il y a « une certaine irrégularité dans l'esprit humain, un certain amour de l'illogique et de l'absurde ... Nous aimons que nos mots aient un sens, car nous voulons qu'ils soient colorés ; mais nous préférons des sens mal choisis. »[67] Il est très ouvert à l'independance agressive, l'entêtement, l'élasticité du parler populaire, et plaide contre l'élitisme :

> Nos phrases figurées et idiomatiques sont d'origine populaire, et on les tire des intérêts at des occupations de la vie ordinaire. Le don de créer des phrases, comme celui de créer des mots, appartient avant tout aux classes illettrées, et nos meilleures locutions, comme nos mots les plus colorés et les plus vivants, viennent non pas de la bibliothèque ou du salon ou le « gay parterre », mais de l'atelier, la cuisine et la cour de ferme. (p. 212)

Il cite beaucoup d'exemples pour appuyer sa thèse, bien que personne ne sache jamais découvrir exactement qui forge le langage. Son thème principal est que « des citations des poètes nous fatiguent si elles sont trop souvent répétées, les fleurs du jardin du discours se fanent, les figures érudites deviennent banales et éculées, mais le pot et la poêle à frire, la poule mouillée et le lait renversé … ne perdent jamais leur signification existentielle » (p. 269). Quand sur la même page il parle de la « qualité radioactive des locutions populaires », il faut se rappeler que dans les années 1920 ce phénomène nouveau était assoocié seulement avec le traitement du cancer par la radiographie. Après avoir analysé les motifs récurrents des locutions anglaises, il proclame avec assurance que la majorité sont des expressions « de résolution, d'exaspération et de vitupération » (p. 262).

Etant un des aspects les moins interrogés du langage, les locutions sont la partie la plus difficile d'une langue qu'un étranger doive comprendre ou utiliser à propos. Ainsi que l'explique l'étymologie, l'expression idiomatique constitue la région la plus autarcique du discours et de l'écriture. Les segments dont elle se compose créent souvent une totalité différente d'eux. Si on demande à quelqu'un, ou si quelqu'un ressent le besoin, d'expliquer une tournure usuelle, il se trouve dans une situation assez semblable au malade schizophrénique qu'on voulait tester de cette manière. On lui demande ce qu'il entend par cette expression : « Il ne faut pas se tracasser au sujet du lait renversé » ; il répond : « Tranquillisez-vous, vous pouvez en acheter à la laiterie. » Certaines figures restent obstinément incompréhensibles, et furent peut-être inventées pour cette raison même. « Aussi saoul qu'une brouette » : une amie, Barbara Bowen, suggère qu'il n'est pas facile de pousser une brouette dans une ligne droite, et que de surcroît cette machine était à la campagne un moyen traditionnel pour ramener un ivrogne chez lui. Sans doute les tournures privées d'une famille ou d'un couple, comme les plaisanteries internes à une collectivité, forment un code que ceux à l'extérieur ont du mal à pénétrer. Les locutions sont donc faciles à mal comprendre, ambigües. Les syntagmes figés peuvent agir d'une façon vive. Comme les clichés, ils peuvent avoir des profondeurs cachées, ou au moins séduisent l'écouteur ou le lecteur comme s'ils en avaient. Un truisme à coup sûr incontrovertible d'un linguisticien est ainsi conçu :'Certains clichés sont des locutions et certaines locutions des clichés, mais chaque groupe n'embrasse pas la totalité des autres. »[68] Il me semble qu'une locution transformée, retournée, n'en est plus une, à moins qu'elle ne soit largement acceptée en tant que remplaçante ou addition. (Un des mots espgnols pour une locution est *modismo*, qui paraît lier la forme à la vogue).

Dans son étude des locutions françaises, Guiraud, comme Smith, trouve l'origine de mainte locution dans les métiers, les dialectes et l'argot.[69] La plupart des locutions sont caractérisées par l'archaïsme. Guiraud est visiblement fasciné par le pétrin créatif (ou dans le jargon de la linguistique, la motivation) que tout le monde fait de ce matériel hérité. Ici, la locution empiète sur le lapsus, « l'étymologie populaire » et le grand royaume de la « contamination » linguistique – tout cela joue son rôle dans la gaieté des nations. Pour lui, les locutions projettent de la lumière, mais bien souvent c'est plutôt une illusion d'optique. On ne peut pas empêcher « croquer le marmot d'évoquer l'idée d'un enfant croqué sous la dent », alors qu'il signifie « attendre en se morfondant » (p. 71). On emprunte l'expression « dur à la détente » à une arme difficile à faire partir, mais elle signifie un radin au cœur de pierre. C'est là un jeu de mots, mais invisible à la majorité (p. 57). Une série complexe de calembours lie les hommes de loi, traditionnellement associés en France à des chats, avec griffer, griffonner, un chat fourré, les parties génitales d'une femme, le chas d'une aiguille et la fourrure (p. 95). « Jolie à croquer », mais la plupart des gens pensent à la suggestion alimentaire : un chou adorable (p. 10). On peut, bien entendu, dévorer de ses yeux.

Beaucoup de locutions exagèrent à volonté. « Il est léger comme un éléphant (dans un magasin de porcelaine) » ; la queue ajoute à l'hyperbole. Ces queues deviennent elles aussi figées (p. 56). Des stéréotypes réapparaissent : Guillaume – un péquenot – et Gautier (Walter en anglais) : un farceur et blagueur (p. 87). Bien peu de dictons, fait obsever Guiraud, se réfèrent à des jalons historiques (p. 35). Un amateur de la charrue avant les bœufs,

Guiraud découvre de nombreux exemples où le langage invente plutôt qu'il ne reflète la réalité (p. 101). Dans une finale captivante, il déclare : « Au commencement était le Verbe, puis sont venus les poètes qui ont donné des choses aux noms [Noter l'inversion], puis sont venus les linguistes qui ont tout embrouillé » (p. 104).

Il croit que les locutions françaises tendent à être plus abstraites et généralisées que les anglaises, et que les anglophones cultivés sont plus disposés à se servir d'un style de discours plus plein de verve que leurs homologues français (les provincialismes et le langage courant ont toujours été plus marginalisés en France : « On ne mélange pas les torchons avec les serviettes » ; la plupart des locutions de la chasse hexagonale viennent de la version aristocratique : la vénerie (p. 18–21). Il me semble qu'il force la dose, car le français parlé est souvent parfaitement terre-à-terre. Par exemple, le dicton anglais « C'est une société d'admiration réciproque » trouve son égal dans « ce sont deux ânes qui se frottent. » Parce que ls oreilles sont comparables à des huîtres (portuguaises), être un sourdingue c'est avoir les portuguaises ensablées. « Prendre un billet de parterre » veut dire « se casser la figure » par un jeu de mots sur « par terre ». Toujours est-il que peu d'analystes nient l'intensité de la métaphorisation en anglais, ce qui pourrait être encore une cause de notre réputation d'hypocrites et de fourbes perfides. Peut-être que l'aspect le plus inimitable des locutions anglaises, comme de la langue anglaise tout entière, est qu'il y a une grande dépendance des prépositions – le segment le plus humble de la grammaire détermine la signification totale. Il suffit d'une petite variation : « to kick one's heels » (faire le pied de grue), « to kick up one's heels » (se défouler), et on passe de l'attente ennuyeuse au mouvement animé.

La répétition à l'intérieur des locutions (et du jargon, surtout juridique), comme par exemple « without let or hindrance » (sans entrave) constitue un effort pour fixer la signification précise par l'accentuation. Il arrive que de telles formules ont l'air inévitable : en effet je pense moi-même en morceaux (« bits and pieces »), et par-à coups (« by fits and starts »). On les qualifie de « binômes irréversibles » : « nip and tuck » (« être au coude-à-coude »), « spit and polish » (astiquage), « sink or swim » (se débrouiller). Ces phrases à deux coups, ces paires qui forment un seul sens (« rags and tatters » : en loques) se trouvent également dans le jargon juridique et le charabia ; les livres de prières montrent aussi cette redondance divine. Ces couples peuvent sans doute être utiles : la conjonction des contraires, « to and fro » (va-et-vient), ou pour asscocier des objets comparables mais différents : « flotsam et jetsam » (morceaux d'épave et détritus). Le danger, que voit clairement Fowler, c'est qu'un de ces « jumeaux siamois » pourrait être « un de ces clichés qui guettent pour remplir un vide dans le cerveau. »[70] Ces syntagmes inséparables (comme dans la chanson de Sammy Cahn et Jimmy van Heusen : « Amour et mariage, amour et mariage/vont ensemble comme un équipage ») sont les Laurel et Hardy du langage, les parasites réciproques. Les mots qui se ressemblent s'assemblent. « Il est excellent que les mots soient amis les uns avec les autres, et s'associent si fréquemment que même les notices nécrologiques ne sauraient pas les séparer. »[71] On dirait que des forces magnétiques régissent le langage, qui attirent ensemble les mots d'une façon inéxorable. Nous voulons que les mots se groupent, se fréquentent.

Rime et rythme

Comme dans le proverbe, la rime ou l'allitération, les rythmes vigoureux jouent un grand rôle dans les locutions (« Faire d'un œuf un bœuf »). Ionesco tire un profit sur scène en intensifiant ce trait stylistique, le réduisant ou l'élevant ainsi à l'absurde, et construisant des paroxysmes de bruits percutants, encore qu'un jour il ait eu la grâce d'avouer : « Il me faut oublier mes propres clichés. »[72] La littérature en général accentue et rend plus souple sa dépendance sur les formules fixes par toutes ces formes variées de la répétition, qui fournit des modulations aux mots statiques. Ces vers de Louis MacNeice tombent juste :

> The whole delightful world of cliché and refrain –
> What will you have, my dear? The same again?[73]
>
> [Ce monde délectable du cliché et du refrain. – Que bois-tu, ma chère ? – La même chose ?]

Alors que l'emploi par trop voyant et martelant de l'allitération est depuis longtemps bien comique (typifié par l'animateur des music-halls d'antan), des formes plus brèves possèdent toujours une certaine puissance. Le grand répétiteur est bien entendu la rime. Selon certains, elle peut faire la loi : « Quand on écrit en prose on dit ce qu'on veut dire. Quand c'est un poème on dit ce que dicte la rime. »[74] Selon d'autres (Valéry, en l'occurrence) la rime est une contrainte singulièrement libératrice : « La rime a ce charme – elle et toutes les conditions conventionnelles – de faire venir une foule d'idées, c'est-à-dire de combinaisons auxquelles jamais on n'aurait songé. On se fait des pensées tout étrangères à sa pensée. »[75] Très peu de paroliers savent éviter les paroles clichéiques : June/moon [juin/lune], amour/ toujours, etcétéra. Des chansons au texte spirituel telles que « Too Marvellous for Words » exploitent au maximum la prétendue contrainte de la rime (« glamorous/Or that old stand-by amorous » [chic ou le fidèle serviteur : romantique]). Bien entendu, le stand-by est ce qu'on garde en réserve ou, à l'aéroport, on fait la queue. C'est là où on se rabat comme sur un canapé confortable. Théodore Banville ordonne que les poètes fuient comme la peste des rimes dégénérées telles que *gloire* et *victoire*, *lauriers* et *guerriers* : « Rien qu'à y penser me fait vouloir vomir. »[76] Toute langue, cependant, manque de rimes pour certaines combinaisons de sons. En français, paraît-il, *célèbre* et *funèbre* n'ont pour partenaires en puissance que *vertèbre* et *zèbre*.[77] Bien qu'elle institue une inertie qui traîne des mots presque homophones, on peut fantastiquer ou frustrer ces attentes, comme dans ces vers de Queneau : « Un jeu simple/que j'invimple/dans la nuimple. »[78] Une pareille fluidité linguistique fait que la meilleure épithète qu'on puisse forger sur le nom de Queneau est « quenaquatique ». De même, des vers qui esquivent l'obscénité anticipée en substituant des mots anodins – qui, comme l'euphémisme, peuvent suggérer avec force le sens occulté. Des sources bien plus considérables de la banalité sont en fait le rythme, l'obsession avec l'euphonie et l'équililibre rhétorique. Les phrases clichéiques, les mantras, ont souvent une allure, une rime, assonance ou allitération qui importe plus que le sens des mots qu'on emploie. La pensée s'emmêle dans ses propres dédales.

CHAPITRE 10

Habitudes mentales/Comparaisons fausses

Ortega y Gasset s'est demandé si « l'intellectuel existe afin de s'opposer à l'opinion publique, la *doxa*, en révélant et en maintenant un front contre le lieu commun par l'opinion vraie, la *paradoxe*. Plus que probablement, la mission de l'intellectuel est essentiellement une entreprise impopulaire. » Réflexion faite, peut-être, il ajoute que « les lieux communs sont les tramways de la transportation intellectuelle. »[1] Peut-on déceler là une certaine extase (transport) qui jure avec l'idée de rails (et la peur commune de dérailler) ? En l'occurrence, le penseur fournissait une image de notre tendance à l'automatisme. Cette « transportation » (c'est-à-dire nos habitudes mentales)inclut des express, des tortillards, mais suggère toujours le progrès le long de voies usées, de rainures, de sillons. Les clichés : des ornières qui vous poussent là où il faut aller, et empêchent le pas de côté. Il faut draguer les canaux de la communication. La forme commande souvent le commentaire, ainsi qu'il est démontré par le Français qui compose dans son sommeil des vers qui, tout en disant peu de chose, sont des alexandrins parfaits :

> Perçant l'amour des bœufs, la blanche solitude
> Réveille, au lieu des morts, les épouvantements.[2]

Si le cliché est le ciment du discours, non seulement il le maintient ensemble, mais aussi il le fait prendre. Les mots nous viennent à l'esprit dans des paquets pré-emballés. « Il est probable que beaucoup de gens pensent pour la plupart dans des phrases toutes faites, comme nous le faisons tous sauf dans une conversation acharnée. »[3] L'analogie, qui devrait vous ouvrir les yeux, se replie souvent sur elle-même : le capitaine Cook trouve que les Maoris ressemblent étrangement aux montagnards de Rob Roy. A l'étranger il pense par l'esprit de clocher, alors qu'il aurait dû s'exposer à une expérience insolite : encore un exemple du *déjà vu*. Et pourtant les gens les moins sophistiqués savernt se libérer de ce tic mental. « On trouve souvent des métaphores originales dans les outils qu'inventent et emploient des gens ordinaires, parce qu'on réquisitionne constamment de vieux termes par analogie. »[4] même s'il n'y a strictement rien de tel que l'association libre, car l'inconscient n'est jamais vierge, Bolinger a certainement raison de se laisser réconforter en entendant des gens qui essaient d'associer librement, « et alors on a un aperçu des ramifications ganglionnaires de métaphores et de thèmes.[5] On peut encourager un autre à être soi-même.

Alors que le lapsus, la contrepèterie et la bourde se décollent douloureusement de la langue, comme un sparadrap de la chair, les clichés se contentent de sombrer. Des phrases toutes faites, toujours disponibles, sont parfois des mots justes, qui se mettent en place avec facilité. Comme sur du papier de musique, comme des jingles, ils ne cessent de chuchoter dans quelque recoin de la mémoire, avant de sortir tels des coucous ponctuels et monotones. Quand on demanda à Ernest Bevin ce qu'il pensait des discours d'Anthony Eden, il aurait répondu : « Clitch, clitch, clitch ! », mot créé inconsciemment pour la circonstance et qui fait penser à un automatisme (comme avec le déclic d'un appareil photo ou la fermeture d'une porte, ou quand tout à coup ça fait tilt). Nous devons tous bien entendu passer par le même tourniquet pour entrer dans le même colisée du lieu commun. Dans un discours, surtout, et avec les meilleures intentions, un orateur peut être entraîné robotiquement par la prolixité, l'amplification, ou la sonorité. On n'oublie pas le hoquet « et … et … et » de la Bible ou des rédactions des enfants à l'école maternelle. Pour survivre en tant qu'êtres humains nous avons beaucoup de réactions automatiques, et notre comportement linguistique doit obéir à un semblable instinct de la survie. Mais le rappel « Réfléchissez avant de parler » ou l'excuse « Je l'ai fait sans réfléchir » montrent (et c'est la devinette ancienne), qu'on puisse avoir des pensées sans mots ou non, il semble bien qu'on puisse avoir des mots avant de réfléchir, des réflexes au lieu des réflexions. Les esprits dérangés accentuent une tendance commune par leur prédisposition spasmodique à la palilalie – la répétition chronique du même mot ou la même phrase, mais les esprits soi-disant sains sont capables de caler ou de bégayer. Et nous répétons souvent un mot ou une phrase qu'un autre vient de dire. C'est ce qui s'appelle : encourager, ou participer. C'est comme si on répondait à la cadence personnelle d'un autre. Mais il est aussi vrai qu'ennuyé on peut avoir le même regard vitreux. Et la battologie, répétition oiseuse – mot qui vient d'un roi antique célèbre pour son bégaiement – qui rabâche également. Le film *Groundhog Day* passe et repasse les mêmes scènes, comme une tondeuse maniaque. On reste baba devant ce rajustement des fuseaux horaires : « Répétition et souvenir sont le même mouvement, seulement c'est en des sens différents ; car ce dont on se souvient a été, et est répété à l'envers, tandis que la répétition on s'en souvient en avant. » Plus tard et plus prosaïquement, Kierkegaard ajoute : « La répétition est le pain quotidien. »[6]

A un niveau moins sévère, « la familiarité engendre le contentement. »[7] Selon George Crabbe : « Chez lui l'habitude était la seule épreuve de la vérité : ça doit être comme ça : je le fais ainsi depuis ma jeunesse. »[8] Le psychologue William James déclare que l'habitude est l'énorme volant de la société, son agent conservateur le plus précieux. C'est elle seule qui nous retient entre les paramètres de l'ordre. »[9] On ne saurait guère attaquer de telles croyances, mais c'est le confort intellectuel qui me fascine, dans l'emploi à deux tranchants de ce terme-là par Marcel Aymé : d'un côté, sauter sans réfléchir sur le train en marche, l'installation vaniteuse, et de l'autre, le refus nécessaire de cabrioler sur les rives sauvages de n'importe quelle contrée, l'avantage d'un esprit honnête et tranquille. Tandis que dans les sciences physiques, l'inertie paraît bien respectable (la propriété de la matière par laquelle elle continue dans son état présent, soit du repos, soit du mouvement régulier en ligne droite, à moins qu'une force externe ne change pas cet état-là) et alors que les gaz « inertes » (appelés aussi « nobles »), incolores, sans goût et à peu près inertes chimiquement servent à des ballons et des lampes incandescentes – il est difficile de parler sans passion de l'inertie dans la vie des gens : « La masse inertielle ressemble à celle de la société ... Nous traînons derrière nous une vaste obsolescence, quoiqu'on en ait rejeté une grande partie, et elle nous ralentit. Le langage est une scène bâtie au-dessus d'un cimetière d'où des fossiles se lèvent pour danser pendant la nuit. »[10] Si les clichés reflètent l'inertie humaine, cela ne les empêche pas d'avancer toujours davantage, et comme le décrit de façon pittoresque Bolinger, de revenir à la vie d'un fantôme actif.

Bergson

Bergson exemplifie le syndrome « Médecin, guérissez-vous vous-même. » Etudiant dans son livre *Le Rire* le sujet notoirement savonneux de la comédie, il dit qu'il cherche à « découvrir les procédés de fabrication du comique. »[11] Il adore cette terminologie pseudo-industrielle. Aux yeux ou à l'oreille de Bergson, le rire est toujours insensible ; il ferme le circuit qui vous lie à d'autres êtres humains : « Une anesthésie momentanée du cœur » (p. 4). Le rire fait entrer de force certains autres dans un ghetto ; ce Juif, esthétiquement parlant, est en faveur de ces ghettos. Ce qui l'intéresse surtout c'est la distraction mentale, l'inélasticité, l'automatisme du comportement ou des attitudes (y compris la déformation professionnelle) (p. 7). *Le Rire* traite essentiellement du cliché, des clichés ou stéréotypes existentiels, bien que Bergson ait une façon bien à lui de penser en robot. En principe celui qui se moque de cette conduite mécanique est souple, mais en fait Bergson est pieds et poings liés par son propre schème. Tous ceux qui ne marchent pas en cadence, excentriques, anachronistiques, sont des proies idéales pour la critique bergsonienne (voir p. 8). Parfois il semble que Bergson soit content de considérer ses prochains comme des pantins à ficelles (p. 59). Il adresse son appel toujours à l'autorité constituée, même s'il déguise celle-ci comme l'élan vital dynamique : c'est en effet le critère antique des *bienséances*, reformulé mais non pas repensé ou mis à jour.

Diderot

Diderot est une autre paire de manches. C'est probablement l'activité incessante des automates contemporains, dépensant toute leur énergie tels des oiseaux-mouches, qui le fascine bien plus qu'une hypothétique prise de pouvoir qu'ils seraient en train d'exercer sur une humanité consentante. Parmi les multiples paradoxes de cet homme d'une énergie souvent frénétique (la meilleure épithète pour lui serait « didérotique »), c'est qu'il se préoccupe beaucoup du grand rôle joué par l'automatisme dans les affaires humaines. « O combien l'homme qui pense le plus est encore automate ! »[12] Ses meilleurs ouvrages, là où il est pleinement lui-même parmi ses mois multiples – *Le Rêve de d'Alembert*, *Jacques le fataliste*, *Le Neveu de Rameau* – dramatisent ce qui ressemble (si nous nous permettons d'être optimistes) au jeu libre de l'imagination qui conteste et surpasse souvent les contraintes imposées sur elle par le corps, que ce soit humain ou social. Les pantomimes passionnées, ravies et ravissantes, aident le Neveu à s'échapper pendant un certain temps de son conditionnement social et son statut inéluctable de raté et de parasite. Chez lui, les gestes semblent plus vrais que le discours ou l'écriture, bien que Diderot n'ignorât pas que le jeu théâtral, comme l'art en général, est un mensonge concerté. Le mime, bien entendu, est de seconde main ; Rameau a le génie du second ordre, et, quand il imite l'acte de jouer de la musique, il opère à un troisième degré (création/ interprétation/ mime). « Cette maison de fous mobile » amuse et inquiète ses spectateurs, dont les plus réfléchis s'aperçoivent qu'il se venge de sa position servile en jouant une pantomime universelle, la ronde chorégraphiée des compulsions sociales. A l'imitation il ajoute la frénésie, encore que, réaliste jusque dans ses fantaisies, il mime des erreurs sur son violon imaginaire. C'est un Protée qui change rapidement de costume et de forme, que ce soit de la psyché ou du corps. Je dois admettre que, sans un public enthousiaste, il n'existe guère : il dépend de ceux qu'il singe et ridiculise. Et la flagornerie, qui le fait vivre, est une activité considérablement dépendante. Toujours est-il que Rameau pourrait se vanter, comme Diderot lui-même : « Je sais aussi m'aliéner, talent sans lequel on ne fait rien qui vaille. »[13] De temps en temps Diderot sentait que tous les êtres sont des monstres : tout un chacun est exceptionnel. Son chef d'œuvre consacré à un raté sans pareil, « un homme impossible » montre qu'être esclave de ses habitudes peut avoir un côté dynamique.

Molière

Un des termes en français pour une idée banale répétée comme un perroquet, un dada, est « une tarte à la crème », qui joue un rôle dramatique dans *L'Ecole des femmes* de Molière. Arnolphe parle de sa femme rêvée (il s'efforce de programmer son épouse) : ignare, voire stupide (donc insensible aux tentations de l'infidélité – à un tel point qu'elle ne sait même pas participer, si ce n'est naïvement, aux jeux des soirées). Il veut avoir une femme qui prenne tout au pied de la lettre, et qui fasse une réponse prosaïque et innocente à la question rituelle (Qu'y met-on ?) dans le jeu du *corbillon* (littéralement corbeille à pâtisserie.)[14] Vu que ce drame tout entier frise la lubricité (l'obscurantisme du mari ouvre ironiquement les yeux de l'épouse), que le joueur est censé répondre par un mot qui se termine en « on », et que la corbeille est une remplaçante fréquente pour les parties génitales de la femme, Arnolphe souhaite que son épouse, dressée pour devenir bête, réponde par « une tarte à la crème. » On répète ce mot échoïque jusqu'à la nausée. Dans la « critique » de la pièce par Molière lui-même, un ronchonneur se plaint que cette *tarte à la crème* lui ait soulevé le cœur ; on parle ensuite de l'habitude de jeter des pommes cuites (cp. les tartes à la crème des comédies muettes de Hollywood), vers les comédiens.[15] Le mari bête échoue à faire instaurer la bêtise chez sa femme, à en faire une enfant anodine et femme réduite au foyer.

Quand on l'avait taxé d'avoir chipé au *Pédant joué* de Cyrano de Bergerac quelques phrases pour ses propres *Fourberies de Scapin*, Molière aurait riposté en disant : « Il m'est permis de reprendre mon bien où je le trouve », – qui joue sur la locution « prendre son bien où on le trouve. » Cette phrase même est, cependant, une citation prise dans une pièce d'origine espagnole jouée par la troupe de Molière, *Le Gouvernement de Sancho Pança* par Guérin de Bouscal. Autrement dit : des larcins en série.[16]

Idées fixes

Diderot ne se spécialisait pas en les idées fixes. Bien qu'il revînt périodiquement à ses favorites, en général il se maintenait en mouvement. Par contre la plupart de nous autres sont moins élastiques. Nos idées fixes tendent à être mal définies, inébranlables et (en principe) transférables à autrui, Ce sont nos dadas : pensez à la fréquence de nos mots : « Je pense toujours que ... ». Nous tuons nos dadas en les enfourchant ; les blagues éventées sont des chevaux de bataille. « Dada » : mot enfantin pour un cheval de bois. C'est aussi du terrain battu, et finalement un vocable choisi au hasard, selon ses fondateurs, pour le titre et le manifeste du mouvement d'art pré-surréaliste. Un mot congénère, *marotte*, signifiait autrefois une poupée ou une marionnette, était associé plus tard au costume du bouffon, et finit par trouver son sens actuel, comme dans cette citation de Flaubert : « La vie n'est tolérable qu'avec une marotte. Dès qu'on abandonne sa chimère, on meurt de tristesse. »[17]

Paul Valéry, dont un de ses protagonistes fictionnels se vante paisiblement : « La bêtise n'est pas mon fort »,[18] et qui était lui-même plus leste sur ses guibolles mentales que bien des autres, se refusait à croire qu'il y eût rien de tel qu'une idée fixe. Dans un essai qui porte ce titre, il maintient que, si nous pouvions enregistrer les processus de notre activité psychique, nous verrions « un désordre parfait »,[19] la vie a « quelque chose d'un accident qui s'est fait des lois » (p. 231). « Une idée ne peut être fixe ... Une idée est un changement. Rien ne dure dans l'esprit. Je vous défie d'y rien arrêter quoi que ce soit. Tout y est transitif... mais presque tout y est renouvelable. Rien n'est plus ambulatoire qu'une idée fixe » (p. 205). Cet essai, où deux individus qui se disputent dans un esprit de compétition élégante en escaladant des rochers au bord de la mer et en se mitraillant mutuellement de réflexions paradoxales. imite et seconde l'idée de Valéry sur les idées. On l'a dit à propos d'un gourou américain : « Il écrit comme une porte à tambour. » C'est-à-dire : toujours en mouvement mais sur place. Il n'est pas surprenant que Valéry soit si féru du symbole d'Ouroboros, le serpent qui se mord la queue. Le culte de l'agilité mentale est le dada de Valéry. Souvenons-nous de la description par André Maurois de Jean Cocteau lors de l'admission de celui-ci à l'Académie française : « Un Paganini du violon d'Ingres. »[20]

Stéréotypes

Les idées fixes ont tout de même des conséquences affreuses. Les préjugés des magistrats contre les non-conformistes de toutes sortes ; l'attente des enseignants à laquelle certains enfants ne savent pas répondre ; les règles tacitement admises que n'importe qui enfreint à son insu ; les jugements sur l'apparence ou la couleur épidermique d'un autre – on peut augmenter à volonté la liste des instances où l'on souffre des idés fixes d'un prochain. Comme la métaphore sans originalité, les comparaisons conventionnelles peuvent raidir les articulations de l'esprit, et la paresse faire mal ou même tuer.

Commençons lugubrement. Le satiriste viennois Karl Kraus écrit un jour : « Je suis convaincu que les événements ne se produisent plus ; au lieu de cela, les clichés sévissent spontanément. »[21] C'est peut-être là ce qu'on désigne, de façon vague, par le terme de « Système ». La vie serait devenue une machine autorégulatrice (qui de temps en temps se détraque) qui n'a personne pour la contrôler, que ce soit pour le bien ou pour le mal. La vie culturelle moderne, en particulier, apparaît souvent comme une expérience collective et à grande échelle du *déjà vu* et *déjà entendu* – malgré l'obsession du neuf, la néophilie (deux lettres en plus et vous avez la nécrophilie).

Une généralisation aussi sombre serait en effet un stéréotype, et puerait le préjugé, le désir de cataloguer ou de calomnier un autre : de le classer. (Dans *Le Roi des aulnes* de Michel Tournier, les scientifiques nazis et le héros douteux sont tous séduits par ce compartimentage de la race humaine). Le stéréotype permet un gain de temps, mais c'est du type aride (comme le cliché) plutôt que fertile (comme le calembour qui condense deux sens.) Dans les questionnaires, les questions stéréotypées obtiennent des réponses prévisibles. On sait très bien que l'espace blanc qu'on vous accorde pour insérer vos commentaires personnels, l'ordinateur ne les tiendra pas en compte si vous le remplissez. Et pourtant, de même que les proverbes se contredisent les uns les autres, les stéréotypes s'entrchoquent entre eux. L'Ecossais, comment saurait-il être pingre et s'enivrer à grands frais ? Le Français, comment nous inviterait-il à visiter son boudoir mais non son pays ? L'Anglais, partisan du fair-play, comment serait-il faux comme un jeton ?

Dans une révision spirituelle du mot « ideal », Walter Lippmann écrit : « Notre répertoire d'impressions fixes ... contient des fourbes idéaux, des politiciens corrompus idéaux, des agitateurs idéaux, des ennemis idéaux. »[22] Quand nous idéalisons nous donnons une idée fausse, pour nous-mêmes ou pour autrui, car le stéréotype prêche les convertis et vise à en augmenter le nombre. Lippmann poursuit : « Nous n'aimons pas les adverbes qui qualifient. Ils encombrent la phrase, ils affaiblissent l'apport émotionnel de l'écrivain. Nous préférons *le plus* à *plus, le moins à moins*. Quand nous nous sentons libres de faire ce qui bon nous semble, tout se met à se conduire de façon absolue – cent pour cent, partout, à jamais. »[23] Dans une note en bas de la page, il cite *L'interprétation des rêves* de Freud : « Non » semble ne pas exister en ce qui concerne les rêves » (il est vrai que Freud modifie plus tard cette déclaration plusieurs fois).[24] Lippmann considère l'affaiblissement rhétorique comme un calmant : « Sans la standardisation, sans les stéréotypes, sans les jugements coutumiers, sans une négligence plutôt implacable des subtilités, le rédacteur [d'un journal] mourrait vite de surexcitation. »[25] C'est une sorte de dogmatisme sans trop d'enthousiasme et autocensurant. Pour Barthes, le stéréotype est

> le mot répété, hors de toute magie, de tout enthousiasme, comme s'il était naturel, comme si par miracle ce mot qui revient était à chaque fois adéquat pour des raisons différents, comme si imiter pouvait ne plus être senti comme une imitation : mot sans-gêne, qui prétend à la consistance et ignore sa propre insistance.[26]

Une façon de penser moins inintelligente, comme par exemple certaines variétés d'édification, nous fournit l'insolite à copier ou à émuler. Les esprits dérangés pourraient nous apprendre, comme si souvent, que la « stéréotypie », dans le langage médical, se réfère aux actions ou gestes répétés involontairement, mais non d'une façon aussi convulsive que dans les tics ou spasmes ; on s'en sert aussi pour décrire les attitudes, mots ou gestes automatiques des schizophrènes. Comme on l'a déjà vu, les clichés ont quelque chose de l'insensé aussi bien que du sauf et sain confortable. Classer (je devrais le savoir, moi) peut se muer en manie, quelque sommaire que cela puisse être. Les stéréotypes racistes sont en puissance et en réalité meurtriers : certains tuent pour une idée reçue, qui insensibilise le cerveau, l'imagination ou la sympathie. Pourquoi nos aversions favorites s'appellent-elles des bêtes *noires* ? Ici, nous abandonnons le terrain des péchés mignons, des peccadilles. Penser aux autres comme moins qu'humains n'est pas véniel. Dans ces régions, comme le savait très bien Hitler, les images du sang font la loi : pureté de la race, frères de sang, verser le sang : une consanguinité d'imagerie mortifère. La peur du nouveau et du différent, par un processus rudimentaire de réponse stimulée, fait surgir la haine et la peur de la couleur ou de l'incolore (albinos). On prête à l'inconnu des dons effrayants et vénéneux, ainsi qu'on attribue aux jumeaux une puissance supplémentaire. Dans un essai sur le racisme, Etiemble offre une anecdote éloquente à propos de son village natal dans la Beauce, où les paysans de l'endroit aiment prendre un verre ensemble tous les soirs. Un voisin qui choisit de ne pas les rejoindre, on l'imagine qui boit « en juif ». C'est là un lapsus ou une étymologie populaire : ils voulaient dire « en Suisse » (en cachette).[27] Etiemble cite aussi des idées fixes qui s'entre-détruisent au même sujet : « Les Juifs sont sensuels, et c'est pourquoi ils sont tous impuissants ... Chaque Juif est donc une quadrature de cercle, le foyer corporel et métaphysique de contradictions et d'excès. »[28] C'est évidemment une situation sans issue, ce qui expliquerait peut-être pourquoi tant d'histoires drôles racontées par des Juifs se mordent l'arrière-train apotropaïquement pour contrecarrer le mauvais œil. Etiemble corrobore la thèse de Norman Cohn selon laquelle l'antisémitisme aurait été le plus virulent dans ces régions de la France où vivaient le moins de Juifs. L'absence du Juif est l'excuse parfaite pour sa présence excessive dans la mentalité antisémite. « Les absents ont toujours tort. »

Un excellent exemple d'un livre tout entier consacré à l'analyse d'une croyance globale et à la protestation contre lui (et bien des ouvrages féministes y serviraient tout aussi bien) est *Orientalism* d'Edouard Said. Il attaque l'essence fixe, raciste, idéologique, intellectuelle résumé dans cette appellation-là. Il veut servir d'avertissement « que les systèmes de pensée tels que l'Orientalisme [fatalisme, exotisme, irrationnellisme], les discours de la force, les fictions politiques. »Les « mind-forg'd manacles » [menottes forgées par l'intellect] de Blake sont tous fabriqués beaucoup trop facilement, appliqués et défendus. »[29] Comme Barthes dans son étude de la représentation de l'Autre, Said demande : « Comment de telles idées se pourvoient de l'autorité, « la Norme », et même le cachet d'une vérité

« naturelle. »[30] Le stéréotype raciste de cette variété globalisante engendre des clichés à une échelle immense ; les fossiles de préjugés antiques ancrés dans le langage d'aujourd'hui. Sans aucun doute, cette attitude générique s'applique à des contextes particuliers, mais la plupart des gens s'en rendent compte. Le mot polonais pour un Juif signifie aussi une ampoule : et on considère le Juif comme casse-pied. Les associations phoniques et sémantiques comptent pour beaucoup dans les calomnies (Jew ... Judas).[31] Comme les cambrioleurs d'aujoud'hui qui souillent les maisons qu'ils mettent à sac, les débineurs comblent l'insulte. Celui qui souffre à cause des actions d'un seul membre d'une autre race peut se permettre de faire un dénigrement total de la race tout entière, processus que Roback compare à la synecdoque où, semblablement, l'on prend la partie pour le tout.[32] Tout en étant foncièrement artificielle, la rhétorique imite certains de nos instincts les plus profondément enracinés. Barthes nous rappelle, toutefois, qu'il existe dans la rhétorique, comme dans l'histoire littéraire, une anti-tradition et une anti-rhétorique persistantes, « une rhétorique noire, jeu de mots, parodie, allusions érotiques ou obscènes, humour de potache. » Il insiste sur la nature volontaire de ce courant : « Deux tabous sont subvertis : le langage et le sexe. »[33] Injures, sobriquets (évidemment destinés à devenir par un emploi abusif des clichés) font vraiment du mal, et servent souvent à écarter un individu d'un groupe. Mais que penser de « Mohican : homme très corpulent qui fait un long trajet d'omnibus en payant seulement quelques francs. »[34] Celui qu'on appelait naguère une Peau-Rouge se sentirait-il menacé par ce titre poétique ou du moins contourné, qui est sans doute davantage un compliment qu'une calomnie ? L'étiquettage et l'humour ethniques, comme la caricature, solidifient, gonflent et prolifèrent. C'est un renforcement collectif du chauvinisme interpersonnel (Moi contre Autrui, Nous contre Eux), et on ne se met pas d'accord sur le degré de dommage qu'ils représentent. Trouver bizarre ceux d'une culture différente (« Comment peut-on être Persan ?'demandait ironiquement Montesquieu) va de pair avec la peur. Et pourtant cette défamiliarisation se transforme, de par la répétition sans fin, extrêmement familière : on sait d'où vient et où se dirige la blague : on a déjà, ou on croit qu'on a déjà, entendu l'histoire. On ne vise pas que les étrangers et les immigrants : on y ajoute les naturalisés qui résident ici depuis des années. Christie Davies soutient que, de même que la plupart des meurtres et autres actes de violence se produisent en famille, la plupart des insultes sont dirigés vers ceux qui, même parlant la même langue que les moqueurs, sont considérés comme des cibles stupides. Le critère, selon lui, est souvent une question de langage : on croit que ces individus bêtes parlent mal la langue du pays – trop lentement, employant un vocabulaire vieux jeu (témoin les blagues anglaises qui visent l'anglais « archaïque » des immigrants indiens).[35] Cette antithèse figée du rapide et du ralenti, du léger et du lourd, a besoin du démenti fourni par la remarque de Nietzsche sur la rumination – talent que possède la vache mais dont manque l'homme moderne. Les histoires drôles sans queue ni tête, par contre, sont des métablagues : le blagueur feint la lenteur d'esprit, pour mieux frapper par la pointe qu'on assène à la fin retardée.

A une étape plus innocente de sa carrière toujours en déclin, « wog » (bicot) avait le sens d'un ornement, un corps étranger qu'on porte sur soi.[36] Par un glissement comparable, le contraire du sexisme (auquel je reviendrai dans les chapitres sur les néologismes) pourrait être la louange des femmes, concentrée dans maint blason du corps : toutes ces comparaisons de parties de choix de l'anatomie féminine avec les bijoux, les fleurs, et ainsi de suite. Vraiment ? C'est là transformer les femmes véritablement en objets sexuels : le blason les fige, les défamiliarise. Etre obligé par les féministes (qui ont riposté à l'attribution de l'hystérie uniquement aux femmes par le mot forgé bien frappé, « testeria ») à se tenir à carreau, à régler les petits détails, à surveiller leurs paroles, tout cela aide les hommes à être en état d'alerte, bon gré mal gré, à réfléchir plus sérieusement à ce qu'ils disent et ce qu'ils pensent. Dans l'Occident, certains écrivains se plaignent que l'absence de censure manifeste par l'Etat sous-évalue la littérature : on peut dire n'importe quoi, se permettre tout ; mais cette impunité les paralyse. Les féministes et les anti-racistes fournissent cette forme indispensable de censure, qui clarifie le contexte et le choix. Les plus réfléchis de ces défenseurs agressifs devraient convenir, certes, que le plus grand préjugé de tous se dresse contre l'acte de penser lui-même : « mindisme » (intellectisme). On emploie le mot de « mentalité » le plus souvent dans une connotation restrictive ou péjorative, comme si seuls les gens dits primitifs en avaient (ou les enfants qui leur sont souvent amalgamés). Ce mot fait allusion communément au comportement ou aux croyances extravagants ou irrationnels.[37]

Les hommes (mâles ou femelles) ne tolèrent pas trop de nuance, encore moins trop de réalité. Le stéréotype fait jouer ses muscles imposants et encourage leur propriétaire à se sentir puissant, parce qu'il exclut de simples mortels. Mais n'est-il pas vrai qu'il soit un signe de faiblesse, car la tolérance a besoin d'une force innée ou acquise. Même si on ne s'en rend pas toujours compte, le stéréotype est normalement un emprunt plutôt qu'une fabrication propre : le Péril Jaune, par exemple, ce paludisme mental, même si on pourrait le voir plus charitablement comme un effort pour faire un sens utile à partir de données chaotiques. Dévorant les *physiologies* d'avant 1850 (portraits de types sociaux), Bouvard et Pécuchet « sans connaître les modèles, trouvaient ces peintures ressemblantes. »[38] Qui d'entre nous n'a pas débité pareilles âneries ? Tout en ignorant à qui ressemblent les meurtriers (c'est-à-dire, au premier venu), nous croyons pouvoir identifier l'accusé comme tel. Puisque beaucoup d'entre nous sommes parfois des jurés, ce n'est pas un passetemps anodin.

Pour Amossy, dans ses *Idées reçues*, la culture populaire arrive à un compromis décontracté avec les schémas préformés de la perception. Elle ferme un œil devant ce dont elle préfère jouir – les plaisirs du connu – tout en se méfiant des visées manifestes que ces fabrications de mythes exercent sur nous. Dans les films d'épouvante, le salaire de la peur est protégé contre l'inflation, et les spectateurs entrent dans le jeu des pourvoyeurs. « La culture savante », par contre, monte sur ses grands chevaux. Or, il faut rappeler aux consommateurs qui parlent apocalyptiquement qu'une littéraure intelligente peut faire étal de stéréotypes sans leur donner son aval, et de plus nous inviter à les démanteler.

Le stéréotype est le mauvais Autre (c'est-à-dire : non les minorités opprimées telles que les enfants, les femmes, ou ceux qui sont étiquetés comme fous), qui cherche à faire taire toute autre altérité que la sienne, qui est alors érigée en une Norme incontestable (en français les stéréotypes attirent la majuscule). Malgré son faux-semblant de fixité, le stéréotype est assez insaisissable, car cette étiquette embrasse mythe, *doxa*, *topos*, cliché. Comme ce dernier mot, il vient de l'imprimerie et signifie reproductabilité, clonage avant la lettre. Et pourtant c'est un processus bilatéral, une dialectique. Il répond à un besoin : il a besoin de réponses. Il est d'ailleurs impossible de concevoir un univers, ou même des groupuscules, peuplés uniquement d'individualistes fanatiques, ou même convaincus. Pour Leyens :

> Un être humain sans préjugé ne serait rien de plus que du magma biologique. Il est tout aussi absurde d'imaginer qu'on n'opère que par des schémas, qu'on est incapable de prendre des données brutes pour ce qu'elles sont, et qu'on est incompétent à distinguer des renseignements d'avec des espérances. S'il n'en était pas ainsi, la vie serait un perpétuel statu quo.[39]

Un agent important pour la création des stéréotypes doit être le sondage d'opinion, qui réduit de grandes quantités de matières à des catégories simplistes. (Soit dit en passant, n'importe quelle enquête prévoit-elle la quantité de mensonges, de rouspétance ou de ludisme que tout un chacun est tenté de sortir quand on nous met au pied du mur de cette façon ?) Quand nous agissons sans réfléchir, nous ressemblons à la configuration par défaut d'un ordinateur, où on peut faire revenir autonatiquement un procédé identique, à la suite d'un signal donné. N'est-il pas étrange que ce « défaut » soit venu à signifier « sans fautes », alors que sa signification normale est : manquer à ses obligations ou à être présent ? Il connote donc des contraires : fonctionner impeccablement ou échouer à fonctionner.

Un stéréotype peut-il être la propriété d'une seule personne ? Si oui, nous passons ensuite vers la région moins de la particularité que de l'autoparodie, qui résulte de la tentative de créer une version caricaturale des autres. Pour la plupart, c'est un moyen de simplifier et catégoriser des groupes, car, si on l'applique à un individu singulier, il traite celui-ci comme membre interchangeable d'un groupe semblable. Dans son commentaire sur l'habitude universelle de classer les autres, Michael Apter se sert de l'image très pertinente du danseur (c'est-à-dire : comment on devrait se regarder les uns les autres, en mouvement), et de la statue (comment, hélas, on se regarde : immobilisés).[40] Pareillement, dans les arts graphiques selon Auden, « une caricature d'un visage reconnaît que le propriétaire a eu un passé, mais nie q u'il ait un avenir ... Il n'est devenu qu'une seule possibilité complètement réalisée. »[41]

Bien entendu, il faut nous tenir aux faits – événement un peu rare – afin de vérifier et corriger un stéréotype, parce que nous nous souvenons plus souvent que nous n'observons, et sommes peu disposés à repartir à zéro. Les esprits les plus aigus se doivent de freiner ce que Gombrich appelle « la volonté de se conformer, l'assimilation de toute nouvelle forme aux schémas qu'un artiste apprit à manier. »[42] Une grande partie de la théorie culturelle s'efforce de nous persuader jusqu'à quel point nous fabriquons tous des images de la réalité au lieu d'y faire face. Dans cette perspective, tout devient un grand chantier, pour la construction de la société, la construction du genre de sexe, et autres érections.

Les stéréotypes sont naturellement mélioratifs aussi bien que péjoratifs : les infirmières/anges, les enfants/innocents d'un côté, et les Mexicains paresseux de l'autre. De chaque côté, ils figurent un moyen de contrôle mental ou social, et au plus extrême d'incarcération, d'inéluctabilité. Les tabous ne se gênent pas de nous asservir. Et pourtant il existe des stéréotypes énergisants. A moins de pouvoir figer et réduire la redoubtabilité d'un ennemi, un groupe révolutionnaire a peu de chances de réussir à changer quoi que ce soit. Il y a des moyens pour contrebalancer les stéréotypes sinon pour les néantiser. Peut-être que le meilleur espoir est-il de les raffiner, les diluer de sorte à modérer les visées extrémistes. Un moyen en particulier est de faire un stéréotype d'un stéréoytype, comme lorsque la cible adopte la version hostile d'elle-même, et soit l'endosse stoïquement, soit, plus dynamiquement, s'en moque en forçant la dose. Débiter des plaisanteries contre soi-même et se donner un coup de pied au cul, bien tendrement. « La stéréotypie verbale embrasse les sens acif et passif de « possession ». Par elle, le locuteur possède sa langue ; par elle, il en est possédé. »[43]

Maintenant, je me permettrai de faire quelques incursions dans les mentalités comparatives, et il se peut que je me montre coupable de certains « ethnophaulisms ».[44] Les comparaisons peuvent illuminer une question ou, bien entendu, introduire l'inanition là où il y avait auparavant la vie. Si elles ne sont pas raisonnables, *odi et amo* tout de même.

Nous apprenons les langues étrangères, du moins si c'est dans un contexte éducatif plutôt que par l'immersion totale, comme des perroquets, comme des schémas clichéïques d'expressions figées. Ce faisant, il est pendant longtemps difficile d'inventer, de se sentir à l'aise, de prendre des libertés, quoique le fait même d'être un étranger vous aide à voir plus clairement les tics mécaniques, les bêtises irréfléchies, auxquels n'importe quelle langue est sujette. Ce fait devrait fournir une perspective humoristique et un empressement à expérimenter. Whorf émit une théorie selon laquelle nous serions tous prisonniers de notre langue maternelle, et tout est donc décidé sans nous. Une des nombreuses réponses à cette opinion c'est que les grands crédos politiques ou religieux franchissent les supposées barrières linguistiques. Une autre relatavise la généralisation whorfienne : « Whorf exagère une idée (que les langues diffèrent les unes des autres quant à ce qu'on peut exprimer en les parlant) au dépens d'une vérité plus importante (qu'elles diffèrent quant à ce qui est relativement facile d'exprimer en les parlant). »[45] La traduction nous permet d'enjamber deux langues. On sait que bien des traductions paraissent très plates. Peut-être que c'est là la pire « trahison » qu'on commet en traduisant un texte d'une langue dans une autre ; le traducteur ne prend aucun risque (ou ne sait pas faire mieux), il utilise les ressources les plus banales de sa propre langue.

Inversement, un expert russe m'a dit un jour que certaines des comparaisons baroques (par exemple, des explosions comparées avec des crêpes) dans la version anglaise du *Docteur Jivago* de Pasternak résultaient d'une erreur de traduction. Dans un essai sur la traduction, Valery Larbaud dit au sujet d'un des grands interprètes classiques de cet art que, bien qu'il fût fort conscient de la question du plagiat, à tel point qu'il traduisait ses sources, pour identifier les endroits où les plagiaires avaient pillé, saint Jérôme lui-même laissait souvent ses pages couvertes de citations non attribuées, comme un simple débutant.[46]

Cette accusation prépare le terrain pour l'aveu ultérieur de Larbaud que la traduction (et il s'y connaissait) n'est autre chose que du plagiat :

> Traduire un livre qui nous a plu c'est pénétrer en lui plus profondément que nous ne pouvons le faire par la simple lecture, le posséder plus complètement. C'est en quelque sorte nous l'approprier. Or, c'est à cela que nous tendons toujours, plagiaires que nous sommes, à l'origine ... Nous avons tous commencé par l'imitation et même par le plagiat, conscient ou inconscient.[47]

Tout en jouant sur deux des sens de « traduire » (emporter ailleurs/présenter dans une autre langue), Suzanne Jill Levine maintient que « nos traduisons afin d'être traduits. »[48]

La première de mes diffamations culturelles consiste à me demander si le plagiat et autres formes du parasitisme sont peut-être plus communs dans une culture lourdement incestueuse comme celle de la France, alors qu'en Angleterre le culte puritain du travail (ou ce qui en subsiste) met au premier plan la sueur du front individuel et l'art de se débrouiller seul. Le français s'est vu obligé d'emprunter à l'anglais pendant le vingtième siècle beaucoup de mots composés en *–self* (mais non *autocritique*, qui vient par les communistes français de la Russie soviétique). Les deux cultures se sont toujours regardées en chiens de faïence : « les anglais » (menstruation, à cause des soldats anglais d'autrefois en uniforme rouge), et « French gout » (goutte française) : syphilis. Et de nos jours même des gouvernements souhaitent que leurs citoyens soient informés des « French letters » et capotes anglaises. Freud cite une plaisanterie dans laquelle un Anglais dit à un Français (et il faut que l'échange soit en français) « Du sublime au ridicule il n'y a qu'un pas », à quoi le Français réplique : « Oui, le Pas de Calais. »[49] Chaque ressortissant est libre de croire qu'il a gagné dans cette escarmouche verbale, si on invertit les locuteurs, ou imagine que l'un des deux est un masochiste, ou simplement interpréter la séquence comme en ascendant ou en descendant. Il n'y a point de vainqueurs incontestés dans ces querelles comparatives. J'ai trouvé un bel exemple d'un cliché d'homme intelligent dans l'étude des gros mots de Pierre Guiraud : « Combien pâle et sangue est le *shit* anglo-saxon en face de notre *merde* omniprésent et triomphant. »[50] Guiraud me semble fourrer son nez dans ce qui ne le regarde pas, mais je le pardonne sans difficulté, puisqu'on dit « Pardon my French » (=Si vous me passez l'expression) après avoit lâché un juron.

Je m'acharne tout de même. L'aliénation (et je pense à la différence visible entre les écrivains de l'Absurde en France et en Angleterre) semble avoir toujours lancé un sort plus fort sur les auteurs français. Ils paraissent plus disposés à quitter la terre de tout le monde, de s'envoler, et ils sont appuyés dans cette excursion par le plus grand divorce entre le langage élitiste utilisé par la plupart des auteurs dits sérieux et le discours de la majorité des citoyens.[51] Sabin écrit d'une manière très convaincante de la distinction typiquement anglaise entre ce qui est méprisable et ce qui est valable, même dans les lieux communs. Les substantifs français stéréotype et cliché rejettent par une généralisation à l'emporte-pièce toutes les formes figées de l'expression. De plus, la thèse générale de Sabin est qu'en anglais

> un attachement toujours ambivalent au vieux et au familier – dans le langage aussi bien que dans le sexe et la vie politique – a empêché même les plus provocateurs d'entre les modernistes de s'enrôler dans l'avant-garde française. Le slogan français de « Le Nouveau », répété (paradoxalement, car la répétition entame la nouvelleté) de Baudelaire à Barthes, se trouve compliqué, sinon compromis, dans la tradition anglaise moderne par des désirs profondément ancrés pour le commun, et par l'intuition inquiète que répudier le vieux langage c'est risquer de répudier la vie du langage lui-même.[52]

Les Français font en effet une distinction nette entre « cliché » qu'ils réservent pour le grand style, et langage idiomatique. Dans leur perspective assez polarisée, seuls les éléments prétentieux de la bourgeoisie et de la classe écrivante pèchent de cette manière-là ; on considère le Populace comme relativement sans tache. Deux défenseurs étrangers de la vision française, Amossy et Rosen, déclarent pourtant que « si « cliché » glisse du sens de « planche typographique » à celui d' « expression usée », le lieu commun se métamorphose en « topos », espace public, endroit de rendez-vous de la foule, c'est-à-dire des « prolos ».[53] De la reproduction mécanique au terrain de chasse au sol battu – il me semble qu'il y a là très peu de différence réelle de connotation : c'est bonnet blanc et blanc bonnet.

Malgré le sabotage incessant venu du pays lui-même, le grand cliché français (toujours à l'optatif), « la clarté française » (« Ce qui n'est pas clair n'est pas français »)[54] fait naître des clichés puisqu'il comporte un discours incontetsé qui emploie les ressources les plus exploitées de la langue. Insatisfait de l'accessibilité, objectif admirable en soi, cette tradition principalement cérébraliste s'appuie logiquement sur l'Anti-Physis. Le camp idéaliste parce que ses défenseurs souhaitent élever le cerveau au-dessus du corps, et le camp pro-marxiste parce qu'il souhaite minimiser le degré de soumission au concret de la volonté humaine. Des étrangers ou des non-conformistes tels que le Stendhal italophile et le Vallès pro-Dickens font face, chacun à sa manière, à la réalité du fiasco, de tout ce que les meilleurs projets de l'esprit ne sauraient contrôler. Les clichés sont aussi des négatifs, et il est plus facile de les développer en français ; comme avec les négatifs on pige, mais la présence spectrale manque de réalité. En français, une voiture de police sans signe distinctif est « banalisée ». Le terme anglais (« unmarked car ») décrit concrètement, il enlève le signe distinctif à la voiture. Le terme français généralise, il lie cette voiture-ci à la classe générale de véhicules ; en effet, il affirme que la voiture est caractérisée par un manque de caractéristiques. Du haut de son nid d'aigle suisse, Charles Bally dit à propos de sa langue maternelle : « Le français est une langue dans laquelle il est extrêmement facile d'écrire en égrenant un chapelet de clichés. Ce même besoin des associations fixes a aidé à donner aux Français le goût des formules définitives, des maximes frappées comme des médailles ; nul autre peuple ne fait une plus grande consommation de « derniers mots des hommes illustres ».[55] Par contraste, la prose anglaise est typiquement souple, souvent paratactique (quand on ajoute après coup, comme dans cette phrase-ci). La syntaxe française plus rigide rassemble les mots dans des combinaisons toutes faites. Le corset fait saillir la ligne plus que ne le fait le choix de se laisser aller. La ténacité intellectuelle, qui à sa plus haut niveau accorde à leur pensée et leur écriture la perspicacité, et qui n'exclut pas l'ambiguïté de propos délibéré, par exemple dans l'ironie utilisée comme arme politique, tend aussi à la création des clichés. Le mantra pédagogique « Une idée par paragraphe et un paragraphe par idée » – règle d'or et en même temps tautologique – milite contre les points de vue pluriels. D'autres formes de mélange s'en mêlent. La contamination réciproque entre la littérature et la vie, qui fait de *Madame Bovary* de bien des façons le texte le plus essentiel de la culture française. Ou le chassé-croisé de la littérature et la politique qui a tant frappé Toqueville, font que les Français (ou certains d'entre eux) sont vivement conscients des clichés, et peut-être y ont-ils une propension.

Permettez-moi d'ajouter des préjugés d'autrui. Robert Graves et Alan Hodges, en train de critiquer quelques variétés d'abus verbal dans leur propre culture, s'accordent le loisir d'allusions désobligeantes dirigées outre-Manche :

> L'anglais ne court pas sur des rails comme le français, avec un mécanisme au maniement facile de boutons et de leviers, de sorte que n'importe quel officier de l'armée ou maire d'une ville provinciale sait toujours, au pied levé, se glisser dans un discours plein de grâce pour célébrer n'importe quel événement local ou national, si imprévu soit-il.[56]

Ce passage m'a l'air d'une expérience d'un court séjour en paix ou pendant la guerre, et c'est un bon exemple de la manière dont la métaphoricité anglaise ne produit pas de son propre accord une réaction généreuse. Un gallophile à plein temps, Richard Cobb, annonce une critique semblable mais plus synpathique dans ce texte sur

> la sorte de lapalissades moralisantes que l'on associe avec les *Messieurs décorés*, les *pères de famille* et les *inspecteurs d'académie*. On dirait que tout parent aisé, tout rentier à l'embonpoint prononcé, avait adopté pour la communication quotidienne les périodes ronflantes d'un discours de jour de distribution des prix.[57]

Quoique l'emploi, ici, de termes français sente le snobisme, il semble laisser transparaître une affection sous-jacente.

Après plus de soixante années d'immersion dans les choses et les abstractions françaises, j'ai exposé ci-dessus certains de mes griefs contre la culture hexagonale. C'est au nom du fair-play et non à cause de quelque poltronnerie que j'ajoute ceci : de tous les livres que j'ai lus de propos délibéré ou accidentellement en vue de ce livre-ci, les plus stimulants ont été tous français : Schneider (le plagiat et la vie de seconde main : on pourrait en effet traduire en anglais ses *Voleurs de mots* comme *Kleptologomaniacs*) ; Jean Paulhan, qui m'a aidé à donner une chance aux clichés ; Reboul (les slogans) ; Guiraud pour tant de questions linguistiques ; et, bien entendu, Flaubert, qui a été le premier à me faire voir que le cliché est au centre, et non à la périphérie, de la vie. Si ce n'est que par une réaction hostile, les Français vous forcent à penser (à penser mieux, parfois ...) Je ne saurai jamais pardonner à mes compatriotes anglais (laissons tranquilles Irlandais, Ecossais et Gallois) le réflexe de l'anti-intellectualisme, qui mène parfois des individus intelligents à adopter ce que les chercheurs sur le discours appellent « the mucker pose » (la pose de n'être qu'un homme de la rue). Finalement, ce que dit Finnegan des orateurs Ashanti professionnnels (« Linguists ») pourrait être attribué également, après quelques modifications, aux faiseurs de discours de n'importe quelle culture :

> Quand le « linguist » se met debout pour parler en public, il s'appuie sur la canne d'or de Roi. Il va faire un discours, qui sera sûrement un événement heureux. Il sera émaillé de mots d'esprit et d'humour. Il se servira librement de paraboles pour illustrer

> son discours. Il se permettra des épigrammes, et pendant tout ce temps il ne paraîtra pas du tout nerveux – si calme, si plein de sang-froid. Tellement sûr de lui ! Il vient d'une lignée qui est habituée à parler en public aux grandes occasions.[58]

De sa perspective espagnole, Gerald Brenan égratigne la suffisance anglaise : « Le cliché c'est de la poésie défunte. Langue d'une race imaginative, l'anglais abonde en clichés, si bien que la littérature anglaise court toujours le risque de s'empoisonner de ses propres sécrétions. »[59] George Santayana, en partie espagnol, ayant fait ses études aux Etats-Unis et anglophile, dans un contraste entre le paysage et l'esprit méditerranéens aux contours nets et leurs contreparties plus brumeuses de l'Alantique du nord, semble favoriser ceux-ci :

> Mais là où les brouillards atlantiques couvrent tout, bien qu'on doive répéter les mêmes noms pour des choses nouvellement nées, de même que nous continuons à baptiser les enfants John et Mary, nous sentons toutefois que les faits, comme les personnes, ne sont jamais réellement identiques ; tout est si fondu, mélangé et continu que n'importe quel élément que nous croyons répéter ne semble qu'une abstraction mentale et une fabrication du langage.

Je ne trouve pas convaincante cette théorie floue d'un homme qui se dit un philosophe matérialiste. Le thème de son prêche c'est : « la répétition est la seule forme de permanence que puisse atteindre la nature. »[60] Plus débonnairement, James Thurber, humouriste qui ici ne vise pas qu'à être plaisant, lance : « Les Anglais traitent le lieu commun comme s'il était remarquable, et les Américains traitent le remarquable comme s'il était commun. »[61] Pas tous les Américains, néanmoins.

Dans son livre *The Tradition of the New*, Harold Rosenberg pose en principe que « la meilleure poésie depuis Baudelaire a fait un siège soutenu contre le cliché. »[62] Comme d'autres commentateurs cités plus haut, il croit que tout Français plus ou moins instruit sait composer un poème, de même que tout américain sait improviser une nouvelle chanson populaire.

> La langue française est alourdie de vieille littérature, comme l'américaine est frétée de « a ta ta tá tá. » Outre-Atlantique, un mot, dès qu'il vient à l'esprit, se met à former une belle phrase faite ... Le Français dispose de tant de tradition qu'il peut facilement dire n'importe quoi d'autre que ce qu'il désire dire. Etre conscient de ses propres sentiments, voir par ses propres yeux, il se doit de réintroduire de la fraîcheur dans sa langue. (p. 87)

Citant la description d'un poète français de « la fragilité du lieu commun », il en convient, car le lieu commun est « le résultat d'une perspective à laquelle l'observateur se sent lié par un réseau de vocabulaire » (p. 88). Perspicacement, après avoir commenté sur le thème obsessif du silence dans la poésie française, il en voit la raison d'être dans le besoin d'arrêter la chaîne de fabrication qui martèle son cerveau vingt-quatre heures par jour. Avant qu'un événement poétique puisse se produire, le bourdonnement culturel doit être réduit au silence (p. 89). Sautant soudain vers les grands espaces de l'Amérique, il contraste de façon assez baroque l'ouvrier agricole du Kansas, dont le silence vient de celui de sa topographie, avec le poète français. « Le français doit souhaiter vigoureusement son silence à lui ... se rendre prêt à recevoir un nouveau verbe ... qui lui ouvrira une multitude de choses » (ibid.). (Rosenberg était le champion principal de l'Action Painting [peinture gestuelle] qu'il baptisa – les peintures en tant que choses : il s'opposa vivement aux messages galomphants de Claudel (ibid.)). Il fait une distinction entre les efforts d'un Mallarmé ou d'un Valéry « pour restituer les mots à l'innocence » et ceux des dadaïstes ou surréalistes « pour trouver des mots innocents ... pour ramasser dans la rue un mot qui n'avait jamais auparavant paru dans un poème », et pourtant les deux campagnes essayaient de faire taire la vieille rhétorique par un acte d'alchimie verbale (p. 90). Ensuite, Rosenberg se met à réunir les fils français et américains dans ce qu'il espère produire : un rapprochement productif.

Vers 1935, René Taupin fit observer que les poètes des Etats-Unis « avaient la chance de posséder une langue qui ne s'était pas encore installée comme langage littéraire » (p. 91). L'équivalent américain d'une tradition littéraire c'est Hollywood, « avec son trésor de platitudes poétiques » (p. 92). Le thème de Rosenberg, c'est que les poètes américains apprendraient davantage des modèles français plus radicaux que les modèles anglais, qui sont trop douillets et anodins. Le grand modérateur moderniste entre la tradition et le nouveau, T.S. Eliot, est mis dans le même panier que tous ceux que Rosenberg exhorte le poète en herbe à rejeter : « C'est précisément le fait que cela leur donne quelque chose à faire et à éviter les ennuis est ce qui fait que les classeurs à tiroirs de la tradition soient si désirables à ceux qui sont peu sûrs de leur moralité » (p. 94–5). Les comparaisons, en plus d'être des fixateurs, peuvent être aussi des contes moraux, et donner la courante.

CHAPITRE II

Pop eyes : le visuel « pop »

A supposer que l'enfant qui écoute souhaite la répétition et que celui qui lit pour lui-même soit à la recherche de la nouveauté, Auden érige cette antithèse : « L'oreille tend à être paresseuse, désire le familier et est choqué par l'imprévu ; l'œil, par contre, tend à être impatient, désire le nouveau, et s'ennuie devant la répétition. »[1] Pas besoin d'être pataphysicien pour s'écrier « le contraire est également vrai. » Autrement, écouter la grande poésie novatrice ne serait pas agréable ; et une grande partie de l'art, élevé ou insignifiant, n'aurait pas de public. L'œil est tout aussi enclin à préférer le conventionnel et le réitéré que l'oreille ou le cerveau. Jouissant d'une vue assez mauvaise et des dons assez médiocres de discrimination visuelle, je me sens moins qualifié pour aborder le domaine du visuel, mais je me console avec le cliché « Je ne sais pas grand'chose au sujet de l'art, mais je sais ce qui me plaît. »

D'entrée de jeu, nous savons tous qu'il y a des clichés gestuels aussi bien que verbaux : gesticulations, postures du corps en repos ou en action. La photographie de plateau ne fait que souligner le fait que même le cinétique peut être figé, comme il doit l'être dans la sculpture ou le dessin. Certains linguisticiens s'exclament devant des talents humains comme celui de réagir immédiatement à une demande, qu'on n'a peut-être pas entendue auparavant, de « faire comme Napoléon ».[2] Ce que le cobaye trouve, naturellement, est la parodie classique (la main fourrée dans la redingote, le regard perdu dans le lointain). C'est la version de dessin animé de l'homme prodigieux de l'histoire. Une expression nouvelle fait sortir une réaction banale. Si l'on invitait le cobaye à « faire comme Frédéric le Grand », il ne produirait probablement rien de tout. Cette épreuve me semble aussi truquée et peu concluante que celle que s'administre le Lucien Fleurier de Sartre dans « L'Enfance d'un chef », quand, afin de décider s'il est oui ou non un pédéraste, il regarde fixement la nuque grasse d'un flic français pour voir si cette vision l'excite.

Les bandes dessinées ressemblent à des sobriquets visuels, elles cantonnent les traits à force de les figer et les déformer. Elles sont en vérité des clichés. Les tartes à la crème sont de la tarte à la crème cinématique. La forme démocratique et publique de la bande dessinée, le graffiti, est le second chez-soi du dérivé, soit dans le graffiti « original », soit dans les coupes ou les additions, comme dans le slogan contre-révolutionnaire : « Etats-Unis : aime-les ou quitte-les ». Les graffiti protestent, font du prosélytisme et, étant donné l'espace réduit dont ils disposent, ne sauraient ne pas donner dans le simplisme. Avant que les graffiti se soient mis à pulluler, les images d'Epinal, et leurs équivalents dans d'autres pays, offraient des clichés visuels, en célébrant naïvement les événements héroïques et édifiants dans une forme schématisée.

Baudelaire : le chic et le poncif

Fin critique de l'art autant que de la littérature, Baudelaire étudie dans son *Salon de 1846* le chic et le poncif.[3] Il trouve que *le chic* (à son époque ce terme signifie démodé, alors qu'aujourd'hui il signifie nouvellement élégant) est davantage un souvenir de la main que du cerveau, et il illustre sa thèse en renvoyant à ceux qui ont le don de dessiner, les yeux fermés, une reproduction fidèle de quelque objet. *Le poncif* a beaucoup d'analogie avec *le chic*, mais se préoccupe des postures à dépeindre, si souvent pareilles à celles d'un cabotin (c'est ainsi que je trouve le langage gestuel du ballet.) Pour Baudelaire, tout ce qui est traditionnel et conventionnel provient du *chic* et du *poncif*. (Un autre terme, le pompiérisme. « Pompier » a des parentés en argot avec la fellation. Un Américain dirait : « This kind of empty formalism sucks » [cette sorte de formalisme vide suce/est à chier]. Baudelaire trouve particulièrement choquants les marchands commerciaux et sentimentaux qui exploitent l'art véritablement religieux, et les traite de « singes du sentiment ».[4] Un artiste de l'époque, Frémiet, inaugura le cliché pictural du gorille qui enlève une belle jeune femme, qui réapparaît dans divers contextes tels qu'un *Cœur simple* de Flaubert, le film *King Kong*, et la chanson de Georges Brassens, « Gare au gorille ».

Le poncif indique aussi un citateur invétéré d'autrui.[5] « Poncer » décrit un prédateur qui se jette sur une estampe, d'une plaque en laiton, un calque, une copie. *Chic* bifurque, vers le domaine du dandy : l'être unique, l'original élégant, et aussi vers ce qui se conforme à la mode. « Radical chic » [socialisme de salon/gauche caviar] est connu également sous le nom de suivisme. Le pape est le souverain pontife ; il pontifie, c'est son métier (comme la clémence de Dieu, selon Heine). La littérature élevée connaît tous les sales tours.

On a défendu le cliché dans l'art. « Son abus est sa plus grande vertu », maintient Thompson, « car on peut alors supposer une plus large extension de l'accueil commun. Sans lui, il y a très peu de communication. »[6] Il est vrai que le caractère allusif d'un livre ou de la couverture d'un livre, la pochette d'un disque, et ainsi de suite est contraint de rechercher le bateau, d'être reconnaissable tout de suite, comme les jingles de toutes sortes. Quoique les vidéos pop soient de nos jours structurés de façon surréaliste, ce surréalisme est décidément banal, une sorte de décor mobile, ni plus ni moins signifiant que les meubles ou les vêtements à la mode. Le chaos ou la fragmentation surprend, d'accord, mais à quelle fin ? Crier hou ! à l'oreille de quelqu'un ne le séduit pas : cela fait reculer plutôt la personne surprise. Aussi bien que le choc, ces défenseurs mettent l'accent sur le rôle programmatique d'une grande partie de l'art contemporain. « Il est évident que si une idée est bonne cela vaut la peine de la répéter. L'effet psychologique d'un élément répété, par exemple une feuille de timbres ou une peinture d'Andy Warhol de bouteilles de Coca-Cola en série est considérable. Votre œil scrute rapidement la surface comme pour identifier un désaccord. »[7] Cette opinion me semble désespérée ; on dirait les efforts frénétiques d'un enseignant qui place des erreurs de propos délibéré sur le tableau noir pour réveiller ses élèves endormis. Des stratagèmes supposés plus subtils tels que la litote ou l'euphémisme (et l'on a traité l'aérographe d' « euphématiseur visuel »)[8] sont parfois réquisitionnés. Thompson et Davenport parlent aussi de la « litote arrogante » de la publicité qui ne montre que le nom d'un produit, sans autre battage.[9] Ou plus loin encore : on ne montre que le produit sans le nommer. Ainsi qu'on l'a vu plus haut, l'euphémisme est capable d'exciter et la litote de faire de l'épate. Les mots et les images sont évidemment séparés, mais il y a quand même un continuum, ou un chiasme, entre les deux – voyez la navette qui court entre les arts plastiques et la littérature. Il y a une distance entre un cliché verbal (avoir sa claque) et un lieu commun iconique (la Joconde). Le cliché verbal a passé par des millions de lèvres. Des millions d'yeux ont vu l'image iconique (dans sa forme originale ou, plus probablement, reproduite), mais ne l'ont pas faite la leur. Seuls quelques artistes de talent ont peint, avec des variations, une nouvelle version de la Joconde.

Il se peut que cette peinture ne devienne jamais un cliché à plein temps (c'est-à-dire, vide de sens), ni « Etre ou ne pas être » non plus. On ne peut faire que les déformer, les dévier, et alors ce sera les Jocondes refaites qui n'ont qu'une existence par procuration, et qui deviendront, par la répétition, banalisées. Ou les trois canards de faïence placés au-dessus d'innombrables cheminées ou buffets.

Collages et objets trouvés

Le collage et les objets trouvés laissent entrer le cliché, voire s'en nourrissent. Prévisiblement, Louis Aragon a l'air fuyant et en même temps dogmatique quant à cette dépendance. « Le collage est la reconnaissance par le peintre de l'inimitable, et le point de départ d'une organisation de la peinture à partir de ce que le peintre renonce à imiter. »[10] Je crois comprendre là que le plagiat fragmentaire crée l'art original, de même que pour Aragon la poésie de Lautréamont est « un immense monument élevé avec des collages. »[11] La pratique encore moins énergétique de présenter des objets trouvés comme des objets d'art est illustrée par la citation suivante, qui réussit à sembler intéressante et en même temps incompréhensible : « Tout comme un sculpteur d'objets trouvés, le [réalisateur français] Claude Chabrol, dans *La Femme infidèle*, aime à donner aux lieux communs un aspect classique. La coïncidence, est-elle un cliché ? »[12] Marcel Duchamp est beaucoup plus franchement ludique, par exemple dans sa cage à oiseaux/objet trouvé, qui est en réalité un trompe-l'œil, puisque les morceaux de sucre apparents sont des cubes de marbre : la cage est donc étonnamment lourde à élever.[13] Il nie avoir eu pour but de fabriquer de beaux objets, et prétend même que son art est insensible, indifférent au goût bon ou mauvais, et somme toute complètement anesthétique (p. 191) (ici, art et table d'opération voisinent). L'objet trouvé « assisté » ou « rectifié » requiert plus d'efforts, quoique, bien entendu, choisir l'objet implique déjà un effort. D'une manière plus fantaisiste, le concept d'un objet trouvé « réciproque » (« chiasmique » serait peut–être plus exact) offre un Rembrandt utilisé comme une planche à repasser (p. 191–2). Duchamp réduisit le nombre de ses objets trouvés afin de ne pas intoxiquer le public et le faire dépendre de sa drogue. Il ne prétend nullement à l'originalité, car la copie d'un objet trouvé communique le même message (p. 192). Mettant la question entière cul par-dessus tête, il nous rappelle que la couleur elle-même est le produit de la fabrication, si bien que toutes les toiles d'artistes du monde sont des « objets trouvés assistés et des assemblages » (ibid.). Derrière son programme ludique se tapit une déclaration sur le cliché : les objets trouvés sont des métaclichés, des clichés conscients d'eux-mêmes, et qui ridiculisent quiconque les prend pour parole d'évangile. Quant aux vêtements, on peut acheter le prêt-à-porter tout fait. Peu d'entre nous peuvent se payer un sur mesure, et encore moins savent concevoir et fabriquer leurs fringues.

Les collages et les objets trouvés ont des affinités, du moins à mes yeux, avec les emprunts linguistiques : articles importés afin de rendre le lexique national plus attrayant en le fortifiant. Comme le démontre n'importe quelle salle de classe maternelle, tout un chacun sait assembler un collage, tandis que les pots-pourris musicaux ou littéraires requièrent un talent et un savoir plus étendus. Les casse-tête enfantins (*têtes folles*) où l'on juxtapose diverses parties de l'anatomie pour créer des résultats baroques et amusants, et les stands de foire où l'on passe la tête par un trou dans un écran préfabriqué, sont tous deux des formes de bricolage, d'art combinatoire. Les artistes sérieux qui travaillent sur ces formes sentent sans doute que « tout a déjà été dit », et que seul demeure le remaniement. De même que le pastiche ou la parodie sont souvent des moyens d'hommage, la référence est souvent de la révérence, mais elle a ses propres sources de fierté. Bien que le collage utilise des fragments de « réalité », il est anti-mimétique, en ce qu'il ne prétend jamais être « naturel » ou « transparent ». Il se fait remarquer, fait sentir sa présence, et rend palpable l'acte de choisir, de juxtaposer ou simplement de mélanger. L'écriture peut aussi être du collage, et en effet on a comparé la machine à écrire à la machine à coudre, qui assemble les parties d'un texte comme une robe.[14] Et dans la vie en général, le mot forgé acronymique « rejasing » (reusing junk as something else [réutiliser les déchets pour en faire autre chose]) convient à notre société de ventes de charité et de marchés aux puces, et à certaines variétés de sculpture contemporaine. Cette pratique résout, ou du moins remet à plus tard, le problème du ramassage ; et elle fournit un certain plaisir à beaucoup de gens. Le moyen de fortune ne saurait aspirer à l'immortalité, mais il peut retrouver un nouveau souffle.

La Culture populaire

Une grande partie de la culture populaire est inoubliable. Bon nombre d'écouteurs, de spectateurs ou de lecteurs n'ont pas envie de culture réaliste, soutient Bagnall, mais une certaine fidélité à un idéal (c'est-à-dire à une idée préconçue).[15] Ils souhaiteraient des issues prévisibles, une confirmation de ce qu'ils savaient déjà. Cela est vrai également des consommateurs de la culture élevée. Dans l'ensemble nous préférons écouter les lamentations boursouflées du roi Lear que les gémissements du misérable vieillard abandonné qui habite à côté de nous. S'il y a des passionnés des paroles de Cole Porter qui méprisent celles de la musique pop récente, ce pourrait être à cause du mélange, comme dans les modes burlesque ou heroï-comique, du vernaculaire et des morceaux de choix de la haute culture. A cette fin, Baldick cite les paroles chantées par Gene Kelly dans *The Pirate* :

> But since I've seen ya,
> Niña, Niña, Niña,
> I'll be having neurasthenia
> Till I make you mine.
>
> [Sitôt que je t'ai vue/Niña, Niña, Niña/Je deviendrai neurasthénique/Si je ne te possède pas.]

Baldick conclut que l'attrait « des sublimes vers de mirliton d'Hollywood est un domaine encore inexploré ».[16] Grands annexeurs les Américains, encore plus que les Japonais du poème d'Ogden Nash, essaient de tout posséder. Ces vers-là sont conscients d'eux-mêmes, teintés d'autodérision (mais non d'autocritique) ; ils veulent avoir le beurre et l'argent du beurre. Ils font montre d'une sensiblerie dure à cuire. Un très grand domaine du cliché s'alimente en effet du sentimental, du mélodramatique, du minimisant – du pathos facile. Comme l'a dit Coleridge, estimer une pièce uniquement par son pouvoir de tirer de nous des larmes c'est la mesurer par un critère qu'elle partage avec l'oignon.

La fiction fabriquée et consommée en série, que ce soit sur la page imprimée ou dans un soap-opera de télévision, fait des réserves énormes de clichés, et les exploite dans chaque épisode. Etoffer la narration de l'intrigue propulsée par la même routine, répondre à la soif des émotions toujours disponibles, de sorte que la patience et la durée sont sous-estimées, des héroïnes obsédées de leur image, tout cela engendre et se nourrit de stéréotypes. Les personnages sont rarement cohérents, ils ne sont que des amas souvent amorphes, d'impulsions contradictoires (tantôt ils fuient, tantôt ils collent), des oxymores en dérive. Cette sorte de fiction, qui a l'air, comme avec Emma Bovary, d'entretenir le feu des grandes espérances, diminue au contraire l'intensité des émotions à force de les simplifier et de les rendre conventionnelles. C'est ainsi de la littérature à formules et à recettes, et elle n'est pas ouverte à tout le monde : ses auteurs s'y connaissent en clichés. A quel degré, cependant, cet art crée-t-il une dépendance, si ses consommateurs peuvent décrocher de la magie et retourner à la vie normale et le travail quotidien ? Passe-t-il d'un domaine à un autre ? Ce qui scandalise une militante féministe, qui déteste l'impérialisme mâle de la fiction populaire, c'est que ses héroïnes fréquemment accommodantes ressemblent à des vibromoteurs entre les mains et les bras masculins. Cette littérature de l'assouvissement du désir n'est ni conventionnelle (elle ne dirige pas les lecteurs vers la réalité de tous les jours), ni rebelle et anti-conformiste. Pour la plupart, elle semble offrir un préservatif qui éloigne le danger des émotions réelles, telles que la colère.

Le Kitsch

Un exemple encore plus flagrant du bidon, c'est le kitsch, défini par Zijderveld de manière peu compliquée comme une consommation elle-même peu compliquée, un appel aux émotions mesquines et faciles, et anti-intellectuel.[17] Il fascine quand même les intellectuels, peut-être parce qu'il offre un creuset qu'il leur plaira de purifier, le mélange des trois cultures traditionnelles ; haute, celle qui s'adresse au public moyen, et populaire. Comme le cliché, le kitsch est difficile à juger sans inpliquer votre propre goût dans le verdict, car il s'infiltre partout. Il y en a qui meublent leur appartement ou leur cerveau de pacotille toute faite, connue aussi sous le nom de camelote ou de foutaise, – par crainte du vide, du décor non décoré, du silence. Ceux qui ont de quoi se payer des articles de choix rejettent la vie de subsistance ; et la consommation ostentatoire, la collection des trophées de toutes sortes, se voit partout. Le recyclage ostentatoire, le désir de faire servir ce qui avait autrefois une valeur pratique à des utilisations nouvelles et généralement décoratives, en est une variété importante. Curtis Brown parle des « idées confuses du kitsch » et cite l'exemple d'une tasse à café créée pour émuler la broderie.[18] Ce produit-ci naît sans doute du détournement surréaliste dans la même veine (des tasses faites de fourrure). Si l'on soutient que ce prédécesseur n'était qu'une blague sophistiquée, une observation anti-commerciale, il faut reconnaître que le kitsch est aussi anti-utilitaire. Décrire le kitsch « élevé » comme « le rassemblement arbitraire d'éléments disparates » (p. 66), ne le délimite pas du surréalisme. Les deux sont animés par « le culot esthétique », le fiel triomphant, qui a un goût amer pour leurs critiques. Les deux sont conditionnés par la culture de la publicité, par les enseignes au néon qui projettent leurs messages stéréotypés. Brown parle des « jeunes gens aux yeux exorbités » des peintures kitsch (p. 106). Depuis qu'ils ont adopté pour emblème national l'aigle chauve, les Américains cherchent partout le régénérateur du cheveu, les substituts, les palliatifs : c'est la manie du tripotage dans laquelle ils ont le pompon. Mais les autres sont très contents de les suivre. Brown choisit comme le cliché parfait du bricolage l'offre d'apprendre à peindre la Joconde par des indications chiffrées. Le toupet, la franchise de cette sorte de parasitisme, la vitrine oxymoronique qui offre « de nouveaux objets d'art ancien », je trouve résistible mais non repréhensible moralement parlant, peut-être à cause de ma propre prédisposition au mauvais goût et ma fascination avec les manipulations du réel.

Le « Camp », croit-on souvent, c'est du kitsch conscient de soi et empreint d'autodérision : du métakitsch qui exploite le mauvais goût, qui est déjà une exploitation commerciale. Hyperbolique, affecté, théâtral, homosexuel de manière efféminée, des épithètes semblables tâchent de prendre au lasso un phénomène protéen. Pour beaucoup le « camp » est un numéro barbant (comme dans des phrases telles que « c'est rasoir »), – on traîne quelque chose à travers de la chair qui se rebiffe. On dirait souvent qu'il y a une supposition absurde et nocive selon laquelle le dix-neuvième et le vingtième siècles auraient inventé le mauvais goût (d'après les réactionnaires, servante dévergondée de la démocratie). De tels rouspéteurs oublient que c'est généralement le grand art du passé qui survit, parce que le kitsch utilise rarement des matières durables. Toute société a connu des plaisirs « faux ». On peut transformer en kitsch n'importe quelle chose, par la réception qu'on lui donne ou l'utilisation qu'on en fait. Dorfles, qui consacre mainte page hautaine pour rabaisser le kitsch comme n'étant pas de l'art véritable, dit qu'il peut être « bon, mauvais, ou même original. »[19] Dans une large mesure, les Etats-Unis, de création récente, ont dû emprunter des cultures étrangères. De là le grand rôle des copies. Eco écrit avec beaucoup de sympathie sur le goût américain de l'hyper-réalisme (musées de cire, bureaux reconstruits et resitués de grands hommes) : « Le « complètement réel » se fond en le « complètement faux. On offre en guise de présence réelle l'irréalité absolue. Non pas l'image d'une chose mais son moule en plâtre, en d'autres mots, son sosie. »[20] C'est ce sosie, cet alter ego, qui inquiète. Le Musée de fascination Strong à Rochester – une collection, qui date des deux siècles passés, de bibelots, rarement recueillis par autrui et nulle part avec cette étendue – a tiré d'un visiteur cette observation inexplicable : « Faire de l'exclusivité un lieu commun est un des grands phénomènes sociaux de l'époque moderne. »[21] Cela veut dire, peut-être, ou bien que faire de l'exclusif un lieu commun, ou bien transformer le banal en l'exceptionnel. Bien entendu, les cendriers en forme de cuvettes pourrait être un conseil prosaïque de ne pas y écraser n'importe quels « butts » (mégots/fesses).

Presse

La presse, cela va sans dire, mais je dirai quand même, est souvent un cloaque, devant lequel il n'y a pas néanmoins à faire la grimace. Il est normal mais injuste d'affirmer qu'elle est « le dernier refuge des clichés. »[22] Ce fut cependant un journaliste qui disait adieu à ses confrères londoniens avec ces mots : « Faire un cliché, c'est faire un classique. »[23] L'empressement à publier des nouvelles avant les rivaux fait qu'il faut absolument retenir l'attention des lecteurs par tous les moyens. C'est cet aspect-ci du cliché qui préoccupe le plus Lerner : « Il vaut mieux considérer le cliché comme une attitude devant le langage plutôt que l'emploi d'expressions particulières qui ne plaisent pas aux gens de goût : parler du cliché, et non des clichés. Et on pourrait définir ce cliché comme l'emploi des lieux communs dans un but dramatisé – ce qu'il appelle « le cliché de bravoure. »[24] A première vue, cette opinion laisse perplexe, car il semblerait difficile de captiver autrui avec des trucs usés. Et pourtant le cliché sert, le cas échéant, de bouche-trou. Les publics avides et blasés ne s'écrient-ils pas : « Etonnez-nous ! » ? La notion de Lerner présuppose qu'une bonne partie du discours à sensation porte toujours une puissante charge hypnotique. Le fait que beaucoup de journalistes évitent l'abstraction et cherchent à employer des métaphores partout dans leur texte promeut le mythe du plus grand caractère coloré du langage de la presse comparé à des formes plus calmes. Les journalistes singent le style noble ou, au contraire, démotique. Faisant baisser le niveau du discours, la presse s'efforce de faire plaisir à tout le monde – de là le calembour caustique de Louis Veuillot sur les « feuilles de joie ».[25] Les conditions chaotiques du travail, les délais très serrés, donnent naissance aux gros titres, aux petites phrases. Le fameux « Hicks Nix Sticks Pix » (les cinéphiles paysans détestent les films situés dans un bled) a tout pour lui : rime, rythme, concision, humour. Personne ne parle de la sorte, mais nul ne parle comme Hamlet non plus. La prose des journalistes et les slogans publicitaires se chevauchent ici. De telles formulations ne gaspillent pas la salive, évitent la fatigue des yeux et des méninges (mais la concision des bons mots est pour beaucoup épuisante sauf à petites doses). Des gros titres plus ordinaires compactent les clichés, parce que l'espace réduit limite le vocabulaire et la complexité de ce qu'on peut dire. Les pisse-copie de la presse font partie du banal en général (et « hackneyed » en anglais embrasse les canassons et les catins). La nécessité de se conformer à un style maison tend à aplatir des textes individuels ; et la réécriture par des rédacteurs engendre de la copie anonyme.

> Le traitement habituel de sujets éventés ... On n'explique pas en détail les règles du jeu, mais celles-ci sont intériorisées et le système tout entier devient autorégulateur, par l'autocritique anticipée. Tout ce qui arrive dans le bureau sera traité et traité de nouveau par une série d'employés, jusqu'à ce qu'il se conforme à ces principes-là sous-jacents.[26]

Là il s'agit du *1984* de George Orwell. Le miracle, c'est que les meilleurs journalistes, qu'ils écrivent pour des journaux sérieux ou populaires, puissent se rebiffer contre le système et s'affirmer comme un Winston Smith plus réussi.

Humour

Certains journalistes (S.J. Perelman ou Flann O'Brien) et certains romanciers populaires mais dignes d'être pris au sérieux (P.G. Wodehouse) se sont fait une carrière de spécialiste des clichés. Bagnall fait mention des « guillemets invisibles » de la prose de Wodehouse, qui mettent en valeur, subtilement mais distinctement, un mot ou une phrase comme de la pure banalité.[27] Tout un chacun peut employer des guillemets simulés sur papier ou en l'air, de sorte à nous vacciner contre la contagion de ce que nous citons. Une sorte de cordon sanitaire, bien que, comme les incendies peuvent sauter par-dessus les coupe-feu, les épidémies peuvent se glisser furtivement par en-dessous de ces zones tampon. De vive voix, cette mise en relief des clichés mène souvent à un débit laborieux, comme si on parlait à un idiot. Non seulement le cliché fournit à l'humour des occasions pour manipuler les mots de façon comique, mais aussi il fait partie intégrante de ce même comique. Les blagues dépendent des stéréotypes (les belles-mères ou les épouses acariâtres, les Ecossais constipés du morlingue, les Juifs, les Polonais, les maris saouls, les enfants qui se comportent comme des monstres, et j'en passe), ou même du cliché fantastique des animaux qui parlent. Les plaisanteries répétées à travers le monde deviennent elles-mêmes des clichés humoristiques, et correspondent au même vol du tout fait qu'on a vu dans bien des autres endroits. Pareilles aux clichés, les blagues visent à la lubrification sociale, à l'aise, et à l'acte de se couvrir, d'être à court des mots.

Un terme de la presse américaine pour le cliché, un « bromide » (platitude), signifie en Grande-Bretagne un moyen pour abattre le chibre d'un soldat (bromure), le cliché comme chute dans le trivial. L'inventeur de ce terme, l'humoriste Gelett Burgess, voulait qu'il embrasse et les personnes et les façons de pensée, et dans un essai il le traite comme une plaisanterie sérieuse prolongée.[28] Le « Bromide » pense par syndicat (p. 17). En fait, tout voyageur à travers les Etats-Unis ne saurait manquer d'apercevoir l'énorme quantité de textes publiés (« syndiqués ») simultanément dans plusieurs journaux. Les « Bromides » parlent par « bromidioms » : des remarques totalement prévisibles (p. 21–2). L'antonyme c'est les Sulphites, qui puent aussi comme leur nom l'indique, et « bromure » veut dire odeur nauséabonde. L'essai tout entier figure une lutte continuelle entre les Bromides assommants et les Sulphites vifs, encore que Burgess, d'une manière assez autodestructrice, prétende que « les Sulphites sont d'accord pour la plupart des réalités des choses, et cette entente commune leur permet d'éliminer l'évidence de leurs conversations » (p. 33). Il me semble au contraire que le consensus est à mi-chemin vers le cliché. Les Bromides sont égocentriques, parlent sans écouter « et échappent ainsi à toute possibilité de s'instruire » (p. 35). Une certaine oscillation ou chiasme s'annonce lorsqu'il parle d'un Sulphite calme (ailleurs explosif), et un Bromide excitable (ibid.). Les enfants sont des Bromides par excellence : « Quel garçon de dix ans consentira à porter un col différent de celui de ses camarades de classe. Il lui faut se conformer à la règle de la majorité, ou bien il souffre horriblement » (p. 37). L'Alice de Lewis Carroll est « le type moderne, un Bromide parmi des Sulphites » (p. 38). Burgess reconnaît que ces derniers ne sont pas nécessairement aimables. « Tous les allumés, tous les réformateurs et la plupart des artistes sont sulphitiques. Et les maisons de fous regorgent de Sulphites » (ibid.). C'est peut-être la peur de sembler forcer la dose et de perdre la boule qui installe finalement Burgess dans une position de neutralité médiocre. Il trouve indispensables, après tout, les Bromides, « l'élément de base de la vie » (p. 62). La différence véritable entre les deux contraires apparents est une question d'indépendance d'esprit plutôt que des variations de comportement. « Un homme peut être un partisan dévoué de Mrs Grundy [archétype de la pudibonderie] et être néanmoins un Sulphite, pourvu qu'il en soit de son propre initiative venu à une conclusion véritable que la Société a besoin de ces systèmes de protection » (p. 44). Des Sulphites implacables et des excentriques pédantesques peuvent se muer en Bromides » (p. 50). Il est à présumer que Burgess tremble un tantinet devant des Sulphites survenus, paraît-il, d'une autre planète, qui « voient les choses séparées de leur contexte, leut tradition, leur précédence » (p. 57). Comme maint humoriste à la tâche, il recule devant les conséquences logiques de son idée fondatrice, et se contente du confort fourni par le sein de l'orthodoxie.

CHAPITRE 12

Un Trou mort-vivant

Attitudes d'élite : Remy de Gourmont

Une métaphore fort galvaudée pour décrire les lieux communs c'est « le lieu de rencontre de la foule, le rendez-vous public de l'éloquence. »[1] Voilà Baudelaire. On le verra plus tard dans sa posture de dandy, mais ici il démontre un élitisme plus irréfléchi. C'est une posture, une humeur, que singe Louis Aragon à l'apogée (ou au nadir) de son dandyisme à lui, qui se veut révolutionnaire.

> L'humanité aime à parler proverbialement, ... à s'en remettrer à une expressions connue des sentimets qui l'inquiètent. Elle pense par délégation. Des mots qui l'ont frappée lui reviennent. Elle s'en sert comme on fredonne un air inconsciemment retenu. Ses poètes, ses penseurs contribuent ainsi à sa crétinisation. On peut mesurer l'influence et la force d'un esprit à la quantité de bêtises qu'il fait éclore.[2]

On croit communément – mais nécessairement ? – que lorsque quoi que ce soit de nouveau se généralise, il perd son goût, comme les drogues qui deviennent à la longue inefficaces contre une maladie. Mais il y a de nombreux clichés coriaces qui font penser plutôt aux poux qui résistent à tout traitement du cuir chevelu. La citation qui ouvre ce chapitre présente le point de vue du mandarin anti-égalitaire pour lequel Remy de Gourmont sert de porte-parole éloquent. Il commence par une tentative peu convaincante pour faire la distinction entre le cliché et le lieu commun : celui-là une expression figée (il se rappelle probablement la généalogie de « cliché » à partir de l'imprimerie), et celui-ci la banalité de la pensée.[3] Il ne reste guère à l'intérieur de ses propres indications, et reporte rapidement son attention vers une critique du « cerveau anonyme et du parfait servilisme intellectuel » (p. 305). Il se laisse aller jusqu'à exploiter le lieu commun classique du dix-neuvième siècle : les clichés sont des putains. « L'homme qui écrit par clichés ... on ne le ferait pas coucher avec une phrase qui ne se serait pas prostituée à plusieurs générations de grimauds » (p. 313). Avec beaucoup de justification, il reproche à l'éducation française traditionaliste la production de cerveaux pareils, surtout par l'insistance pédagogique sur l'acquisition, tel un perroquet, de phrases toutes faites (p. 315). Après avoir distingué la mémoire visuelle, qui retient la réalité des objets, et la mémoire verbale abstraite, à recettes, il soutient qu'on n'apprend pas aux élèves à regarder mais à écouter (ibid.). Il aurait pu ajouter, à s'écouter, car il rôde une forte dose de narcissisme dans la tradition tout entière. Il semble, dit-il, que les yeux d'enfants soient requis pour lire des livres, comme « des yeux postiches qu'ils remettraient dans leur poche, la leçon sue, comme le professeur ses lunettes » (ibid.). Par-dessus tout, Gourmont déteste l'auteur célèbre qui traine derrière lui « un cortège équivoque qui répète ses mots et ses gestes » (p. 319) : le fléau de la conformité à la mode.

Jean Paulhan

Paulhan a devant le cliché une attitude complexe et riche. Le dégoût des clichés, selon lui, se poursuit en haine de la société courante et des sentiments communs.[4] Il est partisan du terme « misologie », bien que « sceptologie » me semble plus apte, car c'est plus une méfiance qu'une haine du langage qu'il diagnostique. Le poète ne s'est pas plus tôt privé du *ciel étoilé* qu'il lui faut douter du *ciel* et de *l'étoile* (p. 32). Par « Terreur » (*La Terreur dans les lettres* est le sous-titre des *Fleurs de Tarbes*), Paulhan signifie la tentative des misologues pour nous persuader que les mots ont quelque pouvoir irrépressible et mystique sur nous ; elle se réfère au discours politique des grands rhéteurs de la Révolution française à l'apogée de sa violence. Paulhan accuse ces écrivains-là de favoriser un culte de la différence. Ces modernistes (Apollinaire, Eluard) essaient de « valoir mieux que le langage » (p. 60).

Cette tactique présuppose que le langage est étrange et hostile, mais, comme on ne peut le combattre que par encore du langage, la lutte tout entière paraît être schizophrène. Paulhan fait observer, d'un ton, pince-sans-rire, que c'est toujours l'effet de cette incursion sur autrui et non sur soi sur lequel pleurent les Terroristes, et non pas celui sur eux-mêmes (p. 76). Ils voient la paille dans l'œil du frère, mais non pas la poutre, le regard de suffisance, dans leur propre œil. Combien de nous avoueraient honnêtement : « Je raffole des mots « humain » ou « déconstruction » ? Tout compte fait, Paulhan souhaite remettre le langage à sa position suffisamment honorable. Les mots et les choses sont séparés. « Comme les sirènes ou le minotaure, le pouvoir-des-mots est formé par un étrange téléscopage, la jonction de deux corps étrangers et inconciliables » (p. 94). Les mots sont sous nos ordres ; ils ne commandent pas. Les clichés vivent dans notre cerveau, et nous ne devrions pas blâmer les véhicules lourds qui sont dirigés par les contrôleurs de la circulation.

« Pouvons-nous penser sans mots ? » est une vieille colle usée. Mais n'y a-t-il pas des moments où les mots semblent faire entrer des idées dans notre tête ? Et pourtant nous ne sommes pas des marionnettes de ventriloque. Effectivement, croire que les mots commandent, j'imagine, serait se livrer à une sorte de démonologie, comme dans la rhétorique de la guerre froide. Paulhan propose des analogies mordantes pour les misologues : un joueur de tennis qui rate son coup, puis lance un regard furieux vers sa raquette, ou l'ouvrier incompétent qui accuse ses outils (p. 107). C'est là trop souvent l'attitude reçue envers le langage : le voir comme quelque chose de distinct de nous-mêmes et dont on ne se sent pas responsable. Les clichés qui bouchent le langage y ont été mis par chacun de nous, par nos actions ou notre consentement. Sans vouloir m'asseoir sur la barrière de barbelé entre les deux partis opposés, je suis sûr que nous ne sommes pas aussi dominants que Paulhan le prétend, ni aussi servile que le proclament les Terroristes. Je suis aussi persuadé qu'il faut résister à l'opinion élitiste sur le langage, sans abandonner de ce fait la conviction que certaines variétés de langage sont meilleures que d'autres : plus pertinentes, plus colorées, plus honnêtes.

Fuite devant les clichés

Lanson déclara que La Bruyère s'efforçait d'éviter tous les clichés, ceux du vocabulaire, de la structure ou du mouvement ; et l'écrivain lui-même prétendait qu'il avait pris soin de « [s'écarter] des lieux communs et des phrases proverbiales usées depuis longtemps ».[5] Fowler, raisonnable d'une façon héroïque, maintenait que « la fuite devant l'évidence est fort bien, pourvu qu'elle ne soit pas elle-même évidente ; si elle l'est, tout est gâté ».[6] Je me souviens d'avoir lu un poème d'adolescent qui décrivait « un ciel plombique » (qui pesait sur une âme tourmentée). La fuite devant « de plomb » est elle-même d'un pas lourd. Le français possède un terme révélateur, *un cache-misère*, pour décrire un manteau assez utile qui camoufle la pauvreté des autres vêtements. Combien d'écrits se promènent comme des moutons déguisés en agneaux. Que serait mon style à moi s'il n'avait recours à de nombreux dictionnaires et le *Thesaurus* de Roget ? Qu'est-ce qu'il est avec leur aide ? L'évasion fiscale est légale sinon admirée de tous côtés, alors que la fraude fiscale attire la sanction pénale. Peut-on distinguer entre évasion et fraude ? Il me semble que l'opposé diamétral d'un texte clichéique serait celui qui lève un nouveau lièvre avec chaque phrase : ce serait franchement illisible. Le Stephen Hero de James Joyce fuit l'évidence (« l'enfer des enfers ») comme la peste. Hemingway et le Camus de *l'Etranger* visent ce que Barthes appelle l'écriture blanche : un style alittéraire en diable, anti-rhétorique et anti-lyrique ; ils cherchent à évacuer de leur langage tous les excès rhétoriques. Pour le Camus de *L'Etranger*, tout écart par rapport au style simple (par exemple celui d'un télégramme plein d'euphémismes) : la propagande apocalyptique de l'aumônier de la prison, ou le pathétique tout métaphorique des avocats, se fait remarquer immédiatement comme anormal, comique et mortifère. Et pourtant (cp. l'euphémisme ou la litote), une anti-rhétorique semble ouvrir la voie à une autre rhétorique, assourdissante dans sa discrétion même. Comme le rappelle Bagnall : « Parler anglais sans mâcher les mots est impossible ».[7] Faire dans la dentelle risque de se glisser dans la banalité tout comme d'autres formes du discours.

Quand on débite des clichés on fait semblant souvent d'y croire. De nombreux lieux communs rituels qui semblent montrer nos sentiments sont prononcés en vérité avec une ironie voilée. Dans un contexte plus étendu, un auditoire dur à cuire (comme celui légendaire d'une soirée pluvieuse au music-hall de l'Empire à Glasgow) accueillera une déclaration peu convaincante par des rires tonitruants. A des fins pareilles, nous avons un interpellateur dans le balcon de notre tête, ou, si le besoin s'en fait sentir, au premier rang ; on peut avoir une présence d'esprit pour nous protéger comme une armure. Les êtres humains ont la possibilité de résister à la saturation comme à la torture et en plus de la passivité, – de refuser d'être une éponge. On a vu plus haut comment les clichés, mise à part la saturation, peuvent combler un vide quand on est à court d'idées. Il arrive bien souvent qu'à cause de nos efforts pour forcer la dose, pour persuader, pour cacher la nervosité, pour animer le silence ou (paradoxalement) par une recherche désespérée pour le mot juste, nous débitons tout un chapelet de clichés : une redondance hoquetante qui transforme en comédie ce qui se veut grave.

Avons-nous besoin de condoms à la taille du cerveau pour nous protéger contre les clichés : une aide étrangère ? Nul doute que la mesure prophylactique idéale contre le cliché soit la simplicité, si seulement on pouvait l'atteindre plutôt que le simplisme. « La simplicité ne s'apprend pas », disait Nerval.[8] Les citadins sophistiqués ne sauraient sans difficulté apprendre les us et coutumes provinciaux, et importeraient là assurément une autre sophistication. Le cliché fait partie intégrante de notre complexité de créatures. Quand nous paraissons limpides, c'est une illusion de surface, comme dans la Méditerranée polluée. Selon mon ami feu Geoffrey Strickland, la « sancta simplicitas » d'un Blake ou même de Balzac provient de leur inconscience sublime du caractère pompeux et de la naïveté dont ils sont fréquemment coupables.[9] Le mutisme semblerait être une autre panacée mais, comme je l'ai dit plus haut, au sujet de l'ambition de Flaubert ou de Bloy de museler le Bourgeois, ce fournisseur attitré des platitudes, le silence n'est pas une solution, car « qui ne dit mot consent. » Parfois, tout de même, on se demande pourquoi on sort du silence, ce vase saint. Il est étrange que le proverbe soit tronqué dans toutes ses variations européennes : « [Le discours est d'argent], le silence est d'or. » La disponibilité des mots, encore qu'elle ne mène pas automatiquement à des fins maléfiques, nous permet de croire que nous pouvons être plus exacts en nommant nos sentiments, qui sont sûrement confus et se contredisent, qu'il n'est justifiable. « Sans commentaire » devrait être une réponse acceptable, mais elle a été contaminée par des porte-parole officiels partout. Nous nous trouvons donc acculés aux clichés parce qu'il nous faut parler quand on n'aimerait mieux pas, et ce qui aurait pu être lettre morte revient à la circulation. Il faut avouer qu'on cherche refuge aussi dans le silence, qui n'est ni courageux ni honnête invariablement.

Il est une quantité raisonnable de prose à la tête de mort consacrée au cliché ; elle creuse des trous noirs sous nos pieds. Pietra maintient que les lieux communs sont discrets mais aussi inéluctables que le déterminisme ou le destin. Ils n'ont souvent qu'une valeur explétive, mais ils intimident rarement. « Pour la plupart, nous y cédons moins comme à une inspiration que comme à une expiration ».[10] Alors qu'il est vrai qu'une forte dose de clichés engourdit le cerveau et tue une conversation, je refuse de croire que c'est pourquoi, selon Pietra, leur caractère mortel nous fait penser au vide et à la mort : « Le lieu commun ne dit pas rien : il dit le Rien. »[11]

Riffaterre adopte une posture contraire au cours de commenter sur le point de vue hautain de Louis Aragon sur le cliché : « La banalité est loquace – c'est là la perception aragonaise sur l'affolement verbal de ces « hannetons humains » poussés par un désir de sortir. Ils croient qu'ils se trouvent dans une impasse et cherchent ce qu'ils appellent une sortie. Une sortie d'où, je vous le demande. Ils sont possédés par le mot « sortie ». »[12] Aussi opposé à la thèse de Pietra est le point de vue de Riffaterre lui-même qu'il ne faut pas « confondre banalité et usure, S'il était usé, le cliché perdrait sa clientèle et ses ennemis, ce qui n'est pas le cas. Il ne passe pas inaperçu ; bien au contraire, il se fait toujours remarquer. »[13] Qu'il soit discret ou voyant, ce côté du langage que j'examine a été décrit comme « cet ineffable qu'est le cliché ».[14] Et pourtant, Beckett (qui l'eût cru ?) ridiculise, tout en se répétant (mais la répétition verbeuse se veut ici sûrement ironique) le topos de l'inexprimable : « Et peut-être aussi parce que ce que nous savons relève en grande partie de l'inexprimable ou ineffable, si bien qe toute tentative pour l'exprimer ou pour l'effer est vouée à l'échec, vouée vouée à l'échec. »[15]

« Xerox ne produit jamais rien d'original. »[16] L'adversaire avéré du cliché est évidemment l'originalité, quoique les cyniques soient d'accord avec Dean Inge : « L'originalité, j'en ai bien peur, n'est que trop souvent du plagiat non décelé et inconscient. »[17] Pour Jean-Jacques Lecercle, nous pouvons « espérer avoir le dernier mot mais jamais le premier. »[18] Des clichés qui rôdent, autrement connus sous le nom de paraphrases, sont là où la plupart de nous approchent de l'originalité. Ou bien il se peut qu'on cède à l'esprit omnipotent du cliché qui nous fait penser ainsi. Cet esprit-là qui dit Non prétend qu'il n'existe pas d'originalité mais seulement son simulacre – au mieux une double ou triple croche. « Puisqu'il n'est pas par définition une imitation d'autre chose », dit James Wood, « un style original ne peut faire que s'imiter soi-même ; il est l'oiseau moqueur de soi-même. »[19] De façon plus consolante. selon Valéry, « Les Chinois sont profondément réalistes, car ils ne font pas grand cas de l'originalité d'un poète, mais tirent le plus grand plaisir d'entendre encore une fois et de reconnaître. »[20] Une perspective plus lyrique sur la question est fournie par Aldrich :

> No bird has ever uttered note
> That was not in some first bird's throat ;
> Since Eden's freshness and man's fall
> No rose has been original.[21]
>
> [Nul oiseau n'a jamais chanté une note/Qui ne fût sortie du gosier d'un autre :/ Depuis la primeur d'Eden et la chute, /Nulle rose n'a été originale.]

L'analyste pénétrant du plagiat, Schneider, qui s'accroche à ce qu'on a baptisé « la marque personnelle du style », déclare qu'en dépit de l'excellence de maint pastiche, le style ne peut pas être plagié : « Le style est ce qui ne se viole ni ne se vole.[22] On dit communément « dans son style inimitable », et c'est indéniable sur le grand ensemble d'un ouvrage, bien qu'on puisse en imiter des sections de façon efficace. Les prétendus originaux (et « original » signifiait autrefois dément) vont des escrocs et des francs-tireurs à un bout et à des apostats à l'autre. Comme un dieu panthéiste, Emerson veut se placer à tous les points de la gamme. Dans son essai « Self-Reliance » (Indépendance) il sert de porte-parole de l'impulsion vers l'originalité.

Emerson

Il commence par un conseil très yankee : décrocher des scoops. « Dans toute œuvre de génie on reconnaît ses propres idées rejetées : elles reviennent vers nous avec un air de majesté aliénée. »[23] Il conclut donc qu'il faut parler le premier. Il nous oblige à nous engager sur l'honneur et à être d'une sagesse exemplaire, et certains trouveraient cette perspective plus déprimante qu'incitante. « Celui qui ignore toutes les promesses, et ayant observé, observe de nouveau, avec la même innocence simple, impartiale, incorruptible et sans peur, doit être toujours remarquable » (p. 20). Dans sa critique du formalisme, il fait monter de plusieurs crans l'excitation rhétorique de Rousseau ; « Rien n'est enfin sacré que l'intégrité de votre esprit » (ibid.). Cette déclaration fait penser à la prétention de son originalité exceptionnelle au début de ses *Confessions* : « Voici le seul portrait d'homme, peint exactement d'après nature et dans toute sa vérité, qui existe et qui probablement existera jamais. » Comme Sabin l'explique dans son commentaire,

> l'obsession de Rousseau avec son originalité absolue dans les *Confessions* paraît étrangement contredire ses autres positions philosophiques. Rousseau suppose franchement que les singularités d'autrui sont explicables de façon plus conventionnelle que les siennes ... Il diffère des autres plus qu'ils ne diffèrent l'un de l'autre.[24]

Emerson met l'accent sur la prévisibilité du discours en général : « Si je connais votre secte, j'anticipe votre raisonnement » (p. 22). Pour se distinguer des autres, il fait l'éloge de ce que Sartre appellerait « la fuite en avant » : « Une sotte consistance est la hantise des esprits mesquins » (p. 24). Il n'y en pas moins une consistance intérieure : « Un caractère ressemble à un acrostiche ou une strophe alexandrine – vous pouvez la lire en avant, en arrière, ou de travers, elle épelle le même mot » (ibid.). Cela laisse entendre que la fuite continuelle c'est en fait courir sur place. Il accepte, voire accueille la méprise (car elle prouve le crétinisme des êtres inférieurs), mais nous implore de ne pas geindre si c'est nous que nous trompons. Au lieu de nous aider à être indépendants, « nos lectures sont mendiantes et obséquieuses » (p. 26). Il faut mettre l'accent sur l'intuition de notre

« moi aborigène », et non pas sur l'apprentissage (p. 27). Prendre des notes nuit à notre mémoire et les bibliothèques « surchargent notre cerveau » (p. 36). Le cri de guerre galvanisant est : rejetez toute aide étrangère, et restez seul ; c'est un plaidoyer pour les vertus « bien de chez nous » des Américains. La vision excitante de son protégé, Thoreau : « Si un homme n'arrive pas à suivre ses compagnons, c'est peut-être qu'il entend un tambour différent »[25] ; cette vue n'a qu'un inconvénient : cet échec pourrait vous encourager à croire que vous seul marchez au pas, vous seul êtes sain d'esprit. Les maisons de fous sont pleines de telles convictions.

Baudelaire et le dandy

Vers la même époque, Baudelaire élaborait une espèce plus décadente d'originalité. Maint lecteur s'est aperçu de la coexistence troublante dans sa poésie de la banalité et de la « modernité » (cet encensement robotique), comme dans « La Muse vénale » :

> Sentant ta bourse à sec autant que ton palais,
> Récolteras-tu l'or des voûtes azurées ?

Le jeu de mots (« à sec ») l'aide à prendre ses distances par rapport au cliché, tout en préservant l'oscillation baudelairienne quintessentielle entre la crasse et le rêve.[26]

Ailleurs, Baudelaire déclare que « jamais les prosodies et les rhétoriques n'ont empêché l'originalité de se produire distinctement. Le contraire, à savoir qu'elles ont aidé l'éclosion de l'originalité, serait infiniment plus vrai. »[27] C'est sa glorification du dandy qui a concentré le plus sa pensée sur sa propre variété d'originalité. « Une institution en dehors des lois, volontaire, non-utilitaire, dévouée à cultiver surtout le style : le Dandy vit dans une proximité constante d'un miroir ».[28] Le temps libre et l'argent (préférablement sous la forme d'un crédit indéfini) sont indispensables pour ce programme (p. 483). En route il change l'accent mis sur les vêtements de fantaisie à la simplicité absolue, « la meilleure manière de se distinguer » (ibid.). « Le besoin ardent de se faire une originalité » (ibid.) conduit au plaisir d'étonner autrui, et « la satisfaction orgueilleuse de ne jamais être étonné » (ibid). Le dandy atteint parfois à des hauteurs spirituelles ou stoïques, et garde toujours sa gravité dans le frivole (p. 484). En effet, ce culte impose une discipline aussi sévère que celle des Jésuites. Baudelaire lui-même voit le lien entre de telles aspirations et la décadence : « Le dandysme est un soleil couchant ; comme l'astre qui décline il est superbe, sans chaleur et plein de mélancolie » (p. 485). Ce pathétique garde le dandy de ce côté-ci de l'insupportable, car il se donne beaucoup de mal pour déplaire. Comme Flaubert, Baudelaire se sent menacé par la marée montante de la démocratie, qui envahit tout et nivelle tout (p. 485). Dans cette perspective, le cliché provient du suffrage universel.

Soixante ans plus tard, au début de la Grande Guerre, le Lafcadio de Gide, fils spirituel de Baudelaire, et tellement avide d'être une personne incomparable qu'il conçoit l'idée monstrueuse d'un meurtre totalement gratuit, inexplicable, ne peut s'empêcher de parodier son devancier qui étalait déjà un humour noir. Alors que Pascal (esprit original qui essaie de se punir à cause de sa présomption) s'était enfoncé une épingle aiguë lors de chaque pensée coupable qui lui passait par la tête, Lafcadio enfonce un canif, méticuleusement stérilisé, dans la cuisse, dans un auto-châtiment délectable pour chaque pensée banale qu'il caresse.

L'originalité semble en train de s'avérer aussi ambivalente que la banalité. Pour Bagnall, une des nombreuses conséquences du culte de l'originalité c'est que « dans nos efforts our être différents, pour nous débarrasser du tralala mort du passé – de rester debout, pour ainsi dire, dans nos propres chaussures – nous nous trouvons étrangement nus. Nous nous sommes félicités sur notre liberté, et voilà que nous finissons par devenir muets. »[29] Surtout, ajoute-t-il, quand il s'agit de condoléances. C'est-à-dire, non pas le silence raisonnable qui fait taire les clichés, mais le marmonnement gêné qui est dans les limbes entre le parler et le mutisme électif. Ionesco, que j'ai montré plus haut en train d'osciller entre l'exploitation dramatique des clichés et le danger d'y succomber, invente dans son *Rhinocéros* un héros, Bérenger, qui se plaint de ne pouvoir suivre le troupeau des conformistes carabinés symbolisés par les bêtes cornues : « Malheur à celui qui veut conserver son originalité. »[30] C'est une singularité de mouton, non dissemblable du romantisme honteux de Camus quand on le compare au romantisme plus candide de Stendhal.

L'originalité et le désir de néologiser vont de pair. D'un point de vue purement quantitatif, la plus grande partie du discours humain peut être considérée comme originale. Farb déclare : « Si on ne tient pas compte des remarques de convention, telles que l'accueil, l'adieu, des expressions incontournables comme Merci, des proverbes, des clichés et ainsi de suite – la totalité du discours d'une personne consiste dans des phrases jamais auparavant prononcées. »[31] Cela exagère, comme un instant de rappel le montre (« Je me suis coupé le doigt », « C'est quand l'heure des informations à la télé ? », etcétéra). Nous passons une grande partie de notre vie quotidienne à débiter de pareilles déclarations non originales mis non « conventionnelles » non plus. Des phrases peu remarquables du côté stylistique peuvent nous frapper quand même ; elles nous arrêtent net et nous obligent à penser ou à repenser. Et, naturellement, nous donnons naissance ailleurs à des idées fausses. Dans un test de la capacité d'observation, on a trouvé, comme on pouvait s'y attendre, que « le témoin oculaire apporte à la scène ce que plus tard il en tire comme évident ; le plus souvent ce qu'il imagine être le récit d'un événement en est en fait une transfiguration. » Lorsqu'il glose ce passage, Lippmann coïncide avec le rapport de Guiraud sur nos façons de nous conduire à l'envers en ce qui concerne le langage : « Pour la plupart, on ne voit pas d'abord et puis on définit, on définit d'abord avant de voir. »[32] La Nature ne fait pas de bonds, mais l'homme est un malotru qui se fie à ses premières impressions. Gide s'écrie : « Quelle erreur que de penser qu'en se laissant aller on est le plus pleinement soi-même ! Ce qui vient sans intermède et naturellement à l'esprit ce sont les lieux communs, les clichés ».[33] Et c'est le champion quasi officiel de la sponanéité qui parle. Pour Gide, un écrivain vraiment parfait tel que Goethe atteint à un état au-dessus de la simple originalité : « il devient banal, supérieurement ».[34] Camus s'efforce de faire de son Meursault un être unique mais quelconque. Valéry se montre plus franchement vorace : « Le désir de l'originalité est le père de tous les emprunts ... Rien de plus original, de plus *soi*, que se nourrir des autres – mais il les faut digérer. Le lion est fait de mouton assimilé. »[35] Ce texte de Valéry fournit un exemple de ce qu'il prêche, car c'est Lichtenberg qui crée avant lui cette métaphore. Giorgos Seferis, profondément influencé par Valéry, prend la relève. Comme si souvent, Barthes rejoint des classiques modernes tels que Valéry et Gide, lorsqu'il fait observer que « l'avant-garde n'est jamais que la forme progressive, émancipée, de la culture passée : aujourd'hui sort d'hier, Robbe-Grillet est déjà dans Flaubert ».[36] Une historienne du cliché littéraire à travers les âges, Perrin-Naffakh, se fait l'écho du rappel gidien du conformisme qui se pose vite sur le non-conformisme, quand elle parle des « deux pôles du conformisme requis et de l'originalité impérative.[37] Ce qu'elle néglige d'étudier c'est le cliché français qui domine de nos jours et qui a trait aux néologismes et leur tentative de faire nouveau : leur valorisation par des termes tels que l'écart, le monstre, l'hybride, le désir, la pulsion. Le lexique de la rhétorique s'est tourné vers l'érotisme intériorisé.

J'ai déjà mentionné certaines critiques adressées à la poursuite de l'originalité, qui, pourtant, persiste à être un rêve qui n'en démord pas. « Dans chaque auteur demeure le vieux rêve d'être original, c'est-à-dire, à la fin, d'être à soi-même sa propre origine. »[38] C'est le désir « de n'être le fils de personne, ou de ses œuvres seules ».[39] Un tel désir d'autocréation énergise la Madame de Merteuil de Laclos, foyer d'une splendide malignité, qui la fait se vanter d'être son propre ouvrage. C'est une sorte de syndrome de Frankenstein, inclus et centripète, où le monstre qu'on crée c'est soi-même, « ce monstre incomparable ... que chacun est pour soi-même ».[40] La version de Joyce est : « He Whom Himself begot ... sitteth on the right hand of His Own Self »[41] [Celui qui donna naissance à lui-même est assis à la droite de Son Propre Moi]. Cette parodie du Credo se moque aussi de ceux qui désirent être « les seuls artisans d'eux-mêmes ». Il est évident qu'on ne peut pas se créer, bien que nous puissions créer ou contempler sans pouvoir réagir la naissance d'un deuxième moi, même de plusieurs.

Après avoir chanté les louanges des Artistes Hors-la-loi dans ces mots-ci : « Les outsiders créent leurs ouvrages dans un esprit d'indifférence envers l'univers public de l'art, sinon en l'ignorant purement et simplement. » Cardinal modifie plus tard cette déclaration : « Et pourtant nul artiste n'est jamais doté d'une totale immunité à la culture ... un ouvrage créatif qui atteigne à l'indépendance absolue d'un contexte matériel se placerait tout simplement au-delà de toute reconnaissance, et nous serait invisible. »[42]

Plusieurs d'entre les artistes présentés dans l'étude de Cardinal souffrent de troubles mentaux jusqu'à un certain point. Lorsqu'on a perdu le sens de la réalité, il se peut qu'on s'affirme excessivement. L'originalité se met alors à disparaître dans cette bouffée de fumée bleue qui accompagne l'érotisme auto-sodomite, palindromique de beaucoup des images d'artistes déséquilibrés.

L'Adhocisme

L'originalité est un vieux rêve. Un scribe égyptien de 2000 av. J.-C., Khakheperresemb, se lamente déjà dans ces termes : « Plût aux dieux que je possédasse des phrases qui ne fussent pas connues, des énoncés qui fussent étranges, dans un nouveau langage qui soit vierge et non pas un discours qui se soit affadi, que les hommes d'autrefois ont employé. »[43] Après avoir cité des prières comparables, Bate commente que les scientifiques sont moins obsédés par ces désirs, puisque la science est cumulative alors que l'art ne l'est pas (p. 7). Il se demande si le véritable fardeau qui s'appesantit sur les êtres humains n'est pas le détermininisme, mais « le poids du choix » (p. 67). En pesant les prétentions rivales des Anciens et des Modernes, il met l'accent sur l'équilibre inégal de l'équation, car le présent n'occupe que quelques décades, tandis que le passé embrasse des millénaires (p. 71). Quand on envisage les choses à long terme – ce que font peu de gens –, Bate pose la question fundamentale : qui souhaite « une amnésie générale, une excision brutale de notre mémoire de tout ce qu'on a accompli après tant d'efforts » (p. 90).

L'impossibilité de l'originalité totale est reconnue non seulement par le plagiaire, le parodiste ou le pasticheur, mais aussi par l'adhociste. Les auteurs de l'étude merveilleuse, *Adhocism*, Jencks et Silver, découvrent toutes sortes de liens entre la jonglerie verbale, la pensée latérale, et le recyclage, que ce soit dans les sciences, les arts ou la vie quotidienne. D'autres divisions de cette activité vitale embrassent le jazz improvisé, le trouvaillisme, les systèmes de recherche sur ordinateur, et l'hybridation. Faire nouveau s'applique également aux choses, aux pensées et aux mots : on peut être un bricoleur verbal ou sémantique. « Le cliché, ou un sous-système standardisé, est l'élément essentiel de la création, puisque toutes les inventions consistent dans l'association du matériel préexistant. »[44] Ils s'émerveillent de la « splendide ingéniosité yankee » de Buster Keaton et sa fascination avec les gadgets : « Il essaie sans cesse de trouver une nouvelle utilisation pour les vieux objets ».[45] Bien que ce soit une phrase toute faite en français, une « frase trillada » en espagnol (phrase battue comme le blé), un cliché peut être ainsi un tremplin, et l'adhocisme une forme beaucoup plus créatrice que le plagiat. « Toute faite » peut être aussi un terme qui limite : prêt-à-porter, automatique, comme dans les solutions toutes faites. Le terme de « cannibalisation » couvre un aspect majeur de l'adhocisme. C'est une appellation quelque peu impropre, sauf dans le cas extrême de l'artiste de rue qui ingurgite littéralement un vélo entier, réduit à des fragments qu'il peut avaler. Et pourtant le mot a un emploi métaphorique : l'absorption du matériel d'autrui, le recours aux moyens du bord. La cannibalisation pour de vrai doit présumablement nourrir le mangeur.

Le célèbre généticien, François Jacob, applique à l'évolution le concept de bricolage (« tinkering »). Comme un cuisinier, « le bricoleur doit enrichir son bouillon de restes. »[46] Cela a une parenté – qu'il accepte comme ludique, mais qu'il traite tout à fait sérieusement – avec le processus de la sélection naturelle : « L'évolution ne produit pas de nouveautés à partir de zéro. »[47] Il en conclut que les organismes vivants sont des structures historiques, « littéralement des créations de l'histoire. Ils représentent non pas un produit parfait du génie génétique, mais plutôt un patchwork d'ensembles hétérogènes quand et où les occasions se sont présentées. »[48] Tout comme dans la biologie, un perfectibiliste soutiendrait, puisque nous sommes descendus de formes inférieures, que nous nous perfectionnons nécessairement et continuellement, les mélioristes linguistiques peuvent prétendre que, bien qu'on tire pour la plupart nos mots et nos idées de sources antérieures, nous en tirons profit. Comme avec la mutation, ces transformations sont ou fortuites ou organisées. Non seulement nous descendons des singes, nous les imitons, par exemple dans les bourdes. « Les existentialistes croient qu'il faut essayer de prolonger la mort aussi longtemps que possible. » Ou : « Carmen compte le nombre de fois qu'elle a couché avec les membres du sexe opposé sur ses doigts. »[49] Cette régurgitation de leçons mal digérées indique un blocage de travers. Le terme de Lévi-Strauss pour l'adhocisme, le bricolage, embrasse semblablement une gamme extensive d'activités naturelles qui va des jeux à la pensée mythologique.[50] On dirait que toute la vie humaine est là.

Le Détournement

Je n'ai pas caché le long de ce livre mon amour particulier pour l'acte de détourner pour la réutilisation (adhocisme). Balourd sur la scène domestique du bricolage, je souhaiterais être adroit au niveau intellectuel, et non simplement perpétuer la tradition anglaise de l'amateur qui joue en travaillant.

D'abord une mise en garde du Ministère de la santé mentale : « Et je ne devrais jamais flageller le lieu commun pour en faire un sens contraire. »[51] Les Américains n'ont certes pas inventé mais ils ont exploité le désir de faire quelque chose d'utile de n'importe quel matériel. « La familiarité engendre le mépris – et des enfants », disait Mark Twain, qui met ainsi de nombreux mariages en un mot.[52] L'expression figée est ici dotée d'un nouveau souffle ; le connu est défamiliarisé. On lance un appel téléphonique au langage qui sommeille. C'est le rythme, parfois l'allitération ou la rime, présents dans un cliché qui peuvent engendrer des variations sur un vieux thème. De cette façon, les clichés, pareils au péché selon certaines théories, ou à certains imperméables, peuvent être réversibles, et connaître une deuxième chance (cp. l'expression française « secouer les puces »). Pour résister, certains êtres humains peu nombreux, quel que soit leur âge ou leur niveau d'éducation, savent renvoyer les idées reçues à l'expéditeur, avec le message implicite : « Repensez cela. Ou pensez pour la première fois. » Les destinataires passifs vivent de rentes cognitives. Dans le jeu de cartes vingt-et-un, on garde la main (on persévère) ou on tire une carte : « stick or twist ».

Le critique formaliste russe, Shlovsky, a habitué ses lecteurs à la technique de la défamiliarisation, qui selon lui est au centre de tout art authentique :

> La technique de l'art est de rendre les objets « étranges », de rendre les formes difficiles, d'augmenter la difficulté et la durée de la perception, parce que le processus de la perception est une fin esthétique en soi-même et doit donc être prolongé.

L'art est un moyen pour épouver « l'artité » d'un objet ; l'objet lui-même n'est pas important. Il propose en tant que modèle de cette pratique Tolstoï qui « décrit un objet comme s'il le voyait pour la première fois, un événement comme s'il se produisait pour la première fois. »[53] On conçoit facilement l'attrait d'une théorie semblable pour un artiste, des critiques et des lecteurs sophistiqués, car elle exige une lecture ou une observation au ralenti, et éloigne effectivement la création et certes la réception de l'art de l'orbite quotidienne : de là le point de vue de Sirius. Ce refus de nommer, ou cette nomination retardée, mène facilement à la périphrase et à la combinaison d'énigmes. Il risque de devenir schizophrène. Il commence, comme le réalisme, par maintenir que l'art existe « pour rendre la pierre pierreuse », et finit par oublier la pierre tout à fait. Cependant, la tactique générale de « voir les choses hors de leur contexte normal » est un exercice dont pourrait bénéficier tout un chacun, pourvu que cette mise au premier plan serve à nous faire voir les choses différemment, et non à nous rendre hyperconscients de la technique artistique dont on fait étalage. Cette écriture est de la réécriture de la meilleure qualité, et non pas au sens des réactions stalinistes, de *1984*, ou même d'un rédacteur de journal quelconque.

On parle de *tours* de phrase. Avec notre soutien actif, les mots se mettent sur la pointe des pieds, décollent, comme le suggère le vocable « trope » lui-même. On pratique depuis des millénaires la pensée latérale ou retournée, bien avant que de Bono ait codifié le tour de main ou d'intellect. Même de façon subconsciente, dans le rêve par exemple, on peut s'écarter du donné, le rajeunir, le compliquer. Un animal traqué suit un fil tortueux afin de survivre. Dans la vie en général, bien entendu, tordre fait mal (cheville, genou, cou), ou peur ; on n'aime pas qu'on nous torde le bras pour nous persuader. Dans certaines régions de l'Angleterre, un enfant pleurnicheur est dit « twisty ». Des membres des deux sexes peuvent respectivement perdre les pédales, ou les glands. Tout un chacun peut perdre la boule. « I a twister love what I abhor », écrit Empson [Faux jeton, j'aime ce que je déteste]. Une torsade est, étymologiquement, un morceau de corde ; en donner assez au faux jeton et il se pendra. Joie et danger entourent le phénomène du détournement. Mais il est surtout essentiel pour la santé psychique et sociale. Vaches sacrées, tabous non examinés, Ecriture sainte et incontestable, et autres fixités, ont besoin d'être scrutées, changées ou évincées. Les fondamentalistes d'aujourd'hui aux Etats-Unis ou à l'Islam prennent leurs livres saints hautement figuratifs beaucoup trop au pied de la lettre.

On peut bien faire travailler les clichés comme autant de fainéants, ainsi que les jeux de mots. Les retourner comme un gant aide à les réhabiliter, leur redonner un emploi à plein temps dans de nouveaux contextes : leur ouvrir une deuxième carrière. Ce n'est pas les épuiser ; cet acte peut servir de remontant, de revivifiant. Ce massage retonifie. Après une protestation particulièrement banale d'une femme, le narrateur de Cabrera Infante ajoute : « De cette guimauve poussent des serments majestueux » [From such corn do mighty oaths grow]. Ce pivotage rapide « acorns/oaks » ridiculise le cliché précédent.[56] Le baratin usé se voit transformé en producteur d'humour. Quoiqu'on l'oublie souvent, les clichés naissent maintes fois de phrases figuratives, et les littéraliser leur redonne un peu de la force qu'ils avaient autrefois. Dans une de ses ébauches, Flaubert imagine un père qui découvre son fils qui se biture dans un bar, et s'écrie : « Tu n'es qu'un pilier d'estaminet » ; sur quoi, le garçon se métamorphose en montant de porte. La chair se réifie dans ce cliché réactualisé, et il est ambigu si le censeur paternel a fait naître ce châtiment, ou si la réaction de son fils tourne en ridicule le discours du père. Dans la trilogie de Jules Vallès, les luttes du jeune Jacques Vingtras contre sa mère tyrannique sont poursuivies en effet contre le cliché existentiel qu'elle représente, son ambition de se donner la voix d'autorité incontestable, sa *doxa*. Le changement, familial ou social, se produit, si jamais, par suite de cette sorte de résistance au cliché, en posant la question : « Est-ce vrai ? Cela, qu'est-ce qu'il veut dire ? » Vallès ranime le proverbe, ce cliché folklorique, « Manger son pain à la fumée du rôt » [n'être qu'un spectateur] en permettant à son jeune héros famélique, Jacques, d'agiter sa croûte rassise dans l'odeur d'un poisson qu'on fait frire à l'étage supéreiur. Ce faisant, il illustre, dramatise le proverbe. C'est un retournement existentiel, nécessaire à la survivance, comme dans l'expression « tromper sa faim ». Le protagoniste vallésien calembourre ici de toutes ses forces. Une version semblable de la littéralisation est la tactique du mutisme insolent, déployée par les paysans opprimés du *Fontamara* et du *Pain et le vin* d'Ignazio Silone : ils prennent pour argent comptant les mystifications officielles et retournent ainsi aux principes fondamentaux de la vie paysanne. Lire ou entendre de travers de propos délibéré peut avoir le mérite d'une résistance pour le moins passive à la tyrannie du discours des gouvernements.

Certains écrivains français, du type nommé « révolutionnaire de salon » (ou de la gauche caviar) semblent fréquemment être incapables de distinguer entre l'interrogation ou le ridicule verbaux et la prise de la Bastille. Ils prennent au pied de la lettre des concepts tels que « subversion », et deviennent ainsi des victimes de leurs propres métaphores. Il est normalement impossible de quantifier l'impact social de la moquerie, et il n'est pas facile de nos jours de faire partir qui que ce soit de ses fonctions en le tournant en ridicule, à mesure que les politiciens dans les démocraties apprennent l'art aristocratique ou totalitaire de l'effronterie. Et pourtant ceux-ci continuent à détourner. La description (inexacte) d'Attlee par Churchill, « une brebis déguisée en brebis »,[58] est une tautologie qui se veut meurtrière, dans laquelle Churchill disait en gros : « Il n'y a rien de plus chez Attlee que ce qui frappe l'œil peu impressionné. Il est ce à quoi il ressemble. » Une féministe militante pourrait dire : « Le service trois pièces ne nous sert à rien ». Un remaniement bien assené mais économique est : « Un athée est un homme sans ressources apparentes (ni divines). »[59] L'humour noir, une des peu nombreuses sections du langage ordinaire (mis à part les comptes bancaires) où le noir est beau, apporte aussi des changements pour marquer un point. La manipulation, que ce soit des mots, des idées, des mouchoirs ou des atitudes, provient souvent sans doute du désespoir et de l'affolement – comme ceux du journaliste sujet à des délais très serrés et tenu de produire quelque chose d'accrocheur. Nous avons tous vu des affiches ou des graffiti corrigés. Selon Jencks et Silver, qui considèrent ce travail comme une variété du adhocisme, « tout à coup l'affiche propose une dialectique au lieu d'une simple affirmation, car on ajoute des éléments neufs ad hoc ».[60] Ce jeu réformateur engendre un décret ludique : « Enregistrez tous les calembours ». En dessous on lit la version corrigée : « Les calembours ne tuent personne ; les gens tuent les gens. »[61] Cet échange mêle une opinion sur la pertinence de l'esprit et la controverse sur la possession des armes à feu. La phrase « détournement d'affiche » fut un slogan des situationnistes. Dans l'industrie publicitaire elle-même, une excursion vers le monde des spectacles produit d'innombrables dislocations calembourrantes qui, par suite de l'obsolescence planifiée de tout le programme, requièrent un renouvellement continu. Mais si on le fait traîner, comme par exemple la publicité prolongée mais singulièrement émoussée (« Black ») pour les cigarettes Players, et tel un jongleur qui fait durer trop longtemps son numéro, cette sorte de jeu verbal ne dépasse pas la virtuosité, et n'atteint pas un sens plein, ni n'arrive même pas à faire plaisir. Comme on l'a vu plus haut, un annonceur peut se nourrir par un acte de parasitisme inventif, d'un autre, comme lorsque Carlsberg prétend que « 9 sur 10 chats disent que leurs propriétaires préfèrent le Carlsberg à d'autres bières blondes. »

Selon un point de vue suisse, c'est-à-dire guindé et borné, « cette attitude anglo-saxonne envers le langage envisagé comme un morceau de pâte à modeler ou bien un jouet, et le plaisir qui sort des phrases à double sens, des ambiguïtés et des jeux de mots est une tradition vieille de plusieurs siècles, et tout à fait différente de celle qu'on trouve en Europe. »[62] C'est là peut-être ce qui a provoqué le mythe de l'Albion perfide. Le désir de détourner (invertir, retourner, entrecroiser) est très souvent ironique, autant que ludique, dans son intention ; et le visage impénétrable de l'ironiste, qui sert de contrôle mutuel, sert aussi à séparer les Anglais des Européens et de nombreux Américains. A l'instar du calembourrage, le détournement ironique exige la complicité et l'intelligence d'un partenaire, qui a à savoir ce que vise l'ironiste. Dans son livre riche en réflexion, *Le Comique en tant qu'escroc*, Will Kaufman soutient que

> Le comique fait durer son jeu énigmatique à force de maintenir un réseau de tensions ironiques entre le mensonge et la gravité, le jeu et la critique, la défense et l'attaque, et atteint ainsi l'équilibre entre ses désirs contradictoires et simultanés d'être écouté et d'être négligé mais avec indulgence.

Il reconnaît, toutefois, que par analogie à la lassitude à l'égard des nécessiteux, les comiques pourraient éprouver la « lassitude de l'ironie. »[63] L'ironie offre mainte sacrée surprise.

Quant aux types variés du détournment, Milner a dressé une liste des principaux : phonologiques (« Diplomatie : l'art noble de mentir [mourir] pour sa patrie) » ; morphologique, syntactique, lexical (« Hang-over : the wrath of grapes » : gueule de bois/la vengeance des raisins), situationnel.[64] Parfois ils fonctionnent par des contraires, comme dans le « langage cuit » de Robert Desnos et qu'il oppose au « langage cru ». Réactiver les proverbes ou les expressions idiomatiques ressemblent au traitement du mal par le mal dans l'homéopathie. De plus l'inflexibilité structurale des maximes, proverbes, slogans et autres formes figées paraît carrément inviter le retournement, la permutation, la substitution. Un membre du club OULIPO, Benabou, préconise paradoxalement la fabrication en série de ces aphorismes revigorés. Il considère ce jeu comme instructif plutôt que dogmatique, car son intention est d'encourager autrui à pondre leurs aphorismes personnalisés, bien qu'il lance un avertissement assez snob ou réaliste au sujet de l'indispensabilité de soins artisanaux. Il offre en exemple cette réécriture de Clausewitz : « L'art est la continuation du hasard par d'autres moyens. » Cet exemple est significatif car les Oulipiens, qui mélangent classicisme et surréalisme, préfèrent la contrainte à l'aléatoire, sauf dans la mesure où cette génération de textes nouveaux à partir des vieux est potentiellement infinie (cp. les *Cent Mille Milliards de poèmes* de Queneau). Le tout est basé sur le paradoxe de la créativité parasitique.[65]

Des auteurs classiques autant que modernistes se sont efforcés de ranimer les clichés. Dans sa *Petite Conversation*, les personnages de Swift « savent ce que leur dit leur vocabulaire. »[66] Néanmoins le résultat est étrangement plein d'enjouement : « La farce démente a quelque chose à voir avec le torrent inépuisable d'expressions éculées ; les ritournelles qui riment et la sagesse populaire ; les rythmes réguliers qui témoignent de l'enthousiasme et de l'énergie parmi les interlocuteurs » (p. 208). Rogers fait la distinction entre l'emploi par Swift de la mise à épreuve aggressive de pareilles phrases familières dans la poésie ou la prose. « Swift sait mettre en relief les clichés dans la poésie, alors que dans la conversation en prose ils se succèdent de façon inéluctable – aucune phrase individuelle ne s'avère saillante » (p. 219). En même temps, un calembouriste et un ironiste distingués, « Swift se creuse constamment un chemin sous la surface de la conversation routinière afin de déterrer les insinuations amusantes ou dangereuses qu'on ne soupçonne pas dans la vie courante » (p. 222).

Cela ne va pas de soi que les tropes se muent en tropismes (réactions automatiques), ni que les détournements sont souvent forceé et futiles (comme par exemple la majorité nullement silencieuse des jeux de mots). Cela se produit surtout lorsque la métaphore d'origine est quasiment tombée dans les oubliettes et n'est plus récupérable. Il est improductif de faire des plaisanteries sur l'aile d'un bâtiment (« le château fut blessé à l'aile gauche »), ou le bras d'un fauteuil (« le charpentier a dû mettre le bras cassé du fauteuil dans une écharpe »). De façon comparable, les tours heureux sont des mini-utopies et pareillement statiques, car si on atteint la perfection on reste immobile.

Une grande partie du détournement, comme du jeu, est sans conviction ou oiseuse, imitative : on parle de « plaisirs futiles ». Exploiter les clichés se dégrade souvent. Tandis que le manipulateur ne se fait pas l'écho passif des mots ou des idées, il les avance mais souvent de travers ; « bent », en anglais, signifie pourri ou déviant. Il faut espacer les clichés réactivés, comme les calembours, ou ils deviennent lassants et ralentissent le pêle-mêle ordinaire de la lecture ou la conversation. Il est indéniable que tous les écrivains, à moins qu'ils n'aient quelque chose à cacher, implorent qu'on les lise au ralenti, mais c'est là hurler à la lune ou pisser dans un violon. Les formules retravaillées ont leur meilleur effet si l'ouvrage dont elles fournissent les clous est aussi consacré, comme *Le Chiendent* de Queneau ou *Madame Bovary*, à saper les modes habituels de la pensée, du sentiment ou l'expression. Autrement, beaucoup de détournements sont depuis longtemps devenus de nouveaux clichés mécaniques du type « Un homme mord un chien. »

Nous avons tous à passer ce que Cabrera Infante, après et assez loin d'Henry Miller, appelle « Des jours tranquilles [dans le] cliché. »[67] Même et surtout les détournements s'appuient sur le cliché qu'ils transforment ; ils y font allusion dans l'acte même de réagir contre lui. La société permissive, même munie de sa tolérance répressive, s'écrie « Tout est permis » et croit que rien n'est sacré : voilà quatre clichés à la queue leu-leu, mais ils servent quand même. Un auteur très érudit et doué d'un beau sens de l'humour,

Gershon Legman, critique néanmoins la joie douteuse d'un « proverbe perverti ».[68] Au cours de la littéralisation des expressions idiomatiques on en est venu à s'attendre à une distorsion, à se sentir rassuré si elle se produit, et frustré si elle ne se produit pas. Sur cet enroutinement du transformatif, Zijderveld commente : « La manipulation des clichés dans un but comique est devenue elle-même un lieu commun pas le moins [sic] pour des raisons commerciales ». Il est vrai qu'il modifie cette déclaration : « Nonobstant, dans nos jeux comiques avec les sens traditionnels et enroutinés ... nous avons l'occasion d'assujettir les clichés à notre ingéniosité et à notre esprit, et ainsi de relativiser leur pouvoir sur nous ».[69]

Cunliffe monte une attaque plus vive. Acceptant naturellement comme un critique réfléchi que les renversements « entraînent communément une répudiation, un défi, une opposition », il découvre une coïncidence troublante entre la pratique capitaliste et celle de l'investigation intellectuelle et de l'humour. « La demande du chiffre d'affaires dans le domaine économique provoque un désir du renversement dans celui de l'imagination et de l'intellect ». Il est franchement hostile à cette implacable inversion toute faite, avec sa « nouveauté imméritée, entendue ».[70] Dans son étude de l'humour américain, Jesse Bier fait remonter le phénomène aux comiques littéraires de l'époque pionnière. « Puisqu'une grande partie de la mentalité américaine vit elle-même aux crochets des simplifications – clichés, mots d'ordre, proverbes, slogans, formules – une partie égale de notre humous est au service des complications contre nature. » Il ne peut tolérer, cependant, avec autant de complaisance la commercialisation de cette pratique : cartes postales amusantes, autocollants. « De cette manière, on soulage le client du fardeau d'être original. »[71] Ce fardeau-là est trop lourd pour la plupart des êtres humains depuis le début de l'existence sociale.

L'innovation n'est pas infailliblement aussi méthodique. Il existe des accidents heureux, des gens sujets aux aubaines comme dans le phénomène du trouvaillisme. Il faut peut-être avoir un talent aussi bien que de la veine pour rencontrer un objet trouvé intéressant. Toutes les manipulations ne sont pas perverties ; il y en a qui nous font voir des profondeurs et des ressources cachées. Les clichés recèlent souvent des sens au pluriel. On peut, dans tous les sens, tirer les marrons du feu, au risque, bien entendu, de se brûler les doigts. En anglais, par exemple, « loose connexions » signifie :

associations d'idées approximatives, un grain de démence, des amis libertins, un mécanisme qui fonctionne mal, des relations lointaines, larguer les amarres, un coït au petit bonheur. La locution américaine « different strokes for different folks » [Chacun son truc] suggère diverses manières de nager, d'administrer le châtiment corporel, d'avoir une thrombose, des caresses variées, la calligraphie, des partouzes de chefs de nage. Dans les deux cas, non pas le double sens mais le septuple sens. Or, il est vrai que le contexte pertinent indiquerait le sens spécifique qui est en jeu, mais le soupçon d'autres sens, plus impropres, une fois établie, enjolive ou fausse toute réaction ultérieure à la phrase plurivalente. Pour finir, ma propre manipulation d'un autre exemple récent. La série « X le font » (par exemple : Les surfeurs le font en restant debout, repose sur un mot à double sens : l'un littéral et l'autre figuratif, ou suggestif). Mon offre, c'est : « Les profs le font les yeux fermés » : un sens quadruple. Au niveau littéral/idiomatique, cela donne : les profs enseignent d'une manière comatose, ou les profs enseignent sans aucun problème (ils travaillent au radar) ; les profs baisent sans y penser (le *topos* du professeur distrait), ou bien les profs baisent facilement comme tout. Mais on peut aussi doubler le quadruple, en interprétant « dons » (profs) comme « Mafiosi », et en remplacant « enseigner » par « bousiller ». Si les clichés n'existaient pas, il faudrait que nous les marchands des métaclichés les inventent.

Les Calembours

C'est l'évidence même que mon cliché personnel est de trouver et d'étaler des calembours partout. Ils représentent mon salut, ma cavalerie américaine qui arrive au moment opportun. Je suis libre, cependant, de cet autre désir ou réflexe : l'empressement à s'excuser pour avoir fait des jeux de mots.[72] Le calembourrage exige le montage : la superposition ou la juxtaposition. George Steiner, et son image égale le jeu verbal à la métaphore, parle du calembouriste « qui fait du langage un pont jeté entre des îles séparées ».[73] Alors que je trouve que les calembours prévisibles et émoussés sont une forme bien atroce de l'automatisme, un tour qui a calé, comme si le tétanos avait attaqué le cerveau, je rejette le détournement français des « jeux de mains jeux de vilains » en « jeux de mots jeux de vilains. » Ou bien, ainsi que l'a proposé Pascal, un jour d'étroitesse de vues : « Diseur de bons mots, mauvais caractère. »[74] Il visait sans doute l'humour particulièrement fielleux. J'apprécie la capacité qu'ont les bons calembours efficaces de nous faire signe et de nous tenir éveillés : le sous-entendu aussi bien que le double entendre. Je tiens au travail sérieux du jeu verbal proprement dit. Considérons les sens du jeu (d'argent) : pari, mise, être en jeu. Comme l'a défini Pierre Reverdy : « On joue à qui perd gagne sur les mots. »[75] Comme les calembours, les clichés sont les opprimés du monde des mots ; ils provoquent le seul zèle de missionnaire ou de sauveteur dont je suis capable. Après la parution de mes *Puns* (*Calembours, ou les puns et les autres*), j'ai pris conscience d'une petite ruée pour « récupérer » ce mode prétendument bas de gamme, bref pour en faire une mode. Cela fait partie intégrante, me semble-t-il, des textes nombrilistes, l'autoréférentialité, d'une grande quantité de littérateurs et de critiques contemporains. Je préfère pour la plupart considérer les calembours sous la forme de la distanciation, odeur corporelle socio-intellectuelle, qui nous rappelle que le cerveau n'est pas le gros bonnet. Pour moi comme pour Thomas Hood, poète victorien et calembouriste sans pareil, « un double sens démontre le sens au carré ».[76] C'est une façon d'entasser ce qui est détendu, d'offrir une bonne affaire : deux significations pour le prix d'un seul son. Dans un pot-pourri pas très catholique, calembour, néologisme et cliché peuvent être envisagés comme des systèmes qui allègent le travail et permettent un gain de temps. Je tiens à croire que n'importe qui peut être admis dans le « pungentry » (les gens supérieurs qui sont capables de faire des calembours qui portent).[77] Le calembourrage c'est rendre la pareille au langage (qui nous joue de sales tours) ; alors que les êtres humains ont construit collectivement le langage, aucun individu ne saurait le maîtriser totalement, et pour ainsi dire il nous échappe et mène une sorte d'existence autonome. Devant le Satan calembourrant de Milton, Pope se demande si le poète l'a décrit ainsi « pour donner à entendre ... que le Père des Mensonges était aussi le Père du Calembour. Ceci est bien une pratique chrétienne, employée à l'époque primitive par certains Pères de l'Eglise, et plus récemment par la plupart des Fils de l'Eglise. »[78] Il y a même des clichés qui jouent sur les mots. « Voir Naples et mourez » (« e poi mori ») en est un, car Mori est situé près de Naples et se trouve être lui-même l'endroit de plus d'une peste mortifère. Et la terre de Nod biblique (en anglais métaphorique, « le pays des rêves ») où à ce moment même bon nombre de mes lecteurs sont vraisemblablement plongés. Même les calembours, ces idées lumineuses, se transforment en clichés d'avoir trop servi. « Once current puns » [des calembours autrefois vivants/ des brioches aux raisins] selon la reformulation de Joyce.[79] Frank Kermode semble vouloir avoir le beurre et l'argent du beurre quand il se réfère « à la moderne vénération pour l'outremonde magique du langage que visitent tous ceux qui savent atteindre le rameau d'or d'un calembour ou d'une ironie. »[80] Il est indéniable que *Finnegans Wake* étale un jeu verbal qui n'en finit pas de se répandre. N'en déplaise à Deleuze, Foucault et compagnie, pourquoi la prolifération devrait-elle être considérée comme une vertu non contestée, comme si le cancer était un bienfait ?

Harriet Weaver disait à James Joyce : « Je suis ainsi faite que cela ne me plaît pas de voir la production en gros de votre Usine d'Epingles de Sûreté/de calembours sûrs et certains [Safety Pun Factory].[81] Un de mes clichés favoris (et éloquents) c'est : « On dit souvent la vérité sous le couvert d'une plaisanterie » et il est en fait vrai que Joyce, apparemment audacieux, se sent en sécurité entouré d'une vaste super- et infra-structure de jeux de mots dans *Finnegans Wake*. Pour sa part, Macdonald parle des « coïncidences et autres manifestations de la symétrie aléatoire de la vie, qui embrasse les calembours ».[82] Un critique se plaint ainsi d'un auteur obsédé des jeux verbaux : « On dirait qu'il ressent un besoin incessant de se faire accepter comme un Monsieur Loyal épatant qui brandit son fouet en présentant le spectacle à la foule du cirque ... Filou linguistique tape-à-l'œil. »[83] Nombreux sont ceux qui croient que les calembouristes sont des escrocs qui jouent de sales tours à autrui avec les mots. L'on crache sur les calembours, on marginalise ces agents centraux de l'intelligence. Même un calembouriste convaincu tel que Christopher Ricks se demande parfois : « Est-ce que je me fais des idées ? » à mesure qu'il attaque un festin de Barmécide du langage.[84] Le calembourrage, cette surimpression, qui peut provoquer des troubles de vue, comme après ou pendant une commotion cérébrale.

Sommes-nous maîtres des associations verbales ? Nos cerveaux ressemblent à des recueils de synonymes (par exemple celui de Roget). Et nous pratiquions la Rogetisation des mots bien avant que Barthes nous ait encouragé à les enfiler (« to roger »). Moi-même je vois des liens n'importe où ; je possède mon Internet personnel à petite échelle. Freud conclut que, comme avec les coïncidences dans le mouvement, le langage peut également faire un compromis avec nous par moyen de ce qu'il appelle la conformité linguistique.[85] Il faut sans doute deux mouvements opposés et volontaires pour accomplir une vraie rencontre (il faut être deux pour danser le tango). Le langage n'est pas notre maître ; nous le plions a notre volonté, l'obligeons à nous accompagner. Nous ne sommes pas obligés de courir sur des rails installés devant nous. Cette croyance en notre pouvoir nous accorde plus de choix dynamique que ce décret très remarqué de Lacan, selon lequel « dans le subconscient les choses sont ce qu'ils ont l'air d'être. La paronomase est un des tropes qui rèvèlent le subconscient. »[86] Dans une allocution sur Joyce, Lacan inventa l'expression « sonner comme », alors que le français exprime cette idée d'habitude par des mots qui désignent l'apparence, la consonance, même l'odorat (« Cela sent l'hérésie »). Les définitions des mots croisés se servent fréquemment de l'idée de « sonner comme » ; l'effet de la rime fait des ravages. La sonnerie me dit quelque chose, pour faire écho au clebs de Pavlov. Lacan, me semble-t-il, aimait à donner à entendre qu'il était, lui, le subconscient de ses néophytes.

Tel le laxatif, devant le discours ou la pensée constipés, le bon calembour fait place à la courante. J'apprécie le mélange d'aléatoire et de rigoureux qu'on trouve dans les paronymes, ces calembours approximatifs (« en attendant dodo » massacre la pièce monotone de Beckett). J'espère que mon livre esquisse un air de famille[87] avec une vérité sur le langage. Une des vérités que je tiens pour évidentes dans ma déclaration d'indépendance relative, c'est la poursuite du bonheur (d'expression). Je crois fermement que le jeu verbal résolu est un signe infaillible de vie.

Quant aux pessimistes, bien des aspects du langage virent dans un sens opposé au mien. Citons Schopenhauer :

> La vie proprement dite d'une pensée ne dure que lorsqu'elle arrive au niveau du discours : là elle se fossilise et est dorénavant morte mais indestructible, comme les

> plantes ou les animaux pétrifiés de la préhistoire. Dès que notre réflexion a trouvé des mots, elle cesse d'être authentique ou dans le fond sérieuse. Quand elle se met à exister pour autrui, elle s'arrête de vivre en nous, de même que l'enfant se sépare de sa mère lorsqu'il entre dans sa propre existence.[88]

Je trouve cette idée curieuse. Elle introduit une nouvelle perspective sur la question de la propriété intellectuelle que celles qu'on a étudiées plus haut, car elle maintient qu'on a besoin des autres pour faire le bouche-à-bouche avec nos pensées mortes-nées, dans une sorte de course de relais où le flambeau vacillant est rallumé par le coureur suivant. Le concept est assez dégonflant en ce qui concerne l'individu, s'il est prometteur pour l'espèce. Emerson et Max Müller considéraient tous deux les mots comme de la « poésie fossile ».[89] Il se peut que les fossiles soient durables, mais on ne saurait guère les ranimer. Pendant des siècles, les éducateurs ont traité les langues vivantes en fonction des langues « mortes » qu'on tenait pour des modèles. Les clichés ne sont pas vraiment des fossiles ; ils ressemblent davantage aux morts-vivants. Comme un corps menacé d'hypothermie, on peut les réchauffer. Les clichés retravaillés ne sont-ils vivants que dans le sens que des morceaux choisis de nos cadavres peuvent toujours être utiles à d'autres corps ?

Nous comptons souvent sur des métaphores financières telles que la dévaluation ; les idées, comme l'argent, valent parfois moins que le papier sur lequel elles sont inscrites. Lakoff et Johnson documentent minutieusement combien nos clichés quotidiens sont envahissants et sytématiques. « Le temps c'est de l'argent » se rattache à « Je n'ai pas de temps *libre* pour faire cela », « Cela *vaut*-il ton temps » et ainsi de suite.[90] Cete habitude démontre aussi combien sont vivants les clichés, les proverbes, des formes figées de toutes sortes : elles se répandent et continuent à agir sous des formes multiples. « Ils sont « vivants » dans le sens le plus fondamental ; ce sont des métaphores dont nous vivons come de notre pain quotidien. Le fait qu'ils soient figés dans le lexique de l'anglais ne les rend pas moins vivants. »[91] Le discours de ces deux auteurs est lui-même clichéique, peut-être nécessairement, et extrêmement redondant (j'ai rarement lu un texte aussi réitératif que celui-ci). Une fois qu'ils nous ont avertis, nous pourrions nous secouer et poursuivre le même travail, *ad nauseam*. (Il est étrange que bien des ouvrages académiques nous fassent un dessin, comme s'ils traitaient des enfants avec condescension). Lakoff et Johnson sont férus de systèmes, de réseaux métaphoriques. Leur théorie pourrait donner à entendre que nous sommes tous pris dans les rets de nos énoncés habituels. Mais nous pouvons aussi modifier et renouveler ces moules. Ils sont assez francs pour avouer que d'autres cultures non occidentales pourraient voir et exprimer les choses différemment.

Bagnall offre une analyse bien jugée entre l'évolution du discours de gens de bureau et la descente en fiction du cheval Black Beauty :

> Des phrases pareilles commencèrent leur carrière dans une compagnie respectable et peu à peu se sont détériorées ; à l'instar de Black Beauty, né pur-sang, qui se trouve ensuite dans une écurie de louage, et qui finit par travailler en cheval de fiacre poussif, elles frayent avec les grands écrivains, se fatiguent, pendant une longue période triment dans de grands quotidiens, se voient reléguées dans les provinces et, pour finir, travaillent aussi dur que jamais, en tant que pauvres clichés vulgaires dans le bureau d'une compagnie d'importation à Londres. A la différence de Black Beauty, elles ne seront pas sauvées, mais elles retiennent encore de la vitalité.[92]

En général, Bagnall se montre moins porté à la censure que bien des autres au sujet des clichés, et il écrit souvent en faveur de leur utilité, voire leur omniprésence. McLuhan pose une question : « Se peut-il que l'endurance des clichés, comme celle des vieilles chansons et des comptines, repose sur l'engagement qu'ils exigent. »[93] Même une tentative académique pour dire du bien des lieux communs, par exemple dans le « Recueillement » de Baudelaire, propose que « la banalité des composantes conventionnellss ne les empêche nullement d'être très expressives ».[94] Contre les sociologues dépourvus d'imagination tels que Zijderveld, Ricks soutient vivement le processus bilatéral, la coopération, entre les clichés et des êtres humains (choisis), comme on l'a vu dans son analyse d'Orwell. Ricks réclame, et c'est une distinction très fine, « un engagement de vigilance (mais non pas aux yeux de fouine) avec les clichés. » Sa proposition a l'air circulaire, comme s'il prêchait un converti : « Les clichés vous invitent à ne pas penser – mais on peut toujours décliner l'invitation, et qu'est-ce qui inviterait mieux un homme intelligent à penser ? » Il déclare qu'il ne faut pas s'abaisser devant les clichés, mais j'ajouterais quant à moi qu'il faut avoir affaire avec eux, car « affaire » suggère l'échange.[95] Dans un esasi sur la poésie de Geoffrey Hill, Ricks salue « la disposition à discuter le coup » de ses clichés. Quand il décrit le rapport de John Gower sur la lutte entre Hercule et Achelous, Ricks arrive à se décrire en même temps : « cet élideur protéen et glissant. » Sans cesse, comme dans son étude sur Gower, il pose la question incontournable : « Les clichés et les autres formules verbales sont-ils passifs dans ses vers, ou actifs ? »[96] Je pense pour ma part que de nombreux clichés qui auraient dû passer l'arme à gauche il y a longtemps, mènent une vie bénie des dieux, connaissent un regain de vitalité, voire sont le boute-en-train de la fête. Les clichés sont bien vivants et ils connaissent les réalités de la vie. Les comprenons-nous invariablement ? Ils se démodent. On peut les employer dans un sens ou un contexte privés ; il se peut qu'on commande moins que parfaitement sa propre langue. Comme les proverbes, les clichés sont à l'occasion énigmatiques. Je ne suis pas tout à fait d'accord avec l'opinion optimiste de McLuhan selon laquelle « afin de déclencher l'énergie d'un cliché il faut la rencontre d'un autre cliché. »[97] Mais je sais fort bien que par l'alliance de deux esprits (et tout le reste qui ne vous concerne pas), le style de ma femme, parsemée (comme dans une corne d'abondance) de clichés débonnaires mais propulsés avec passion par ses convictions pédagogiques, exerce un effet énergisant sur la plupart des gens qui lisent ses livres. Je suis moins impressionné quand l'érudit Eco se détend, se fait bonne pâte, un petit monsieur de l'écho (voir la chanson de ce nom), comme lorsqu'il avoue au sujet du film *Casablanca* :

> Quand tous les archétypes éclatent sans vergogne, nous atteignons le comble de la profondeur homérique. Deux clichés nous font rire, mais cent clichés nous émeuvent, parce que nous sentons obscurément qu'ils conversent entre eux et qu'ils fêtent une réunion. De même que la douleur la plus extrême rejoint le plaisir sensuel, et la perversion extrême frise l'énergie mystique, l'extrême banalité nous permet d'entrevoir le Sublime.[98]

On a déjà entendu cet air-là (bis, Umb), chanté par des esthètes consentants et exorables, C'est un exemple parfait du High Camp ou kitsch.

Il y a des manières moins stridentes de défendre et de célébrer les clichés. A chacun son heure de gloire. Comment se débrouiller sans ces codes immédiatement applicables, ces pense-bêtes, cette solidarité avec autrui qu'on professe. Et pensez à l'opposé du cliché – le désir d'être original coûte que coûte – qui peut engendrer du flan carabiné. Le fait que les clichés soient mémorisés et répétés, et cela indique bien entendu la paresse, prouve que la formulation originale avait un petit quelque chose, n'était pas insipide. Middleton Murry cherche à disculper le lieu commun littéraire pour ces raisons-ci : « Si on prend une métaphore familière – l'esprit ardent d'Emily Brontë brûlait son corps, on ne saurait à juste titre la qualifier de cliché : elle est plutôt une expression idiomatique familière et essentielle. Notez cette nécessité évidente de la métaphore, cette absence d'alternatives authentiques. » Il fait remonter ce trope au moment où « l'existence de l'âme fut conjecturée pour la première fois, car ce n'est que par une image pareille qu'on peut saisir la nature de l'existence de l'âme. »[99] En d'autres mots, l'inévitabilité du lieu commun, comme celle qu'on attribue au grand art. Michael Frayn défend non pas un auteur célèbre mais le stock des phrases lui-même :

> Plus on pense à notre kit commun de métaphores pour décrire les états mentaux et les événements, moins on a tendance à le tenir pour établi ou à le considérer comme banal. « Au fond de moi », « passer en revue les alternatives », « arriver à une décision », « quelque chose s'éveilla dans sa mémoire », « il chercha ses mots en tâtonnant » – tout cela est génial. Toute une littérature, en effet, piétinée dans le sol comme les feuilles de l'année dernière, et fertilisant, sans qu'on la reconnaisse ou se la rappelle, tout ce qui pousse au-dessus du sol à présent.[100]

Montherlant insiste sur ce point : « L'énergie du désespoir. C'est un lieu commun. Mais il dit vrai. Il est tellement important de dire quelque chose qui soit vraiment le cas qu'il faut respecter les lieux communs, car huit ou neuf fois sur dix ils expriment la réalité. Etre original, c'est très bien, mais seulement si on dit la vérité. »[101]

Selon Max Jacob, « Le poète dose ses clichés » [et si c'est T.S. Eliot, par moyen de cuillères à café], « il ne peut y renoncer que sous peine d'être incompréhensible ».[102] Cette idée combine celle d'espacer et celle d'étoffer, deux actes nécessaires à tout discours soutenu. Ou serions-nous sans les clichés ? Une grande partie de nos plaintes, nos illusions de supériorité mentale, nos histoires drôles, notre créativité (surtout en ce qui concerne le recyclage) n'auraient pas de matières pour travailler ou rejeter.

Naturellement, on pourrait en dire autant des gouvernements, des écoles, des familles et des lieux de travail. On ne peut décoller que d'un fondement solide, de ce qui est déjà là : le lieu qui est commun. « Nous ne nous mettons d'accord que par les lieux communs. Sans terrain d'entente la société n'est plus concevable. »[103] Paulhan se demande pourquoi les clichés font l'objet d'opprobre, alors que le rythme, la rime, les genres littéraires et des formes fixes sociales telles que la famille possèdent beaucoup des mêmes traits. Sa réponse simple, c'est : ils sont plus courts, plus aisés à présenter.[104] Son étude des *hain-tenys* de Madagascar, formulaïques, compétitifs, mais sociables et productifs, lui fait penser du bien des clichés contre les élitistes qui les décrient. Pour lui, le phénomène tout entier du cliché est polysémique, un monstre difforme. Quant à moi, je tombe d'accord avec lui.

Derniers Mots

> Je ne vois pas l'intérêt d'un recueil et une analyse des clichés.
>
> — KENNETH HUDSON[105]

> Il y avait une montée raide. Tout n'est pas rose dans le noviciat des clichés.
>
> — FRANK SULLIVAN, « L'As du cliché »[106]

Avec combien d'enthousiasme nous essayons de nous montrer dignes des lieux communs dont nous avons hérité ou que nous avons inventés, et combien il semble illogique de leur rebrousser le poil, si légèrement que ce soit. Combien peu d'entre nous vivons en dehors des sentiers battus. Nous nous connaissons tous aux clichés. Sans doute qu'en jetant des perles aux pourceaux, chers lecteurs, je porte de l'eau à la rivière (ou même du charbon à Lens : « coals to Newcastle »). Broder sur les clichés ressemble peut-être à l'acte de décorer un éléphant. Cela, manque-t-il de dignité ? A quoi ça sert-il ? Qu'est-ce qui n'allait pas avec la simple peau grise ? « On va maquiller le cadavre », avertit le Clamence de Camus.[107] Est-ce qu'on est, après une bonne flagellation, en train de rajeunir un cheval mort ? De même que selon Woody Allen, quand on se branle, du moins fait-on l'amour avec quelqu'un qu'on adore, quand on débite ou discute des clichés, on est sûr (n'est-ce pas ?) d'un lectorat compréhensif. J'ai ce rêve : un marathon qui attire des millions de coureurs de toutes parts et de tous les âges, et combiné avec une course de relais. On laisserait tomber souvent les bâtons, ou on les mettrait dans des mains qu'il ne fallait pas, mais le mouvement général, fait de faux pas, irait de l'avant. En tant que ma contribution à la question des relations interraciales, est-il impossible de mélanger mon cliché français préféré (« Vive la différence ! ») avec la technique du melting-pot ?

J'ai trouvé difficile de démêler les clichés des expressions idiomatiques. Comme les calembours ou les puces, les clichés se répandent partout ; de là mes pas de côté vers le plagiat, les proverbes, et ainsi de suite. « Passe-partout », on l'a vu, embrasse plusieurs significations. La généralisation se propage comme la peste. En anglais, « spread » (embonpoint dû à l'âge, ou pâte à tartiner) est ou déplaisant, ou impressionnant (envergure, grand ranch, festin). Le langage est ondoyant et divers ; les mots on les charge comme une arme à feu, ou ils pipent comme des dés véreux, ou ils sont follement libéraux comme le matelots en permission à terre. « Ce qu'on peut dire du langage est momentanément vrai. »[108] Et pourtant, comme George Moore nous l'exhorte : « Nous devons essayer de faire la distinction entre le vif et le mort. »[109] En général, j'ai cherché à éviter de telles polarités et à me concentrer sur l'enjambement, l'échange : mon approche ample est un parapluie pour toutes les saisons. Une conclusion maintient d'habitude qu'on a accompli la preuve d'une proposition. Je doute d'avoir prouvé quoi que ce soit, puisque je n'avais pas de théorie centrale. Sans aucun doute, certains diraient-ils que j'ai eu le gâteau même après l'avoir mangé. C'est normal, après tout. J'ai présenté ici les clichés comme des choses mauvaises, indispensables, parfois même bonnes. Pourquoi ne conclus-je pas, ne choisis-je pas un seul camp, ne cessé-je de faire l'indépendant qui tergiverse. Si je je ne le fais pas, c'est que tout simplement je ne peux pas le faire. Que cet échec me soit imputable à moi ou à la nature polymorphe du sujet, seul le lecteur en décidera. Mon livre idéal serait fait d'îles d'aperçus, reliées, peut-être de façon approximative, par des ponts en rotin peu solides. Peu de gens achèteraient, et pour cause, cette « doctrine faite de moments épars. »[110] D'après ma propre façon fragmentaire, j'ai tâché de repenser l'évidence, de plonger au fond de la banalité, de la non-réflexion. De temps en temps, cet effort a ressemblé un peu à celui pour penser à la mort, notoirement inconcevable, si elle est imaginable ou inventable. J'ai couru le risque de décharger une sorte d'implosion mentale, de créer un trou noir, qui pourrait avaler l'auteur et le lecteur assidu. Avec moins de mélodrame, ainsi que Bolinger nous y invite, « s'arrêter pour penser ce n'est que demander ce que les mots signifient ».[111] Il serait arrogant de ma part de me sentir flatté par cette antithèse par trop soignée : « Les petits esprits s'intéressent à l'extraordinaire, les grands esprits au lieu commun ».[112]

Les clichés sont hautement contagieux, et l'on ne connaît pas d'immunité, à moins que ce soit le silence oral ou graphique, et même le silence ne fait que cacher la contamination. S'il y a un péché originel, c'est le cliché : le désir non pas de savoir mais d'avoir l'air je-sais-tout. Une hypersensibilité au cliché pourrait répondre au rêve de Flaubert et de Bloy : faire taire le psittacisme de l'humanité ; tout le monde deviendrait un muet électif. De façon plus modérée, une plus grande conscience de ce qu'on fait ou ne fait pas avec sa faculté de penser pourrait-elle être nocive, ou même salutaire ? Comme il est facile de ne pas penser, de penser moins qu'on ne le devrait, de penser seulement et sans esprit critique ce que d'autres ont déjà pensé. J'ai voulu examiner notre paresse commune, notre habitude de nous contenter de moins, nos demi-mesures, notre moindre effort. Il est vrai, bien entendu, comme Schneider nous le rappelle, que « finalement, chacun de nous a peu à dire. Une ou deux choses, Comment ne pas toujours les redire ? »[113] Nous répétons sans cesse le même numéro, nous avons des comebacks sans fin ; au meilleur, ce sont des reprises plutôt que des réitérations. En général, les rudiments prédominent, dans ce livre, par exemple : c'est la faute à l'enseignement obligatoire ou étendu, les médias, la pratique de la reproductibilité, la saturation des consommateurs passifs. Mais le fait que non seulement nous utilisions, ou soyons utilisés par, les clichés, mais ausi que nous les employions et les exploitions, indique qu'ils sont curiesement inépuisables – un gouffre sans fond, une mine jamais vidée. D'une certaine manière, quoique je sois peu doué pour la conversation, j'aurais aimé parler ce livre. « Dans la conversation, intonation, pauses, accentuation, ces moyens et d'autres peuvent investir une phrase fourmillante de clichés d'humour et d'esprit, de véracité et d'incision. Dans l'écrit, il nous manque ces aides dramatiques venues de l'extérieur : nous nous tenons debout, ou tombons, seuls. »[114]

Il y en aura ceux qui vont considérer ce livre tout entier comme un tissu de clichés. En même temps, dans sa totalité, c'est de la néographie : on n'a pas dit les mêmes choses auparavant, et statistiquement (mises a part les citations), la majorité des phrases d'exposition sont flambant neuves. Cela ne veut pas dire, naturellement, que les idées portées par chaque phrase soient fraîchement créées. Je ne me vante pas comme John Bunyan : « Le tout et chaque partie sont les miens. »[115] Nous avalons tous le beurre et l'argent du beurre. Nous sommes des singes et nous volons de nos propres ailes. Nous chipons, et nous revalons au centuple.

On ne quitte jamais la rhétorique ; on ne fait que changer de ton. Simplement (ou plutôt complexement), la rhétorique codifie ce que nous disons et comment nous le disons. Il est pourtant difficile de codifier le cliché. « Il n'est pas en effet de lecture canonique du cliché qui s'inscrirait dans les limites rassurantes d'une norme ».[116] Personnellement, je m'en réjouis. Amossy et Rosen parlent de « la mauvaise conscience du cliché imposée par la culture occidentale moderne ».[117] J'espère avoir montré que, alors qu'on s'est intéressé de plus en plus au cliché dans les deux siècles passés, comme on enregistre de nos jours plus de crimes ou de maladies, on ne peut pas y penser comme spécifique d'une époque, d'un endroit, ou d'une culture. Tout le monde en sait quelque chose ; ce n'est pas la découverte d'un critique dernier cri. Etant résolument contre toute censure, je n'ai aucun désir d'interdire les clichés, et j'ai trouvé amusants ceux qui, ayant appris que j'écrivais un livre consacré aux clichés, sont devenus devant moi temporairement gênés, et, comme des contorsionnistes, se sont mis à surveiller leur langue.

Je ne voudrai pas être porté aux jugements, car les clichés sont l'air même que nous respirons, souvent vicié et pollué, mais nos systèmes ont leurs propres défenses. S'ils ne sont pas tout le bataclan, les clichés ne signalent pas non plus la fin du monde. En ai-je fait une pagaille, un gâchis ? Si l'on ne peut pas les éviter entièrement, on peut brièvement les semer, nous dégager de leur laisse. Pour reprendre mon dada exhibé à l'ouverture de ce livre, *à cheval*, nous sommes à cheval sur les clichés (et la couleur de ce carnasson de bataille c'est ?) Ils nous emportent (dans le sens utilitaire et le sens exaltant). Mais nous avons des guides, des genoux et des voix, pour les faire nous obéir. On peut mélanger les clichés, comme les métaphores, et finir dans la position stimulante : entre l'enclume et un cheval borgne.

Au début, j'ai parlé de mon ambition proto-existentialiste d'autocréation *ex nihilo*. Je suis devenu un peu plus adulte. « Quisque suos patimur manes ».[118] J'ai trouvé cinq, et il y a sans doute plus, traductions possibles de cette citation de Virgile. Nous avons tous à payer pour la souillure de notre enveloppe charnelle ; nous sommes tous coupables des imperfections de notre âme, tachée de péchés terrestres ; nous portons chacun de nous notre destin spectral ; nous traversons plusieurs expériences du purgatoire ; chacun de nous découvre l'univers de la mort qui lui convient.

Tout n'est pas perdu. Si la théorie s'avère exacte selon laquelle l'univers approche d'un état où tout, même le temps, sera mis en marche arrière, quelqu'un aura à réinventer tous nos clichés ou les inventer à partir de zéro ... Si tout est cliché, ainsi que certains pessimistes faciles le croient, alors rien ne l'est, car il n'y aurait ni de contraste ni de point de référence.

CHAPITRE 13

Changement de vitesse dans le melting-pot

> Pour saisir le monde d'aujourd'hui, nous usons d'un langage qui fut établi pour le monde d'hier. La vie du passé nous semble mieux répondre à notre nature, pour la seule raison qu'elle répond mieux à notre langage.
>
> — SAINT-EXUPÉRY[1]

Nous sommes à vrai dire lents à comprendre. Même à minuit, à la saint-Sylvestre, nous nous débarrassons du vieux pour faire place au nouveau, nous chantons (dans les pays anglo-saxons) « Auld Lang Syne » (= ce n'est qu'un au revoir), nous faisons un tour des maisons voisines pour avancer vers le neuf, en portant le morceau de charbon, un pain et quelques pièces de monnaie. Au pivot de l'année, nous regardons vers le passé et l'avenir.

En plus de m'intéresser et au cliché et au néologisme, et d'éviter si possible la moralisation facile à propos du lieu commun, je souhaiterais maintenant étudier un phénomène plus clairement positif : la création des mots. Il y a évidemment déséquilibre entre les deux parties de mon livre. Il y a plus à dire sur le cliché, comme sur le péché en regard de la vertu. La créativité est plus difficile à déchiffrer, si elle est plus merveilleuse que l'imitation. Les snobs linguistiques et conservateurs prétendent que c'est aux poètes, et s'il le faut, aux critiques, d'inventer, et qu'il est interdit à la populace ; par extension, penser aussi est un privilège réservé à la minorité. Pour beaucoup de gens, tout changement fait penser à un déclin, comme dans l'exclamation critique ou la pensée silencieuse lors d'une réunion après beaucoup d'années : « Oh, comme tu as changé. » Il y en a qui s'irritent quand un magasin ou un journal change l'agencement ou de format, ou quand on introduit des variations à un horaire, si bien qu'il faut retrouver ailleurs qu'auparavant ce qu'on cherche. La résistance aux mots forgés ou aux emprunts d'autres langues fait partie intégrante du système de défense de la pensée stéréotypée. L'hostilité au neuf est naturellement jumelle de l'attachement au vieux. On a toujoiurs considéré l'invention des mots, à moins qu'on ne soit un enfant ou un comique, comme équivalente à l'invention d'histoires pour tromper ou pour épater un autre.

Dans l'impasse, parfois l'échange, entre le cliché supposé passif et le néologisme proactif, on fait une distinction par trop noire et blanche. Les clichés sont également des emprunts, des rentes qu'on n'a rien fait pour gagner. A travers mon examen des clichés, j'ai éparpillé quelques néologismes et mots-valises. Le mot « melting-pot » figure dans la métaphore disparate (ou mélange de métaphores) incorporée au titre de ce chapitre pivotal, parce qu'il suggère l'assouplissement des polarités figées (mais non l'abolition des différences), la création d'hybrides et parfois de monstres, et l'interaction entre les langues : tout cela reviendra souvent dans les chapitres qui restent. Bien que Nietzsche ait dit, sur un ton à juste titre sarcastique, que « dès qu'on nous montre quelque choose de vieux dans une chose nouvelle, nous voilà apaisés »,[2] on ne saurait guère se passer de quelque équilibre ou chevauchement entre le maintien et l'innovation, où on garde le vieux en y ajoutant du neuf. « Nouvelles lampes pour les vieilles lampes », crie-t-on dans les *Mille et Une Nuits*, « de vieilles lampes pour les nouvelles ».

La locution anglaise « to coin a phrase » (pour inventer une phrase/comme on dit) ne s'emploie qu'ironiquement, en guise d'introduction d'un dicton éculé. « Coinage » signifie la fabrication de nouvelles pièces de monnaie, ou de mots nouveaux. On parle aussi de « forger » des mots, d'expressions frais émoulues, et on espère sans doute que ces créations deviendront courantes. N'est-il pas étrange qu'on se serve de termes financiers pour parler du langage (p.e. « prendre quelque chose pour argent comptant ») ; ou plutôt non, parce que le langage, c'est l'échange. C'est précisément là où l'on traite l'un avec l'autre. On ne peut pas discuter les néologismes et les clichés simultanément : cela ne produirait que du charabia, l'essoufflement ou un mot-valise rébarbatif, « néologismiché », qui a l'air d'un truc exotique de sex-shop. Et pourtant ils sont liés. Les clichés et les néologismes s'appuient sur ce qui existe déjà. Ainsi font–ils douter de la possibilité de rien créer à partir de zéro. Le langage ets dans un état perpétuel de brassage, un remix constant du neuf et du vieux. Comme toutes les formes de la nouveauté, le nouveau n'est que relativement nouveau. On ne peut pas protéger la nouveauté comme si elle était une espèce menacée ; elle doit se débrouiller. On pourrait polariser toute la question pour en faire un combat entre le même et le différent. Mais nous sommes tous dépendants, et les inventeurs ont aussi à dépendre l'un de l'autre, car sans auxiliaires qui répandent le mot nouveau ou y réagissent positivement, les néologismes gisent morts-nés. Nouveaux venus, ces néologismes peuvent devenir obsolètes, de même que ces anciens, les clichés. La gamme, ou plutôt la navette, va du tour heureux à l'hapax insouciant, comme dans le vieux logo du British Rail, où deux flèches, représentant aller/retour, vont dans les deux sens. Beaucoup des créateurs de nouveaux mots voudraient sans doute voir leurs trouvailles se muer en clichés, en monnaie courante ; c'est-à-dire être accueillis dans le courant dominant de la langue et mémorisés. Un mot nouveau peut être un vieux mot ajusté, de même qu'on peut reformuler un lieu commun. Ni les pièces ni les billets de banque, ni les idées ni les expressions, ne restent à l'état neuf. Les mensonges créent de nouvelles vérités, et on peut parler de l'acte d'inventer à zéro, comme dans la séduction verbale. « On ne doit pas créer de nouvelles phrases, mais plutôt inventer des clichés contrefaits »,[3] soutient le protagoniste de Cabrera Infante, dans un chassé-croisé, car (en anglais, du moins) « to coin » signifie à la fois « créer une contrefaçon, et une nouveauté ». Les calques sémantiques sont traités de manière inexacte de « faux amis », et les clichés sont nos faux amis les plus loyaux.

Barthes s'approprie le mot *logothète* (un comptable dans l'empire byzantin) pour désigner le fondateur d'un langage ou d'un style distinctif.[4] En plus d'emprunter les mots ou les expressions de langues étrangères, on peut les transférer d'un domaine spécialisé à un autre (par exemple, des ordinateurs à la linguistique), ou bien ils échappent ou ils passent d'une utilisation ésotérique à la langue courante. Il est vrai qu'on importe sans nécessité beaucoup de vocabulaire, et qu'on y résiste par automatisme, surtout aux importations des Etats-Unis, « la cocacolonisation ». L'emprunt lexical et les idées empruntées ont sûrement quelque parenté. Et le mot « cliché » est lui-même un emprunt (à l'intérieur du français) de la terminologie de l'imprimerie, et entre plusieurs langues et le français. Ce qui surprend dans le pays d'accueil est souvent vieux jeu dans le pays d'origine. Les emprunts, comme les archaïsmes, sont tout prêts, et il arrive qu'ils paraissent mal à l'aise dans leur nouveau contexte. L'emprunt, on le verra, est un terme tout aussi douteux dans l'étude linguistique que dans l'histoire des idées.

Pour évaluer ce que j'ai écrit plus haut sur les clichés utilisés dans une situation de crise, j'ajouterais que, stressés, nous sortons aussi probablement quelque chose d'étonnant (contrepèterie, malapropisme – un mot pour un autre – mot-valise, néologisme) que quelque chose de connu et d'automatique. Si nous nous sentons résolus, la néologie ressemble au détournement des clichés : c'est une tentative pour offrir un angle nouveau sur les choses. Nietzsche croit que « le pire mot forgé est néanmoins meilleur que le meilleur cliché ».[5] Dans la section consacrée au jargon, j'ai cité ou inventé plusieurs mots-valises, et je les ai proposés comme des armes de critique ou du moins de représailles. Quoique certains créateurs de mots veuillent avoir la côte, d'autres préfèrent employer la manière forte : un impact unique. Sur une échelle plus large, *Le Deuxième Sexe* de Simone de Beauvoir cite non seulement et démonte de nombreux lieux communs au sujet des femmes ; il présente la Femme comme un cliché auquel des femmes individuelles consentent en partie et dont elle souffrent en même temps. Les femmes, exige-t-elle en effet, ont besoin d'être reformulées, de se transformer en un vaste néologisme. Il est tout aussi évident que des mots nouveaux peuvent devenir éculés par l'utilisation excessive ou l'abus. Même le coup monté par Chomsky, pour démontrer qu'une phrase peut être bien formée syntactiquement mais incompréhensible sémantiquement (« les idées vertes incolores dorment furieusement ») est à présent sali après avoir passé entre d'innombrables mains d'autres linguisticiens.

Tandis que les clichés sont parfois productifs, ils sont inévitablement moins créatifs que des mots nouveaux qui expriment de nouvelles réalités, ou des pensées revues. Il va falloir quer je change de métaphores. « Peut-être que quand la pensée ressemble à une momie, son costume le plus seyant est un suaire verbal ; mais quand elle est encore en vie, regardons ailleurs que dans la garde-robe pour des comparaisons ».[7] Et voilà que surgit l'ombre de Flaubert. Où si ce n'est dans son *Dictionnaire des idées reçues* trouverons-nous un cliché plus parfait sur les mots forgés que celui-ci : « Néologisme : la perte de la langue française. »[8] Vu que l'inquiétude au sujet des mots nouveaux est plus marquée en France que dans la culture anglo-américaine, dans les pages qui suivent je parlerai plus souvent de la théorie et la pratique françaises. Tout de même, les néologistes français plus belliqueux se montreront aussi inventifs que leurs équivalents plus souples de la Grande-Bretagne et les Etats-Unis.

Ce livre continuera à osciller entre ce qui est censément vieux jeu et ce qui est prétendument dernier cri.

CHAPITRE 14

Premiers Mots

Il est plus facile de définir un néologisme qu'un cliché, mais la définition n'est que le premier pas. Le dictionnaire anglais qui fait autorité nous apprend que l'anglais a emprunté le terme français au dix-huitième siècle. Il n'est pas surprenant que les Français aient eu besoin du mot avant nous, car leur Establishment a été systématiquement plus hostile aux mots nouveaux. Dans la théologie, « néologisme » désigne la tendance à adopter des croyances neuves, rationalistes. Où qu'ils apparaissent, les néologismes sèment la zizanie. Dans la terminologie psychiatrique, le mot signifie l'invention de mots (composés ou pas) ou de phrases incompréhensibles, que le malade interpolent souvent dans un discours par ailleurs correct.[1] Mencken attribue au docteur Charles E. Funk la création du vocable « neotrist », mais il existe des exemples antérieurs en Angleterre de « neoterist », et « neoteric » remonte à 1596 ; ces deux mots embrassent une étendue plus large d'innovation.[2]

D'où viennent les mots nouveaux ? Certains semblent, comme Topsy, avoir simplement poussé tout seuls. La pratique des néologismes fait partie de l'improvisation, et comme elle on les répète sous forme d'histoires drôles, d'anecdotes, ou de derniers mots des mourants. Adam fut indubitablement le premier créateur verbal, après Dieu ; c'est lui qui est à l'origine de la sélection interminable de noms pour les choses et les créatures. Le « fiat lux », comme tous les habitants de Liverpool devraient le savoir, mena à la construction de Lever Brothers à Port Sunlight. Le *neologos* et le *logos* (celui de Jéhovah ou celui d'Héraclite) sont contemporains l'un de l'autre. Le sanscrit, langue « morte » mais combien déterminante d'outre-tombe, était considéré comme une langue parfaite et définitive, alors qu'on permettait au prakrit, forme parlée et populaire, d'évoluer librement. Horace et Varron appelait les néologismes « ficta verba » (mots fabriqués). Les concepts parallèles et rivaux de la génération spontanée et la production artificielle fournissent le cadre de la création de mots nouveaux.

Toute langue, sans exception, est riche ; il n'y a point de langues « primitives » ou « sous-développées ». Et pourtant, même si toutes sont riches, toutes trouvent difficile de joindre les deux bouts. On tient l'anglais pour bien pourvu. S'il l'est, c'est parce qu'il a pendant bien des siècles adopté avec hospitalité des mots innombrables d'autres langues du monde entier. C'est la famille d'accueil universelle.

Il faut distinguer entre l'invention d'un mot et l'utilisation d'un mot existant dans un sens nouveau. Cette dernière tactique est l'équivalente linguistique de l'objet trouvé artistique : mettre une chose préexistante dans un contexte différent. Nous autres Anglais avons emprunté le terme « le mot juste » aux Français, parce que nous n'avions pas de terme pareil. Mais si. Le mot correct, le mot exact, le mot approprié et ainsi de suite : nous étions cousus d'or déjà. Pourquoi, alors, ajouter au stock ? Il est à présumer qu'on croyait que l'emprunt possédait une nuance que les mots bien de chez nous n'égalaient pas. Il s'agissait peut-être du snobisme qui prête de l'exotisme aux choses étrangères. Qu'il s'agît d'urgence, de luxe ou de frivolité, le besoin engendra l'événement. Il y a comme un désir continuel de synonymes nouveaux pour constituer une sorte de réserve, pour introduire de la variété, ou pour atteindre une plus grande précision. Ce qui manque à n'importe quelle langue est un sujet fascinant de spéculation. « Si un peuple n'a pas de mot pour certaine chose, ou bien elle leur est assez indifférente, ou elle a trop d'importance pour en parler. »[3] Pourquoi l'anglais a-t-il relégué « atopy » à un domaine spécifique, et n'a pas pensé à « neminity » (désir de n'être personne) ou « nusquamity » (antonyme d'omniprésence) ? Il se peut que ces deux concepts se tapissent obscurément dans beaucoup de cerveaux, mais ne montent jamais à la surface. Il reste vrai, cependant, que la néologie provient d'habitude d'un vide à remplir. Spinoza fit remarquer que, tout en ayant le mot *commiseratio* pour la douleur qu'on ressent devant la souffrance d'un autre, « on n'en avait aucun pour le plaisir qu'on ressent devant le bonheur d'un autre.[4] « Félicitations » est trop froid. Malgré sa nostalgie dans la plupart des étapes de la vie, y compris la langue, Orwell a en fait nourri la possibilité qu'on ait besoin de mots nouveaux, non seulement pour désigner de nouveaux objets, mais afin de mieux communiquer ce que partagent tous les êtres humains. Ce dont on parle le moins couramment, il en était sûr, c'était la vie intérieure.[5] Jules Renard a confié à une dame qu'il lui fallait un mot qui fût à « larmes » ce qu'était « sourire » au rire.

Brunot et Bruneau, aux noms de faux jumeaux, apportent un démenti à l'idée attendue que de nouvelles pratiques créent immédiatement des mots nouveaux. Le favoritisme, rappellent-ils, était établi dans les gouvernements de maint pays bien avant qu'on ait inventé le terme. « Le mot *favoritisme* n'est pas la reconnaissance d'un système mais une façon de le critiquer. Il est né quand l'opinion publique s'est mise à désapprouver une procédure qui lui avait paru auparavant naturelle ».[6] Ils voient le procédé tout entier comme une spirale ou un cycle : réaction violente de purisme à une période d'expérimentation, et révolutions qui suivent une artériosclérose. Dans cette perspective historique, un néologisme est souvent un parvenu. Un étranger perçoit souvent le mieux les manques d'une langue comme lorsque le poète polonais Mickiewicz a dit : « La Pologne a mouru trois fois, mais elle n'est pas morte. »[7] De nombreux néologismes n'essaient qu'une modification à petite échelle d'un mot existant, y ajoutant une nuance – témoin Hervé Bazin qui sur le modèle d'*institutionnel* fabrique *adaptionnel.* Vu que le roman tout entier où figure ce mot forgé, *Le Matrimoine* (lui-même jumeau de *patrimoine*, et qui suggère la part de la lionne dans un mariage) s'occupe de l'adaptation – l'apprentissage de l'état de mariage – l'addition est, pour ainsi dire, organique.[8] La néologie n'est pas invariablement déclenchée par des concepts ou des produits nouveaux ; elle peut naître du désir de réviser ou d'étendre de vieux concepts et produits. Comme le calembour nous le rappelle sans cesse, le néologisme sémantique comporte la polysémie, car il déterre de nouveaux sens dans un mot ou une phrase existants. Il n'en est pas moins vrai que le côté provocateur de certains néologismes réjouit les uns, qu'ils en créent ou en reçoivent, et exaspère les autres.

Qui néologise ? Nyrop résume utilement :

> Qu'il s'agisse d'une découverte scientifique, un développement industriel, un changement dans la vie de société, un nouveau mode de sentiment ou de compréhension, ou un enrichissement de conscience morale, on réclame impérieusement le néologisme, et tout le monde crée des mots nouveaux – les gens instruits, les incultes, celui qui travaille et celui qui paresse, le théoricien et le praticien.[9]

Guibert en restreint le nombre : la création verbale régulière est due à un petit nombre d'écrivains et d'orateurs, bien qu'il reconnaisse que n'importe qui, inculte ou pas, possède assez bien une connaissance des mécanismes du langage pour produire de nouveaux exemples, ainsi qu'on le voit dans le discours populaire et l'argot.[10] Dans cette question sans doute devinons-nous tous, et le pari charitable d'Algeo me semble assez juste : « Il n'est pas possible qu'une personne moyenne sache inventer des sons ou des structures grammaticales nouveaux, mais si l'on pose la question : qui sait créer des mots nouveaux, la réponse du docteur Johnson serait sans doute : « Mais oui, monsieur, beaucoup d'hommes, de femmes et d'enfants. »[11] Refusant de faire de la néologie une chasse gardée d'universitaires, Brander Matthews maintient ceci ; « *bunch* (aller au pifomètre), *grouch* (ronchonneur), *pussy-footed* (qui ne se mouille pas), *high-brow* (intello) ont poussé en plein air, et non pas dans la serre des érudits. »[12] Dans une perspective plus ouverte, Spitzer fait remarquer que le savoir dans une démocratie « ne nous donne pas meilleur accès au mystère de la paternité que la civilisation qui créa les noms de mois Julius et Augustus. »[13] A la différence des élitistes tels que Gourmont ou Migliorini, lorsque Spitzer parle de « ce réflexe artistique généreux qui admet que plus d'un monde est concevable » (p. 83), il n'exclut personne de ce groupe. Il raconte une anecdote éloquente et poignante à propos de prisonniers de guerre italiens qui ont réussi furtivement à échapper à la censure de leurs lettres à leur famille, qui quémandaient des colis de vivres en parlant de la faim dans des termes improvisés, indirects, voire poétiques. Cette néologisation, dans des circonstances désespérantes, était donc pratique et artistique (p. 86). Même là, cependant, Spitzer reste très conscient que l'individu qui innove « porte en lui-même la mentalité des gens à qui il adresse son innovation : il connaît leurs coutumes linguistiques, et anticipe leur réaction (favorable) à son innovation » (p. 76). Plusieurs commentateurs ont souligné la façon dont des mots nouveaux se répandent d'un clan à un public plus large. Spitzer signale le besoin de « facteurs de fixation qui doivent succéder au « moment créateur » (p. 77).

Tout le côté statistique et micro-analytique de la néologie je le laisserai avec plaisir à d'autres qui ont plus d'instruction, de talent et de patience que moi. Ceux qui, favorisant les computations pseudo-scientifiques, méprisent les approches intuitives et impressionnistes, oublient que nous avons tous une sorte d'ordinateur dans notre cerveau, qui s'occupe non seulement du calcul mental, mais aussi de la recherche d'information rapide qui se produit dans notre lexique mental. La plupart de mes exemples de néologismes, d'emprunts ou de mots-valises, sont des substantifs. J'imagine qu'il y a plus de choses nouvelles que de qualités qui nécessiteraient des verbes ou des adjectifs inventés pour les désigner. J'examinerai autant les néologismes passifs (accidentels) que les intentionnels. En général, je n'ai pas d'espace pour discuter les mots nouveaux purements fonctionnels (médicaments, par exemple), qui se bornent à nommer les choses. Comme avec le calembour, je préfère le néologisme pointu, pertinent, qui est souvent mais pas toujours amusant. Je suis pleinement conscient de mon choix de privilégier la langue écrite.

Somme toute, j'étudie toujours la possibilité ou l'impossibilité de l'originalité. Widal a-t-il raison de déclarer que « le néologisme dévalorise le cliché » ?[14] Cette variété de l'expérience humaine, la création verbale, peut-elle (uniquement) échapper au lieu commun ?

CHAPITRE 15

Illustration de la défense

In words, as fashions, the same rule will hold ;
Alike fantastic, if too new or old.
Be not the first by whom the new are tried,
Nor yet the last to lay the old aside.

[Dans les mots, comme dans les modes, la même règle est de rigueur : le trop nouveau ou le vieux sont tous deux invraisemblables. Ne sois pas le premier à essayer le nouveau, ni le dernier à renoncer au vieux.]

— ALEXANDER POPE[1]

Pope est tellement sage qu'il vous donnerait des cheveux blancs rien qu'à l'entendre. Il n'est pas étonnant que peu de juges du langage aient obéi à la sagesse raisonnable, la mesquine section dorée, des vers de Pope.

Je vais commencer par la négation, la tactique injuste de la part de certaines arrière-gardes. Avec quelle justice serait-il raisonnable de résister aux mots nouveaux ? Premièrement : nous avons déjà assez de mots, pourvu qu'on les exploite comme il faut. Deuxièmement : l'innovation est souvent affaire de mode, et donc non sérieuse. Troisièmement : nous n'avons pas encore épuisé le stock existant. Quatrièmement : à qui peut-on se fier pour la création de mots supplémentaires ? Cinquièmement (et l'on vire ici vers la néologie) : pourquoi ne pas ranimer des vocables archaïques, dialectiques, ou emprunter des mots étrangers tout prêts ? Des néophobes admettent parfois que lorsqu'un mot nouveau a résisté à l'épreuve du temps, il est alors acceptable, un peu comme le procédé par lequel des souliers neufs s'adaptent aux pieds et deviennent confortables. En outre, bien des gens hostiles aux néologismes se soucient moins s'ils sont anonymes, car cela semblerait garantir qu'il y a un consentement général au mot, alors qu'un inventeur individuel peut passer pour outrecuidant. Le néologarithme (du Vatican) est un moyen pour empêcher la conception du mot forgé.[2]

Les chauvinistes linguistiques ennemis des emprunts, secteur important de la néologie, devraient être, et parfois réussissent à être, disposés à permettre la création verbale dans leur propre langue, bien qu'ils soient forcés à cette réceptivité-là, accordée à contrecœur, par la crainte de voir leur langue maternelle ou leur mère patrie envahies par des immigrants. Les puristes se sont toujours fait du mauvais sang au sujet de la quantité de matières parasites dans le discours d'autrui : tautologies, citations oiseuses, impuretés lexicales, et, par-dessus tout, emprunts d'outremer, qu'ils considèrent comme des corps étrangers dans le discours ou le texte : ces microbes qui font une brèche dans nos défenses. Mais le langage fourmille de parasites : *Finnegans Wake* illustre ce phénomène à merveille et *ad nauseam*. Depuis des siècles, les néologismes sont plus une question, plus discutable, en France que partout ailleurs. Il est difficile de croire que l'orgueil français est plus ombrageux que celui d'autres peuples. Il me semblerait plutôt que la préférence française de garder les liens tout en créant des néologismes – surtout en dérivant de mots existants, ce qui adoucit la répugnance pour l'invention de nouveau mots crées à partir de zéro – provient d'une culture où prédomine une sorte d'inceste hostile (quand on la compare à l'esprit de club de la culture anglaise.) De plus, les Français aiment compartimenter tout, peut-être afin d'opposer de façon plus antagoniste une faction contre une autre.

Je vais maintenant me grouiller. N'importe quelle étude de l'invention des mots sert à rappeler que, comme la variété mythique de suicide pratiqué par le lemming, le néologisme connaît un taux de mortalité élevé. Dans la France du seizième siècle, ceux qui engendraient de nouveaux mots sur le modèle de la langue classique étaient qualifiés par Geoffrey de Tory d' « escumeurs de latin. » On les considérait souvent comme des parasites. Quoique dans la préface de son poème épique, *La Franciade*, Ronsard ait encouragé « l'audace sage de créer de nouveaux mots », dans ses propres vers il soufflait le chaud et le froid. Il mesurait ses néologismes selon celui à qui il s'adressait, l'étape de sa carrière, ou le genre où il s'aventurait ; il lui arrivait de les supprimer dans des éditions collectives.[3] En tant que poète à la cour, Desportes devait prendre garde à ne pas offenser la sensibilité de ses patrons.[4] Ainsi, l'aristocratie inhibait-elle les écrivains autant que les gens du commun qui, comme le soutenaient certains auteurs protestants, hostiles en particulier aux emprunts étrangers, avaient besoin d'être protégés contre l'incompréhension et l'intimidation.[5] Même Montaigne s'est plaint de la manie néologisante des poètes de la Pléiade. Bien qu'il fût lui-même toujours prêt au moment voulu à inventer, il préférait extraire le maximum de saveur des mots existants. Guiraud observe d'un œil bénin toute la question. « Cette surabondance verbale chez Rabelais passe outre les besoins immédiats de l'expression pour atteindre cette fécondité, cette générosité exubérante qui est la véritable marque de la renaissance de l'humanisme. » Guiraud affectionne ce débordement, « cette fonction poétique du néologisme » (et « poétique » prend ici son sens plein de créateur).[6]

Dans la France du dix-septième siècle, la querelle entre le pour et le contre en ce qui concerne la néologie favorisa ce dernier. Le terme d' « hygiène verbale » décrit très exactement la tentative pour désodoriser la puanteur terreuse du langage du « commun ».[7] Même la conjonction/bête de travail *car* était considérée par beaucoup comme superflue. Il me faut déclarer mes intérêts (c'est-à-dire, mes préjugés). Je suis contraint d'accepter avec beaucoup de difficulté les prémisses du classicisme français ; il est peu probable que je me métamorphose jamais en postmoderniste, mais je suis certes post-romantique. J'ai bien peu de sympathie pour l'immobilisme culturel choisi, avec son injonction permanente de ne pas réveiller le chat qui dort. Vaugelas cherchait à en rajouter dans son massacre, sa contraception, de la langue française. Il aimait se vanter de ce que les Français sont plus difficiles pour les règles que les modèles latins eux-mêmes – manière arrogante de laisser entendre que les élèves l'emporteraient sur les maîtres. Dans ses remarques intimidantes, il proclamait à contrecœur que seuls le Roi ou un de ses favoris ou un ministre éminent avait le droit de créer de nouveaux mots, car de tels modèles seraient copiés et les mots eux-mêmes deviendraient de plus en plus courants ; même dans ces cas-là, les mots ainsi forgés devaient dériver de mots existants, et combler un vide sémantique. Il désapprouvait complètement les emprunts dialectaux ou techniques.[8] Il mettait l'accent sur l'assimilation rapide ; il n'y avait pas de possibilité de faire tache parmi les bienséances classiques. Les soi-disant experts croyaient communément que les néologismes devaient être aussi rares que des comètes.[9]

Et dans l'élite en général, on pensait que la langue française avait atteint son apogée, et pouvait être gâchée par des additions. L'époque du « Roi-Soleil » paraissait vouloir empêcher la terre de tourner autour de l'astre solaire, ou le soleil de rôder à travers les cieux ; c'était l'heure de l'immobilisme. L'auteur américain Brander Matthews comprend mal et naïvement lorsqu'il prétend que les décrets de Vaugelas indiquaient que « le langage n'est ni une monarchie ni une aristocratie, c'est une démocratie avec le suffrage universel. »[10] Vaugelas ouvrait certes la voie aux académiciens de toutes les tendances. Il serait plus exact de dire qu'une proportion considérable des Français de ce siècle-là préparait la grande collaboration, non pas avec un envahisseur, amis avec le système qu'on leur imposait de l'intérieur ou de haut. Les écrivains d'alors soumettaient leurs textes aux autorités qui les contrôlaient, se désistant de cette façon de leurs propres droits. Pourquoi n'étaient-ils pas plus courageux ? Les défenseurs du conformisme classique maintiendraient que se grouper mène à une meilleure publicité pour tout le groupe, ajoute à la gloire et qu'il est essentiel à l'autoprotection (cp. les chariots à bâche des pionniers américains qui traversaient les terres des Peaux-Rouges, et qui se mettaient en cercle pendant les attaques), ou les troupeaux d'éléphants qui se liguent pour résister aux prédateurs. Enfin, qu'il indique un besoin sincère de collégialité, de communauté d'intérêts. Ce sont là les bénéfices du pluriel en comparaison avec l'individuel. Après tout, des groupuscules de francs-tireurs savent de temps en temps neutraliser une armée régulière, alors que le tireur isolé ne saurait être qu'une source d'irritation. De même que la cour à Versailles aspirait les pouvoirs politiques, administratifs, culturels et grammaticaux, il n'est pas difficile de comprendre pourquoi un écrivain tel que Guez de Balzac ait pu écrire en 1636 (année où fut fondée l'Académie française) que « tout en dehors de la Cour s'appelle barbarie ».[11] Le désert commençait aux portes de Paris. Le pouvoir absolu cherche à purifier absolument. Bouhours, surnommé « le singe de Vaugelas », hasarda l'opinion que « le pari le plus sûr c'est de ne rien inventer, car il y a un grand risque à créer un nouveau mot. » Si ce mot s'avérait complètement incontournable, le créateur devrait s'excuser (« si j'ose parler ainsi »).[12]

Un vocabulaire extrêmement réduit surchargeait chaque mot du stock autorisé. Tout en visant l'universalité (à un niveau élevé) et la clarté, les auteurs du dix-septième siècle en France se tournaient vers l'indétermination, dans laquelle on faisait sauter les mots comme des jetons magiques. Il était prévu qu'on dénigrât les proverbes, car ils sentaient le peuple. La préférence pour des mots généraux, non-spécifiques, aboutissait à une abdication (par exemple, un « je ne sais quoi » – que les habitants d'autres pays, il faut l'admettre, ont emprunté pour les besoins de leur cause mystificatrice à eux.) La peur du mélange des genres, d'idiolectes et de registres menait à un racisme linguistique, bien qu'on sache depuis toujours que les chiens bâtards sont plus coriaces que les pur-sang. Certaines des distinctions étaient jésuitiques. « Vomir des flammes » ou « vomir des injures » étaient acceptables, mais non pas *vomir* tout court.[13] Le purisme affecté des Précieuses et leur horreur devant les « syllabes sales » donnaient lieu à une chasteté du discours que n'égalait pas infailliblement leur comportement. Heureusement, la censure est souvent autodestructrice, et ce qui est interdit attire plus d'attention saine que ce qui est permis. (Il semblait à Rousseau que le français, dans lequel beaucoup est submergé, soit la plus obscène de toutes les langues).[14] Le purisme existait dans un vide social, ou une serre, car les législateurs sous Louis XIV se coupaient de plus en plus du peuple. La litote, pourtant, exerça un pouvoir oblique que je me vois obligé de reconnaître. Laclos exprime l'idée élegamment en parlant d'un déshabillé qui « ne laisse rien voir et pourtant fait tout deviner ».[15] En bonnes mains, ce stock réduit exigeait une finesse proportionnellement plus avancée dans la manipulation des mots disponibles.

La Bruyère est un des premiers à se défaire, poliment, de l'habitude du misonéisme. Le purisme commence à devenir un mot sale. Le penseur protestant, Pierre Bayle, se plaint : « Notre langue est disetteuse ».[16] Fénelon était d'avis que le français avait besoin de fertilisation, car il était depuis un siècle contraint et appauvri par ceux qui voulaient le purifier.[17] Il propose que quand on avait besoin de combler un vide, il fallait créer un mot qui ne soit pas ambigu, qui ait un son agréable, qui soit en harmonie avec le génie de la langue française et qui facilite l'économie du discours. Essayez-le dans la bonne société et répétez-le jusqu'à ce qu'on l'accepte : « C'est ainsi qu'une voie ouverte à travers un champ devient un sentier battu. » Cette métaphore paraît suggérer que le nouveau a le devoir de devenir banal au plus vite.[18] Bien entendu, les auteurs comiques du dix-septième siècle prenaient des libertés, et comme le souligne Brunot, les puristes n'avaient pas d'influence sur les mots de métiers ou des artisans, qui proliféraient rapidement. Par une sorte de schizophrénie, on pensait que des mots pareils (si on y pensait jamais) étaient tenus par les législateurs de ne pas appartenir à la langue françise mais de constituer des enclaves étrangères. Peut-être que l'image la plus apte pour la langue idéale de la période classique française est celle de « buis taillés dans des jardins de Le Nôtre ».[20] Laissant derrière lui le dix-septième siècle, Brunot pousse un soupir de soulagement : « Aucune discipline ne sépare jamais complètement une langue de la vie telle qu'on la fait par des événements, les modes, les accidents, jour après jour. »[21]

En même temps que les écrivains français s'accrochaient à une langue déjà donnée et mettaient un frein à son développement, certains scientifiques (des pionniers, nécessairement) en Angleterre réclament une langue non seulement plus purifiée mais aussi nouvelle (bien que le slogan de « simplicité mathématique » dans le discours ou l'écrit ne soit pas sérieux, vu que les mathématiques sont de l'hébreu pour la majorité des gens). Des académiciens de la Royal Society, irrité par le bel esprit étalé par les prédicateurs anglicans en vue, leurs métaphores excessives et leurs ornements rhétoriques, caressaient la chère illusion qu'un langage qui se passe d'explication était concevable (c'est-à-dire, que le nom des choses indiqueraient leur nature).[22] En l'occurrence, étant anglais, les écrivains scientifiques de l'époque ne se refusaient ni les métaphores ni le arts rhétoriques ; et comme le notaient certains de leurs adversaires, assez d'entre ces écrivains-là étaient enclins à créer de maladroits néologismes empreints de latinismes, et à se servir de jargon. Comme le jargon, en effet, le néologisme peut entraver plutôt que favoriser l'accès. Le tout était particulièrement ironique, vu que l'évolution de la pensée scientifique moderne de cette époque-là accompagnait souvent une méfiance devant les langage, car dans la querelle des Anciens et des Modernes on caractérisait habituellement l'Antiquité comme verbose et sujette à la discutaillerie. Une autre différence essentielle de la tradition classique française était que la plupart des défenseurs de la langue anglaise à cette époque-là, qu'ils fussent progressifs ou conservateurs, faisaient de nécessité vertu en entérinant les emprunts massifs aux autres langues. Il existait toutefois une campagne consacrée à juguler et régulariser cette activité prétendument chaotique. Defoe propose une Académie anglaise, pour faire pendant à la française, et lui assigne une fonction de contrôle : « Il serait aussi criminel alors de forger des mots que de battre monnaie ».[23] Un peu plus tard, Addison écrivait en faveur d'une institution sembable « pour aplanir toute controverse entre la grammaire et l'expression idiomatique. »[24] Quant à lui, Lord Chesterfield dit : « Il nous faut choisir un dictateur »[25]. Swift : « Mais lui désirait l'établissement d'une norme et non d'un anglais fossilisé. »[26] Le titre du texte de Swift – *Proposition pour corriger, améliorer et établir la langue anglaise* – laisse voir une intention non réfrigérante. La Grande-Bretagne du dix-septième siècle et les Etats-Unis du siècle suivant ont fait des tentatives peu concluantes pour égaler les académies du seizième siècle en Italie, la française et celle de l'Espagne au dix-huitième siècle. Au cas où cette liste inciterait d'aucuns à dresser une ligne de partage nordique/latine, protestante/catholique, libérale/autoritaire, je devrais ajouter que l'académie suédoise, fondée au dix-huitième siècle, fonctionne toujours. Ces académies, d'ailleurs, tendent à être si lentes et laborieuses qu'elles ont peu d'effet sur l'évolution d'une langue. Bengtsson offre un exemple éloquent du *modus operandi* atomisé de l'Académie française. Les vocables « démailloter » et « emmailloter » avaient pendant un certain temps des terminaisons différentes, bien qu'ils fussent basés sur la même forme, parce qu'ils avaient été discutés à des séances différents et avaient recueilli de différentes majorités. Il décrit aussi le cercle vicieux : l'Académie ne prétend qu'à enregistrer l'usage, mais bien des gens s'y réfèrent en tant qu'agence normative.[27] « Défaitisme » (qui passa ensuite en anglais, où l'on ne fit pas d'histoires) fut interdit dans les années 1920 par le maréchal Foch parce que ce n'était pas un concept français.[28]

Lorsque l'Angleterre se donna enfin un moniteur langagier, la Société pour un anglais pur, elle eut de la chance : ses fondateurs étaient Robert Bridges, Logan Pearsall Smith et H.W. Fowler, qui jouissaient tous les trois d'une santé d'esprit aux idées larges et qui n'avaient aucune ambition d'arrêter net la langue dans son évolution. Ils étudiaient calmement argot, américanismes, emprunts et néologismes, parmi beaucoup d'autres sujets. Ainsi que s'écrie J.Y.T. Greig sur un ton un peu mélodramatique : « En de mauvaises mains, cette Société serait devenue un fléau terrible, une vraie Inquisition ou Congrégation de la Propagande à la fois. » Plus loin, il écrit un dithyrambe sur la création verbale ou l'emprunt :

> Nous avons maintenant la langue la plus riche de l'Europe, et c'est parce que nos aïeux ne tenaient pas compte des Priscien mesquins de leur époque. Quand ils avaient besoin d'un mot ils le créaient, ou le volaient, se souciant peu si son synonyme existait déjà en anglais. Mieux vaut trop qu'assez, lorsque c'est une fête de mots colorés et expressifs.[29]

J'ai laissé derrière moi une France où La Bruyère se mettait à parler en faveur de mots nouveaux. L'hostilité envers ceux-ci, cependant, persista vigoureusement, et les premières années du dix-huitième siècle virent une épuration même d'auteurs classiques tels que Corneille et Racine, en dépit de la nature de leur vocabulaire ou leur syntaxe qui prenaient peu de risques. Le puriste en chef était Desfontaines, dont le *Dictionnaire néologique* connut des réimpressions pendant cinquante années. Au début de ce siècle, le terme « néologisme » signifiait le plus souvent un tour (périphrase, euphémisme, devinette), par exemple « le Suisse du jardin » (la haie), ou « anti-vestales » (prostituées).[30] Mais une bonne justification pour la création verbale est que c'est un moyen d'éviter la circonlocution, et ainsi de pratiquer l'économie. « Néologie », par contre, indiquait d'une façon plus neutre l'art d'inventer des mots. Au siècle des Lumières naissantes, les élitistes soutenaient encore que la création verbale devrait être confiée aux experts : la mandarinnovation, pourrait-on dire. En général, les « philosophes » étaient aussi peu révolutionnaires dans le renouvellement de la langue qu'ils l'étaient dans celui de leur société. Ils préféraient la révision au bouleversement. Conservateur flexible, Voltaire fait remarquer dans une lettre à Frédéric ll que « notre langue est une mendiante hautaine ; il faut la forcer à prendre l'aumône. »[31] Encore que Rousseau fût en faveur de passer l'autorité de l'usage à l'écrivain lui-même, il inventa peu de mots nouveaux.[32] Même les défenseurs de la néologie parlaient le plus souvent d'étendre l'arbre généalogique des mots et étaient bien moins désireux d'avoir des mots nouveaux qui n'avaient pas de liens de parenté. La dérivation du latin (et moins fréquemment du grec) était toujours la norme. L'évolution du français, en s'écartant du latin (phénomène beaucoup plus prononcé en France qu'en Italie ou Espagne) faisaient que les néologismes dérivés semblaient presqu'inévitablement être basés sur le mot latin d'origine qui le mot français déjà existant ; ainsi « nœud » (il était difficile d'y ajouter) donne « nodosité » et « jeu » engendre « ludique ».

Plus une langue s'écarte, plus elle est recapturée par une mère possessive. Selon François, les préceptes rebattus : nécessité, euphonie (comme si tous les mots déjà en circulation plaisaient à l'oreille !) et analogie, récités si souvent par les puristes du dix-septième siècle, étaient assez vagues pour être recyclables par les néologistes de manière à promouvoir une expansion moyenne du lexique.[33] Et un torrent de termes techniques se préparait, encouragé par l'*Encyclopédie* de Diderot et D'Alembert. Diderot était captivé spécialement par tant de mots propres. On accueillait volontiers des archaïsmes renés, car même les puristes d'alors avaient l'habitude de lamenter la disparition de vieux mots français, par exemple ceux du seizième siècle, en particulier ceux de Montaigne. Les emprunts augmentaient à mesure que croissait le cosmopolitisme culturel. En 1760, Charles Bordes, académicien lyonnais, imagina un dictionnaire comparatif, où la section française avait beaucoup de vides, afin de pousser les écrivains français à enrichir la provision du vocabulaire : « Tout homme réfléchi aurait envie de créer des tours heureux ».[34] La campagne néologisante s'accompagnait d'ordinaire d'une volonté de classer, de systématisr, de rationaliser dans de nouveaux domaines d'enquête et de pratique (arts et métiers, sciences, philosophie, industrie). Beaucoup pensaient déjà que le progrès des connaissances et des spéculations, joint au transfert graduel d'arbitrage de la Cour à la haute société parisienne, exigeait une langue plus étendue. Ainsi Restif de la Bretonne propose-t-il de remplacer *hasard* par *fortuité* (pour faire le lien avec *fortuit*), et *puérilement* par *enfantinement*.[35] Il semble que la crainte du siècle précédent de l'hétérogénéité mettait beaucoup de temps à s'apaiser ; et le choix d'une vulgarisation bienséante écartait toujours de nombreux termes techniques. Dans les dernières années du dix-huitième siècle, c'était un lieu commun que de dire que les mots se fatiguaient et avaient besoin de remplacements ; et un penchant pour les métaphores mécaniques et biologiques encourageait cette idée rebattue. Dans cette prespective, il ne s'agissait pas pour le néologiste d'inventer simplement, mais aussi d'élaguer et de nettoyer. La néologie regardait dans les deux sens, comme Janus, et embrassait la récupération de mots tombés en désuetude.

Louis-Sébastien Mercier (1740–1814) bouleverse de nombreux clichés par son approche merveilleusement peu méthodique de la réforme de la langue. Plagiaire obsédé de nouveauté, il plaçait la conversation quotidienne au-dessus du discours académique, puisque celui-ci sème la discorde et le pédantisme. « Qui eût cru que quarante hommes [l'Académie française] mettraient en commun leur intelligence, la réduisant de la sorte à zéro, dans la construction étagée d'un ABC volumineux sur des siècles : production stérile. » Par conséquent, « seule une nation sans académie saurait posséder une grande langue nouvelle et audacieuse. » Il lui semblait plus probable qu'une langue mourrait d'inanition que d'abondance. Exceptionnellement, il insistait sur la valeur de nouveaux mots isolés, car les phrases et les circonlocutions promettent beaucoup et apportent peu, alors qu'un nouveau mot « vous éveille plus que ne le fait un bruit fort et fait vibrer à votre intérieur une fibre vitale. Il se vantait d'avoir ressuscité maint vocable enfoui en disant : Emporte ton lit, et marche. »[36] En comparaison avec d'autres partisans de néologie de son époque, Mercier, à son habitude, partait dans une digression : « J'ai greffé un sujet sauvage sur les arbres d'une vaste forêt, si vous le voulez, mais ce que je désirais réellement c'était de donner aux gens de nouveaux fruits à manger. »[37] Riffaterre exagère lorsqu'il assimile Mercier à ces écrivains-là « qui tendent à innover par un *esprit de système*, car son système était intuitif, généreux et sain.[38] Pour sa part, François considère Mercier plus clairement comme une charnière essentielle, par laquelle « la néologie rationnelle du dix-huitième siècle débouche dans l'imagination littéraire du dix-neuvième. »[39]

Pendant la Révolution française, inévitablement, des impulsions opposées s'affrontaient. D'une part, une impulsion cohésive, conservatrice de s'accrocher à la langue française telle quelle, atout national primordial, voire d'étendre enfin son empire à tous les sujets. C'étaient les Jacobins qui s'engageaient à imposer le français, et les catholiques et les royalistes des provinces qui souhaitaient garder en vie les patois, dialectes et langues. A mesure que croissait le pouvoir des masses, les orateurs publics se voyaient obligés de changer de registre : les temps nouveaux, les structures et les pressions nouvelles, exigeaient de nouveaux mots. Les autorités révolutionnaires réforment le calendrier à force de rebaptiser les mois (avril devient germinal, par exemple). Le langage et la vie politique se fusionnent (ou se contaminient). Le critique néo-classique, La Harpe, dans un discours au lycée républicain en 1794, sur le fanatisme du langage révolutionnaire, parle des nouveaux mots dont on avait besoin pour désigner de nouveaux crimes, qui avaient été à vrai dire un secteur en expansion depuis 1789 (cp. génocide, holocauste, et les euphémismes proliférants pour les atrocités, au vingtième siècle). Mercier est en effet moins extrémiste dans sa pratique que dans ses manifestes démagogiques : « Heureux celui qui dans son travail est en même temps libre et despotique », dit-il dans l'introduction de sa *Néologie* – opinion parfaite pour une époque révolutionnaire. Je dis amen, cependant, à sa détestation de la réflexion collective en comité : « Plus les têtes prolifèrent, plus elles se voient réduites. »[40]

Plus audacieux, eux aussi dans leurs manifestes que dans leurs ouvrages, les romantiques français de la génération de 1830 inventèrent très peu de mots nouveaux. En effet, Hugo déclare que les nouveaux mots « détruisent les tissus de la langue ».[41] Il emprunte quand même quelques mots à d'autres langues européennes afin de créer de la couleur locale dans ses romans et drames, et ses impulsions syncrétiques l'obligeaient à inventer un petit nombre de mots composés. J'ai signalé dans la première partie de ce livre la nature souvent clichéique du langage romantique français ; il est décevant de voir combien peu il innove aussi dans le lexique. Nodier éprouvait une répugnance presque classique pour les mots forgés, et, comme les poètes romantiques, préférait réintroduire et accréditer des mots obsolètes à la création des mots à partir de zéro. Ce sont les poètes symbolistes cinquante années plus tard qui ont cherché véritablement à révolutionner le vocabulaire français. Comme les anti-calembouristes, ceux qui, comme Stendhal, étaient ennemis des mots forgés réagissaient davantage contre les néologismes mauvais et superflus que contre la néologie elle-même. Stendhal ridiculisait en particulier le lecteur bourgeois nouveau riche qui avait des prétentions culturelles : « Il comprend davantage le style emphatique ; le *néologisme* l'étonne, l'amuse, et fait beauté pour lui ».[42] Au-delà de celui-ci, Stendhal s'attaquait à Chateaubriand et son empressement à faire de l'innovation linguistique, qui lui semblait servir de couverture à des idées périmées.

Une des différences principales entre les attitudes française et anglaise envers la néologie, c'est qu'alors que le français ne saurait inventer un nouveau verbe sans difficulté si ce n'est en ajoutant l'affixe surmené *-iser*,[43] l'anglais n'a qu'à utiliser le même mot pour les deux fonctions : « to chair a meeting » [présider une réunion], ou « to chicken out » [se dégonfler, comme un poulet apeuré], et est grandement servi, comme dans le deuxième exemple, par ses prépositions énormément polyvalentes. Le fait aussi que l'anglais puisse utiliser les dérivations et germaniques et latines/grecques l'aide à être richement métaphorique, et quelque peu embrouillé. Les Anglais sont moins conscients de l'origine métaphorique des emprunts (p.e. « éradiquer » contre « déraciner »). Par conséquent, la culture anglaise ne connaît pas de véritable équivalent du concept français très chargé, le *franglais* (c'est-à-dire, en effet, l'américanisation). Une si grande partie de l'exode des cerveaux britanniques s'est dirigée vers l'ouest que nous faisons peu d'attention au contre-flux. Il en résulte une moindre demande de barrières douanières linguistiques. Est-ce le fair-play ou la paresse ? On voit ce sang-froid dans les mots de Pearsall Smith : « Par la « pureté » d'un mot anglais, son homogénéité, son anglicité, nous voulons dire non pas son origine teutonne, mais, quelle que soit sa source, la conformité acoustique et formelle avec l'essence de la langue, et son assimilation complète et satisfaisante. »[44] Lorsqu'il note que ces acquisitions lexicales se font frequemment par la voie des calembours ou de l'étymologie populaire, il me semble qu'il aurait pu ajouter qu'il se trouve dans cette drôlerie inhérente une sorte de mécanisme de défense, pareil à l'habitude de débiter les mots étrangers d'une façon comique.[45] Une des raisons pour lesquelles il se sent plus confiant devant ces emprunts c'est leur tendance bien connue à retourner à leur pays d'origine et à enrichir son stock avec un sens changé du mot d'origine (p.e. « Desporter » – « disport » – sport, et ainsi de retour en France). Somme toute, cette réunion anglaise d'une langue métaphorique et la façon décontractée de la manier est une grande source de forces.

Aux Etats-Unis, Noah Webster prévit en 1789 que l'anglais et l'américain divergerait à cause de la distance qui sépare les deux pays, et des nouveaux modes de vie là-bas, qui auraient besoin de nouveaux noms, et ainsi de suite.[46] Il ne pouvait pas prévoir le phénomène du melting-pot créé par l'immigration de masses de non-anglophones. Mencken se moque équitablement des nombreux pédagogues américains qui croient que « le développement naturel de la langue est sauvage et mauvais, et qu'on devrait le discipliner selon des règles formulées en Angleterre » (p. 51). Dès le début, on établit deux camps : les puristes qui favorisaient les critères importés de l'Angleterre, et les révolutionnaires. Deux clichés indestructibles naissent :

« pollution de la source pure de l'anglais », et « la barrière d'une langue commune ». Malgré le plaidoyer vigoureux de Walt Whitman pour la beauté des vulgarismes et la nécesssité d'incorporer le discours familier, sa propre production de néologismes (à l'exception de « yawp » [cri]) ont l'air bien mandarin : « To eclaircise », « to promulge », « omnigenous » (p. 74–5).

Il était cependant inévitable que la capacité de production supérieure des Etats-Unis s'étende des produits aux mots. Jusqu'à 1885, on appelait la plupart des néologismes « Westernisms » ; l'Ouest était là où la vie la plus moderne se déroulait. Aux yeux d'un étranger, le centre bizarre de la vie linguistique américaine est, d'un côté, une grande verve (argot, brio, mots forgés à gogo et colorés) et, de l'autre, le pédantisme (jargonnage) : raccourcis et méandres ; culte de la franchise verbale mais pratique de l'embrouillement euphémisant. Tout cela rend non valable la dénigration commune de l'usage américain par beaucoup d'Anglais. Par exemple, « l'origine de « to debunk » est sans doute la même que celle du jargon américain en général – l'impuissance d'une démocratie mal instruite et peu intelligente à assimiler des mots savants ».[47] Et pourtant l'amour des mots savants fait partie de la fanfaronnade, mode typique de l'humour yankee. Une bonne partie de la rivalité entre les deux cultures anglophones provient des goûts opposés pour l'hyperbole et la litote. En général, Mencken, qui s'amuse à inventer lui-même, est plus critique envers les néologistes qu'on ne s'y attendrait, et il les divise en deux groupes : ceux qui promeuvent des produits ou des services nouveaux, et les gens de lettres peu distingués, c'est-à-dire échotiers, scénaristes du cinéma et de la radio, paroliers, écrivains des bandes dessinées, agents de presse et, pour finir, chroniqueurs sportifs (p. 330–1). Je ne suis qu'à moitié convaincu par l'affirmation de Kenneth Burke : « Je ne vois pas de raison pour croire que les Américains créent les mots d'une manière particulièrement féconde. L'argot américain n'est pas né d'un don exceptionnel, mais d'une situation nouvelle, et les gens avaient besoin de noms additionnels pour désigner ces nouveautés. »[48]

Si, comme le veut le stéréotype, les peuples latins gesticulent plus que les britanniques ou les américains, ces derniers se sentent plus autorisés à adapter et à rénover leur langue. Le purisme linguistique est essentiellement un phénomène continental. Le normativiste désire ne pas laisser faire les choses, ne rien laisser à l'impulsion du moment. Les puristes ressemblent à des parents possessifs qui ne peuvent supporter de voir leurs enfants grandir et les quitter. De pareils nostalgiques (ou des nostalgolaginistes) répètent comme un perroquet les contes de fées qu'on leur a assénés pendant leur jeunesse – sur le bon vieux temps quand la langue était sujette à un contrôle rigoureux. De nombreuses plaintes au sujet de la décadence ou l'abâtardissement de la langue reprennent les rouspétances des parents au sujet de leur progéniture : même hostilité des vieux contre les jeunes ou le nouveau ; même rancune (disait Beckett, pour une fois lyriquement éloquent) que le whisky dirige contre le flacon – c'est-à-dire, ce qui se consomme contre ce qui perdure.[49] Les plaintes adressées aux compagnies de communication audiovisuelle et qui se concentrent sur les « gros mots » du dialogue (à savoir : jurons et mots sexuellement explicites) dépassent celles qui font objection aux chocs visuels ; on a tendance à se montrer plus délicat et plus sévère à propos du langage que de n'importe quel autre sujet.

Trop de gardiens de la langue font penser au concierge français archétypal : grincheux, tyrannique et peu accueillant aux visiteurs. « Des références aux vices stylistiques, à la diction défectueuse : tout un chacun parle de la corruption de la langue comme si celle de la jeunesse fût un outrage identique. »[50] La résistance à la rénovation, dont j'ai suivi les traces dans la partie de ce livre consacrée aux clichés, fait naître le purisme. Nombreux sont ceux qui se porteraient volontaires pour administrer un service d'immigration linguistique, afin de bloquer ou au moins réduire la venue du sang neuf. Remy de Gourmont forge « misonéisme » et Valery Larbaud « néophobe » pour décrire des réactions semblables.[51] Les mots mêmes « préserver » et « conserver » sont ambigus, car ils suggèrent aussi les cadavres, les morgues ou la réfrigération. L'impureté redoutable peut surgir de dessous (les parties du corps les plus honteuses, indicibles si possible, ou du corps politique – la plèbe), ou de l'extérieur (envahissement ou emprunt). Peut-être que l'antonyme de « purisme », aussi bien que « latitudinarisme », devrait être « bâtardisme ». Il est naturellement aisé de se moquer, et il me faut écouter la contre-proposition : « L'amour de ce qui est bien de chez nous est une forme élémentaire du narcissisme ou du nosisme, et constitue l'élément le plus puissant de la famille et de la patrie ».[52] Le danger gît quand même dans la dérive du purisme linguistique du chauvinisme à la xénophobie, à l'eugénisme, au génocide, et à l'ethnophaulisme. Il est ironique que les étrangers mêmes, surtout s'ils ont appris une deuxème langue par cœur, sont souvent, comme les convertis religieux, plus puristes que les autochtones. On verra plus tard de même que certains remèdes sont pires que les maladies contre lesquelles on les essaie, que « le puriste est pire que le mal ».[53] Les propriétes du langage sont des qualités inhérentes mais qui suggèrent aussi la propriété exclusive, et se laissent glisser vers le domaine des bienséances, du décorum, du conformisme.

Un bon exemple d'un réflexe conventionnel contre la colonisation yankee est le cri de Charles de Gaulle que les Français ne devraient pas se laisser phagocyter par la technologie américaine.[54] (Les phagocytes sont des cellules qui entourent, digèrent et éliminent les bactéries qui les envahissent. De Gaulle avait compris le terme de travers.) La défense d'une langue s'attache le plus souvent au vocabulaire beaucoup plus qu'à la syntaxe ou la prononciation, et révèle encore une fois la préférence pour les solutions à court terme des problèmes. Les conservateurs langagiers considèrent leur langue maternelle comme une institution fondée il y a longtemps, où tout et tous ont leur place désignée. La première lettre française puriste fut publiée en 1757 par Fougeret de Monbron : *Préservatif contre l'anglomanie* (ou capote anglaise ?). En lui-même, le désir de défendre ou d'épurer ce que Mallarmé appelait « les mots de la tribu » est parfaitement louable. Après tout, les critiques qui s'occupent de la haute culture résisteraient pour la plupart à la terminologie du pop ; à leurs yeux, celle-ci paraîtrait autant une intrusion étrangère que les américano-anglicismes aux mandarins français. Inversement, la presse de bas étage se dérobe devant les mots savants dans leur propre langue. La préoccupation très étendue en France de la question du néologisme – de nombreuses rubriques de journal y sont consacrées de façon régulière – reflète une inquiétude réelle, mais selon certains malavisée. Les Français ont l'habitude de systématiser leurs inquiétudes.

L'autre habitude française de longue haleine – contrôler tout à partir du centre, que ce soit dans la vie politique, la culture ou l'enseignement – conduit à un désir d'imposer une volonté arrêtée par des décrets. La loi Bas-Lauriol de 1975 était la troisième au sujet de la langue, après l'ordonnance de Villers-Cotterêts (1539) qui interdisait l'utilisation du latin dans les documents officiels, et celle du troisième Thermidor, An ll (1793) qui limitait la publication de textes à la seule langue française. La loi Bas-Lauriol stipule que le français est obligatoire pour la publicité et la présentation des denrées et des services, dans les modes d'emploi, les garanties, les contrats et autres documents commerciaux. En 1986, le premier ministre Chirac nomma un ministre des affaires francophones. Comme le fait observer Joscelyne, tout cela venait « d'une vieille préoccupation de la droite avec la langue francaise. Ses inquiétudes jumelles se concentraient sur l'envahissement et la dégradation du français par les emprunts et le « déperissement de la mission civilisatrice de la France en Afrique et en Asie ».[55] De plus, des groupes de langues minoritaires à l'intérieur de la France ont l'impression que leurs langues ont besoin de la protection et du soutien. Selon *Le Monde*, qui dévie avec précision le mot de Victor Hugo selon lequel la Révolution aurait mis un bonnet rouge au dictionnaire : le gouvernement essayait de mettre « un bonnet tricolore au dictionnaire. »[56] Pendant les trois années qui suivaient la nouvelle loi, trente compagnies furent jugées pour violation. Par exemple, la chaîne de restaurants Quick fut condamnée à une amende de 500 francs pour avoir utilisé dans ses menus « hamburger, big cheese, soft drink, Irish coffee ».[57] Le président d'une maison de meubles, Hugues Steiner, survivant d'Auschwitz, résista à l'accusation d'avoir employé « show-rooms » au lieu de « hall » (également anglais !), en faisant remarquer qu'une telle persécution sentait les campagnes fascistes d'épuration. Les amendes étaient dérisoires, et il faut se demander à quoi sert une purge partielle, un lavement fait sans conviction. C'est le mode de vie américain, l'impérialisme culturel et économique, bien plus que les américanismes, qui « menacent » la France. La lamentation à propos de l'envahissement linguistique cache une peur d'avoir perdu une position dominante. Il est ironique, aussi, que ceux qui s'opposent à l'expansionnisme yankee aient souvent le désir impérialiste d'étendre le français non seulement à ses colonies, mais aussi au territoire national, au grand dommage d'autres langues ou dialectes régionaux.

> Les mots anglais qui passent dans l'usage français par les médias des chansons, des films ou des programmes de télévision servent d'équivalents linguistiques aux mécanismes de détente psychosociaux des jeunes dans la mesure où ils représentent une source de délivrance du monde verbal et dirigiste de l'école, de la vie d'adulte, et des lois.

Ce dirigisme prend la forme de listes de nouveaux mots officiellement approuvés. Les diverses commissions terminologiques sont obligées de chercher la bénédiction de l'Académie française quant au « pedigree morphologique et l'admissibilité syntactique de leurs néologismes ».[59] Maurice Genevoix, secrétaire perpétuel de l'Académie (sans doute parce qu'il pourvoit aux besoins des « Immortels ») niait que son institution, depuis sa fondation, ait jamis cherché à légiférer, et il fit de grands efforts pour atteindre à une politique sainement libérale. Il avoue que non seulement la France hexagonale mais aussi des pays francophones à travers le monde sont préoccupés de la question : comment le français peut-il innover ? Les habitants de ces pays, entourés d'anglophonie, seraient au désespoir si leur langue maternelle se trouvait incapable de leur fournir le vocabulaire mis à jour et nécessaire à leurs besoins.[60] Genevoix considérait la nécessité, la mode, et la paresse comme les trois raisons principales pour accueillir les mots étrangers dans le français. Le problème essentiel serait : comment faire participer le public en général dans la tâche de trouver de nouveaux termes. Dans les annés 1970, les téléspectateurs étaient invités à plusieurs reprises à proposer des équivalents français à des mots anglo-américains (p.e. « design »). Comme ils se portaient volontaires, leurs suggestions étaient souvent spirituelles, inventives ; mais peu de leurs propositions prirent racine. L'interdiction des importations linguistiques a pu avoir un effet marginal sur le français écrit, mais semble avoir eu peu d'influence sur le parlé. Le danger pour les Français, dont certains se rendent compte, est celui de se ghettoïser, s'ils essaient de s'opposer à tout emprunt avec un terme français existant ou spécialement fabriqué. Un critique indique l'incohérence du système de défense, son habitude de traduire d'ordinaires expressions étranges par des noms composés pseudo-grecs (p.e. « écographie » pour étude des ressources terrestres, là où « inventaire terrestre » ferait bien l'affaire).[61] La création verbale après coup est pour la plupart inutile. Elle a l'air d'une pensée tardive, d'une flèche du Parthe. Certains défenseurs plus réalistes du français cherchent activement à trouver des moyens moins contre-productifs que le purisme pour maintenir et même étendre leur langue. D'ailleurs, le taux de l'envahissement étranger varie selon le domaine choisi. La statistique démontre que le nombre d'anglicismes/d'américanismes est plus élevé dans le monde de la publicité, de la banque, et des ordinateurs, que dans celui du droit, de la viniculture, ou de l'esthétique. Bien qu'aucune personne saine d'esprit fasse objection aux importations lexicales, il est certes juste de combattre l'envahissement total des marchés : le dumping.

Isaac Disraeli l'avait bien dit : « Il n'y a pas de Monnaie gouvernementale des mots. »[62] Le sociologue Alain Touraine disait au sujet de la politique culturelle française dans l'Amérique latine qu'il est vain d'ériger des murs autour d'une « peau de chagrin ».[63] Certains sceptiques croient voir dans la question tout entière une reprise de la prétention théologique que, puisque la France est la fille aînée de l'Eglise, elle doit être également celle de la Parole. Ils rient de l'idée que le français est une exception. Proust offre un rappel opportun du cafouillage inhérent au langage qui fait du purisme robotique un non-sens :

> Les mots français que nous sommes si fiers de prononcer exactement ne sont eux-mêmes que des « cuirs » faits par des bouches gauloises qui prononçaient de travers le latin ou le saxon, notre langue n'étant que la prononciation défectueuse de quelques autres.[64]

Queneau, anti-snob par excellence, aimait citer ce passage, et il croyait lui-même qu'il y a peu de fautes stériles.[65] En plus des intransigeants qui s'opposent à tout changement, il y a naturellement (et Proust en est un excellent exemple) d'authentiques conservateurs linguistiques. Michel Tournier, néologiste doué et innovateur passéiste, maintient d'une façon provocatrice que les patriotes les plus véritables (peu importent leurs opinions politiques suspectes) sont les gardiens de la langue maternelle.[66] Dans une série de jeux de mots, Tournier dresse une liste graduée : purification religieuse, épuration politique, sauvegarde de la pureté de la race,[67] auxquelles on peut ajouter le purisme linguistique. Proust soutient que les seuls défenseurs d'une langue sont ceux qui « l'attaquent ».[68] Les guillemets laissent entendre que Proust emploie « attaquer » dans le sens musical : interprétation agressive. Les auteurs tendent à être équilibrés d'une facon plus intéressante sur la question que les linguistes professionnels, dont certains n'atteignent au mieux qu'au niveau du cliché français classique : « le juste milieu ». De là, Le Bidois oppose « le phalanx des super-puristes et la cohorte des laxistes farouches ».[69]

Il y a des exceptions. Du point de vue d'un occitanophone, Claude Duneton attaque vigoureusement les effets débilitants de la centralisation par lesquels un lexique de la haute bourgeoise parisienne est imposé aux masses françaises, surtout provinciales. (Les Français, ne l'oublions pas, tendent à confondre l'univers et la haute société (« le monde »). Pour Duneton, le français est une langue complexe qui se prête à une transfiguration, plutôt qu'une transcription, de la réalité.[70] On l'a traité de « espéranto pour intellectuels ».[71] Plus haut, j'ai choisi « la clarté » comme le cliché par excellence au sujet de la langue et de l'esprit français. Duneton se moque de ce mythe antique et affirme que la prétendue excellence du français en tant que langue de la diplomatie ne tient pas compte du fait que ce dans quoi il excelle est « noyer le poisson » : l'embrouillement total des problèmes cruciaux.[72] Selon Bory, cette langue est tellement codifiée qu'elle ne sait même pas comment assimiler des mots étrangers, et se voit obligée donc à les plaquer dessus comme dans un sandwich double.[73] Il semble certes vrai que les mots en français doivent acquérir le « droit de bourgeoisie », ce descendant moderne des « lettres de noblesse ». Protester contre les importations de l'étranger tient de l'autarcie et, dans ses formes extrêmes, de l'autisme. La plupart des emprunts sont des mots courts. Le français manque en vérité de brièveté. C'est peut-être, comme le maintient le linguisticien Martinet, que certains traitent la langue comme une fin en soi (les professionnels ou les amateurs pédantesques), tandis que d'autres (la majorité) la voient comme un outil, toujours prêt à être adapté à de nouveaux emplois. Tout en tombamt d'accord avec les censeurs patriciens que le français parlé d'aujourd'hui est souvent appauvri et banal, il attribue ce déclin à la peur d'être pris en défaut et ridiculisé. « Les Français n'osent plus parler leur propre langue parce que des générations de grammairiens, professionels ou amateurs, l'ont transformée dans un site plein de pièges et de vetos. » Il finit par un appel galvanisant à l'audace : récupérer votre propre langue contre les contradicteurs. Le seul défenseur authentique est Du Bellay, qui se fit le champion du français contre les détracteurs, à force de proposer des engrais qui augmentassent son étendue et aidassent les Français à se sentir chez eux en le parlant. Le conservatisme linguistique, dans cette perspective, se dessert parce qu'il incite carrément les usagers à emprunter sans discernement des mots étrangers.

Je voudrais maintenant examiner rapidement certaines attitudes allemandes, italiennes, et canadiennes francophones envers le purisme. A cause de ses possibilités de mots composés, l'allemand permet évidemment une grande quantité de créativité lexicale. En conséquence, il est probable qu'on considère l'emprunt comme beaucoup moins nécessaire, et effectivement répréhensible. Il est étrange, étant donné ses théories de la pureté raciale, que l'attitude du régime nazi soit si souple. « Lorsqu'ils en avaient besoin ils préféraient des emprunts ... et n'allaient pas se laisser tancer par des fanatiques petits-bourgeois. »[76] L'Allemagne avait connu un continuel protectionnisme nationaliste depuis le dix-huitième siècle. En 1940, le ministre de l'enseignement ordonna que la germanisation obligatoire des emprunts dût s'arrêter. « Là-dessus, le purisme ou le *Verdeutschung*, à ne pas confondre avec le procédé naturel de calques, fut abandonné. »[77] Par contre, la loi d'épuration de la langue, dans l'Allemagne des années 1960 et après, rend trop facile la moquerie des anglophones, gagnants courants de la loterie globale, des autres peuples qui se sentent de façon compréhensible menacés dans leur identité linguistique.

En Italie, par contre, dès 1923 on préleva une taxe sur les mots étrangers utilisés dans les enseignes de magasins, et, au début de la deuxième guerre mondiale, une loi interdit tous les mots pareils. On fit paraître une affiche où on lisait « Italiani, boicottate le parole straniere ».[78] Le mot à l'imperatif, dérivé de l'anglais, sapait le message xénophobe. Les listes noires succédaient aux chemises noires. Une proposition : remplacer « bar » par « quisebeve » (on peut boire ici) tient de la définition des mots croisés.[79]

Du point de vue du Québec, où l'américanisation est une réalité encore plus voyante qu'en France métropolitaine, les attitudes ont tendance à être plus souples et pragmatiques. Corbeil affirme qu'il est plus facile d'emprunter que de néologiser. Le mot étranger est souvent moins étrange que le nouveau mot forgé dans votre propre langue. De plus, le mot étranger a fait ses preuves dans son milieu natal, et l'emprunter aide à jeter un pont vers cette communauté étrangère. Ce qui plus est, bien entendu, les mots étrangers apportent une aura d'exotisme, font les délices des snobs, et plaisent à la paresse de tous. Néánmoins, Corbeil maintient que la langue française est aussi bien équipée que n'importe quelle autre pour créer de nouveaux mots. L'empêcheur de danser en rond, pour lui comme pour Martinet, est le conservatisme linguistique, une conception élististe de la langue, qui remonte, chronologiquement et sociologiquement, à une ère pré-démocratique. « Ce n'est pas notre langue qui passe en jugement, mais nous-mêmes. »[80]

On a avancé la théorie que le problème est plus grave dans des pays plus petits, où la nécessité de rattraper le monde moderne mène à un accent plus grand mis sur une linguistique prescriptive, voire chirurgicale.[81] Des termes tels que planification, dirigisme, interventionnisme, même assistance (qui donne à la langue un air de pauvre social) surgissent tout le temps dans les débats. N'est-il pas vrai que les seules langues proprement et justement dirigées sont les langues synthétiques comme l'espéranto, où l'importation et la production peuvent être systématisées. Sur le modèle de « Novial » – la contribution de Jespersen à la marmite – Ogden appelait le concurrent « Jovial », à cause de l'hilarité que ces langues artificielles ont occasionnée.[82]

Les dictionnaires, ces films de voyage graphiques, prouvent que la croissance d'une langue est interminable et en même temps qu'on éprouve un désir ardent d'arrêter ce processus, à faire le point. Les meilleurs lexicographes savent très bien que leurs recueils s'appuient sur la langue, et non vice versa. Ils ont à sélectionner « le néologisme de plus longue durée. »[83] Les dictionnaires sont la demeure des clichés, mais aussi des terrains de jeu et des champs de bataille, puisque les sens des mots se contredisent à travers les siècles, se contaminent ou s'allient les uns avec les autres. Tout en cherchant à un certain niveau à arrêter l'évolution, les dictionnaires l'enregistrent ; ils corrompent leur propre piété. Dans un calembour fort pertinent, Pat Rogers parle de la numérisation des dictionnaires, et la différence entre l'acte d'insérer ses doigts dans plusieurs pages à la fois et la recherche simultanée multiple : « On manie ici la main plus facilement que le numérique ».[84] Les approches normatives du langage, qu'elles s'appliquent aux académies, aux décrets officiels, aux dictionnaires qui veulent légiférer, ou aux enseignants, continuent à livrer une bataille perdue d'avance. Ainsi que le fait remarquer Rogers, « du langage vraiment vivant, celui que l'OED [Oxford English Dictionary] est uniquement équipé pour enregistrer, transforme et explore l'expérience au lieu de se borner à la nommer ».[85] Sans aucun doute, selon Tauli, « comme toutes les langues naturelles sont imparfaites, l'amélioration est indispensable. »[86] La question reste posée : qui s'en chargera, et comment ? Ou est-ce que cela se produit pour la plupart fragmentairement, par un effort collectif, sans oublier le hasard ?

CHAPITRE 16

Les Nouveaux Mots chez nous et à l'étranger

INNOVEZ !

— EZRA POUND[1]

Comme l'a dit Jules Vallès à propos d'un de ses nombreux néologismes exubérants : « S'il n'a pas d'avenir, au moins il n'a pas de passé. »[2] Vallès forgeait des mots joyeusement afin d'étirer et de tirer sa langue (maternelle). L'invention verbale est un stage d'affirmation de soi (« Regardez ce que j'ai trouvé »), et de bricolage existentiel. Nous sommes quand même confus au sujet de la création de mots. Considérez le verbe anglais « to make up ». Il renferme au moins seize séries de références : invention, mensonge ; cosmétiques, faire la cour à quelqu'un ; réconciliation ; composition, construction, ajouter à un déficit ou le combler ; s'excuser, expier ; faire que quelque chose fasse, rattraper ; et ravi. (Sans doute Archimède a-t-il souri tout en s'écriant « Eurêka ! ») Les néologistes sont ravis de leurs inventions, qui sont les équivalents verbaux de l'engendrement d'enfants. Les néologistes sont néologènes, des néologtypes.[3] Toutefois, au milieu de toute cette jouissance, il faut rappeler l'ambiguïté du phénomène tout entier. « inventer » et « forger » semblent impliquer que la facture et la contrefaçon sont attirées irrésistiblement l'une à l'autre, quoique « Monnaie » [« mint » : menthe, en anglais, aussi bien que Monnaie] garde sa parenté avec la fraîcheur de la nature. Dans son commentaire sur le *1984* d'Orwell, Burgess fait remarquer :

> L'unité de la pensée ne peut être atteinte qu'en forgeant une technique explicite de solution des contradictions. (Voyez comment en arrivant au mot « forger », il vous a fallu passer au « double-think. » Dans un contexte qui sentait la tricherie, vous

> étiez prêt à lui donner le sens de falsification d'un chèque ou de fabrication de la fausse monnaie. Mais ensuite il vous a fallu lui donner le sens primordial de création honnête comme le travail d'un maréchal-ferrant.[5]

Entrer dans le jeu de l'ennemi comporte toujours cette sorte d'ambivalence. Et, dès le commencement, les artistes ont obéi à l'injonction diabolique de Robert Graves aux conteurs : « Contrefaire une image qui passera pour authentique ».[6] On ne peut pas bannir la terminologie financière des matières linguistiques, et nous devrions peut-être parler d'une façon plus neutre de verbifaction ou verbification au lieu de mots forgés. Souriau littéralise la métaphore de « forger » : « La pensée martèle librement le fer du mot. »[7] Et une vanne américaine, qui se fait l'écho de John Dennis à propos des calembours, soutient que « celui qui forge un mot contreferait une pièce d'un dollar en plomb ».[8] Comme les jeux de mots, en effet, le néologisme est l'équivalent linguistique du capitalisme : lui aussi tire profit des ressources, les fait fructifier. (Les tendances mauvaises de la néologie, bien entendu, sont le revers de la médaille (ou pièce de monnaie)). Dans la numismatique, le terme de « fantaisie » désigne une pièce d'origine ou d'utilité douteuses, surtout celle qui est émise par un gouvernment pour être vendue surtout aux collectionneurs. Bien des néologismes sont, en effet, de fantaisie. Une seule lettre, en anglais, sépare « forger » (inventeur) de « forager » (fourrageur), et rien ne peut empêcher les êtres humains d'explorer le langage.

Dieu seul, et une poignée de mortels, créent ex nihilo (Paracelsus passe pour avoir ajouté à notre répertoire « sylph », « gnome » et « zinc »). « But only le bon Dieu can coin a fraise » [seul le bon Dieu peut inventer une fraise (une phrase)].[9] Gelett Burgess était l'inventeur à moitié aléatoire du terme indispensable « blurb » (baratin) en 1907. C'et un rare exemple d'un mot « dépourvu de sens » (c'est-à-dire, un mot qui n'est pas fait d'éléments existants), dont la signifiance s'est accrue dans notre monde du puffisme (ou battage). Il est né probablement d'un gribouillage verbal. Il nous faut à nous autres nous contenter des moyens de bord. Selon l'explication de Jencks et Silver, « Tout ce qu'il faut faire est de tomber sur ces sous-systèmes tout faits et les combiner d'une manière nouvelle ».[10] Cette tentative fait partie de notre désir instinctif de réécrire le scénario dont nous héritons, d'augmenter l'étendue de la carte linguistique. L'adhocisme est proche parent du bricolage : les deux vous encouragent à travailler de façon indépendante. On reformule les mots (archaïsmes, argot, dialectismes, mots-valises), de même qu'on peut recycler les idées ou détourner les clichés. Les citations peuvent être utilisées de façon profitable hors de contexte, et on peut resituer les mots, les extrapoler. Le langage est un marché aux puces permanent où l'on choisit ce qu'on veut pour le réutiliser, lui donner une deuxième vie. J'ai parlé plus haut du concept de « linguistique chirurgicale », où l'on étend et remet à neuf le langage par moyen des prothèses, de chirurgie des greffes. Le patchwork et la mosaïque se ressemblent, phénomène que Michel Leiris illustre élégamment. Il définit le bricolage comme « de bric et de broc, agile collage. »[11] Il est très ouvert au caractère suggestif des mots : on parle les mots beaucoup moins qu'ils nous parlent. Tous les poètes doivent se mettre d'accord avec Freud : le langage va à notre rencontre par une complaisance linguistique. Puisque le jeu se conduit à la-va comme-je-te-pousse, certaines des nouvelles versions ou analyses de Leiris sont plus convaincantes que d'autres. Certaines sont des anagrammes, des calembours, des gloses, des épigrammes, des allitérations, des néologismes ; toutes sont approximatives, puisque c'est une science du grosso modo. Beaucoup ne se refusent rien et sont passablement dépourvues de sens (« Homère : O mers d'alors » (p. 32)). Somme toute, les mots sont pour Leiris le substrat de la pensée et non leur simple enveloppe (p. 103). Ogden Nash, d'un esprit encore plus franchement ludique, feint de se lamenter sur la néologie contemporaine tout en la pratiquant :

> Coin brassy words at will, debase the coinage ;
> We're in an if-you-cannot-lick-them-join age,
> A slovenliness provides its own excuse age,
> Where usage overnight condones abusage.
> Farewell, farewell to my beloved language,
> Once English, now a vile orangutanguage.[12]

[Invente des mots effrontés, déprécie la monnaie ; nous sommes dans une époque où mieux vaut s'allier avec les gens si on ne peut les convaincre, une époque où règne le laisser-aller, où du jour au lendemain l'usage fait place au mauvais emploi. Adieu, adieu à ma langue bien-aimée. C'était l'anglais, mais à présent c'est une langue ignoble d'orang-outan.]

Dans les deux sens, Céline fut un maître inventeur. (1) « Alibibi. » Tricherie, alibibi … théâtre … rodomontades.[13] Ce mot forgé, *alibibi*, joint alibi et bibi (en argot : moi, numéro 1), et désigne donc un procédé où l'on se donne égoïstement une conscience tranquille. (2) « S'embrouillonner » : brouillonner + s'embrouiller – bouillir de rage si bien qu'on devient confus (description parfaite du style propre de Céline à ses nadirs).[14] (3) « Foudre d'escampette » : foudre de guerre et poudre d'escampette (faucon + fuite peureuse).[15] « Goncourtiser » : pratiquer l'écriture artiste comme les frères Goncourt et faire la cour à l'Académie française. Le grand avant-coureur de Céline, Rabelais, se voit glorifié par Spitzer comme suit, après nous avoir rappelé que « l'expressivité toujours menacée du langage a besoin du fortifiant des néologismes » : « C'est comme si les rails des mots qui traversent le terrain solide de la langue établie et de ce fait sont liés à la réalité se mettent soudain à continuer dans l'espace vide, suspendus en l'air, pour ainsi dire, au-dessus de l'abîme de l'irréalité. »[17] Cette métaphore tirée par les cheveux décrit la fonction plus qu'utilitaire des mots nouveaux. Même un mot tel que « windcheater » [anorak qui trompe le vent] est plus poétique que le strict nécessaire. Une série assez grande de néologismes, c'est l'invention d'antonymes auparavant inexistants (« couth », « kempt », « shevelled ») ; ces inventions viennent particulièrement à l'esprit de ceux qui choisissent de penser à rebours, témoin Huysmans et son « maléolent ».[18] D'une façon encore plus nuancée, Poe propose que l'on emploie « suspectful », pour différencier entre les sens actifs et passifs de « suspicious » (c'est-à-dire possiblement honorable et probablement sans honneur).

Nombreux linguisticiens font la moue devant le néologisme, et pour en parler choisissent des titres tels que « formations imprévues » ou « curiosités ». Quelque fréquentes que soient ces formations, disait l'un d'eux, « elles sont gênantes du point de vue de la grammaire générative. »[20] (Mais les mots forgés sont sûrement génératifs, non ?) Des montagnes sont en travail pour donner naissance à des truismes dignes d'une souris : « L'irrégularité est une manifestation d'une régularité importante du langage : le changement. »[21] Certains parlent sans charme de « l'innovation qui suit les règles ». Quant à moi, j'aime mieux applaudir ou conspuer ce qu'on a créé, même s'il n'est pas commode, plutôt que lier pieds et poings l'avenir. Nous tous, quant à la virtuosité langagière, sommes des bricoleurs plus ou moins empotés.

Ce *Sprachgefühl* (intuition linguistique) de la plupart d'entre nous reçoit une attention insuffisante de la majorité des commentateurs officiels sur le langage. Mis à part les écrivains dont les livres sont publiés ou les personnalités en vue, il est naturellement impossible de localiser l'auteur de néologismes (ou de plaisanteries) ; de là le terme d' « invention fantôme » pour un mot ou une phrase créés par un chœur inconnu.[22] Pearsall Smith parle de la Monnaie qui forge de façon soutenue à partir du langage courant, et, comme les produits sont pour la plupart des mots courts, « ces pièces d'un sou de la création populaire ».[23] A l'extrême inverse, Migliorini est, sans vergogne, élitiste. Sa prémisse c'est qu « une bonne partie de ce qu'on prenait pour de la création populaire est un patrimoine culturel descendu par imitation jusqu'à la couche inférieure de la société. »[24] Ce sont les individus ou les petits groupes, estime-t-il, qui inventent ou adaptent les mots, qui sont par la suite repris et diffusés par nous autres de la plèbe ; il semble ne pas être très reconnaissant de cette étape essentielle de propagation. Mais le plus libéral Pearsall Smith accepte que l'admissibilité est toujours problématique, et qu'elle est mieux assurée si une célébrité prête son nom à un produit ou concept nouveaux (p.e. Ohm, Watt, et Volt).[25] L'ambition vigoureuse mais ratée d'imposer un pronom de genre commun illustre cette difficulté.

Nul ne peut monopoliser un mot ou une idée, comme on l'a vu dans notre examen du plagiat. L'acte même de dire, d'écrire ou de publier met une distance entre le créateur et le produit, et fait entrer celui-ci dans la marmite commune. Tout créateur de mots doit regarder un enfant partir dans le monde et faire son propre chemin. Une action en justice (pour 12 millons de dollars) fut intentée contre l'organisation Walt Disney à propos du mot « superfragilisticexpialidocious » par deux chansonniers qui prétendaient avoir utilisé le mot seize ans avant que Mary Poppins ne le chante à l'écran. Selon Algeo, « il est tellement improbable que deux personnes aient inventé le mot indépendamment l'un de l'autre que son réapparition pourrait être prise comme preuve du plagiat. »[26] En l'occurrence, Walt Disney gagna. Ces mots-là sont connus sous le nom de « mots invraisemblables », tel que le nom (de plus de cinquante lettres) d'une petite gare au Pays de Galles.

Selon les classeurs, les méthodes principales de créer des néologismes sont comme suit : dérivation progressive, dérivation régressive, analogie avce des mots existants (y compris la déformation de ceux-ci), raccourcissement, création de mots-valises et de mots composés, création à partir d'acronymes, et emprunt de mots étrangers. Vu que les préfixes et les suffixes sont des particules au sens très stable, je n'en tiendrai pas compte, dans mon examen de la création verbale, comme étant peu intéressants. Quant aux critères, ceux qu'on accepte communément sont : la nécessité (mais le jeu ? Et le jeu n'est-il pas une nécessité ?), l'harmonie avec la langue déjà constituée, et la clarté. De plus, on peut attacher de nouveaux sens à de vieux mots. Un nombre infiniment restreint de mots ont été forgés à partir de zéro. Bien que cela laisse indifférents les scientifiques, un piège dans l'utilisation de la méthode de dérivation surtout du latin ou du grec est qu'on se retrouve avec des mots fort longs. Même compte tenu du fait évident que bien des Français paraissent moins gênés que nous autres par des termes sans fin d'origine latine ou grecque (p.e. « rhinopharyngite » pour mal à la gorge), des mots plus longs exigent plus de place dans l'espace limité des conversations et sont moins mémorisables. Qui plus est et pour des raisons semblables, les adjectifs forgés sont plus rares que les substantifs.

Comme le calembour, comme le « travail des rêves » freudien qui opère si souvent par moyen de jeux de mots, le néologisme condense souvent ce qu'il à dire, et d'autant plus aujourd'hui que nous nous sommes habitués aux systèmes de circuits miniaturisés. Freud affectionnait la devise d'Hamlet (« Tout est affaire d'économie, Horatio »).[27] Les gens qui prennent tout au pied de la lettre trouvent que la condensation embue leur vision. Freud parle aussi de « l'analyse et la synthèse des syllabes – chimie syllabique, en fait, qui joue un rôle dans maint mot d'esprit. »[28] On compose des mots et on en décompose, et, effectivement, pour construire un néologisme il faut généralement détacher des morceaux de mots existants et les recomposer. Comme les tas de fumier ou le humus, la décomposition linguistique est une activité féconde, quand même elle offenserait parfois les oreilles, les yeux ou le nez de certains.

Parmi les nombreux aspects érotiques du rapport humain avec le langage est l'impulsion à le manipuler, par exemple, s'amuser à réarranger les lettres d'un mot. La manipulation de l'orthographe, surtout dans les textes publicitaires, doit sans doute une partie de son charme aux systèmes simplifiés (orthographe phonétique) – il faut qu'un nom de marque soit facilement reconnu et mémorable dans les marchés d'outremer – et au manque d'assurance de beaucoup de gens quant à l'orthographe correcte. Voir celle-ci maltraitée en public rassure, venge et réjouit tous, à l'exception des pédagogues constipés. Pour un écrivain qui s'intéresse de près à la « linguistique commerciale », Louise Pound, ces audaces viennent du « bariolement de la langue » depuis la première guerre mondiale, « la disparition du respect pour les formalités et les conventions ».[29] Le métaplasme « ichtheology » (ichthéologie), qui décrit l'histoire à dormir debout du pêcheur vantard, est un point fort, et sert de variation de « l'ichtéologie » consacrée ; il n'y faut que de la vigilance chez le lecteur. Faire neuf, afin d'être accrocheur, conduit à défamiliariser. Mais un néographisme mène aussi à la réfamiliarisation, car la répétition détruit le vernis au départ aveuglant. « Phiteezi » (va à votre pied sans difficulté) évoque une valeur connue sous une forme nouvelle. Au cas où les publicitaires paraîtraient simplement pervers, il faut reconnaître que les fautes d'orthographe créatives/barbares sont imposées aux fabricants par la loi qui interdit pour les produits des noms descriptifs. On ne peut appeler simplement un détachant de ce nom même, car cela semblerait éliminer tous les concurrents. Il faudrait récrire « Daitaschant », par exemple. C'est une sorte de code ou de circonlocution : on contourne un tabou imposé par la loi. Suivant la même logique, la copie publicitaire humoristique empêche qu'on vous accuse d'avoir paré votre produit de toutes sortes de qualités et d'avoir exagéré par une inflation galopante, une litote ironique (« Probablement la meilleure bière blonde du monde »), l'autodérision, et ainsi de suite. Comme il arrive constamment dans la publicité, on prend le train en marche d'un autre, on suit le mouvement de « Jacques a dit ». Ironiquement, la nouveauté (ou son simulacre) est *de rigueur* dans la publicité, et elle fait souvent à vrai dire penser à un cadavre. Une question intéressante mais sans doute insoluble est celle-ci : l'orthographe retravaillée du commerce a-t-elle eu une influence sur la pratique de la vie quotidienne, ou bien si, comme tant d'exemples de registre double, la majorité des gens sont bi-orthographiques ?. Mais combien d'expéditeurs de messages text se rappellent que leurs messages abrégés ne sont acceptables que sur l'écran minuscule. L'orthographe créative a ses côtés douteux, comme le maquillage des comptes. Mais elle offre mainte joie, comme par exemple « eyesoar » (horreur visuelle/yeux tournés vers le ciel) pour la tour de la Poste à Londres.[30] Un métaplasme et aussi un oxymore qui réussit à dire des sens opposés en même temps est « sacreligious » (sacrilège/ très religieux). Sans pratiquer l'amalgame, Louise Pound note la substitution fréquente de la lettre K dans la publicité et la fixation du Ku Klux Klan sur cette lettre.[31] L'orthographe peut aussi cacher (comme dans DUNROVIN – Finie la vie de nomade – sur une plaque de maison). Flaubert, qui s'y connaissait en clichés, aimait empiler les sens (mépris, amour de l'hyperbole) sur le mot « énorme » en l'écrivant « hénaurme ». Il a commencé par l'originalité pour finir par l'abus.

D'innombrables néologismes ne sont plus usités et deviennent des archaïsmes. Mais ceux-ci sont récupérables. Ainsi, tout le processus linguistique se trouve dans un état constant de brassage : le jeu de cartes lexical s'emmêle quand on le bat. On pourrait penser que le contraire de la néologie est l'exhumation des archaïsmes, mais ces sortes de résurrection engendrent des mots renés. D'après le critère pédantesque les deux procédés sont impropres, aberrants. En tant qu'emprunt, un archaïsme déterré est tout fait, comme un complet de prêt-à-porter, ou un vaisseau mis en sommeil (puis réveillé). Une variante, c'est retirer des mots du lexique régional : « l'emprunt interne », mais, surtout en France avec sa culture fort centralisée, de telles initiatives sont rares. Une autre méthode de procéder de la créativité : en arrière (comme certains bébés qui commencent à ramper à quatre pattes), c'est par la dérivation régressive. C'est l'équivalent verbal de la réaction à retardement au cinéma. Pourquoi « chalant », « couth », « kempt » et « shevelled » n'existeraient-ils pas ? [nonchalant (non-)grossier (non-)négligé, et (non-)débraillé]. « C'est étrange », dit un magnat d'Hollywood, « ce que certains auteurs autent. »[32] Cette dérivation régressive a des rapports avec l'étymologie populaire, qui est disposée à rémotiver et réinterpréter, retourner, avec toute l'entorse qu'il faut, aux choses essentielles. C'est le domaine des hypothèses, des mythes. Beaucoup de gens devant l'art abstrait (ou les flammes) d'un foyer y projettent des formes familières, et de même, pour Palmer, « l'homme déteste le vide d'un mot dépourvu de sens. »[33] Il accepte, comme il le doit, qu'il y a des doses fréquentes d'humour dans cette recherche créatrice des origines.

L'étymologie populaire est le contraire de la tactique essentiellement artistique de la défamiliarisation, car elle se propose de naturaliser l'étranger. Nous improvisons les origines, comme fait Julien Sorel lorsqu'il invente pour lui-même un père noble dont l'existence, si elle était vraie, expliquerait le sentiment de supériorité que Julien éprouve à l'égard de ses frères, et en même temps son aversion pour sa famille officielle, qui ne l'aime guère, lui, non plus.

Le marquis de Bièvre fut une machine à calembours notoire. En vieux français, « bièvre » veut dire « castor ». Le mythe antique du castor, acculé par la meute, et qui se mord les testicules, vient de la pseudo-étymologie « Castor a castrando ». Si vous ne pouvez pas vaincre vos ennemis, disjoignez-les [les bourses]. Les Français rigolent en apprenant cette histoire abracadabrante, et disent « C'est à se les mordre ». Moi, je ne me suis jamais amusé à ce point-là. Ce que dit Barfield du philologue du dix-neuvième siècle, Max Müller, pourrait s'appliquer à maint abuseur académique de l'étymologie :

> Il y a certes quelque chose de pénible dans le spectacle d'un savant aussi catholique et enthousiaste que Max Müller, assis si solidement sur la selle de l'étymologie, mais le visage tourné résolument vers la queue de la bête. Il jette dans cette pauvre poubelle des fantaisies pseudo-scientifiques : la mentalité de l'homme primitif.[34]

Cette érudition égarée se lie avec l'étymologie populaire en ce que les découvertes (les inventions) des deux sont probablement mieux venues que des mots totalement improvisés, car dans ceux-là des échos de la réalité continuent à se répercuter.

Comme l'a fait remarquer Jespersen (et bien d'autres) :

> L'emprunt est un terme équivoque. Le prêteur ne se prive pas de l'emploi du mot ... et l'emprunteur n'est pas obligé de renvoyer le mot à une date ultérieure. L'emprunt linguistique n'est rien d'autre que de l'imitation, et la seule façon dont elle se distingue de l'imitation enfantine des parents est qu'ici quelque chose est imité qui est une partie intégrante d'un discours qui n'est pas imité dans sa totalité.[35]

Nous n'avons même pas à payer l'intérêt sur les emprunts. Aussi bien que ces métaphores fiancières, des images de l'immigration et de la démographie réapparaissent. Nombreux sont ceux qui voudraient déterminer un quota pour une telle incursion étrangère, ou ériger une barrière tarifaire contre elle, afin de protéger la pureté de la souche nationale. D'autres préfèrent une politique de la porte ouverte ou du creuset. Deux autres domaines métaphoriques qu'on cite sont d'abord la botanique ; les plantes importées qui évincent celles du terroir, les greffes ou des greffes qui n'ont pas pris ; les greffes sont aussi celles de la chirurgie ; et la deuxième métaphore est celle de la transfusion, du sang nouveau, et une langue anémique qui bénéficie de la banque des mots.

Jusqu'à un certain point, nous sommes contraints et disciplinés et, pour tout dire, construits par notre langue maternelle. Ma langue maternelle, bien que j'en hérite, n'est pas ma propriété privée, même si je me conduis souvent comme si elle l'était. On peut se sentir plus libre en écrivant ou en parlant une langue étrangère, parce que le fardeau de la responsabilité diminue, comme par exemple chez les vacanciers à l'étranger ; à moins d'avoir une obligation professionnelle envers la langue étrangère, on peut y villégiaturer. Là, on emprunte une langue tout entière ou du moins ce qu'on peut en maîtriser.

Un exemple est le pidgin de la Nouvelle-Guinée, où le mot anglais « fix » [réparer] se mue, après transplantation, en « makim orait gen » (le faire OK de nouveau). La dose de ludisme et d'une espèce d'instinct de la naturalisation est ici difficile à calculer. Certains font semblant de s'excuser après avoir débité un mot insolite (« Si vous voulez pardonner le terme »), ce qui est probablement aussi peu honnête que ceux qui demandent pardon pour avoir fait un calembour, ou qui disent à propos d'un cliché « comme on dit ». D'autres se sentent, par bonheur, plus libres, moins respectueux des lois au sujet de leur propre langue, ou même celle d'autrui, et se permettent des libertés avec elle. Aucune langue ne saurait, par elle-même, exprimer tout ce qu'a conçu l'humanité. Dans cette perspective, toute langue nationale est un dialecte, un argot, un jargon, par rapport à une langue universelle d'ailleurs inexistante. De même que par définition, la métaphore *trans-porte*, le langage tout entier est en mouvement perpétuel et fait des échanges. Comme le mouvement des populations, le langage est obligé d'exister dans un état de flux. Alors que la raison la plus urgente pour emprunter des mots ou des phrases est de combler des vides, parmi les raisons moins pressantes il y a le désir de contourner les tabous et de faire montre de distinction (ou de manières affectées) – quand on appelle les fesses « mon derrière » ; et des importations de luxe, surtout de la haute couture, la haute cuisine, ou la haute culture. Il arrive quelquefois que c'est l'imprécision même du terme étranger (p.e. « problematik », prêté par les Allemands) qui lui accorde du prestige. Le paradoxe est qu'on choisit certains mots pour leur sonorité plus riche, mais ils peuvent appauvrir ou estomper la clarté de la langue qui reçoit. En plus des termes techniques dont on a vraiment besoin, beaucoup des emprunts sont des expressions idiomatiques étrangères – la langue anglaise des Etats-Unis est fortement influencée par le yiddish) – bel exemple de l'idée que la langue qui reçoit ne parvient pas à exprimer mais qu'elle reconnaît. Comme on l'a vu plus haut, la locution approche du cliché, qui lui-même se repose entièrement sur l'emprunt, bien que les emprunts puissent naturellement, comme les idées volées, vous enrichir. Emprunter des mots étrangers souligne souvent leur nature conventionnelle, car on a tendance à ne s'approprier que ce qui a fait ses preuves, que ce soit les idées ou les tondeuses à gazon. Jespersen parle de l'imitation ; en anglais « borrow » [emprunter], « preserve », et « bury » [enterrer] partagent des racines proches. Comme les archaïsmes, les emprunts sont tout faits. Ce ne sont des nouveaux mots que dans le sens de paraître fraîchement nés à de nouveaux usagers. En réalité, ils ont purgé leur peine, ces chevaux de retour.

Des emprunts durables se naturalisent petit à petit, même si une raison initiale pour les importer est celle d'une volonté de choc, de défamiliarisation. Le mot « éléphant solitaire » se voit apprivoiser. Toute langue possède son système, aussi instinctif et intériorisé que sa grammaire, pour assimiler ce qui est étranger : prononciation, accentuation, orthographe ou usage adaptés. Le problème le plus épineux est en effet la question de la prononciation. Si l'on prononce le mot de façon authentique, il paraîtra étrange et snob au milieu des sons différents de la langue maternelle. Si on le prononce de façon approximative, l'écart est si grand qu'il pourrait compromettre la compréhension. Et pourtant le processus ne s'arrête jamais, la galère continue à voguer. Il faut qu'une communauté soit totalement isolée de ses voisins pour éviter tout échange linguistique.

Une raison importante pour faire des emprunts est le désir du changement. Les gens ont de temps en temps assez des mêmes vieux mots ou vêtements, et s'équipent d'une garde-robe nouvelle, ou au moins quelques accessoires nouveaux. Les calques sont une division spéciale de l'emprunt, une reprise sémantique, comme l'adoption par les Français du terme « saison » dans son sens de période du football. Ces calques sont fréquemment inventifs ; le français traduit le jeu de piste ou « paper-chase » par « rallye-papier ». Un calque est en effet un plagiat, un vol commis contre la langue étrangère. Voyons ces vers où l'anglais et le latin se chevauchent ou font la bête à deux dos :

> In candent ire the solar splendor flames.
> The foles, languescent, pend from arid rames.
>
> [Dans une colère brûlante, le soleil splendide jette des flammes. Les feuilles, langoureuses, pendent des branches sèches.]

On dirait là des termes d'encrier, des mots savants. Pareillement, les étudiants se mettent à flotter entre les deux langues : « Il y a un manque de fondement dans les personnages de Victor Hugo. » Ou bien les apocryphes « émissions nocturnes de la BBC » (programmes/pollutions). Certains calques sont peu judicieux (témoin la chaîne française de vêtements de sport « Athlete's Foot » (= mycose). Les Français ont concocté « un smoking » [on dirait en veston en flammes], « un wattman » [personnage de roman de Beckett ?], « le footing » [censé moins énergétique et plus séduisant que le mot d'origine anglais supposé [« jogging »], « le talkie-walkie » [transposé et typiquement français en ce qu'il met la verbalisation avant la locomotion], et « le lifting » [qui semble avoir plus à voir avec les barres à disques qu'à la chirurgie esthétique.]

De tels calques sont quand même des emprunts créatifs, et ils représentent une méthode de payer des dettes. Sans aucun doute, il y a une certaine quantité d'emmerdement gaulois dans ce nouveau sens, cette translation (*un self, un night*), cette adaptation de mots anglais.[38] Cette reprise fait penser aux fautes commises par les enfants avec leur logique excessive. Si on a *le racing*, pourquoi pas le *footing* ? Il y a des faux amis comme *pullupper* qui, comme ne le suggère pas le mot, signifie galoper, et non s'arrêter. Tout cela s'active dans le processus dialectique du langage (« l'interférence lexicale »). L'emprunt (et le nom même nous dit pourquoi) est rarement imposé, et les plaintes des puristes sur le dumping ou la passivité nationale sont donc généralement sans fondement. Selon Hope :

> Il est plus valable dans la linguistique (et sans doute dans l'histoire également) de se persuader que les gens accueillent ou acceptent des idéaux, des sources d'inspiration ou des formes de conduite qui viennent de l'extérieur plutôt que de croire que des cultures extérieures en font don.[39]

Il s'agit d'un comité d'accueil plutôt que d'une généreuse bienfaitrice. Contrairement à la xénophobie, on a qualifié l'emprunt de « philoxénie verbale ».[40] En effet, le désir d'accueillir l'étranger trahit souvent le favoritisme. Mais également, et cela est surtout ironique dans le cas de l'antiraciste Etiemble, ces arrivés (ou arrivages) d'outremer provoquent l'alarme et l'alarmisme.

Dans son étude importante,[41] il prend le phémomène entier du *franglais* comme une insulte personnelle et nationale. A chaque page, il s'amuse d'une façon souvent trop appuyée à démontrer combien beaucoup des importations du « sabir atlantique » sont illettrées et manquent d'oreille. Il met le doigt néanmoins sur un événement fréquent dans le monde de l'emprunt : la précipitation. Surtout dans les affaires du commerce et de la recherche scientifique, le problème du contrôle d'immenses quantités de traductions est si coûteux qu'il est souvent plus facile et moins cher d'adopter le terme étranger. Cette nécessité semble quand même opérer avec un empressement excessif. Etiemble tourne en dérision l'invention de mots soi-disant anglais tels que « tennisman ». Fuyant le terme existant de leur propre langue, les Français empruntent un terme inexistant. Il accepterait volontiers l'othographe française (*lobe* pour *lob*) d'importations incontournables, bien qu'il s'échine si possible à trouver un équivalent français, souvent archaïque ou régional, ou à combiner des mots du crû pour porter un sens nouveau. La méthode d'Etiemble, dont la brusquerie dans ses autres écrits nombreux est généralement vivifiante, rappelle ces scientifiques qui bourrent des souris de kilos de saccharine et de là prouvent que ce produit est carcinogène. Une ironie supplémentaire : beaucoup de *franglais* subsiste dans sa propre prose. Le regret le plus profond d'Etiemble est que la France risque de devenir « cocalcoolique », une colonie créolisée des Etats-Unis.[43] (Les

Américains semblent s'inquiéter moins du « Spanglish », surtout dans le sud-ouest du pays, ou le « yinglish » né il y a assez lontemps.) Un exemple bénin du *franglais* est l'osmose entre *go-go* et *à gogo*, qui marie harmonieusement l'abondance et la vitalité. L'écrivain bilingue George du Maurier, dans son roman *Peter Ibbetson* (et c'est sans doute la raison pour laquelle Queneau l'a traduit), offre un antidote ludique à la dissertation protectionniste d'Etiemble : « J'anglicise les substantifs et les verbes français, et puis je les conjugue et les prononce à l'anglaise, ou vice versa. » Ce jeu double, Frankingle et Inglefrank, se poursuit entre un garçon anglais et une fille française : parfaite entente cordiale :

> « Dispeach yourself to ferm the fenester, Gogo, it geals to pier-fond ! We shall be inrhumed ! » Ou bien : « Gogo, il frise à splitter les stonnes – maque aste et chute le vindeau ; mais chute-le donc vite ! Je snize déjà ! »[44]

Ce jeu-là remonte à l'antique tradition macaronique.

Une raison essentielle pour laquelle le français emprunte tant de vocables anglo-américains est que son propre génie gît du côté de l'abstraction ; elle *typise*, elle *épigrammatise*. Elle souffre d'une carence du concret, et pas seulement dans les domaines prévisibles des nouveautés scientifiques ou de l'innovation commerciale, mais aussi dans la vie quotidienne. Ainsi que le maintient Duneton, le développement du français reposa pendant tant d'années entre les mains fermées de l'aristocratie qu'il perdit contact avec les choses, contact qui, selon lui, est mieux servi et préservé en la langue d'oc. L'allemand a des sonorités plus concrètes, à cause de ses consonnes qui s'entrechoquent, même quand il s'en va vers l'abstraction. De plus il y a en français un intervalle plus large entre les formes écrites et parlées qu'en anglais. Le paradoxe qui s'ensuit est que les Français, considérés par maint Anglais comme le moins accueillant des Européens, aient en fait accueilli les anglicismes et les américanismes les bras ouverts et les oreilles à l'affût. Certains intellectuels essaient de décélérer le processus en en faisant un classement par étapes : *xénisme*, *pérégrinisme*, *emprunt*, l'étape intermédiaire étant celle où le mot étranger n'est pas encore assimilé.[45] Renversant les rôles, les Français devraient se louer d'avoir persuadé à certains critiques littéraires en Grande-Bretagne ou en Amérique d'adopter et de promouvoir la terminologie française de la critique, à force de la plaquer maladroitement dans leur propre langue. Echange équitable : les Américains exportent des denrées matérielles (et des mots pour les habiller), et les Français d'immatérielles.

L'anglais doit une dette énorme au français, mais elle eut lieu, pour la plupart, il y a si longtemps que même les défenseurs les plus acharnés ne s'en plaignent pas. Ce sont les emprunts récents auxquels les conservateurs font objection. Les Anglais sont notoirement accommodants au sujet de leur propre langue, comme ils le sont au sujet de la propreté publique, et ils souffrent rarement dans leur propre pays du moins de la xénoglottophobie. Habiter une île ne produit pas infailliblement l'insularité, qu'on trouve plus souvent dans des cultures rétrogradées et autrefois puissantes telle que la française. De nombreuses importations françaises sont citées par les Anglais sur un ton facétieux ou, si on les prend au sérieux, sont reçues d'une façon facétieuse par celui qui écoute. L'hospitalité renommée, à la façon des Esquimaux, de la langue anglaise, offerte à n'importe quel arrivant verbal, et même si elle n'est pas égalée par celle des Anglais aux immigrants, est une réalité linguistique. Emprunter d'une source plus antique, latine ou autre, selon Burchfield « fait partie intégrante du procédé de plombage des cavités réelles ou imaginaires » – quoique je me demande comment les grand manitou du *OED* plomberait des cavités imaginaires.[46] Beaucoup de langues empruntent au latin et au grec afin de créer de nouveaux mots, mais on y fait objection moins qu'aux emprunts des langues vivantes. On pourrait traduire « nil de mortuis nisi bonum » par « rien d'autre que le bien vient des langues mortes. »Palmer assimile l'anglicisation rapide des mots étrangers, les nouvelles frusques de ce qui vient d'ailleurs, au « mimétisme protecteur » cher aux animaux.[47] Les Anglais semblent exceller dans la fausse dérivation, et maquillent ainsi les comptes de la philologie et les arbres généalogiques, comme si le démon de l'analogie était leur saint patron. Dans le concours canin de la linguistique comparative, c'est le clébard le plus résistant qui vient en premier : l'anglais hybride. Quant aux Etats-Unis, Mencken se lamente sur la tentation très répandue de concevoir le mouvement du langage dans les termes d'une circulation en sens unique, au lieu, comme nous l'apprend le sens commun, d'un va-et-vient. Il y a des américanismes, souligne-t-il, qui sont des archaïsmes anglais, préservés plus longtemps outre-Atlantique et assez fertiles pour revenir chez eux.[48] Les Anglais, tout à fait à l'aise dans leur anti-américanisme, ne parviennet guère à comprendre la logique de l'anglophobie américaine.

Comme insiste Farb, « même des emprunts sans limites ne sauraient rendre une langue insipide ou homogénéisée.[49] Il est évident que les gens de tous les milieux sociaux sont trop têtus, trop sujet aux erreurs, trop prêts à jouer avec les emprunts et les remanier, pour qu'ils se mettent jamais passivement à leur emprise. A vrai dire, l'homme de la rue sait manier les emprunts comme le monsieur Jourdan de Molière fabriquait de la prose : sans s'en rendre compte.[50] La plupart des linguisticiens qui se respectent protestent contre ce que l'un d'eux, Bréal, appelle « la volonté de considérer la pureté de la langue comme identique à la pureté raciale ». Il poursuit : « Les philologues hellènes qui bannissent les mots turcs de leur lexique continuent à leur propre façon à poursuivre la Guerre de l'Indépendance. »[51] Tirer des conclusions hâtives peut conduire, comme dans les régimes fascistes, à se diriger au pas d'oie vers les solutions finales. Foyer, doux foyer, est en même temps un sentiment honorable et un slogan dangereux. Etre toujours sur la défensive suggère et une résistance héroïque et un délire de persécution.

CHAPITRE 17

Subtilité des mots-valises

On vient de voir combien les racistes linguistiques sont inquiets au sujet du métissage, et pourtant le *croisement de mots* est un des termes bien français pour les mots-valises. Comme le calembour, celui –ci hiberne dans une langue jusqu'à ce que quelqu'un le réveille. Dans « la horde abjecte cinéphage », Céline découvre un rapport providentiel entre *cinéma* et –*phage*, et marie ces deux fragments pour ses desseins anti-démocratiques : les millions de gens qui ne se nourrissent que des vitamines fallacieuses du grand écran.[2] En vieil anglais, un mot-valise « witcraft » [art de l'esprit] – mot qui est presque « witchcraft » [sorcellerie] – servirait assez bien de titre honorifique pour le mot-valise générique.[3] Lorsqu'on pense aux espaces multiples d'aujourd'hui disponibles pour l'inscription : publicité aérienne, graffiti, affiches, étiquettes, écrans, autocollants, badges, aussi bien que le papier ; lorsqu'on reconnaît le désir contemporain d'économiser sur l'espace et le temps, on peut commencer à comprendre les raisons pour la diffusion très répandue de la concision. Le mixeur [the blender] est l'esprit universel, le « Renaissance Man » de la cuisine. Les mots-valises, qui sont des hybrides, nomment les hybrides : ligre, tigron, zébrule, brunch. En anglais, « meld » est un « meld » (un mélange de « meet » [rencontrer] et de « weld » [souder]). De nombreux emboîtements lexicaux sont des blagues lourdes de sous-entendus : « Santaclaustrophobia » décrit ce dont certains souffrent à Noël.

Attridge inventa le terme « mot-valise/cliché » : l'emboîtement de deux lieux communs, ce dont j'ai parlé plus haut.[4] Ce terme composé est proche du néologisme. Ayant décrit le mot-valise comme une des catégories les moins prévisibles de la création verbale, Cannon admet « la grande difficulté d'élaborer une taxinomie d'entrées distinctes. »[5] Algeo a vaillamment essayé de décomposer l'amalgame :

> Communément, le terme de mot-valise est utilisé pour tout mot créé par le raccourcissement d'un mot et de la combination de ce qui reste avec un autre mot ou une partie de celui-ci. Il y a, cependant, trois sous-espèces distinctes : porte-manteau (il cite « chopter » : chopper/copter – hélico/coptère) qui associe des mots qui pourraient se substituer l'un à l'autre ; téléscopages (« administrivia ») qui relient des mots qui se trouvent côte à côte dans un syntagme figé ; et mélanges, qui relient des mots entre lesquels il y a quelque parenté, sans qu'ils soient proprement des substituts ou les éléments séquentiels d'une structure (« hashaholic » [hasch/alcoolique], ou « tripewriter » [machine à écrire des discours pleins du blabla des politiciens]).[6]

Il est significatif, car c'est un terme générique, que ce soit le troisième, mélanges, qui embrasse le plus d'exemples de ce qu'on a appelés « des mots nouveaux mariés. »[7] Il fait penser pourtant au chaos, alors que la plupart des amalgames veulent communiquer rapidement. De là les formes tronquées (« edbiz » : enseignement commercialisé – « education business ») qui sont souvent très nécessaires, surtout dans le domaine de la terminologie scientifique (« phorate », abrégé de « p*h*osph*or*adithic*ate* »). Quand on étête un arbre c'est pour le revigorer, et de même tronquer un vocable encourage une croissance nouvelle.

Lorsque le Humpty Dumpty de Lewis Carroll parle de l'acte de bourrer deux mots dans un portemanteau (qui à l'époque de l'auteur décrivait une malle qui s'ouvrait au milieu), il se réfère à la force requise pour fermer une valise trop remplie.

Le point essentiel des portemanteaux ou mots-valises, c'est de faciliter une ellipse du sens, un raccourci – parfois afin de résister à l'autre sorte de bourrage (de crâne), l'endoctrinement. Le désir de fourrer encore plus de sens provient peut-être d'une horreur devant un vide semantique (et même des mots-valises absurdes ne sauraient cesser de faire une sorte de sens). En plus du bourrage des mots, les amalgames peuvent déborder, tout comme les valises qui ne veulent pas entrer dans le jeu. (D'ailleurs, les tours rhétoriques s'étalent généralement, ou s'adonnent au cannibalisme ou à l'inceste ; ils ne restent pas sagement enrégimentés dans les rangs du jardin de la rhétorique.) De même que le calembour réunit deux sens, le mot-valise rassemble deux segments sémantiques. Bien des mots-valises sont des jeux de mots, et vice versa (p.e. « racqueteer » : tennisman criminel, ou « syphilisation », qui répète presque parfaitement le son du mot-cible

« civilisation »).[8] Selon Wentworth, maint mot-valise présente au lecteur « une énigme aisément déchiffrable.[9] Comparablement au calembour, le destinataire doit déchiffrer dans un délai minimal. De même, un mot-valise n'est pas obligé d'être amusant, bien que de nombreux exemples le soient.

Il y a plusieurs manières bien connues pour parler du croisement des mots : des métaphores qui nous aident à fonctionner. Couture, patchwork, mosaïque (p.e. la « phallustrade » de Max Ernst, qui est « un produit chimique composé de ces éléments : *autostrada*, balustrade, et un soupçon de phallus. Une phallustrade est un collage verbal »).[10] Soudage, mélange (« La seule chose utile que puisse faire un morphème c'est de se laisser fondre et puis refondre dans un autre mot »).[11] Assemblage à queue d'aronde. Les mots-valises ainsi que les calembours sont à deux coups, même si ceux-là ne tirent qu'une seule cartouche. La contamination (j'en parlerai plus longuement ci-après, quand j'en viendrai aux lapsus) : c'est là une métaphore de sceptiques qui ne trempent qu'un seul orteil dans la mer des portemanteaux. Il existe une multitude de mélanges métaphoriques : cocktail, pot-pourri, fatras, amas, olla podrida, ragoût – les cultures différentes s'unissent pour nommer le salmigundi. Hybride, creuset, melting-pot, amalgame : une société multiculturelle devrait produire des mots-valises à gogo. Mots mariés ou accolés, heureux conjoints.[12] Téléscope, copule. Mot-pivot, où les lettres du milieu servent de point d'appui.

Agglutination, ou mot-concertina (passez-moi le néologisme), sur lequel Queneau jouait ambidextrement. Fixant la coagulation phonétique du français parlé (ou en fait de plusieurs langues),[13] L*e Zazie dans le Métro* de Queneau insère une vingtaine de ces formes en concertina dans son texte. Cette tactique de défamiliarisation suivie de refamiliarisation sert une fonction organique, car un motif important de ce roman loufoque et sérieux est le déguisement. L'intrigue se développe par à-coups saccadés, qui provoquent beaucoup de collisions (de voitures, de points de vue, de volontés). Se méfiant de tous les systèmes, y compris le sien, Queneau reconnaît qu'avoir écrit le roman tout entier, ou même de gros morceaux du livre, dans un langage-concertina aurait engendré quelque chose d'illisible, car nous autres lecteurs aurions besoin alors de lire ses trucs à haute voix pour faire tilt. Ce truc rappelle avec force aux lecteurs ce qu'ils ont tendance à oublier en lisant un roman : les gens non fictionnels ne parlent que peu souvent comme les livres où les mots sont clairement espacés. Un autre Français, Deleuze, est moins ludiquement rabat-joie lorsqu'il décompose le mot portemanteau en « une synthèse disjonctive ».[14] Cette image fait penser à une commande pousser-tirer. Un exemple : « philanthrophagie » ; c'est l'offre généreuse d'un fou littéraire altruiste, Paulin Gagne : sa propre chair aux affamés (après avoir passé sans doute l'arme à gauche). Dupriez fait remarquer que le contraire du mot-valise est le mot dévalisé. Dévaliser : cambrioler, entrer par effraction, que ce soit dans une maison ou dans un mot existant dans sa totalité, et là semer la zizanie (voir la pratique de Leiris de décomposition d'un mot : « sanglote » – « ôter les sangles ».)[17]

Je vous offre, maintenant, des exemples de mots-valises en français et en anglais, avec mes commentaires afin que vous puissiez décider de leurs mérites ou démérites. « Pudibondieuserie » (« pudibond » + bondieuserie) : pruderie catégoriquement bigote.[18] « Nostalgérie » : mal du pays des pieds-noirs.[19] « Gestapette » (Gestapo + tapette) : collaborateur homosexuel dans la France occupée.[20] Sur le modèle de « bikini », la version minimale : « zérokini », ou « kakhini » : slip de bain militaire. Un distributeur automatique d'hosties : « eucharistomat ».[21] « La Gauchunie », où la fusion de deux mots symbolise l'alliance politique désirée. En plus du mot-valise « cocacolonisation » que j'ai déjà cité, il y a l'amalgame plus astucieux et cette fois tourné vers la patrie, « cocoricocolonisation », qu'on a créé pour décrier le discours patriotique, digne d'un coq gaulois, que de Gaulle a prononcé à la capitale provinciale, Strasbourg. Les impérialistes surgissent de la métroplole aussi bien que d'outre-mer.[22] Ecrivant en français, j'ai inventé « maladroiture » pour caractériser cet écrivain hostile aux mensonges mais sujet au fiasco, Jules Vallès ; « morigénitrix » : une mère qui ne s'arrête pas de gronder ; « claironronner » : se vanter, mais en sourdine ; et « quelconqueté », parce que le français ne possède pas de mot pour « ordinariness », à part la « banalité » insidieuse.

Certains croisements de mots sont purement fonctionnels, tel que « Benelux », abrégé qui vous épargne un peu d'haleine. Beaucoup ont pris et ensuite ont viré inévitablement vers le cliché : « guesstimate » [calcul au pifomètre] : Indispensable dans cette ère de prévisions économiques aléatoires ; « slanguage » ; les vénérables Oxbridge et Yarvard, et le plus récent Chunnel (qui fait le pont entre deux mots plus sûrement qu'entre deux cultures.) Ceux qui font tout un plat du style de vie alternatif donnent leur clientèle à un « psychedelicatessen ».[23] Les dessins animés de Harman et Ising n'ont pas manqué d'engendrer « Harmanising » [harmonisation]. Le corps politique est infesté de « red tapeworms » (paperasserie/ténias), et la ville venteuse de « Chicagorillas ».[24] « Narrowcast » révise le banal « broadcast (étroit/large). « Ventriloquacity » met beaucoup de verbiage dans la bouche d'un autre. Le mot « flunk », cette essentielle obsession américaine, est peut-être un mot-valise (les historiens de la langue ne tombent pas d'accord), entre « fail » [échouer] et « funk » [trouille]. Un « shamateur » [prétendument amateur] existe depuis longtemps dans l'univers sportif.[25] « Balloonatic » nous fait nous concentrer sur le « loon » [dingue] : fanatique du vol en ballon. « Lorsqu'on a confondu deux vrais jumeaux, Fritz et Max, bien des fois, il semblait plus prudent de les appeler tous deux Frax. »[26] Swift crée très utilement « tritical » en échangeant « trite » [banal] et « critical ». « Shampagne » [faux champagne] est un collage bien sincère. Un critique théâtral bien brutal a été qualifié de « dramassassin. »[27] De mon propre (petit) crû, je tire « martyrant » pour décrire un amour maternel mélodramatiquement possessif. Ce mot-valise est en effet imprononçable et, dans bien des situations réelles, indicible. Des féministes furieuses pourraient être reconnaissantes, ou pas, pour le titre « energuwomen » [énergumènes].

Les mots-valises sont en effet des mots composés et téléscopés. Créer des mots composés est probablement le moyen le plus normal d'inventer des mots nouveaux, presque sans s'en apercevoir (cp. quand on se met le doigt dans le nez). La suppression presque totale du trait d'union dans l'usage américain pourrait être considérée comme peu favorable à l'esprit des mots composés, car elle a tendance à assembler une masse floue de lettres au lieu d'une rencontre voyante entre deux mots qui vous fait réfléchir. Un trait d'union sépare autant qu'il relie, par exemple pour aider la prononciation : « jack-knife » [couteau pliant], « well-lit » [bien illuminé], ou « set-to » [en venir aux mains].[28] Dans son roman *Les Météores*, Michel Tournier se sert de traits d'union abondants car, étant donné le thème obsédant du jumeau, et la poursuite déespérée et inutile de ses neveux par leur oncle pédéraste, Tournier joint les mots, les idées, les lieux, les gens : ce roman tout entier pivote entre l'approximation forcée et désirée.[29] A un niveau plus ordinaire, il y a des mots-sandwiches ou infixes (c'est-à-dire, deux parties d'un mot renferment un autre mot.) On s'en sert en anglais d'habitude dans un contexte d'émotions sur lesquelles on veut insister : « abso-one-hundred-per-cent-lutely », ou « abso-bloody-lutely ».[30] Une pratique de longue date est de choisir deux mots qui riment pour l'attelage : « brain-drain » [fuite des cerveaux] ; « culture-vulture » [culturophage] ; « flower-power » [pacifisme prôné par les hippies] ; « gang-bang » [viol collectif] ; « nitty-gritty » [les choses sérieuses] ; « stun-gun » [fusil hypodermique]. Et comme variante, l'alternance vocalique : « flip-flop » [tong/ volte-face], « riff-raff » [racaille], « wishy-washy » [fadasse], « shilly-shally » [tergiverser].[31]

Alors que les mots composés peuvent être créés plus facilement en anglais qu'en français, à cause de la pratique d'omission des prépositions dans celui-là, nous autres n'avons pas tout à fait la facilité allemande. De plus, le souci anglais ou américain de ne pas gaspiller sa salive fait qu'on abrège souvent les mots composés (« motor-car » se réduit à « car »). Bréal commente :

> L'anglais et l'allemand jouissent de la ressource des mots composés, mais un de ceux-ci, raté, tel qu'on en crée chaque jour dans les deux langues, a moins d'inconvénients que d'autres néologismes, puisque ces deux termes momentanément se séparent encore une fois immédiatement, tandis que ces substantifs abstraits en français, soudés ensemble par moyen de suffixes, paraissent avoir été forgés à perpétuité.[32]

Cette opinion exagère la mise au rebut de celui-là et la durabilité de celui-ci, et pourtant fait une distinction valable. L'extensabilité apparemment infinie des mots composés en allemand provoque l'hilarité des étrangers. Ferdière cite une hypothèse non attribuée selon laquelle les Allemands regrettent profondément de ne pas pouvoir contenir dans un seul mot composé le lexique tout entier.[33] A mesure que s'assouplissent les barrières, le français fait montre d'une tendance non seulement à importer des mots anglais mais aussi l'ordre des mots, qui en français a été traditionnellement « progressif » (« salle à manger » : « dining-room »). Ce changement récent est en partie dû à la pratique publicitaire, qui est obligé d'économiser sur l'espace et d'être plein d'allant. Plus souvent aujourd'hui, le français promeut deux mots reliés par un trait d'union au lieu d'une construction plus périphrastique (« lave-linge » au lieu de « machine à laver »). Ce changement est aussi plus concret et généralise moins.

« *Time* a horreur du trait d'union ».[34] Dans les premières années de son ascension, le goût du rédacteur Briton Hadden pour Homère et ses épithètes combinées, et son exigence de la concision, faisait naître une avalanche de mots-valises, quoique le style maison ait plus tard proliféré en un langage plus extravagant et verbeux. Il suffira d'un seul exemple : « The custard-piety of Chaplin's *The Pilgrim.* »[35] Bien que « pilgrim » [pèlerin] attire peut-être « piety » [piété], ce croisement de mots ne rime pour ainsi dire à rien. Selon un critique, ce genre de farce ou tour facétieux est plein « d'impertinence trop sûre d'elle », et réussit à « combiner l'irrespect devant l'autorité et la révérence pour le succès. »[36] Bien des mots-valises de *Time*, pour en utiliser un d'eux, sont « barococo ».[37] Dans une perspective plus large, Kenner fait observer que « *Time*, exhalaison de la Linotype, ne parle pas, il comprime. Ses néologismes mêmes (« cinemactor », « Americandidly ») sont spirituels pour les yeux seuls. »[38] Ce n'est pas que *Time* mais aussi de nombreuses autres publications américaines qui ont attiré cette riposte : « Les substantifs sont téléscopés à un tel degré qu'une phrase a l'air d'un accident de chemin de fer. »[39] Un autre commentateur fait remarquer qu'avec « la montée au dix-neuvième siècle des mass média et des chroniqueurs publiés par plusieurs journaux en même temps, l'amalgame se popularise. L'extension rapide de l'instruction et des revues créait une provision indéfinie de croiseurs de mots qui exerçaient leur métier avec une facilité métronomique. »[40] On voit ce phénomène dans divers contextes : le mariage de deux noms pour baptiser une localité située à la frontière entre deux pays (Calexico). Etant donné la grandeur de la majorité des états en Amérique, tout ce qui se prête à un rapprochement plus intime plaît à tout le monde ; le goût très répandu là-bas pour l'uniformité qui, parce que c'est une société en melting pot, encourage la disparition des différences ; la tradition du petit malin tant à l'Ouest qu'à l'Est ; l'habitude de fondre deux noms de parents pour leur enfant (Charlene) ; les fusions et acquisitions continuelles des compagnies, des raisons commerciales, et ainsi de suite. De là, la politique des marchandises en voie constante d' « amélioration », et le besoin résultant de noms nouveaux ; et par-dessus tout, l'impératif télégraphique, la nécessité de condenser les informations.

Comme il sied à une société démocratique, même le Ku Klux Klan a son propre stock d'amalgames, ses tord-boyaux : Kleagles (K+ eagles [aigles]) pour ses dignitaires ; Klonclaves pour ses meetings ; et le Kloran pour son écriture sainte.

La loi du moindre effort règne dans la publicité, qui fusionne des mots ou des groupes de mots plus longs, ou bien par l'insertion de traits d'union ou bien par les emboîtements lexicaux : c'est l'économie des grands dépenseurs. L'obsession de la nouveauté dans les annonces publicitaires, le culte du chrétien rené dans la religiosité américaine (qui dépend lourdement des campagnes de collecte de fonds annoncées à grand renfort de publicité), tout cela fait naître des néologismes. Il est bien connu que les mots inaugurent une réalité aussi bien qu'ils la reflètent ou la soutiennent. L'effet de choc et la mémorabilité sont les buts, par exemple dans la publicité pour une soupe de poissons épicée : « not for blandlubbers » [pas pour les terriens/les insipides].[41] Puisque le discours publicitaire dépend d'habitude du bricolage et du collage, et utilise tous les moyens du bord, recyclant les mots et les idées, il combine les segments d'une façon improvisée.

L'envie de combiner – même des choses ou des concepts opposés – est très ancien. Hermaphrodite était le fruit de l'union entre Hermès et Aphrodite (le dieu du discours et la déesse de la beauté) : un jeune être aux seins de femme et aux cheveux longs, alors que l'Androgyne était une femme barbue. Pour Graves, ces créatures hybrides marquent la transition du matriarcat au patriarcat.[42] Dans la zoologie et la botanique, « hermaphrodite » signifie un animal ou une plante qui possède les organes reproducteurs et mâles et femelles. Le vrai hermaphroditisme se présente rarement dans les êtres humains ; le pseudohermaphroditisme est plus commun, dans lequel des caractéristiques secondaires du sexe opposé se développent. L'oxymore maintient en vie la tradition antique de l'amalgame des contraires : « nature morte » ; et les collages verbaux sont parfois des oxymores : « banksters », qui suggère utilement des malfrats en costume rayé, des cadres voleurs. Selon Algeo, les mots portemanteaux combinent des oxymores mais aussi de signification contrastive : « Le mot qui résulte unit et la forme et le sens des sources dans un tertium quod hermaphrodite. » Il cite « beautility ».[43] Dans le mot-composé « science-fiction », on peut se demander si les deux contributeurs sont en effet toujours opposés.

Comme le démontre l'amalgame « bromidiom » cité ci-dessus, de telles inventions se rapprochent du cliché. Par le mécanisme bien rodé du suivisme, des mots-valises tels que « dancethon », « walkathon », « telethon » se sont décollés du modèle « marathon ». A mesure que se multiplient ces formes, on perd tout souvenir de la particule originale. Au dix-neuvième siècle, la mode des mots qui finissent en *-rama*, en français, montre le même procédé du suffixe pleinement vide. C'est ainsi que le système remplace l'invention.[44] Beaucoup de combinaisons ressemblent plutôt à des bousillages, quoiqu'on ait annoncé que « l'usage a toujours raison, quand même il se tromperait. »[45] Certains collages disent la même chose deux fois ; « gigolothario », « hintimation », « aggrannoying ».[46] D'autres échouent à cause d'une concision trop appuyée : « dawk » [dove + hawk = colombe/faucon] ; celui-ci est inférieur à « wargasm » [war + orgasm]. « Geep » est inférieur à « shoat » [goat + sheep] parce qu'on ne sait pas assez vite de quoi il s'agit. D'autres encore sont ambigus : le « cinemadman », qui vise Harpo Marx [cinema + madman – fou] pourrait se référer à un publicitaire de cinéma [cinema + adman]. L'ambiguïté se fait pressante lorsqu'on fourre ensemble des fragments sur un modèle étranger, par exemple « vacances-couleurs », qui pourrait vouloir dire plusieurs choses, était censé en effet désigner la décoration de sa maison pendant l'été.[47] Certains mots-valises ne sont valables que sous la forme écrite : « dumbelle » [femme belle et bête], car si on le prononce à haute voix il a l'air identique à « dumb-bell » [haltère]. Beaucoup sont purement tape-à-l'œil et improductifs, comme le « collideoscope » de McLuhan (qu'il a d'ailleurs subtilisé à James Joyce).[49] Les puristes tendent à reculer devant le mot-valise, qu'ils renvoient à la fantaisie ; ils se plaignent si on l'éleve au niveau de procédure lexicale normale.[50]

On peut faire travailler l'emboîtement lexical. Le nom composite qui encercle les grands-parents dans *Les Mots* de Sartre, « Karlémami », est le premier exemple du phénomène qui explique le choix du titre : le pouvoir qu'ont les mots d'imposer une réalité. Reliés phoniquement par leurs noms téléscopés, ces aïeux semblent être liés intrinsèquement, et de ce fait figurer un couple ou une essence indissoluble. Le jeu de mot, pareillement, prend souvent le son pour la substance. Leur mariage réel manque d'une véritable unité, mais le collage verbal masque ce fait. Dans le *1984* d'Orwell,

« le vocabulaire B » (c'est-à-dire, les mots spécialement fabriqués pour le lavage des cerveaux) se composent de « mots qui avaient dans tous les cas non seulement une signification idéologique, mais aussi avaient le but d'imposer une attitude désirable sur celui qui s'en servait. » Tous ces mots sont des portemanteaux (Orwell les appelle des « mots composés »). « Ils consistaient dans deux mots ou plus, ou des morceaux de mots, soudés ensemble dans une forme aisément prononçable », p.e. « goodthink », « Miniluv » [bienpenser, Ministère de l'Affection].[51] Les oligarques de la contre-utopie d'Orwell exigent un système inattaquable, et les termes emboîtés font l'affaire.

Parmi les risques de l'invention des mots-valises est celui de ne changer qu'une lettre (pour faciliter la fusion), ou celui d'employer un amas de consonnes, et ainsi de créer quelque chose qui passe inaperçu. L'habitude qu'on a de parcourir rapidement ce qu'on lit pour en extraire l'essentiel, fait qu'on lise généralement pour en extraire le plus évident et le plus utile. C'est là l'inertie hâtive de la platitude. On a donc besoin, de temps en temps, de redevenir un apprenti, de laisser à l'ordinateur la scannérisation rapide, et de lire au ralenti (cp. la répétition d'une séquence à la télévision.) Les meilleurs néologismes, que ce soient des mots simples ou des croisements de mots, nous désencroûtent. Ces hybrides font don du confort de la familiarité et le choc du nouveau ; et par-dessus tout le plaisir de l'adéquation. Parme les nombreux équivalents français à « blend », je chéris « signifiancés ».[52]

« On peut s'intoxiquer aux mots-valises. »[53] Mais il y a des gens qui ne boivent jamais d'alcool dans ces barils-là. Cannon a sans doute raison de parler de « la viabilité réduite » des mots-valises ; seuls quelques-uns surnagent, encore que Cannon croie que ce tour a existé en anglais depuis le commencement.[54] Bien des formes nouvelles passent rapidement (comme les fibres alimentaires) à travers le système. La productivité est quand même prolifique :

> Des lapsus et des hapax oraux coulent à flots de millions de compagnies et de gens qui se réjouissent de leur individualité linguistique, dans une sorte de création dynamique et fugace … Ce processus très antique est une des catégories de fabrication orale les plus ramifiées, interdépendantes et créatrices. Il joue un rôle important dans le développement du langage et probablement dans l'évolution de la langue.[55]

C'est ce fait de la vie linguistique, sans doute, qui pousse Algeo à prophétiser dans des termes de pari : « L'emboîtement lexical a peut-être une chance sur mille de survivre, mais les gens au parfum croient que c'est une mise sûre. »[56] Personnellement, je suis attiré davantage par les mots-valises voulus et pointus que les accidentels. Tout un chacun sait occasionner ces derniers ; il faut du talent pour accomplir ceux-là.[57] Les assemblages improvisés sont plus plaisants et profitables que les formes étroitement structurées, et plus l'amalgame a l'air naturel, mieux il vaut. Comme toutes les astuces, il ne faut pas avaler en entier le collage verbal. Que ce soit spécieux ou authentique, il est instinctif et ne se meurt pas.

On est plus prêt à essayer ce qu'on n'a pas auparavant testé lorsque cela ne tire pas à conséquence. De là, et remarquablement, beaucoup d'inventions sont nées sous la forme de jouets. Illusion, allusion, collusion et « delusion » (hallucination) contiennent toutes l'idée d'un jeu (*ludus*). Jeu sérieux et gravité ludique coexistent de façon puissante et osmotique – mon livre tout entier s'efforce de le prouver en action. Le Divin Marquis m'a cravaché à créer « iconocataclysme », car il s'amusait à briser les idoles dans un jeu désastreux.[59] Barthes, jubilant, disait : « Néologiser est un acte érotique, ce pour quoi il soulève immanquablement la censure des cuistres. »[60] Le rapport de la sexualité et la création verbale est tout à fait nu dans le limerick : Legman l'a baptisé « unexpurgaiety » [gaieté non expurgée].[61] Chez Barthes le plaisir du texte ou faire jouir le texte, c'est tout un. L'emboîtement lexical est copulatif (cp. le jeu surréaliste de « l'un dans l'autre »). « D'une curiosité de voyeur », dit Clébert, « je pétille et m'électrolise. »[62] Pour parler de Joyce, amalgameur par excellence et « calembourreau »,[63] Clive Hart fait appel à l'idée d'anastomose (couplage des vaisseaux sanguins afin de communiquer) : fournir d'une bouche pour inter-baiser.[64] J'ai orthographié à nouveau « Eurogénital » [urogénital] pour décrire le porno multinational, et « Eurotoxique » : le Rhin pollué. Pour désigner la pratique selon laquelle un père, ne pouvant pas donner naissance à des enfants, peut toujours les materner, on pourrait inventer l'adjectif « androgynécologique ». Un mot nouveau peut être séminal (« neolojism » ; « jism ; sperme), aussi bien qu'attrape-couillon : « neologizmo » [« gizmo » : truc]. Personne n'a besoin de guide intellectuel pour apprécier la souplesse des mots. N'importe lequel, par moyen du sous-entendu, peut servir une approche sexuelle dans un contexte idoine (« Montrez-moi vos qualifications »). « Ça » et « chose » se muent en euphémisme risqué. Bien que les mots nouveaux soient parfois créés afin d'esquiver la périphrase, ou pour retaper la gaucherie de sa langue, ils peuvent se métamorphoser comme tout autre mot dans l'euphémisme (surtout dans le jargon militaire). Céline invente « circonlocutasserie » pour copier et donc ridiculiser la verbosité politique.[65]

La néologie invente aussi des significations fantaisistes pour des mots existants. On définit « bordel » comme un mot venu de Bordeaux pour « berceau », ou « cyclamen » pour les fanatiques du tandem.[66] Comme le calembour, la néologie fait du recyclage, et les deux font ainsi des actes d'écologie. L'humour est un agent principal derrière une grande partie de la création linguistique. Les linguisticiens tombent dans le même piège que les profanes qund ils concluent que le sérieux exclut le jeu, p.e. Adams, qui déclare que dans les siècles passés on créait des amalgames « le plus souvent pour son plaisir », alors que dans le vingtième de telles activités « peuvent produire de temps à autre des ajouts sérieux et permanents au vocabulaire. »[67] Pourquoi ne pas mettre sur un pied d'égalité le grave et le ludique, comme dans le néologisme « mélancomique » ?[68] Comparablement à l'argot, la néologie peut être le produit dévergondé de « l'exubérance de l'activité mentale et des délices naturelles de la fabrication linguistique. » Mencken contrebalance ces mots généreux de Whitney à l'opinion plus froide de Shorey que « le génie inconscient du peuple ne sait pas plus inventer l'argot qu'il n'invente des épopées. Ce sont des auteurs astucieux qui l'inventent par la sueur de leur front pour se faire du fric. » Mencken ajoute que, quant à lui, « s'ils ne chassent pas le fric, ils poursuivent la renommée, le *kudos*, l'admiration ».[69] Le bel esprit métropolitain ne veut pas évidemment supposer la créativité aux gens du peuple, mais le langage est une propriété commune, et n'importe qui sait être exubérant (p.e. « parastreak », saut en chute libre quand on est à poil.)[70]

On maintient parfois que l'argot est un domaine où les modes, les styles, etcétéra, filtrent vers le haut dans la société. Et pourquoi considère-t-on l'argot comme grossier alors qu'il offre des nuances habiles, et même un talent poétique ? Et pourtant le concept de l'argot, à travers plusieurs langues, est péjoratif ; il contient un soupçon de malhonnêteté (argot du métier ou du milieu), illettrisme, insulte, prise de bec, et, en général, bassesse. C'est probablement les raffinés ou ceux qui les plagient qui prennent le train (de la néologie) en marche, témoin la vogue en *–nik* qui suivit les exploits du Sputnik (« muttnik », le chien soviétique mis en orbite, « mutt » =clebs). Plus tard on a eu les dissidents, les « refuseniks ». Les blagues peuvent engendrer le sérieux, aussi bien que le contraire. Tout compte fait, les mots-valises joignent les deux bouts : formule d'économie, mais aussi but séducteur.

CHAPITRE 18

Appellations contrôlées

Le néologue est un nouvel Adam en puissance, qui renomme le monde et qui augmente le lexique étriqué du premier homme. Depuis Adam, nommer, selon les pessimistes, c'est engager une bataille perdue d'avance (car les mots sont ici, et les choses là, inconciliables), ou, plus positivement, une chaîne de fabrication qui ne s'arrête jamais. Tous les nouveaux-nés ont besoin d'être baptisés, dans une cérémonie ou autrement, et certains parents choisissent de souligner la nouveauté de l'événement en inventant un nom (d'habitude par la combination de particules des noms de parents), ou en enrôlant un nom commun ou propre des cieux, des mois de l'année, des endroits favoris, etcétéra. A mesure que grandit l'enfant, il attire fréquemment un sobriquet, il est rebaptisé ; s'il est impopulaire un surnom plutôt luciférien. Des surnoms, des titres inventés, comme vous le dira n'importe quel enfant, sont les armes choisies de l'insulte et l'agression. De même mal énoncer un nom ridiculise ou intimide le porteur. Heath commente sur la dérision implicite dans la mutilation constante des noms chez Joyce, ce qui me semble à moi faire partie intégrante de la régression fréquente vers le langage enfantin dans *Finnegans Wake*. On peut s'amuser de façon moins vicieuse dans la pratique que Gracian appelait « agudeza nominal » [esprit nominal]. Ailleurs, j'ai forgé le mot-valise « onomastication » pour la rumination incessante des noms, que ce soit celle de parents inquiets en attendant une naissance, ou n'importe qui désireux de trouver du sens dans la séquence arbitraire de sons qu'est un nom propre.[2] Comme son nom l'indique (ou ne l'indique pas), l'archevêque Sin [péché] des Philippines : à lui le pompon (pour enjoliver sa barrette). Le mastic est une gomme, qui peut être bien entendu mâchée, dans le chewing-gum ou chiclé. L'onomancie est la divination d'après les noms. Bien des individus créatifs ou criminels (et ceux-ci sont souvent des artistes) recourent à des pseudonymes (noms de plume, noms de guerre) ou cryptonymes en tant qu'alias pour l'autoprotection.

L'onomatopée, que Puttenham appelait le « Newnamer » (ce qui donne un nouveau nom) et la rhétorique « procreatio », comme l'interjection ou l'exclamation (en anglais « ejaculation », précoce ou ponctuelle), est une sorte de néologisme dans lequel règne l'imitation. Le cerveau établit un rapport (appelé par les linguisticiens « motivation », et qui s'étale aussi dans l'étymologie et le jeu de mots) entre une formation et sa signification. Ce procédé est fort arbitraire, ainsi que le souligne le grand dictateur Humpty Dumpty lorsqu'il intimide Alice : « Mon nom à moi signifie la forme de mon corps ... Avec un nom comme le vôtre vous pourriez pratiquement avoir n'importe quelle forme. »[3] En effet, Alice prend des formes variées au cours de la narration, comme il sied à son étonnement.

Bien que nous aimions nous sentir créatifs et prenons plaisir à trouver du sens dans des séquences de lettres, notre paresse et notre goût pour les raccourcis mènent aussi à la création des acronymes (selon l'étymologie : bout d'un nom) et de l'acrostiche. En anglais, VIBGYOR, qui nous rappelle l'ordre des couleurs prismatiques montre que, quelle que soit notre passion pour les grands titres et les grands mots, nous les abrégeons par commodité. Dès son inauguration, la Russie soviétique fait naître une pléthore d'acronymes tels qu'OGPU. Non seulement les cadres mais aussi les esthètes tels que les futuristes russes créaient de nouveaux mots pour nomer leur société nouvelle – société extrêmement centralisée. Algeo nous rappelle l'antiquité de la pratique.[4] L'interprétation cabalistique de la Torah est une espèce d'exégèse acronymique. « Cabal » lui-même se serait forgé à partir des lettres initiales du groupe au Conseil privé de Charles II (Clifford, Arlington, Buckingham, Ashley, et Lauderdale) qui était impliqué dans une conspiration. Dans sa correspondance avec Stella, Swift utilise des abréviations pour le « petit langage » des amants, comme beaucoup d'autres moins doués avant et après lui (cp. NORWICH : Knickers off ready when I come home [culotte bas en attendant mon retour à la maison]. On a déjà fait la connaissance du terme acronymique qui relie l'adhocisme à la néologie : « rejase » : reuse junk as something else [recyclez le bric-à-brac].

Dans le monde contemporain, la pénurie du temps et de l'espace et la multiplicité d'organisations donnent lieu toutes deux à l'acronyme, qui vise à être aisémment mémorable, tronqué et plein de signifiance (cp. les « noms chantants » de l'héraldique). PLATO vient de « Programmed logic for automatic teaching operations ». WITCH : « Women's International Terrorist Conspiracy from Hell ». Ce dernier exemple fait allusion à l'ésotérisme des acronymes – une énigme que puissent décrypter des groupes d'élite, bien que la nécessité aujourd'hui de la publicité parmi les groupes de pression milite contre l'opacité totale de la nomenclature. Il est probable que beaucoup d'acronymes sont générés à rebours. On choisit un acronyme accrocheur, ensuite des mots signifiants pour être ainsi représentés.

On donne le surnom de ZAZIE à un ordinateur puissant à l'Euratom : Zahlen Analyser Zur Informazione Exploitation. Ce conglomérat allemand/anglais/néerlandais/italien/français a dû plaire au polyglotte Queneau. L'initialisation peut se prêter à l'adoucissement (p.e. SNAFU : « Situation Normal : All Fucked Up » [rien de nouveau : tout est foutu]), quoiqu'ici la réticence se fasse voyante. Il en est de même avec TB [tuberculose], the big C [cancer], DTs [delirium tremens], WC, SOB [son of a bitch : fils de pute], BO [odeur corporelle], et VD [maladie vénérienne]. Il arrive que la disposition des lettres soit malencontreuse : CINCUS [Sink us : torpillez-nous], pour le Commander in Chief, US Fleet, fut vite abandonné ; et SOD [Secretary of Defence : sodomite] remplacé par SECDEF.[5] COCU, acronyme de la Consultation on Church Union, ferait les délices d'un Français anticlérical. Il existe des coïncidences qui ont l'air voulues. PTA sert et au Parent-Teacher Association, et au Prevention of Terrorism Act : pensez aux attaques de parents violents contre des enseignants. En français, MST couvre bizarrement à la fois les maladies sexuellement transmises et la maîtrise en sciences et technologies. Un excès de sténographie mentale peut mijoter ce qu'on a appelé « la soupe de l'alphabet », mais il faut dire que l'acronyme ajoute aux portemanteaux disponibles et engendre ainsi de nouveaux mots basés sur leurs initiales. Algeo résume de façon éloquente :

> Les acronymes sont des jouets pour le poète, des icônes pour le mystique, des outils pour le bureaucrate, et des données pour le linguiste. Et tout ce qui peut servir à tant de fins a son avenir assuré.[6]

Le capitalisme aime simultanément revendiquer une philosophie et stimuler les achats d'impulsion ; c'est peut-être pour cette raison qu'aux Etats-Unis la mercerie s'affuble du nom de « notions ». Souriau souligne la fonction double des noms de marque, « à la fois des mots-sirènes et des mots-fiches issus de la double prétention de séduire et de cataloguer. »[7] Dans sa réponse à l'Administrateur de l'institut national de la propriété intellectuelle, George Eastman justifie son nom de marque, Kodak, dans ces termes : « Il est court. On ne peut pas l'estropier. Il ne ressemble à rien d'autre dans ce domaine que le Kodak. »[8] On dirait une définition de Dieu. Le soin qu'il prenait à protéger son mot forgé n'empêcha pas que beaucoup de gens l'utilisent en tant que synonyme de l'appareil photographique, tout en cessant de montrer une fidélité à la marque elle-même. Il en fut de même avec Frigidaire et Hoover. Aussitôt que ces noms passent dans le langage courant, une grande partie de leur valeur originale quitte le nid familial : le produit ne se distingue plus de ses concurrents. La propriété nominale n'est pas plus légalement invulnérable que la propriété intellectuelle. Et pourtant le nom de marque est un de ces domaines peu nombreux où on pratique la création *ex nihilo*. On a recouru aux programmes informatiques pour fournir des noms libres de toute référence étymologique, tels que les produits de Du Dupont de Nemours (Dacron, Lycra, Orlon et Teflon) – mais on a mis évidemment les machines sur la voie. Par contre, une anecdote possiblement apocryphe raconte que NYLON fut dérivé de l'acronyme « Now you lousy old Nippon » [A nous deux, vieux minable japonais], proféré par un chimiste patriotique à Du Pont quand il découvrit un tissu synthétique pour concurrencer la soie japonaise.[9] Les noms de marque (témoin MacNuggets) sont souvent agglutinés – mot qui décrit assez exactement la texture dudit produit.

J'ai dit au début de cette partie de mon livre consacrée aux néologismes que les mots forgés scientifiques et purement utilitaires n'auraient pas droit d'entrée dans ce champ. Il me faut atténuer cette déclaration. Je pensais aux multiples mots longs incessamment engendrés dans le langage des sciences pour se tenir au courant des inventions et des découvertes. Si on veut voir s'élargir le progrès scientifique, pourquoi le vocabulaire général ne voudrait-il pas se tenir au même courant, aux nouvelles émotions et aux nouvelles attitudes. A moins de dire, paresseusement, bien entendu, qu'il n'y a rien de nouveau sous le soleil, à part l'innovation scientifique/technologique. Je suis d'accord avec l'opinion de Pearsall Smith selon laquelle une grande partie de la nomenclature de ce type démoralise une création verbale plus inventive. Il soutient en particulier que la théorie selon laquelle un nom scientifique devrait se définir (c'est-à-dire, contenir sa propre signification) est fallacieuse et fait naître beaucoup de syllabes pesantes. « Les mots sont des étiquettes et non pas des explications. »[10] Les scientifiques voient naturellement une nécessité pressante pour une terminologie, sinon un langage tout entier, aisément compréhensible au-delà des frontières. Cette nécessité intéresse également les militaires, le transport international, et, surtout, lee fabricants et distributeurs multinationaux, et la publicité qui les seconde.

Condorcet rêvait d'une « algèbre linguistique ».[11] En fait, le langage mathématique franchit les barrières beaucoup mieux que ne le font la plupart des mots. La majorité des néologismes scientifiques viennent de racines latines ou grecques, et pendant longtemps il y eut un tabou en vigueur contre le mélange des deux, encore qu' « automobile » et « télévision » y missent un terme. Pourquoi recourir aux langues dites mortes pour trouver des mots nouveaux ? Parmi les raisons : un conservatisme inné (la tradition fait autorité) ; le snobisme (nous autres savons ce que signifie ce mot forgé, mais la plupart de vous autres ne le savent pas) ; un besoin de la ritualisation, qui produit des « mots de sorcier » inconnus des gens de la tribu ; l'écuménisme (latin/grec, lingua franca) ; le désir de certains scientifiques de prouver qu'ils sont aussi des humanistes, et possiblement humains ; une reconnaisssance que les êtres humains ne sauraient travailler qu'avec le donné : les moyens du bord ; le nouveau est obligé de décoller du vieux ; et un désir de formuler le nouveau par ce qui est (relativement) familier. Et pourtant dans les sciences prétendument sûres, la physique des particules surgénère un oxymore, « lepton lourd » (*lepton* = poids léger), ou un calembour « quark charmé » (charmé parce qu'esthétiquement satisfaisant, et parce que le terme vise à chasser le mauvais œil qui vient des théories incomplètes.) Une étape antérieure choisit « atome » (= indivisible), l'oxymore le plus fondamental ou le nom le plus inapproprié de tous.[12] L'hydogène aurait dû s'appeler oxygène, si on avait respecté l'étymologie. En anglais, « flukicide », produit chimique pour tuer les vers plats, semble décrire un hara-kiri accidentel (« fluke » = hasard).

Les scientifiques sont capables de faire rire, comme lorsqu'ils choisissent le mot « barn » (grange) comme unité de mesure de l'infiniment petit, ou le nom « perhapstron » (= peutêtretron). Ils créent souvent des mots-valises (« bit » en jargon informatique vient de « binary digit » (chiffre binaire)). Ce jargon possède souvent un goût sans façon, familier (comme il sied aux opérateurs de ces machines en pleine ascension sociale) ; bit, byte, bug (bogue), chip (puce), software (logiciel), hardware (matériel). Selon Bolton :

> Le jargon informatique emploie la phonologie et la grammaire anglaises normales pour construire un petit lexique technique, en empruntant certains mots dont le sens a été changé, et en créant de nouveaux par la composition, et des acronymes, utilisant un sens de l'humour affable dans des figures de rhétorique. Le vocabulaire qui en résulte est plus concis que les paraphrases relâchées qu'il remplace.[13]

La question du vocabulaire scientifique paraît tout à fait différente du point de vue d'un résistant d'arrière-garde tel qu'Etiemble. En effet, l'emprise de l'anglais dans la plupart des conférences et des publications scientifiques internationales prédomine. Dans son *Jargon des sciences*, Etiemble, qui est normalement rien moins qu'hostile soit à la science, soit à la nouveauté, exprime sa consternation devant l'emprunt massif et irréfléchi de l'anglais. Nous autres rosbifs devrions ressentir une sympathie coupable pour sa guerre perdue d'avance, car c'est notre langue à nous qui s'est comportée en impérialiste. A ceux qui maintiennent que les emprunts comblent un vide et mènent à la clarté, Etiemble répond en soulignant avec une grande jubilation la polysémie de mainte racine grecque. C'est un vrai Babel. Une seule racine, « car », signifie dans divers mots composés : tête, sommeil profond, cheveux, cumin, manquer, cher, et véhicule.[14] « Autocar », plaisante-t-il, veut dire « égocentrique ». Comme le découvre le bachelier en chômage de Jules Vallès, Jacques Vingtras, on peut mourir de faim en suivant un régime de racines gréco-romaines. Etiemble présente un argument valable : emprunter réduit souvent la variété ; l'importation étrangère est obligée de faire des heures supplémentaires, et elle supplante plusieurs mots autochtones.[15] Réduire la synonomie sert mal une langue, même si elle est bien vue des tyrans. La contre-attaque positive d'Etiemble consiste à proposer la mobilisation de mots dialectaux et leur insertion dans de nouveaux contextes. Exploitez, dit-il, des séries inédites de sons parellèles : sur « lune » créer « bune », « bunaire », « bunatique ». C'est là, soutient-il, quelque chose de moins arbitraire que la création de mots polysyllabiques criards, principalement par la dérivation, ou l'emprunt de termes étrangers malaisément assimilables (p. 121). Il a certes raison de nous rappeler qu'une langue n'est pas la propriété privée que d'arrogants scientifiques plient à leur volonté, ni la propriété d'une classe (c'est-à-dire, un jargon).

Bien plus ésotériques que les termes scientifiques sont les mots d'encrier (inkhorn words), des mots savants, aussi connus sous le nom de mots de serre chaude, ou, plus vigoureusement, des mots à vous décrocher la mâchoire. Kennedy conjecture que beaucoup de ceux-ci, tel que « doctiloquent » n'existent probablement que dans un dictionnaire.[16] Du point de vue social, l'utilisation d'un mot savant est signe d'ignorance, ou du moins de manque de tact. Ces sortes d'inventions suintent de la néologorrhée, et entraînent la néologomachie.[17] Dans *Palimpsestes*, Genette avance que sa création d' « hypertextualité » a l'avantage d'être aisément [!] compréhensible, à la différence de « parodie », par exemple, qui existe depuis des siècles et signifie diverses choses à tous les hommes sans exception (!) Il plaisante, indubitablement. La culture française est quand même si incestueuse qu'il y a sans doute moins de probabilité que le mot exceptionnel le reste : d'autres le reprennent et le font circuler, si ce n'est qu'en dérision. Il devrait être évident que les mots rares, techniques ou archaïques sont aussi étranges au lecteur ou écouteur peu instruit (c'est-à-dire, nous tous, à nos moments) que l'emprunt. Queneau s'amuse à l'idée sérieuse que toutes les langues sont étrangères à force de galliciser « lingue forestiere » (italien) en « langues forestières ».[18] Le terme de Bertelé pour les néologismes poétiques est « espéranto lyrique », mais le désavantage est que cette langue ne peut s'apprendre comme l'espéranto lui-même.[19] La plupart des vocables d'encrier, cependant, n'espèrent pas survivre longtemps au premier coup d'œil. L'invention de Brander Matthews, « osteocephalic », « fut créée pour accorder un goôt de l'Antiquité à un mot [bone-headed : imbécile] créé par le monde d'aujourd'hui. »[20] On prête au duc d'Edimbourg « dontapedology » [mise des pieds dans un plat], qu'il a pratiqué lui-même maintes fois. Je chéris « pollexocracy » [rule of thumb : point de repère] de Fritz Spiegl.[21]

Les mots d'encrier sont souvent de circonsatnce, « un jargon éphémère ».[22] Bien des néologismes sont, franchement, des acrobaties verbales, et se contentent donc d'être des performances hors-série. « Si un mot de circonstance [a nonce-word] paraît une deuxième fois, devrait-on l'appeler « deuce-word » ? Or, « deuce-word » est mon propre mot forgé et est lui-même un « nonce-word » (hapax). »[23] Une catégorie voisine est « le mot opportun » : les journalistes ludiques se rivalisent pour inventer des termes dans l'espoir que le *New English Dictionary* les saisira dans son chalut.[24] Peut-être que par analogie avec les termes d'encrier, on pourrait rebaptiser ceux-ci « dactylographèmes ». Des hapax qu'on pourrait utilement verser dans la marmite banale (on dit « four banal », n'est-ce pas ?), si seulement on pouvait forcer autrui à les accepter, embrassent « transmote » de Makkai, pour décrire un employé qui n'a été promu ni rétrogradé mais qui a connu une mutation latérale (mot très utile en ce qui concerne les compagnies ou institutions où il faut être coupable de turpitude morale pour se voir congédier pour de bon) ; et « to prosist » : insister dans l'intérêt d'un autre, ce qui changerait de l'ordinaire.[25]

Un « hapax legomenon » (tronqué d'habitude à « hapax ») est un authentique mot de circonstance qui n'apparaît qu'une seule fois dans une langue ou une œuvre. Il est ainsi apparenté à une pièce d'artifice – brièvement éblouissante mais qu'on ne peut refaire partir. Le « sonnet en -yx » de Mallarmé (« Ses purs ongles très haut dédiant leur onyx ») est doté d'un mot inexistant (avant le précieux Stéphane), « ptyx » (bien que l'étymologie puisse suggérer un pli, « ptux », en grec). C'est un poème de l'absence, « un sonnet nul », où prédominent les négatifs. Dans une lettre, Mallarmé raconte qu'on lui avait assuré que le mot n'existe dans aucune langue, ce qui lui convenait à merveille, parce qu'il lui accordait la possibilité de le créer par la magie de la rime.[26] Ou bien, comme l'explique Riffaterre, « un pur produit ad hoc des contraintes de la rime du sonnet. »[27] Il poursuit : « Avec son othographe excentrique et son agglomérat consonantique non français, *ptyx*, comme le reste du sonnet, combine la haute visibilité, une présence physique presqu'envahissante en tant que forme, et une absence également appuyée de signification. »[28] Un mot, donc, qui veut abolir le sens, un brouillage des pistes, un mystère qui n'en est pas un. Dans ce poème, Mallarmé fait une attaque préemptive sur les déconstructionnistes non encore nés : son texte ne parle que de soi-même, dans une mégalomanie hautement culturelle. Il est très probable qu'on ne répète pas un hapax. A ce degré-là, il est statique, figé ; il n'a pas de durée. Comme l'a dit Palmer, et de nombreux critiques et lecteurs du poème de Mallarmé en sont d'accord : « L'homme a horreur du vide d'un mot dénué de sens. »[29] A un niveau moins éthéré, Ogden Nash illustre le phénomène des hapax créés par la rime :

> Farewell, farewell, you old rhinoceros,
> I'll stare at something less prepocerous.[30]
>
> [Adieu, adieu, mon vieux rhinocéros, je vais regarder quelque chose de moins absurde.]

Un mot de fantaisie, d'origine obscure, pour désigner un oiseau fantastique, ou une histoire abracadabrante : coquecigrue.

Finalement, il y a des phrases hapax. J'ai parlé plus haut de la demande, dans une expérience de laboratoire, de « faire comme Napoléon. » Les expérimentateurs y ont ajouté une invitation, bien plus énigmatique, de « faire comme Chomsky. » Ce raccourci se référait à l'acte d'ouvrir la portière d'une voiture pour aider un co-passager encombré de paquets, comme l'avait fait le grand linguiste la semaine auparavant. Cet exemple prouve qu'on peut créer un sens (et qui à l'extérieur d'un laboratoire le nierait ?), et non seulement le choisir pré-emballé de notre lexique mental. Encore que l'écouteur doive toujours faire l'analyse correcte de la phrase-hapax, on peut collectivement comprendre un sens improvisé.[31]

CHAPITRE 19

Sommet du néologisme

A word is dead
When it is said,
Some say.
I say it just
Begins to live
That day.

[Un mot meurt dès qu'on le dit, selon certains. Moi, je dis qu'il commence à peine à vivre à ce moment-là.]

— EMILY DICKINSON[1]

Le « ptyx » de Mallarmé nous a déjà offert un bel exemple de la création verbale manigancée. Dans mon étude de la formation et du maintien des mots nouveaux ou « néologistique »,[2] je me tourne maintenant vers les supposés experts, les écrivains de la haute littérature. Les auteurs réutilisent-ils leurs inventions en en faisant du battage ? S'ils ne le font pas, peut-être que, comme Mallarmé, ils les voient comme des hapax. Souhaitent-ils que les néologismes soient repris par d'autres, ou agissent-ils en propriétaires jaloux ? Comment le pourraient-ils, puisque ce qui est imprimé, quoi qu'en dise la loi, passe dans le véritable domaine public : le cerveau et la mémoire du lecteur ? On a traditionnellement accordé aux poètes la licence (poétique) de forger de nouveaux mots, à l'instar des métaphores fraîches. Et beaucoup de néologismes sont semblables à des métaphores, en ce qu'ils compriment (particulièrement sous la forme de mots-valises) des matériaux précédemment disparates. Pour Riffaterre, le néologisme littéraire diffère de la variété de tous les jours : ce dernier est fabriqué pour créer une nouvelle signification, la plupart du temps, afin de lier un mot et un objet : il ne fait pas d'impression spéciale sur l'écouteur. Le néologisme littéraire, par contre,

> est toujours perçu comme une anomalie, et est utilisé en raison de cette anomalie, parfois indépendammant de son sens … Il ne saurait manquer de saisir notre attention … Il oblige le lecteur à prendre conscience de la forme du message qu'il déchiffre, et cet acte est de l'essence même de la communication littéraire.[3]

C'est là considérer le néologisme comme un casse-vitesse sur la grand'route de la littérature, qui nous secoue et nous fait sortir de l'automatisme de la lecture des textes. Dans l'ensemble, il est peu probable que le néologisme littéraire passe dans la langue courante. Les mots forgés publicitaires sont à mi-chemin entre les néologismes littéraires et ceux quotidiens en ce qu'ils visent à frapper comme ceux-là, mais aussi à être mémorisés et ainsi à faire partie de l'usage courant, comme ceux-ci, à être des mots connus de tous.

Les auteurs remplissent les rayons, ainsi qu'ils naissent pour le faire, mais aussi comme des employés de supermarché qui s'aperçoivent des sections vides. La néologie prend souvent la forme de l'extension grammaticale autant que lexicale. Ponge, par exemple, invente toute une chaîne de verbes réfléchis afin de concrétiser sa théorie que la nature agit sur elle-même, quoique notre regard anthropomorphique lui prête des traits humanoïdes :

> Dès le matin, le ciel se dalle, se marquette, se pave, se banquise, se glaçonne, se marbre, se cotonne, se coussine, se cimente, se géographise, se cartographise.[4]

Il est ironique qu'à bon escient Ponge recoure aux substances pour la plupart fabriquées par l'homme afin de prouver sa théorie chosophile. De son propre mot forgé, « implexe », Valéry écrit : « Très suggestif. Je ne sais pas trop ce qu'il suggère ; mais il suggère énormément. »[5] Là, on se rapproche des charmes verbaux cabalistiques, ou l'absurdité magique tel qu' « Abracadabra » – mots mystérieux dont le sens incombe au destinataire. Balzac se montre encore plus effronté : « La langue française a accepté les mots nouveaux de mes devanciers ; elle acceptera les miens. Les parvenus deviendront avec le temps des aristocrates. »[6]

En parlant du classicisme dans la première partie de ce livre, j'ai mentionné ces écrivains qui aspirent à avoir un style pareil au vernis. Ceux-ci sont généralement hostiles à la néologie qui, selon eux, est en train de faire naître un langage très épais qui attire sur lui-même trop d'attention particularisée au grand dommage du texte tout entier. Ils sont, d'ailleurs, présumablement satisfaits du stock lexical existant (bien que celui-ci s'accroisse quotidiennement). Entre les conservateurs et les créateurs viennent ceux qui sont préparés de temps en temps à mettre à sac le passé ou les régions, de piller les entrepôts étrangers, pour trouver tout faits les mots dont ils ont besoin. Statistiquement, on compte 785 néologismes dans les *Bagatelles pour un massacre* de Céline, alors que les œuvres volumineuses de Jules Romains et d'André Maurois n'ont fourni qu'un seul exemple. Aux yeux de Rogers, même un écrivain tel que Fielding, dans une époque néo-classique, ne se propose pas de transcrire l'usage (par exemple dans sa version de l'anglais fracturé de Mme Slipslop) mais souvent de le créer. « Fielding n'aurait jamais pu utiliser ces formules s'il les avait entendues dans la rue, car la plaisanterie n'aurait pas marché ». Il faut convenir de la théorie de Rogers selon laquelle « les lexicographes sont trop sujets à croire qu'il devrait y avoir du feu démotique derrière toute la fumée néologistique. »[8]

Quoique des écrivains aient forgé des mots des siècles avant l'essor de la presse écrite, à mesure qu'une grande partie de la littérature (surtout naturaliste, sociologique ou politiquement engagée) s'approchait de plus en plus du journalisme au dix-neuvième siècle, l'empressement des journalistes à inventer des mots nouveaux se transmettaient aux poètes mêmes, qui jusqu'alors avait exploité la licence poétique avec modération. Considéré comme un innovateur important par les modernistes tels que Pound et Eliot, Pound louait Laforgue de la « danse de l'intellect parmi les mots », ou « logopœia ».[9] Laforgue lui-même définit ses fusions comme « cet accouplement de mots qui n'ont qu'une harmonie de rêve, mais font dans la réalité des couples impossibles, et qui ont pour moi le charme insoluble, obsédant, entêtant des antinomies en métaphysique. » Il ajoute : « Des jeux de mots, mais si esthétiques. »[10] On décèle là des attitudes complexes : l'érotisme désespéré mais obstiné de Laforgue : son désir ardent d'une partenaire dans l'amour, vraie et durable ; sa fascnation pour les chimères, les hybrides, les « mots-centaures » (il épouse une Anglaise, cette espèce qui pour lui constituait un troisième sexe, ni mâle ni femelle) ; son rapprochement incessant du quotidien avec le transcendant. Quelques exemples de sa créativité : « spleenuosités » (extension splendide du mot alors en vogue, « spleen », et qui fait penser aux ramifications – cp. « sinuosités » – de cet état amplement mélancolique ; « violuptés à vif » (viol+ voluptés : ravissement énervé) ; « ces vendanges sexiproques ; « sangsuelles » (sangsue+sensuel) ; « grosses plaisanteries éléphantaisistes » ; « massacrilège-moi » ; « la céleste Eternullité ».[11]

Les « ego-futuristes » de Russie produisirent quelques poèmes entièrement composés de néologismes, tantôt afin de bloquer les emprunts, tantôt afin d'explorer « la vie intérieure du mot », par une sorte de microscopie verbale.[12] Une société nouvelle, croyaient-ils, avait besoin d'une nouvelle langue. Je crois sur parole les experts de la science-fiction selon lesquels la même notion, dans ce domaine-là, n'a généré pour la plupart que de la banalité. Angenot prétend que, tels qu'ils sont, les néologismes de la science-fiction sont de deux catégories principales : des mots qui sont censés anticiper un état futur de la langue de la narration, ou bien des mots censés appartenir à un univers linguistique parallèle ; ou bien des mots « empruntés » à une langue extraterrestre.[13]

Quant à ces autres explorateurs d'un nouveau monde, les surréalistes, Breton admet lui-même que très peu de néologismes se sont produits pendant les séances d'écriture automatique.[14] Il est difficile de décider si cela montre combien peu inventif était le subconscient du pape surréaliste et ses acolytes (et la fine bouche que Breton faisait devant l'humour – autre que noir – et le calembour laisse entendre que c'était bien le cas), ou si ladite pénurie prouve combien éveillé est en général l'exercice de la néologie.

Queneau est de ces inventeurs invétérés. Alors que le néologue frénétique Céline, que Queneau admet avec courtoisie comme l'un de ses précurseurs dans le champ du renouveau linguistique, parlait du besoin urgent de ranimer une langue moribonde, Queneau parlait moins radicalement de son devoir d'agir en sage-homme à la naissance du « néo-français ». Il cherchait à ajouter au stock de la langue française, de combler certains vides, afin d'articuler ce qu'elle ne pouvait auparavant exprimer d'une façon assez concise. Pour beaucoup, d'ailleurs, la langue française a en effet l'air pâlotte et elle bénéficierait de tous les remontants qu'on lui apporte. Si ce sage-homme opère à une langue mourante, c'est pour sauver l'enfant bien vivant dans son ventre et, ce faisant, sauver la vie à la mère aussi : une césarienne.[15] Les mêmes sons peuvent signifier des choses distinctes. Dans *Zazie*, comme dans tous les guides, la Sainte-Chapelle est une parfaite platitude, « un joyau de l'art gothique. » *Zazie* elle-même est « un joyau de l'argotique ».

Quelques exemples : « conneversation » (un entretien stupide, mais le mot suggère aussi malversation, ou détournement). « Phallucination » (une héroïne naïve se promet de ne plus regarder la braguette des hommes dans « une espèce de mysticisme avec des phallucinations. » Ce mot-valise malin laisse entendre qu'une activité pareille est plutôt sainte.) « Ontalgie » : maladie existentielle, « ça ressemble à l'asthme mais c'est plus distingué ». Des siècles avant la lettre, le duc d'Auge invente « sieste, mouchoir, péniche. » A la question de savoir s'il pratique la néologie, il répond : « Ne néologise pas toi-même : c'est là privilège de duc » (Vaugelas tomberait d'accord). Auge se justifie ainsi : « Je dérive *mouchoir* du bas-latin *mucare*, un vocable bien françouë selon les règles les plus acceptées et les plus diachroniques. »[16] Queneau ne cesse pas de monter l'élégance contre le vernaculaire (et vice versa), de sorte que l'un marque un point sur l'autre, mais ni l'un ni l'autre ne l'emporte sans contestation ; il adore le pédantisme autant que l'argot, comme devraient le faire tous les vrais amateurs du langage. « Procréfoutre » croise « procréer » et « foutre », et ainsi le médical/le théologique et le démotique. Il aime à faire des oreilles d'une truie des bourses en soie. De la sorte, Queneau illustre l'action bilatérale, de bas en haut, de la parodie. Il vise à ennoblir l'argot autant qu'à déculotter la distinction snob. En conséquence, ses lecteurs se doivent d'être billingues.[18] En plus de l'augmentation du stock, Queneau tronque parfois les mots afin de faire nouveau. « L'orama » est un panorama restreint, et convient donc à un univers fictionnel où l'accent est mis sur une existence amoindrie, dégraissée. La gallicisation offre encore une manière de défamiliarisation : « le baïlle-naïte » (tour de Paris le soir, souvent assez barbant) ; « Apibeursdé touillou » : ces calques ne rendent pas l'importation plus française ou plus naturelle ; ils créent en effet une monstruosité nouvelle et intrigante.[19] Dans *Les Fleurs bleues*, où l'on parle beaucoup des chevaux qui parlent, le mot-valise « chevalchimie » aide à expliquer ce miracle.

Oft from new truths, and new phrases, new doubts grow,
As strange attire aliens the men we know.[20]

[Souvent des vérités et expressions nouvelles sort une belle incertitude, comme une tenue étrange fait d'une connaissance un étranger.]

Peu d'écrivains ont fait plus étrange, plus excentrique, que James Joyce. Il hache les mots et en prépare de longues saucisses. Cette chipolata chipote-t-elle ? *Finnegans Wake* est quasiment un acte continuel de néologie : du stakhanovisme. (« Neologeewhiz », les joyciens américains tendent à s'écrier. « Geewhiz » = tout feu, toute flamme). Ou est-ce un seul et immense mot de circonstance, une offre ou une offrande exceptionnelle ? Joyce avouait lui-même tout en s'en vantant que ce texte « est condamné à être reniflé des trillions de fois pendant des lustres, jusqu'à ce que sa caboche se débrouille comme elle peut par ce lecteur idéal qui souffre d'une insomnie idéale. »[21] Ecoutons d'abord les majorettes autoproclamées mais bien vues de *Our Exagmination*, l'escouade de canons-mitrailleuses et leurs nombreux successeurs, surtout en France. (Un auteur fut-il jamais mieux entouré de gorilles ? Ce sont les contradicteurs purement individuels qui ont l'air laissé-pour-compte ; c'est la claque qui érige la palissade.) Beckett prétend bizarrement que « Mr Joyce a désophistiqué le langage. »[22] Robert McAlmon parle d'un « chiffonnier philologique ... Joyce désire donner naissance à un langage souple qui puisse être un espéranto du subconscient. »[23] Pour Stuart Gilbert, « la création verbale de *l'Œuvre en chantier* [*Work in progress*] est basée sur le rocher du langage pétrifié, de sons aux associations solides. »[24] La peur joycienne de la banalité (et pourtant il s'appuie là-dessus totalement) se fait entendre dans ces mots de Stephen Hero : « Il était résolu à se battre avec toute l'énergie de son âme et son corps contre toute chute dans ce qu'il considérait maintenant comme l'enfer lui-même – la région autrement dite où tout paraît aller de soi et est l'évidence même. »[25] Selon Margot Norris : « Bien que *Finnegans Wake* soit profondément originale, c'est peut-être l'œuvre le plus consciemment dépourvue d'originalité de la langue anglaise. »[26] Joyce lui-même le qualifiait de « chèque contrefait à un degré épique » et « le dernier cri de la narration/du plagiat » [« stolen-telling »].[27] Des défenseurs de Joyce tel que Stephen Heath insistent sur la discontinuité, l'ouverture sans fin du texte, son refus d'une signification fixe, et à cette fin Heath se sert du mot-valise joycien « ambiviolence » – qui suggère à la fois agression et hésitation.[28] Et pourtant même un champion de Joyce, tel qu'Anthony Burgess, reconnaît qu'il « bourre le porte-manteau parfois jusqu'à le faire éclater. »[29] Il n'est pas douteux que, comme maint raid de bombardement à force de calembours, un barrage de néologismes donne le vertige au lecteur. Il faudrait consommer les jeux de mots et les mots forgés par un compte-gouttes, si bien qu'on pourrait ré-intituler la peinture de Magritte et dire : « Ceci est une pipette. »

Selon Butor, Joyce n'écrit pas seulement à l'intention du lecteur anglais, mais de tous ceux qui connaissent l'anglais. « Il y a chez Joyce, et dès le début, une détermination sauvage de *détacher la langue anglaise de sa nationalité.* »[30] C'est là voir le langage de Joyce en train de chercher à être une lingua franca ou un espéranto – un langage synthétique basée sur plusieurs langues existantes ; « Ce portage de langues et de cultures », comme l'a décrit McLuhan.[31] Il est évident que Joyce s'est donné une plus grande marge de manœuvre par ses emprunts plurilingues : « Polyvalent parce que polyglotte ».[32] Selon Hartman : « Joyce dramatise l'embouteillage linguistique où nous nous trouvons coincés, la duplicité intrinsèque, le mélange racial, et le caractère accumulé pendant des siècles du discours vivant. » Il poursuit : « L'anglais est sujet également à cette impureté fortunée, n'ayant pas souffert, comme le français ou l'italien, une sublimation néoclassique du vernaculaire. »[33] Et pourtant, tout en saluant pour une grande partie la motivation de Joyce, je ne prends qu'un plaisir intermittent à l'œuvre elle-même. J'admire la « soliloquacité » de Molly Bloom, mais je demeure sceptique devant tant de choses qu'on ne peut répéter, des hapax à gogo ; cette œuvre a si souvent l'air d'une planète stérile.

> Les amalgames sont emprisonnés dans leurs contextes – on ne saurait utiliser ailleurs ses inventions – et il n'y a fréquemment aucun lien sémantique entre les mots de source dont les éclats sont combinés. « Eversceptistic » n'a aucune signification en tant qu'unité ; il est seulement un comprimé de quatre notions disparates. Cette qualité « atomisée » fait des amalgames joyciens bande à part.[35]

Everest, sceptic, septic, pistic [= pur].[36] Le hapax [nonce-sense] est très proche ici du non-sens. Bon nombre de néologismes, comme des millions de calembours, ne riment à rien ; ils n'ajoutent rien à la marmite linguistique.

Beaucoup sont de la pure préciosité, des décorations superflues sur un mur inexistant. George Steiner résume ces doutes :

> Il n'y a pas de succeseur authentique de Joyce dans la langue anglaise ; peut-être qu'il ne saurait y en avoir quand un talent épuise si totalement ses capacités. Ce qui est plus important encore : les trésors que Joyce a rapportés à la langue de ses incursions de grande envergure restent entassés en scintillant autour de ses travaux. Ils n'ont pas passé dans la langue courante.[37]

Cette fuite devant ce qui va de soi, comme devant une peste, fait de Joyce par choix une espèce de lépreux linguistique.

De même que je préfère les calembours pointus, je me réjouis des néologismes qui ont du mordant. Par exemple, la « maternite » d'Hervé Bazin, qui comme d'autres termes en *–ite*, fait penser à une condition enflammée.[38] Ou le « patrouillotisme » de Rimbaud, son invention moqueuse pour décrire les citoyens peureux qui font montre d'un semblant de patriotisme militariste (« patriotisme », « patrouille », et « trouille » y sont tapis).[39] Ou « amphibiguïté » de Ponge : l'état où l'on n'est ni chair ni poisson.[40] L'adjectif composé anglais, « new-fangled » a étymologiquement des parentés avec l'acte de saisir et avec les colifichets. Assez comparablement, la néologie couvre l'appropriation et la fantaisie. Le désir de la défamiliarisation mène fréquemment au style franchement fleuri, à la périphrase ; la reformulation peut vous faire y aller par quatre chemins, comme dans la poésie soi-disant « œil de martien », et d'autres formes de préciosité. Toute l'opération néologisante peut produire beaucoup de « picayunity » [insignifiance à gogo].[41] En plus du sens de « mode », la « néophilie » a aussi été appliquée à la provision de labyrinthes d'essai pour les rats dans certaines expériences de laboratoire. Qu'on l'applique au démagogue, au critique dernier cri, ou aux familles qui se disputent, la diarrhétorique surgit n'importe où. J'ai intitulé ce chapitre « Sommet du néologisme » [High Neologism] et « high » en anglais signifie aussi trop mûr, rétamé, ou planer. Ou, bien entendu, arrogant (« high and mighty »). Certains écrivains symbolistes pratiquaient de propos délibéré une sorte de langage réservé, qui avait le but de les tenir à l'écart des auteurs naturalistes ou populistes, et leurs publics probablement infects, et en même temps de dérouter le lecteur. Edmond de Goncourt exprime son horreur à l'idée même d'avoir à s'abaisser et à parler le langage de l'omnibus des nouvelles ».[42]

L'aversion de Mallarmé pour « les mots de la tribu » et la nécessité qu'il voyait de les désinfecter, sont bien connues. Il vivait avant l'expansion de la tribu aux dimensions d'un pays ou, de plus en plus, du monde entier. Entre ses mains, le néologisme est donc hermétique, un jargon de club exclusif. A l'autre extrême (peut-être), les croisements de mots violemment démotiques chez Céline ont été décrits comme de l'élistisme à l'envers, de la préciosité invertie.

Salmon décrit ainsi la licence accordée aux écrivains de la haute culture : « La création verbale, le néologisme d'auteur, les mots forgés dans un esprit ludique, la magie ou la fantaisie des mots, tout cela, dans d'autres mains, serait condamné sans appel pour cause de barbarisme ou de supercherie. »[44] Il voit la néologie comme une expression de la volonté de puissance, un moyen de faire violence au langage, en lui faisant des enfants contre son gré, le dominant, et, en général, s'amusant à enfreindre ses règles, ou du moins se permettant de le croire. C'est là une riposte à la nécessité d'avoir à utilliser un moyen d'expression qui ne nous appartient pas, et qu'il nous a fallu acepter en gros. Salmon ajoute que de tels actes d'expression individuels interprètent les aspirations de l'inconscient collectif. J'aimerais bien le croire, mais je juge plus vraisemblable de me faire l'écho de la déclaration d'Isaac Disraeli : « Il est certain qu'à des époques hautement cultivées, nous rencontrons des écrivains à l'intellect le plus raffiné qui essaient des néologismes. »[45] Je suis redevable au linguiste John Algeo de son aperçu : « Tandis que les linguistes étudient le langage, les poètes le renouvellent. »[46]

CHAPITRE 20

Perdre la boule

Après la crème de la crème, les marginalisés : enfants, femmes, et fous. Les femmes, les enfants, les déséquilibrés, et les nations naissantes essaient leur voix, et s'efforcent de trouver une langue qui soit à eux, avec laquelle ils pourraient rattraper et peut-être dépasser le discours pour la plupart masculin de l'adulte et de la nation avancée. « La créativité lexicale est fréquente dans le discours des enfants », affirme une chercheuse, Eve Clark.[1] Un autre chercheur, Bréal, en parlant des extensions du vocabulaire, fait observer que « les enfants y prennent une participation non négligeable : puisqu'ils héritent de la langue à un niveau de développement que les générations précédentes ont atteint, ils sont en général de dix à vingt ans en avance sur leurs parents. »[2] Cela ouvre une perspective intéressante sur l'écart entre les générations. En ce qui concerne le langage et beaucoup d'autres choses, on ne devrait jamais dédaigner les enfants comme s'ils étaient des consommateurs passifs ou de simples perroquets. Ils adaptent ou inventent des mots pour leurs besoins souvent impénétrables. C'est une situation difficile, car les parents et d'autres adultes s'en mêlent, interprètent des sons, lisent derrière ce que disent les enfants, alors que la création verbale fait partie de la phase initiale de l'acquisition et le contrôle de la langue : le mystère précède la maîtrise. Un observateur rabaissé entend son fils de six ans, qui à cet âge déjà s'est accoutumé à voir les adultes noter ses énonciations personnelles, dire après en avoir lâché une : « Tu peux écrire celui-là. »[3]

Il est très probablement vrai que de nombreuses inventions d'enfants sont au moins pour la moitié sous contrôle, et proviennent souvent de l'analogie ou la généralisation ratées ; les enfants, alors, entendent ou prononcent mal. De telles innovations sont souvent défectueuses, à l'égal des bourdes d'adultes à un moment négligent, distrait ou inquiet. Mais les solécismes des enfants sont sur la bonne voie.

> L'enfant invente des néologismes montrant ainsi qu'il a acquis le mécanisme de l'analogie. C'est en ce sens qu'on a pu dire que les « fautes » de l'enfant sont en réalité la manifestation de sa compétence linguistique en cours de formation.[4]

Les femmes, de qui la plupart des enfants apprennent la majeure partie de leur langage à ses débuts, se trouvent face à des préjugés différents et profondément enracinés. En réponse à ceux-ci, des féministes militants cherchent à bloquer, à censurer et à innover (de nouveaux pronoms et adjectifs possessifs, des descriptions de postes redécrits) : elles cherchent en effet à avorter et à accoucher. On a déjà vu dans d'autres domaines l'impossibilité d'imposer des néologismes par diktat ou d'interdire des propos choquants. Ici, les féministes font face au même dilemme que les protectionnistes linguistiques en France et ailleurs. Quant aux féministes véritablement radicaux qui rêvent d'inaugurer une langue totalement féminine, si la néologie est capable de nous enseigner quoi que ce soit, c'est qu'aucun ordre nouveau ne peut être construit que sur la base de l'ordre existant. De plus, le problème de la création d'un public et la compréhensibilité d'une nouvelle langue présentent des difficultés insurmontables. En effet, ici comme si souvent ailleurs, la femme se trouve dans une situation sans issue. Cette nouvelle langue aurait à naître, créant ainsi une femme nouvelle, avant sa conception. Je suis en train là, naturellement, de me servir d'une logique masculine et de me reférer à une séquence de la pensée indéniablement dominée par les hommes. Il se peut qu'une femme pense autrement.

On amalgame communément les femmes et les fous dans des généralisations faites comme par hasard. Un autre stéréotype qu'on devrait faire soigner c'est que les créateurs de mots sains d'esprit fabriquent des néologismes calmement et posément, tandis que les malades mentaux engendrent des monstres frénétiques et compulsifs. Cette néologomanie reçoit des professionnels qui la rencontrent pendant leur travail le nom de « jargonaphasie néologisante ». Buckingham et Kertesz définissent cette activité comme une forme phonologique produite par le malade pour laquelle il est impossible de découvrir un seul exemple ou plusieurs dans le lexique de la langue du sujet telle qu'elle existait sans doute avant le début de la maladie. Il est souvent possible de relier un mot forgé à un autre, mais seulement à cause d'une ressemblance structurales phonétique et non à cause d'une variable sémantique signifiante.[5]

Ici, l'écart entre le hapax [nonce-sense] et le non-sens n'est pas grand. Pour un autre professionnel, plus orienté vers la poésie, Ferdière,

> il n'existe pas de moindre fossé entre la santé et la maladie mentale en ce qui concerne l'invention verbale. Une composition savante, longuement et minutieusement élaborée dans le calme d'un cabinet de travail, ressemble comme une sœur jumelle à telle autre, sortie « toute casquée et armée » des profondeurs de l'inconscience et cueillie sur les lèvres d'un enfant ou d'un délirant.[6]

Certains surréalistes essayèrent vainement de singer la folie, et j'ai noté plus haut l'aveu de Breton selon lequel il y avait une pénurie de néologismes dans l'écriture automatique. Dans la section sur la bêtise de la première partie de mon livre, j'ai aussi déclaré qu'il y a plus de mots dans le langage courant pour la folie que pour tout autre domaine de l'existence hormis le sexe. L'on peut me contredire indubitablement.

En France au dix-huitième siècle, on vit une efflorescence de formations en *–manie* (bibliomanie, étrangéromanie, jardinomanie).[7] Pour sa part, Guiraud indique les inventions ludiques pour décrire les imbéciles et les cinglés : « un navet », dérivé de « naïf », « une tarte » de « tart » (lent, tardif). De cette façon, les minus habentes s'attirent des mots forgés pour les stigmatiser, et inventent leurs propres exemples en essayant de s'expliquer.[8] Henri Michaux maintient que

> Certains aliénés font, par nécessité intérieure un mot nouveau de leur double ou multiforme misère. Une malade se dit constamment « pénétraversée ». Ce mot en elle s'impose. Mot pour ses nouveaux besoins. Elle n'a pas étudié pour le fabriquer.[9]

Quant à lui, Michaux dit que ses mots inventés et ses créatures imaginaires étaient créés « nerveusement. »[10] Par ce mot, il semble vouloir dire qu'il les invente par sympathie ou par analogie avec des créations de gens dérangés. Il soutient donc, anti-snobinardement, que ses mots inventés ne lui sont pas propres (la racine étymologique d' « idiot » est « privé », « particulier »), mais ils ont une dimension sociale.[11] Ce que j'ai pu lire des mots forgés d'Antonin Artaud me persuade qu'il leur manque ce pont vers les autres et cette extension. Pour Grésillon, les mots-valises en particulier permettent au malade d'articuler sa souffrance, et il cite : « Cher merdessein, est-ce que j'ai une tu-meurs ? » Cet emboîtement lexical plie ensemble le médecin et la merde ; celui-ci a des visées sinistres sur le malade, qui attend avec terreur le verdict : tu es en train de mourir. Il y a là une méthode jusque dans la folie ; on fait sens au milieu même du baragouin. Il est impossible de savoir si la malade de Jung était désespérée ou triomphante en appelant ses néologismes des « mots de force ».[13]

Le très troublant « fou littéraire », Jean-Pierre Brisset, démontre l'ambiguïté de l'expression « faire sens » : ce qui se conforme à la norme, ou ce qui fabrique une nouvelle signification. (De façon comparable, « voir des visions » signale une réalité et en même temps l'irréalité.) Dans plusieurs ouvrages Brissset s'échine à récrire la langue d'aujourd'hui à l'envers, à inventer ses origines, dans une sorte d'autosatisfaction divine mais pervertie : acte de dérivation régressive. C'est là une étymologie téléologique, ou comme l'a dit en empruntant l'idée d'un autre Sir John Denham : « On peut connaître ses fins par ses commencements. »[14] Ce faisant, Brisset insiste sur l'impossibilité de néologiser :

> Les noms nouveaux les plus modernes sont créés avant l'homme. « Téléphone » est formé de « Teu ait l'ai faune », et nous voyons les faunes se servir de l'air ou de l'eau, en guise de téléphone. L'homme est incapable de créer un son nouveau, à bien plus forte raison il lui est interdit de créer un nouveau mot. Même les argots les plus barbares sont des cris qui nous venaient des ancêtres, car ils ont pendant des millions d'années poussé tant de cris qu'il est admissible que nulle combinaison possible ne leur a été étrangère.[15]

Cette curieuse élucubration si semblable à la marche arrière est indispensable chez Brisset au mélange étrange d'émancipation et d'interdiction. Elle ne l'a pas empêché de néologiser, par exemple en proposant de remplacer les dérivations gréco-latines par des françaises : « loinisser » au lieu de « télégraphier ».[16]

La glossolalie, ou l'invention d'une nouvelle langue entière (ou du moins des échantillons et d'habitude assez chargés), semble provenir du désir de déformer sa langue maternelle et d'y incorporer tous les morceaux d'une langue étrangère qu'on a pu acquérir plus ou moins consciemment. La nécessité d'un public consentant et d'un grand soutien est considérable. La réapparition assez répandue de la glossolalie laisse entrevoir un besoin humain permanent de l'étrangeté et même de l'opacité intrigante, comme si beaucoup de gens criaient : « Etonnez-nous. » Les carillons de sons chez

Joyce, l'écholalie de certaines maladies mentales, le désir assez commun de retomber en enfance, l'envie indubitable de mystifier autrui, l'affirmation d'avoir échappé des liens mortels et des frontières terrestres – tous ces phénomènes semblent s'entrecroiser et se combattre dans la glossolalie. Ceux qui se vantent de parler en langues veulent nous persuader que cette pseudo-langue, cet accident (un son surgit au hasard) sont des signes d'une inspiration surnaturelle. Leiris préfère jouer avec le mot : « Glossolalie (la glotte y sonne un hallali »).[17]

Dans le jargon de la psychiatrie française, on se réfère aux internés comme des « colloqués » : c'est-à-dire, relégués, fourgués. Les participants des colloques académiques s'imaginent mélodramatiquement parfois qu'on les a pareillement bouclés. Dans leur exil imposé, leur autarcie généralement malheureuse, leur hermétisme probablement involontaire, certains malades recourent à des figurations graphiques de leurs préoccupations. Dans une de celles-ci, on peut voir la complication progressive des formes et des mots. L'obsession de l'artiste était la cybernétique, de là peut-être la mécanisation de la forme monstrueuse qu'il a dessinée. Les témoins professionnels appellent celles-ci des « dessins-valises ». Ils croient fermement qu'un esprit ludique marqué hante ces esquisses, mais que l'effort total représente une tentative d'affirmation de soi et d'autodéfense contre l'angoisse.[18] Comme l'a suggéré Diderot, homme d'une forte santé d'esprit qui savait aussi s'aliéner : « Le monde, parfois, ne me semble peuplé que d'êtres monstrueux. »[19] Nous somes tous des monstres, des exceptions. Ecoutons Cardinal au sujet d'un dessin d'August Klotz :

> Comme un rêve qui réussit à concentrer merveilleusement des événements mentaux disparates, ce dessin représente quatre lieux superposés ... Cela démontre les mêmes principes de condensation, de superposition et de contamination bien connus des chercheurs dans le travail des rêves et des analyses freudiennes de lapsus et de mots d'esprit.

Un autre tableau de Klotz

> combine deux contradictions ... ces oppositions figées ressemblent à un processus dialectique arrêté, un refus de choisir plutôt qu'un compromis ou une synthèse, et paraît caractériser les mécanismes de la pensée schizophrène.[24]

J'hybride « néologanberry » (et un loganberry est déjà un hybride). « Monstre » semble avoir le sens de « montrer » (et autrefois on montrait les monstres dans les spectacles de fête foraine), mais la dérivation est du verbe latin « monere » [avertir]. Les sirènes (femmes/poissons, ou femmes/oiseaux), les tritons (hommes/dauphins), les harpies (femmes/oiseaux de proie). le minotaure (homme/taureau), le sphinx (femme/lion/oiseau de proie), le satyre (homme/bouc) – la mythologie est une maison de fous, d'hybrides, et de mélanges imaginaires. Balzac caresse l'idée de « l'homme à deux têtes », créature surcomprimée faite de la fusion de deux volontés et de deux ambitions puissantes. Et la technologie moderne engendra l'homme-grenouille. Les chiens bâtards sont notoirement plus coriaces que les pur-sang (et « la vigueur hybride » ou hétérosis est un fait scientifique dans certains cas). Le désir de métisser contrebalance le racisme. Un terme français pour le porte-manteau, « le mot-centaure », est particulièrement approprié, car Charon le centaure est déjà un être mythologique composite, un grand pédagogue dont les élèves étaient Hercule, Achille, Thésée et Jason. Imaginer des bêtes fabuleuses révèle, en plus du désir de mélanger et d'être éclectique, le désir de créer une quintessence. L'unicorne est une vraie mixture et par là convient hautement à symboliser la Grande-Bretagne et sa langue. Les pattes d'un cerf, la queue d'une lion, la tête et le corps d'un cheval, et une seule corne recourbée, blanche, rouge et noire, au milieu du front. Cela pourrait indiquer un demi-cocu, quoiqu'on l'associe d'habitude à la virginité (confusion stéréotypiquement anglaise à propos du sexe).

De même que certains révolutionnaires de salon ont essayé de nous faire peur en exhibamt des squelettes et des cadavres (c'est-à-dire, les clichés) dans la première partie de mon livre, leurs homologues dans la deuxième partie se délectent à parler des néologismes (surtout les collages verbaux) comme des déviants, des criminels ou des monstres – tout un diagnostic tératologique qui considère la création des mots comme des paraplasmes ou tissu malformé. Mais des « monstricules » peuvent choquer, être ludiques, ou les deux en même temps. En plus des bêtes fabuleuses de la mythologie, rappelons-nous le cheval joué par deux hommes (dans une peau) dans le « pantomime » anglais ; ou le dragon chinois : c'est-à-dire, des êtres humains à l'intérieur d'un animal simulé. Si le chameau est un cheval conçu par un comité, ce qu'inaugurent ceux-ci a souvent, tel un chameau, de l'endurance et de l'indestructibilité. Le « donkophant », un croisement de démocrate et républicain, fait de leur mascotte respective, l'âne et l'éléphant, vit toujours aux Etats-Unis.

« L'anglosaxophone » convient très bien à notre langue syncopée et tape-à-l'œil (ou à l'oreille).[23] Un morceau de franglais assez créatif, « l'exégète-set », cible le profit qu'on peut tirer de la critique en vogue dans les congrès internationaux infatigables satirisés par *Un tout petit monde* de David Lodge.[24] Les mots-monstres, ces ogres verbaux, nous rappellent, comme le mode tout entier du grotesque, la distance qu'il y a en nous de l'humain proprement dit. Le grotesque rend étranges et nous et les choses pour nous le faire voir. On pense à la difformité comme un accident de la nature (ou acte divin : Dieu n'est pas que sadique. C'est souvent une clause dérogatoire dans les polices d'assurance.

Je passe maintenant au domaine du lapsus, cette région où tout un chacun semble momentanément déstabilisé. Le fait que le héros douteux de « La Chambre » de Sartre ait finalement commencé à tomber dans la folie incontestable, après avoir joué pendant longtemps la comédie, est manifeste quand un mot absurde suinte de sa bouche, comme un bébé qui bave, ou un adulte dit normal bafouille. Je suis cependant plus intéressé par la production du sens, la créativité de l'accident, que par le fiasco lui-même, au sujet de quoi il reste peu à dire, vu son inhérence à la vie. Le monde du lapsus est celui de l'homme qui a la bréguette ouverte ou de la femme dont la culotte lui descend sur les chevilles. Même les imprimeurs sont sujets à des coquilles ou diablotins.

« Nommez le plus grand inventeur. L'accident. » Les scientifiques en conviendraient probablement, mais les experts culinaires ont des doutes, malgré certains mythes après-coup à propos de recettes. Selon la grande cuisinière, Jane Grigson, la création distraite ne saurait pas par définition se répéter.[26] Les plats hapax n'enchantent pas les chefs de cuisine. Il est peut-être plus prudent de prétendre, avec les adhocistes Jencks et Silver, que « toute recette est une recombination de morceaux similaires d'une façon semblable. »[27] Et pourtant, si, comme certains scientifiques attirés par la théorie du chaos le maintiennent, la création elle-même ressemble assez à un vrai bordel ; si, après une myriade d'erreurs, une forme ou une autre de la sélection naturelle a choisi les plus forts pour qu'ils survivent, alors l'intuition des poètes est sur la bonne voie. Ponge acclame la chèvre comme « une erreur et la perfection accomplie de cette erreur. »[28] L'aléatoire ne dérange que les pédants. Encore qu'un petit nombre de linguisticiens aient prêté attention aux actes manqués, la réaction la plus commune est celle de Makkai : « Dans la mesure où ils [les actes manqués, ou parapraxes] se produisent pour des raisons qu'une étude linguistique ne saurait considérer comme relevant de ses compétences, on pourrait les qualifier de non-occurrences qui se produisent. »[29] (Il me souvient qu'après tout ce sont les êtres humains qui ont inventé le concept de personnes qui n'existent pas.) J'aurais cru qu'il était très évident à tout usager qu'une bonne partie du langage est précisément fortuite. Les mots se chevauchent, se contaminent et se magnétisent les uns les autres. L'empiètement et l'infraction sont des réalités de la vie du langage (et un dictionnaire me fait savoir que ces deux mots, « impingement », « infringement » sont aujourd'hui des synonymes) ; ce débordement ou cette coïncidence m'a pris au dépourvu). « Contamination » fait penser à la pollution, mais en pratique, comme l'analogie ou le compromis, elle paraît entièrement normale et peu méritante de la censure.

Des mots-valises accidentelles tel que « smothercare » [smother/mothercare : étouffer/soins maternels] viennent d'un excédent de matériaux ; nous essayons de choisir entre des mots rivaux et finissons par les réunir ; ou d'une ignorance de notre part. Selon Bolinger, ces emboîtements sont peut-être la source de nombreux mots dont les dictionnaires indiquent « source inconnue ».[30] Si beaucoup de ces inventions fortuites survivent, elles doivent avoir une certaine inévitabilité. Pour Aitchison, la synonymie nous confond. (Cela doit être surtout probable s'il s'agit d'un vocabulaire riche comme l'anglais.) Elle insiste sur le rôle de la conjecture fondée dans les agissements du « lexique mental ». Elle aurait pu ajouter : et aussi dans l'investigation linguistique. Les actes manqués : « dit-elle, plus de mots sont préparés que ce dont on a besoin. D'habitude, les mots non utilisés sont supprimés, mais de temps en temps ils surgissent inopportunément. »[31] C'est là ce que Joyce dans *Finnegans Wake* baptise de « freudful mistake » [frightful : épouvantable. « Freudian mistake » or « slip » =

acte manqué] – déviation utile qui imite le lapsus révélateur, et se moque possiblement de l'analyste. Freud lui-même a dit ceci :

> Une ressemblance, quelle qu'elle soit, entre deux éléments du matériel inconscient – ressemblance entre les choses elles-mêmes ou entre leurs présentations verbales – est saisie comme une occasion pour en créer une troisième, qui est une idée composite ou de compromis ... La création de paraplasmes et de contaminations qui se produit dans les lapsus est par conséquent un commencement du travail de condensation dont nous savons qu'elle joue un rôle vigoureux dans la construction des rêves.[32]

La similarité phonologique provoque fréquemment une confusion entre les mots. Sans doute, certains contrepets sont-ils simplement des non-mots aussi bien que des « nonce-words » (p.e. « géjeuner dratuit » pour « déjeuner gratuit »). Pour Franklin, ces erreurs sont difficiles à réconcilier avec l'insistance de Freud sur les lapsus motivés. Cette opinion me semble prendre trop au premier degré. Si nous essayons simultanément de masquer et d'exhiber nos désirs secrets, il est tout à fait possible que la tension nerveuse produise des non-mots, mais ceux-ci devraient laisser voir que nous avons en vérité quelque chose à cacher. Les psycholinguistes se méfient de Freud, et ripostent en parlant de son « filtre inconscient », son lapsus révélateur bien à lui, qui l'oblige à trouver tout acte manqué secrètement signifiant. Ils oublient l'impératif de l'écrivain. En tant qu'écrivain doué, Freud voulait que les lapsus soient intéressants. Qu'on pût dire le même des exemples fournis par les psycholinguistes, les neurologues ou les orthophonistes qui écrivent à ce propos ![33] Dans sa « ballade de la concentration soporifique », Sir John Squire promet :

> My feech will not spalter the least little jot,
> But I'm not so think as you drunk I am.
>
> [Mon tarler ne stremblote même un peu, mais je ne suis pas aussi croyez que vous ivre.]

John Skinner soutenait que le bégaiement bien connu de Lewis Carroll, ainsi que sa timidité et son débit en conséquence précipité lorsqu'enfin il réussissait à parler, contribuait à sa production de mots-valises. Malgré le refus de cette opinion par deux orthophonistes français, Ferdière goûte évidemment l'idée pour sa suggestion poétique, en laquelle une faiblesse se mue en un avantage.[34] Ceux qui, quelle que soit la raison, se sentent moins confiants de leur maîtrise du langage, innove natuellement moins, si ce n'est que par les lapsus, accidentellement. J'ai parlé plus haut du mélange d'idiotismes et de clichés. B.F. Skinner croyait que le mélange de groupes de mots est possiblement plus commun que celui de mots indivisuels (p.e. « il n'y a pas de crime à cela » au lieu de « ce n'est pas un crime » ou « il n'y a pas de mal là »). La raison pour ces confusions involontaires est la pression qu'exerce l'heure limite (en anglais, « deadline » : qui vient de la ligne dans une prison militaire que le détenu ne devait pas franchir sous peine de mort), pas seulement sur les journalistes mais sur tout le monde dans la conversation quotidienne. Combien souvent dans celle-ci il s'agit de qui parlera le premier, ou, après sa monopolisation, accapare la vedette. Dans ces circonstances, on parle à la va-vite, le son l'emporte sur le sens, on anticipe un mot avant que la phrase soit prête pour le recevoir ; résultat : baragouin. Les gaffes, « les pieds dans le plat », crient pour entrer. Mais celles-ci sont souvent « blunderful » [wonderful/blunder : merveilleux/bévue]. Selon Hockett : « Tout discours, fluide ou bévueux, peut et doit être justifié en fonction de trois mécanismes ... analogie, croisement de mots, et rédaction. »[36] J'aimerais mieux ne pas considérer ces trois procédés dynamiques (et notez que le croisement est primordial) comme de simples « mécanismes ». Si beaucoup d'excellents néologismes résultent de la réflexion et la maturation, il faut admettre que la panique peut produire d'intéressants lapsus verbaux, aussi bien que la régression au cliché. Coleridge a noté qu'il y a « une tendance dans toutes les langues à profiter de l'occasion offerte par d'accidentelles différences de prononciation et d'orthographe pour faire multiplier le mot ».[37]

Même ou surtout quand on entend mal, on s'efforce de faire sens d'une façon ou d'une autre, comme lorsqu'on essaie de comprendre une langue étrangère qu'on possède à peine. « Lapsus auris », aussi bien que « linguae », « mentis » ou « calami ». On peut naturellement mal entendre de propos délibéré (cp. la glose de Cotgrave sur un idiotisme français) :

> « Il fait de l'entend-trois. » Il répond « exprès pour ses besoins » comme s'il ne comprenait pas la question ; ou bien, il semble écouter ailleurs ; ou bien, il fait comme s'il avait à répondre à trois questions en même temps et ne peut donc satisfaire personne.

Cotgrave traite cette tactique d'une « équivoque et un sens douteux ou double ».[38] Il y a la un lien important avec l'esprit tendancieux ou là calembourrage pointu. Le contrepet, ce mélange de chiasme, de rime, d'une pensée transposée et d'un esprit distrait, produit parfois de troublantes rencontres de son et de sens, et des hapax (« kinquering kongs » pour « conquering kings »), ou des mots-valises (p.e. le nom de marque d'une lotion solaire : « Tanfastic » [bronzage éclair fanatastique] : c'est un dérapage contrôlé.

Un phénomène apparenté est le malapropisme (un mot pour un autre) : on a mal entendu et ensuite on cite ou on applique mal. Les enfants créent ceux-ci prolifiquemen ; de même les étudiants stressés par leurs examens engendrent des perles (« Quand le héros de Molière est flatté par son domestique, on le voit qui se cisaille » – « pruning » au lieu de « preening », s'enorgueillit). C'est là sans doute le complexe de castration de don Juan. « Le roman épiscopal du dix-huitième siècle » [épistolaire]. C'est sans doute la sorte de roman où un évêque dit et fait des choses à une comédienne. Un parfait mot composé d'un esprit temporairement non compos : « L'insistance de l'auteur n'est nullement sous-exagérée. » Un Irish bull [coq-à-l'âne] : « Le héros de Mauriac souffre d'un complexe d'infériorité outrecuidant ».[39] Le maire de Chicago, Richard Daley, est célèbre pour ses pataquès ; « Harassing the atom » – harcelant l'atome, au lieu d' « harnassing (exploiting) the atom » ; « s'élevant aux platitudes supérieures de l'accomplissement » [« platitudes » pour plateaux/niveaux/altitudes].[40] La joie qu'on ressent à entendre ou à lire de telles bourdes est elle-même un composé de supériorité et d'empathie, car nous savons que nous sommes également sujets à ces faux pas. Le nom français pour le malapropisme, le pataquès, signifie aussi un cuir ou liaison défectueuse. Nous sommes tous capables d'entrer dans des liaisons dangereuses. Une dame inquiète et vigilante dit qu'on était sur le cul-vif [qui-vive].[41] Selon Bolinger et Sears, « une étymologie populaire est une sorte de malapropisme auditif ».[42] Bolinger explique un amalgame tel que « glob » [crachat] :

> C'est probablement une fusion de « gob » [gueule] et de « blob » [grosse goutte]. Tel un essaim d'abeilles, l'essaim de mots devient autonome, et les forces intérieures sont aussi puissantes que les extérieures.

Il maintient que cet amalgame est aussi une sorte de malapropisme : « Lorsqu'une chose est *protubérant* elle fit sailie, et on est tenté de dire *protrubérant* ».[43] On se sent souvent dépaysé dans sa langue maternelle même. Nous reconnaître ou à appliquer comme il faut des mots de la langue maternelle obsolètes ou abstrus, et les considérons comme des intrus.

Finalement et comme il se doit (c'est un souhait adressé aux dactylographes et imprimeurs de ce livre) : coquilles, diablotins (ces bugs d'avant l'ordinateur). Les erreurs d'imprimerie proviennent souvent quand on essaire de comprendre et d'expliquer ce qui vous dépasse. Elles mènent donc aux clichés ; les imprimeurs sont conditionnés par les stéréotypes. George Orwell écrit dans une lettre à un ami : « Comme il y a beaucoup de néologismes [dans mon livre], il y aura sûrement des quantités de coquilles très stupides. »[44] Les lexicographes mêmes peuvent faire instaurer le chaos là où il n'y en avait pas auparavant. « Bycocket », casquette autrefois portée par les rois anglais, a été déformé progressivement à travers maint dictionnaire pour finir en « abacot ».[45]

> Be subtle, various, ornamental, clever,
> And do not listen to those critics ever
> Whose crude provincial gullets crave in books
> Plain cooking made still plainer by plain cooks,
> As though the Muse preferred her half-wit sons,
> Good poets have a weakness for bad puns.[46]

> [Sois habile, subtil, divers et très orné/N'écoute jamais ceux dont, esprits bornés, / le palais provincial cherche dans les livres/la cuisine simple, simplifiée encore par des chefs à l'esprit simple/comme si la Muse préfère que ses fils soient imbéciles ;/ les bons poètes ont un faible pour les mauvais calembours].

Il doit être évident que, bien que je vise à parler franchement, je ne me fais pas l'avocat du franc-parler, parce que je ne suis pas covaincu qu'il puisse exister.

Les conclusions sont pleines du néologisme génial d'Ogden Nash, « aft-bodings » (enfin un équivalent en anglais pour « l'esprit de l'escalier » ; c'est le contraire de « forebodings » – pressentiments ; c'est quand on se montre sage ou spirituel, après-coup.) J'ai parlé de diverses formes de l'apparition des mots nouveaux, mais j'ai peu dit au sujet de l'obsolescence, si ce n'est indirectement en évoquant les archaïsmes ressuscités. Sans aucun doute, des millions de mots' dont chacun fut un néologisme lors de sa naissance, sont-ils morts depuis les débuts de l'humanité. Des millions se sont métamorphosés ou ont ajouté quelque chose à la signification originale. La néologie est une industrie en expansion permanente, et représente pour chacun de nous un impossible défi à l'exercice de rattrapage. Les dictionnaires ne peuvent pas suivre les néologismes ; c'est une réalité en expansion et en transformation. Si tout le monde se lançait dans la production des mots, sans doute le chaos s'ensuivrait-il. Un système implicite de quotas, ou la sélection naturelle, l'emporte, on se l'imagine.

Pourquoi tant de gens ressentent-ils le besoin, comme avec les calembours, de s'excuser nerveusement d'avoir osé créer un nouveau mot, comme si l'on jugeait cette activité comme obscurément blasphématoire, ou simplement excessive ? Décrivant le Museum of the City à New York, Eco écrit : « Ce n'est pas un fac-simile, mais plutôt – excusez le néologisme – un fac-différent. »[48] Recourant à une des métaphores les plus antiques de la rhétorique, Louise Pound implore assez modestement : « Les mauvaises herbes sont chez elles dans les jardins linguistiques. »[49] Rheims qualifie les néologismes d' « excroissances des langages ».[50] Certains croient que les meilleurs néologismes sont anonymes et spontanés.[51] J'avoue que le bon néologisme, comme le bon calembour, est un oiseau rare, mais je ne pense pas qu'il devienne jamais une espèce menacée. Dans la néologie, l'Empire (d'autrefois) des Etats-Unis ou des anciennes colonies du Commonwealth – et je n'en ai rien dit à propos de leur vaste contribution à l'évolution de l'anglais – contre-attaque. Dans mon culte des néologismes j'ai pu donner l'impression que je confonds les tours heureux pour la béatitude parfaite ; mais, de même que les « larmes des choses » (Lucrèce) sont faites de petites misères multiples, le bonheur linguistique est composé de nombreuses petites félicités.

Puisque les mots-valises créés de propos délibéré et les créations fortuites nous ont conduits vers la fusion ou la collision, j'ai essayé de vous persuader que c'est là une réalité cruciale de la vie langagière et sociale. L'étymologie populaire (où les érudits se montrent souvent « peuple ») indique le désir humain de l'analogie, du rassemblement et, dans un sens nullement péjoratif, de la contamination. La passion pour l'uniformité dans ce vaste domaine engendre et les néologismes et les clichés (mes sujets jumeaux dans ce livre). Il convient de terminer en offrant des vues qui s'entrechoquent, ou, en puissance, se convergent.

Alors qu'après mûre (ou pas) réflexion et instinctivement, je vois la néologie comme saine, est-il défendable de la voir par contre comme une maladie du langage, une tumeur cancéreuse ? Dans cette perspective, on pourrait la considérer comme un des lieux communs de l'époque moderne, avec son culte du nouveau à n'importe quel prix, dans la publicité mais aussi dans les arts, sa néophilie : « Le désir néologique ne se mue-t-elle pas en une perversion reconnue, et appréciée comme le raffinement intellectuel le plus élevé. »[52] Par contre, citons l'opinion de Grandjouan selon laquelle le néologisme serait « l'oxygène du vocabulaire », et, par voie de conséquence, indispensable à la vie elle-même.[53] Foucault recourt à l'oxymore pour capter « la riche indigence du langage. »[54] Bréal déclare, et je me dois de tomber d'accord là-dessus : « Nous travaillons tous plus ou moins sur le vocabulaire de l'avenir, que nous soyons des savants ou des illettrés. »[55] Pour finir, et avec sobriété, Eva Clark : « Les innovations sont gouvernées par les conventions. »[56] Mais elle a négligé le hasard, les bourdes et toutes les autres façons dont le langage sort en trombe des corsets que lui imposent ceux-là mêmes qui devraient être reconnaissants de sa diversité.

Coda : en fin de compte

> Maître du mot que tu vas dire, esclave du mot que tu as dit.
>
> — JEAN PAULHAN[1]

Cette épigraphe capte assez exactement notre relation oscillante entre l'amour et la méfiance par rapport au langage ; et elle relie les deux pôles de ce livre, le néologisme et le cliché, l'innovation et la dépendance. J'ai fait la navette entre le vieux et le nouveau, le parasite et le créatif, parce que je suis fasciné, comme Sartre dans un autre domaine, par la question de savoir ce que nous faisons de ce qu'on nous fait ou fait pour nous. La dépendance vis-à-vis des clichés, des emprunts, est une sorte d'hypothèque existentielle (et le mot anglais, « mortgage », a la mort dans l'âme). Il y a des liens évidents avec le fatalisme, le quiétisme, le passéisme. De même que « l'amour, c'est beaucoup plus que l'amour », mon étude a l'intention de suggérer plus que le titre promet. Certains lecteurs penseront sans doute qu'il n'y avait pas de problème précédemment, et pourront commencer à chantonner :

> I'll be seeing you,
> In all the old familiar places
> That this heart of mine embraces.[2]
>
> [Je te reverrai dans tous nos endroits favoris.]

Il est peut-être inévitable qu'une bonne partie de mon texte ressemble à l'acte d'enseigner aux vieux singes à faire la grimace. Je ne m'en excuse nullement, si c'est là le cas. Je ne sais pas, je ne saurais pas savoir ce que mon lecteur connaît déjà, ni à quel point il ou elle sait mieux que moi. La plupart des conclusions dans les livres sont pleines de truismes quand même ils viendraient d'être créés. Elles répètent ce qui a déjà été amplement expliqué. Quant à moi, je préfère lever quelques lièvres. C'est une façon comme une autre de suggérer que rien n'est fixe, que les conclusions orthodoxes sont des con-clusions. Si ce livre possède une morale, que ce soit celle-ci : essayez de ne pas trop moraliser à propos des clichés ou les néologismes, ou même du langage en général.

Le modèle et la structure de mon livre ressemble à un centon. Ou, cet hybride, un centaure. Ou un homme-cheval de pantomime anglais.

> And oftentimes excusing of a fault
> Doth make the fault the worser by th'excuse.[3]
>
> [Souvent, en palliant une faute on l'aggrave par le palliatif même.]

Ai-je atteint (et en aurais-je à vrai dire l'envie ?) ce « commerce décontracté entre le vieux et le nouveau » dont parle Eliot dans ses *Four Quartets* ? J'ai tendance à trouver, étant donné ma prédisposition au tangage latéral, toute réflexion soutenue semblable à l'action de faire tourner une trépigneuse à écureuil. En m'efforçant de penser l'impensable, il se peut que je n'aie pas concentré mes réflexions de façon régulière. Je ne partage pas le goût simien pour la recherche de la petite bête, bien que je tripote les mots et ne change pas assez de refrain. J'ai peu de sympathie pour ceux qui ont peur de la fragmentation. Dans son étude de l'antisémitisme, Sartre déclare que ceux qui tiennent aux étiquettes craignent avant tout « la forme même du vrai, cet objet d'indéfinie approximation. »[4] Les fragments ont souvent une beauté scintillante ou multicolore ; un diamant est un tesson à facettes. Il me plaît d'imiter la pie voleuse, mais d'autres penseront que je fais l'étalage de ma licence poétique excessivement. Un livre est un soi-même en miniature mais en grosses lettres. Dans le passé, j'ai défendu le calembour ; cette fois-ci le cliché et le néologisme : je pourrais finir par me nommer le frère de l'avocat de Camus, Clamence, en me faisant passer pour le champion des veuves et des orphelins, après avoir échoué dans un bar infernal d'Amsterdam, victime de l'alcoolisme verbal et moral. Mais ce danger est plus apparent que réel, et la leçon primordiale que j'extrais de ce roman ambivalent et véridique c'est que « nous ne sommes qu'à peu près en toutes choses ».[5]

Nous recyclons, tous, des mots, nous expérimentons leurs étymologies souvent louches, leurs connotations instables, de même que tous les écrivains se nourrissent de ce qui a été écrit avant eux et l'adaptent à leurs fins. Comme eux, nous puisons dans les trésors publics, nous sommes des commémorateurs. Ces ressources faites par des êtres humains sont inépuisables. Les clichés ont une vitalité surprenante ; beaucoup de néologismes meurent dans l'enfance. Tout cela, suggère-t-il que l'entrecroisement est la forme même de l'existence ? Est-ce la loi de l'emmerdement maximum ? Est-ce le prix du progrès ? Est-ce une preuve supplémentaire que le chevauchement domine tout ? « Est-ce toujours un avantage de remplacer une image floue par une image claire ? L'image floue, n'est-ce pas ce dont nous avons précisément besoin ? »[6] Bien entendu, que le grand Ludwig ait dit cela ne lui accorde pas de valeur de vérité incontestée. Quand Sir Thomas Browne parle des « analogies arthritiques »,[7] il fait allusion aux articulations des éléphants, mais il a pu aussi se rappeler quelque part dans son cerveau spacieux une pratique humaine vivace, un jeu profondément enraciné en nous. Trop souvent nous avons des réflexes au lieu de réflexions. Combien, à n'importe quel âge, sont arthritiques les articulations de notre cerveau ? Le langage joue de la mandoline (génitale), mais n'a pas encore perdu la vue. Le petit juif [« funny-bone en anglais »] s'appelle ainsi à cause de sa proximité à l'humérus, et plus ironiquement parce qu'on se tord rarement de rire si l'on se cogne le coude. La « marge de tolérance » dans les sciences, l'industrie ou le commerce indique une déviation acceptable de la norme. Que l'humanité soit une vaste maison de tolérance. Selon le proverbe français, « presque et quasiment empêchent de mentir. » L'équivalent anglais un peu plus brutal est : « On n'a jamais pendu Presque ». En latin médiéval, le terme pour cette marge ou cette liberté de manœuvre était « remedium ». Ce « remède » pourrait nous convenir aujourd'hui, être notre panacée, car, essentiellement, tout « nostrum » (remède de bonne femme) est à nous. Arrondir au chiffre inférieur ou supérieur sont des pratiques classiques dans la statistique – ce royaume de métaphores mathématiques. « Quoique cela puisse ressembler à un paradoxe », disait Bertrand Russell, « toutes les sciences exactes sont régies par le concept de l'approximation.[8] Un mathématicien français distingué, Guillebaud, a écrit un livre dont j'ai compris le titre mieux que le texte : « Leçons d'à peu près ».[9] Guillebaud est contre la rigidité cadavérique des scientifiques. En homme de lettres, Michel Tournier traite de façon cavalière l'arithmétique. Désireux de jumeler, comme à son habitude, des unités séparées par de vastes distances, il construit une analogie entre le Canada et le Sahara à quelques milliers de kilomètres carrés près.[10] L'analogie et la métaphore font des liaisons, qui peuvent être dangereuses. *Le Roi des aulnes* et *Les Météores* de Tournier chancellent sur la corde raide de ce funambulisme moral.

Les Français disent : « Il était moins une ». On laissera la rigueur aux macchabées. Mais il faut dire que de nombreux scientifiques et des humanistes littéraires jaloux de ces derniers, sont contrariés par l'idée de bords flous. Ils entrent en conflit à propos d'attributions comme autant de syndicalistes pédantesques. Et pourtant le cerveau lui-même est fait de matière grise. Ma philosophie de l'histoire et de la réalité, en originaire de Liverpool (« Scouser » : mangeur de « scouse » – ragoût), c'est : Accommodez les restes, et cessez de râler. Le terme français pour un paronyme ou calembour approximatif (généralement la meilleure catégorie de jeux de mots) est « un à-peu-près ». On aimerait avoir un équivalent anglais. Peut-être « un dévergondé ». Relâché, libidineux et parfois incompétent (p.e. » she found me wanton » : elle s'aperçut de ma libido/mes défaillances). Comme le dit Viola à Feste dans le *Twelfth Night* de Shakespeare : « Ceux qui jouent trop subtilement sur les mots peuvent facilement les corrompre. »[11] Par choix je porte un pantalon trop ample ; je préfère la taille lâche. Pour achever ce credo de la liberté de manœuvre un peu désœuvrée, mes thèmes sont-ils de l'or ou de l'ordure ?[12] Je ne peux pas en décider tout seul, et me tourne encore une fois vers Browne : « Il faut prendre bien des choses ici dans un sens peu exigeant et flexible ; il ne faut pas les soumetre à l'épreuve stricte de la raison. »[13] Peut-être que le « bull » [baratin] que je vous assène est du moins irlandais, comme je pourrais l'être moi-même si mon arbre généalogique n'était pas de la variété bonsai. Je dirais que le jeu de mots approximatif ne laisse à notre esprit et nos oreilles aucun répit. Pour Platon dans son *Cratyle*, le langage a des origines à la fois criminelles (le voleur Hermès est en même temps dieu de la communication) et sensuelles (Pan, fils de Hermès). A ses origines, le langage est argot ou jargon, une langue secrète que comprend tout le monde. Sans doute Hermès (ou Mercure) est-il ambivolent, versatile. Il lui arrivait de dire la vérité de temps en temps, de sorte que personne ne savait jamais au juste où on en était avec lui. Le rusé peut être franc. Malgré mon style métaphorique et mes doubles sens, j'espère avoir écrit un livre ouvert et d'un abord relativement facile. Il faut un saut – d'imagination, de sympathie, d'audace, de reconnaissance – pour faire ou pour enregistrer le jeu verbal, pour jeter un pont entre ces îles séparées, ces liens vagues.

La rhétorique est empiètement, inceste, continuum : elle n'a pas de compartiments étanches. Toute interprétation, toute lecture des signes, toute évaluation sont inéluctablement sommaires. Le « proxime accessit » est la meilleure note dont soit capable l'humanité ; on ne saurait rendre justice pleinement à rien ni à personne. L'approximation est péjorative (l'échec) ou méliorative (effort honorable). Certains sont tellement obsédés de l'ignifugé, de l'impeccable, que, lorsqu'ils mourront, ils voudront être enterrés non pas dans le cimetière mais dans la symétrie. Les taxinomistes désirent mettre tous leurs œufs dans des paniers séparés. J'écrirais volontiers une nouvelle déclaration d'indépendance, où il ne s'agirait pas de la pouruite du bonheur mais de l'insouciance. En mettant l'accent sur le chevauchement et ce que les Français appellent la bavure, cependant, je n'ai pas l'intention de truquer les distinctions. Le cliché, ce vieux jeu qui nous tient, les réactions toutes faites auxquelles nous sommes attelés comme des bœufs, quelle que soit sa permanence parmi nous, peut nuire aux méninges ; et les mots nouveaux ne résolvent pas les vieux problèmes. Je termine là où j'ai commencé – dans le désordre et le tout-ensemble.

> The climate of thought has seldom been described ...
> In thought the seasons run concurrently.[14]

> [On a rarement décrit le climat de la réflexion. Dans celui-ci les saisons se déroulent simultanément.]

Ma vision a de multiples points aveugles. Appelez-moi Lily de lacune (« Lily of Laguna » : vieille chanson de music-hall). Comme tout un chacun, j'attends assez nerveusement la nouveauté, l'inconnu, c'est-à-dire les avant-coureurs de la mort – phénomène duquel aucun d'entre nous autres vivants n'est expert ni même novice. Le langage est et réactionnaire et révolutionnaire. Il s'accroche à des mots et des idées qui se rapportent à des réalités obsolètes, mais il invente et il évolue sans cesse ; il laisse mourir et il se réapprovisionne. Le langage (qui ne l'a pas remarqué ?) est un outil. Il est aussi un instrument de musique, une vieille boîte en fer-blanc, une poubelle, un sac à malices. « Le langage est un cheval de Troie par lequel l'univers envahit l'intelligence ».[15] Dans une oscillation, je trouve cette phrase creuse ou enrichissante. Freud a dit avec plus de précision que « les mots représentent une substance plastique et malléable à merci. »[16]

Les clichés ne s'en iront jamais : il y en aura toujours de nouveaux remplaçants ; et nous ne devrions pas souhaiter qu'ils s'en aillent. Connaissez-les. Utilisez-les sciemment, créativement, avec méfiance, subversivement, avec humour, insolemment, et, si cela se peut, sans mentir. Le néologisme est une épreuve de nos relations avec autrui et notre inquiétude pour eux, une épreuve parmi des centaines. En faisant nouveau, nous nous devons de nous faire comprendre.

J'ai dit ce que j'avais à dire. Ce jardin de la rhétorique, orné de sa néologgia, est beau comme tout.[17] J'attends de pied les agents du châtiment céleste, les critiques, ces « angues in herba. »

Notes

À la page de titre, la citation de Myles na gCopaleen (Flann O'Brien) est tirée de *The Best of Myles* (Picador, Londres, 1979), p. 223 ; celle de Goldwyn de *The Observer*, 24 octobre 1948 ; celle de Pascal des *Pensées et opuscules*, éd. Léon Brunschvicg (Hachette, Paris, 1957), p. 329 ; et celle de Bloy de *L'Exégèse des lieux communs*, éd. Jacques Petit (Gallimard, Paris, 1968), p. 419.

Chapitre 1 : Déclaration de mission

1. Le Nous de conspiration est coonu aussi comme le Nous de cooptation.
2. Selwyn G. Champion (éd.), *Racial Proverbs* (Routledge, Londres, 1938), p. 8.
3. John Gross, *New York Times*, 4 avril 1985, C 12.
4. Paul de Man, « The Epistemology of Metaphor », in *On Metaphor*, éd. Sheldon Sacks (University of Chicago Press, 1978), p. 16.
5. Sir Thomas Browne, *The Major Works*, éd. C.A. Patrides (Penguin, Harmondsworth, 1984), p. 60.
6. Le philologue Gildersleeve, cité par Brander Matthewa, « The Art of Making New Words », *The Unpopular Review*, IX (1918), p. 60.
7. T.E. Hope, *Lexical Borrowing in the Romance Languages* (Blackwell, Oxford, 1971), vol. 2, p. 561.
8. Dwight Bolinger, « Fire in a Wooden Stove : On Being Aware in Language », in *The State of the Language*, éd. Leonard Michaels et Christopher Ricks (University of California Press, Berkeley, 1980), p. 387.
9. Ibid., p. 380.
10. Roland Barthes, *S/Z* (Seuil, Paris, 1970), p. 17. Cet aveu est-il vraiment modeste ? Ou bien Barthes, comme Sartre à la fin des *Mots*, vante-t-il sa quotidienneté ?
11. Edwin Newman, *Strictly Speaking* (Bobbs-Merrill, Indianapolis, 1974), p. 17.

Chapitre 2 : La Langue à l'école : apprentissage du cliché

1. Lawrence Lerner, « Cliché and Commonplace », *Essays in Criticism*, VI, 3 (1958), p. 251.
2. Michel de Montaigne, *Essais*, éd. Maurice Rat (Garnier, Paris, 1962), vol. 2, p. 486.
3. Paul Pickrel, « Identifying Cliché », *College English*, 47.3 (1985), p. 26.
4. Charles Sorel, *Histoire comique de Francion*, éd. E. Roy (Hachette, Paris, 1926 [1622]), vol. 2, p. 2–3. Les cahiers des écoliers s'appelaient « raptaria », ou sacs de butin.
5. Voir Antoine Albalat, *La Formation du style par l'assimilation des Auteurs* (Colin, Paris, 1901), p. 6. Parmi les publications de Richesource : *Le Masque des orateurs* (Paris, 1667).
6. Michel Bréal, *Quelques Mots sur l'instruction publique* (1872), cité par Antoine Prost, *Histoire de l'enseignement en France (1800–1967)* (Colin, Paris, 1968), p. 53. Prost parle lui-même de « cette pédagogie du lieu commun : c'est dans les banalités que s'illustrent les parfaits rhétoriciens ». Ibid.
7. Albalat, *La Formation du style*, p. 67–8.
8. Ibid., p. 7.
9. Ibid., p. 5.
10. Claude Duneton, *Parler croquant* (Stock, Paris, 1982), p. 225. Mon feu collègue Geoffrey Strickland m'a dit qu'au dix-septième siècle les élèves des Jésuites étaient instruits dans les styles simple et orné, comment faire la distinction entre les deux, et quand il convenait d'utiliser l'un ou l'autre.
11. Louis-Ferdinand Céline, *Bagatelles pour un massacre* (Denoël, Paris, 1937), p. 166–7.
12. Sister Joan Mary Lechner, OSU, *Renaissance Concepts of the Commonplace* (Greenwood, Westport, Conn., 1974), p. 157–9.
13. Voir Richard Lederer, « Trite as a Cliché », *Wordways*, 15.1 (1982), p. 11–12, 62.
14. Charles Lamb, *Works* (Simpkin, Londres, sans date), p. 222.
15. Les notes en bas de page sont fréquemment pédantesques, et font penser au fétichisme du pied.
16. Dwight Macdonald, *Against the American Grain* (Gollancz, Londres, 1963), p. 362–3.
17. Ibid., p. 365.
18. Certaines parties de ce paragraphe sont basées sur Macdonald, p. 391–2 ; Freud, *Standard Edition*, trad. James Strachey et al. (Hogarth, Londres, 1955), vol. 18, p. 264–5 ; et Ernest Jones, *Sigmund Freud : Life and Work* (Hogarth, Londres, 1956), p. 270–1. Les *Sämtliche Werke* de Börne parurent à New York en 1858.
19. Raymond Queneau, *Les Fleurs bleues* (Gallimard, Paris, 1978), p. 19.
20. Cité par William Safire, *The New Language of Politics* (Random House, New York), p. 30.
21. Philip Howard, *Weasel Words* (Hamish Hamilton, Londres, 1978), p. 3.

22. H.L. Mencken, *The American Language* (Kegan Paul, Londres, 1952), Supplément 1, p. 412.
23. Dwight Bolinger, *Langage : The Loaded Weapon.* (Longman, Londres, 1980), p. 127.
24. Nathan Silver, « Architect Talk », in *The State of the Language*, p. 325.
25. Neal R. Norrick, « Stock Similes », *Journal of Literary Semantics*, 15.1 (1986), p. 44.
26. Bolinger, *Language*, p. 125–6.
27. Eric Partridge, *Usage and Abusage* (Penguin, Harmondsworth, 1963), p. 213.
28. Richard Dean Rosen, *Psychobabble* (Wildwood, Londres, 1978), p. 11.
29. Kierkegaard, cité par Rosen, p. 11.
30. Rosen, p. 36.
31. Ibid., p. 45.
32. Ibid., p. 68.
33. « Bafflegab », noté par Safire, *New Language of Politics*, p. 26.
34. Cité par Mencken, *American Language*, Supplément 1, p. 414.
35. Bolinger, *Language*, p. 135–6.
36. Ibid., p. 136.
37. Ibid.

Chapitre 3 : Hurler avec les loups

1. Albert Camus, *La Chute* (Gallimard, Paris, 1956), p. 77.
2. James Joyce, *Ulysses : The Corrected Text*, éd. H.W. Gabler (Bodley Head, Londres, 1986), p. 140.
3. Montaigne, *Essais*, vol. 2, p. 520.
4. Oscar Wilde, *An Ideal Husband*, in *Plays* (Penguin, Harmondsworth, 1981), p. 168.
5. Jean-Paul Sartre, *La Nausée* (Livre de poche, Paris, 1956), p. 17. « Exister », dans ce roman, est une espèce de gros mot. Qu'il signifie tantôt qu'on se fige en une sculpture de groupe, ou tantôt la prolifération sans forme précise, il est le contraire de ce que recherche le protagoniste : une essence immatérielle, symbolisée par la musique, l'art le plus élevé et qui n'a pas besoin de paroles. Je ne suis pas armé pour discuter les clichés dans la musique, encore qu'elle regorge des mêmes vieilles chansons.
6. Michel Schneider, *Voleurs de mots* (Gallimard, Paris, 1985), p. 229.
7. Jonathan Raban, « Continental Divide », *The Observer*, 8 février 1987, p. 28.
8. Evan Esar, *Comic Dictionary* (Horizon, New York, 1960), p. 314.
9. Réjean Ducharme, *Enfantômes* (Gallimard, Paris, 1976), p. 85.
10. Cité par Joseph Priestley, *Memoirs* (Johnson, Londres, 1806–7), p. 572.

11. Anton Zijderveld, *On Clichés* (Routledge & Kegan Paul, Londres, 1979), p. 17.
12. Ibid., p. 26.
13. Ibid., p. 43.
14. Christopher Ricks, « Clichés », in *The State of the Language*, p. 58.
15. Zijderveld, *On Clichés*, p. 46.
16. Ibid., p. 69.
17. Eric Partridge, *Eric Partridge in his Own Words*, éd. David Crystal (André Deutsch, Londres, 1980), p. 134.
18. Schneider, *Voleurs de mots*, p. 136.
19. Nicholas Bagnall, *A Defence of Clichés* (Constable, Londres, 1985), p. 85.
20. Alfred Lord Tennyson, « In Memoriam », VI.
21. Noah Jonathan Jacobs, *Naming-Day in Eden* (Gollancz, Londres, 1958), p. 129–30.
22. D.J. Enright, *The Alluring Problem : An Essay on Irony* (Oxford University Press, 1986), p. 152.
23. Stirling Haig, *Flaubert and the Gift of Speech* (Cambridge University Press, 1986), p. 68.
24. Samuel Butler, *Note-Books*, éd. H.F. Jones (Fifield, Londres, 1919), p. 268.
25. Pierre Guiraud, *Les Gros Mots* (Presses Universitaires de France, Paris, 1976), p. 114, 122.
26. Remy de Gourmont, *Le Problème du style* (Mercure de France, Paris, 1907), p. 112.
27. Jean Paulhan, *Les Fleurs de Tarbes* (Gallimard, Paris, 1973), p. 88. De tels mots sont « transparents ou invisibles » (p. 92).
28. Jean-Noël Kapferer, *Rumeurs* (Seuil, Paris, 1987), p. 12. Je dois beaucoup à cette excellente étude.
29. Thomas Carlyle, *History of the French Revolution*, 1837, vol.1, livre 7, chapitre 5.
30. Napoléon, *Maximes et pensées*, numéro 13.
31. Kapferer, *Rumeurs*, p. 68.
32. Hans-Joachim Neubauer, *The Rumour : A Cultural History*, trad. par C. Braun (Free Association Books, Londres/New York, 1999), p. 4.
33. Ibid., p. 74.
34. Mon livre tout entier s'appuie sur cette sorte de vœu pieux.
35. Kapferer, *Rumeurs*, p. 192.
36. Morgan Sportès, *Le Souverain Poncif* (Balland, Paris, 1986), p. 11.
37. Gustave Flaubert, *Lettres inédites à Tourguéneff* (Editions du Rocher, Monaco, 1946), p. 105.
38. Havelock Ellis, *The Dance of Life* (Constable, Londres, 1923), p. 269.
39. Chamfort, *Maximes et pensées*, éd. G. Renaux (Livre de poche, Paris, 1970), p. 52.

Chapitre 4 : Va-et-vient

La citation de Lerner vient de son article « Cliché and Commonplace », et celle d'Enright de son poème « Quotations », *Collected Poems 1987* (Oxford University Press, 1987, p. 344.

1. Paul Valéry, *Œuvres*, éd. Jean Hytier (Gallimard, Paris, 1960), vol. 2, p. 801.
2. Norman Bryson, *Tradition and Desire* (Cambridge University Press, 1984), p. 15, 30.
3. Walter Gropius, *The New Architecture and the Bauhaus* (Faber, Londres, 1935), p. 37.
4. Roger Ascham, *The Schoolmaster*, éd. L.V. Ryan (Cornell University Press, Ithaca, N.Y., 1967), p. 50.
5. Aristote, *Poetics*, 1448b.
6. Thomas H. Greene, *The Light in Troy* (Yale University Press, New Haven, 1982), p. 57.
7. Richard Rainolde, *The Foundation of Rhetorike*, cité par Lechner, *Renaissance Concepts*, p. 17.
8. Cassiodorus, grammairien romain cité par Lechner, p. 38.
9. Lechner, p. 232–3.
10. Walter Ong, *The Presence of the Word* (Yale University Press, 1967), p. 57.
11. Ibid., p. 83.
12. Jean de La Bruyère, *Les Caractères*, éd. G. Servois et A. Rébelliau (Hachette, Paris, 1906), p. 25.
13. Lautréamont, *Œuvres complètes*, éd. M. Saillet (Livre de Poche, Paris, 1963), p. 426.
14. Edmond et Jules de Goncourt, *Journal*, éd. Robert Ricatte (Fasquelle/Flammarion, Paris, 1956), vol. 2, p. 331.
15. Guy de Maupassant, « Le Roman », in *Pierre et Jean*, éd. Bernard Pingaud (Gallimard, Paris, 1982), p. 56.
16. Harold Bloom, *The Anxiety of Influence* (Oxford University Press, 1973), p. 148.
17. Ibid., p. 56.
18. Schneider, *Voleurs de mots*, p. 45. Il fait allusion à l'exploitation débonnaire par La Fontaine des fables d'Esope.
19. Comme on le verra dans la partie de ce livre consacrée aux néologismes, la modernisation de la langue devenait à cette époque une question capitale.
20. Gourmont, *Le Problème du style*, p. 27.
21. Comme dans toutes les époques, les genres dominants n'exterminaient pas les genres mixtes tels que le burlesque ou l'héroï-comique.
22. Michel Tournier, *Les Météores* (Gallimard, Paris, 1981), p. 101.
23. Michel Riffaterre, *Essais de stylistique structurale* (Flammarion, Paris, 1971), p. 172–3.

24. Ambrose Bierce, *The Enlarged Devil's Dictionary*, éd. E.J. Hopkins (Penguin, Harmondsworth, 1967), p. 70.
25. Boris Pasternak, *Dr Zhivago*, trad. M. Hayward et M. Harari (Collins/Harvill, Londres, 1958), p. 394.
26. Gérard Genette, *Figures II* (Seuil, Paris, 1969), p. 136.
27. Schneider, *Voleurs de mots*, p. 333.
28. Charles Lamb, lettre à B.W. Procter, 22 janvier 1829.
29. Rév. Charles Caleb Colton, *The Lacon* (Longman, Londres, 1822), vol. 2, p. 112.
30. Ibid., p. 74.
31. Cette remarque est de Godfrey Goodman, *The Fall of Man* (1616), citée par Robert K. Merton, *On the Shoulders of Giants : A Shandean Postscript* (Free Press, New York, 1965), p. 46.
32. Ibid., p. 229.
33. T.S. Eliot, Introductory Essay à *London* et *The Vanity of Human Wishes* (Etchells and Macdonald, Londres, 1930), p. 11.
34. Paul Valéry, « La Crise de l'esprit », *Variété 1 et 2* (Gallimard, Paris, 1978), p. 21.
35. Henry Miller, « With Edgar Varese in the Gobi desert », *The Air-Conditioned Nightmare* (Grafton, Londres, 1986), p. 115.
36. Edward Young, *Conjectures on Original Composition*, éd. E.J. Morley (Manchester University Press, 1918), p. 9, 13. Les références suivantes se trouvent entre parenthèses dans le texte.
37. Ruth Amossy et Elisheva Rosen, *Le Discours du cliché* (CDU/SEDES, Paris, 1982), p. 27.
38. Alfred de Musset, *Œuvres complètes en prose*, éd. M. Allem et P. Courant (Gallimard, Paris, 1960), p. 301.
39. Musset, « La Coupe et les lèvres », *Premières Poésies*, éd. M. Allem (Garnier, Paris), p. 164.
40. Musset, « Namouna », ibid., p. 281.
41. Lerner, « Cliché and Commonplace », p. 265.
42. Milton, *Paradise Lost*, 1, 16.
43. Ernst Robert Curtius, *European Literature and the Latin Middle Ages*, trad. W.R. Trask (Routledge & Kegan Paul, Londres, 1953), p. 95.
44. Ibid., p. 96.
45. Ibid., p. 251.
46. Samuel Johnson, *The Rambler*, 2, 24 mars 1750.
47. Samuel Butler, *Selections from the Note-Books*, éd. A.T. Bartholomew (Cape, Londres, 1930), p. 74.
48. George Steiner, *After Babel* (Oxford University Press, 1975), p. 465–6.
49. Geoffrey Strickland, lettre du 7 juillet 1986.
50. Richard Hoftstadter, *Anti-Intellectualism in American Life* (Cape, Londres, 1964), p. 418.

51. Wilbur S. Howell, *Logic and Rhetoric in England, 1500–1700* (Princeton University Press, 1956), p. 23–4.
52. T.S. Eliot, *Four Quartets*, in *Collected Poems, 1909–1962* (Faber, Londres, 1977), p. 221.
53. Stuart Chase, *The Tyranny of Words* (Methuen, 1950), p. 34, 38.
54. Ashley Montagu, « The Language of Self-Deception », in *Language in America*, éd. Neil Postman et al. (Pegasus, New York, 1969), p. 82.
55. Paulhan, *Les Fleurs de Tarbes*, p. 105.
56. Ibid., p. 103.
57. Ibid., p. 108.
58. Ibid., p. 121.
59. Schneider, *Voleurs de mots*, p. 81.
60. Lerner, « Cliché and Commonplace », p. 252.
61. Juan Ramón Jiménez, cité par Ramón Gómez de la Serna, *Greguerías 1940–45* (Espasa-Calpe, Buenos Aires, 1945), p. 41.

Chapitre 5 : Apogée

La citation de Don Marquis vient d'*Archy's Life of Mehitabel* (Doubleday, New York, 1933). Il faut être une forme inférieure de vie, un cafard (lettré), pour pouvoir parler franchement de la sorte. La citation de Goethe est tirée d' « Epilog zu Schillers Glock ». *Sämtliche Werke* (dtv, Munich, 1961), vol. 3, p. 79.

1. Viktor Shlovsky, « Art as Technique », in *Russian Formalist Criticism*, éd. L.T. Lemon et M.J. Reis (Unversity of Nebraska Press, Lincoln, 1965), p. 7.
2. Schneider, *Voleurs de mots*, p. 60.
3. Paulhan, *Fleurs de Tarbes*, p. 36.
4. Shakespeare, *Timon of Athens*, IV, 3, 438–46.
5. Edward Ravenscroft (plagiaire et adaptateur prolifique), prologue à *Titus Andronicus* (1687), cité par Alexander Lindey, *Plagiarism and Originality* (Harper, New York, 1952), p. 239.
6. Cité ibid., p. 63.
7. Walter Ong, « Commonplace Rhapsody : Raviusius Textor, Zwinger and Shakespeare », in *Classical Influences on European Culture, 1500–1700*, éd. R.R. Bolgar (Cambridge University Press, 1976), p. 124.

8. Mais voir Harold O. White, *Plagiarism and Imitation during the English Renaissance* (Harvard University Press, Cambridge, Mass., 1935), p. 103, qui soutient que Greene faisait allusion à la variété de talents de Shakespeare en tant que comédien, et non à son habitude du plagiat, qui était typique d'une culture de melting pot.
9. Alfred Tennyson, « Locksley Hall Sixty Years After » (1886).
10. William Wordsworth, « To the Same Flower », *The Poems*, éd. J.O. Hayden (Penguin, Harmondsworth, 1982), p. 538.
11. George Wither, *The Shepherd's Hunting* (1615), Eclogue IV, 366 et seq.
12. Margery Sabin, *English Romanticism and the French Tradition* (Harvard University Press, Cambridge, Mass., 1976), p. 153–8.
13. Comme l'a dit Henry James au sujet de Zola, *Selected Literary Criticism.* (Heinemann, Londres, 1963), p. 245.
14. Honoré de Balzac, *Les Illusions perdues*, éd. Antoine Adam (Garnier, Paris, 1954), p. 422.
15. Gustave Flaubert, « Dictionnaire des idées reçues », in *Bouvard et Pécuchet*, éd. C. Gothot-Mersch (Gallimard, Paris, 1979), p. 537.
16. Voir mes *Calembours* (Peter Lang, Oxford, 2005), p. 55–6, pour un processus comparable dans la vie de la machine à calembours que fut le marquis de Bièvre. Il en fut de même, après *Ubu Roi*, pour Alfred Jarry.
17. Pour d'autres renseignements sur Monnier, voir ses *Scènes populaires*, éd. A.-M. Meininger (Gallimard, Paris, 1984).
18. Jonathan Culler, *Flaubert, the Uses of Uncertainty* (Elek, Londres, 1974), p. 163.
19. Flaubert, *Correspondance* (Conard, Paris, 1927), vol. 3, p. 338.
20. Ibid., p. 359.
21. Flaubert, *Madame Bovary*, éd. P. Vernière (Cluny, Paris, 1938), p. 201.
22. Harry Levin, *The Gates of Horn* (Oxford University Press, New York, 1963), p. 258.
23. Flaubert, *Correspondance*, vol. 4, p. 61–2.
24. *Correspondance*, vol. 8, p. 400 et vol.1, p. 192.
25. Matthijs van Boxsel, *The Encyclopaedia of Stupidity*, trad. A et E. Pomeraus (Reaktion, Londres, 2004), p. 107.
26. Spinoza, *Ethics*, partie 3, Proposition VII.
27. Flaubert, *Correspondance*, vol. 2, p. 451.
28. *Correspondance*, vol. 4, p. 46.
29. *Correspondance*, vol. 3, p. 153–4.
30. Voir Jean-Paul Sartre, « Une Idée fondamentale de la Phénoménologie de Husserl : l'Intentionnalité », *Situations I* (Gallimard, Paris, 1947), p. 31–2, pour sa critique de la « philosophie alimentaire ». Il faut avouer que *La Nausée* héberge aussi le cliché par excellence de l'art comme salut. Ici, le proto-existentialiste se laisse aller à l'essentialisme, bien que ce credo soit plein de *dubito*.
31. Sartre, *L'Idiot de la famille* (Gallimard, Paris, 1971), vol. 1, p. 617. La conversion flaubertienne d'êtres humains en choses et son humanisation des objets sont comparées par Sartre à son propre concept du « pratico-inerte » dans sa *Critique de la raison dialectique*.

32. Sartre, *L'Idiot de la famille*, p. 632.
33. Flaubert, *Correspondance*, vol.2, p. 243–4.
34. James, *Selected Literary Criticism*, p. 152.
35. Flaubert, *Par les champs et par les grèves*, in *Œuvres complètes*, éd. B. Masson (Seuil, Paris, 1964), vol. 2, p. 484.
36. Sartre, *Situations 1*, p. 115 sur Albert Camus, *Le Mythe de Sisyphe* (Gallimard, Paris, 1942), p. 29.
37. Flaubert, *Correspondance*, vol. 4, p. 96.
38. Un fragment, dans Charles Baudelaire, *Les Fleurs du mal*, éd. Enid Starkie (Blackwell, Oxford, 1953), p. xiv.
39. Flaubert, *Correspondance*, vol. 1, p. 1. Il est réconfortant de voir le puriste adulte qui fait ici des fautes.
40. Sartre, *L'Idiot de la famille*, vol. 1, p. 633–5. Par exemple : « Brunes : plus chaudes que les blondes (voyez Blondes). Blondes : plus chaudes que les brunes (voyez Brunes). Comme des miroirs de barbier devant et derrière la tête, ce ping-pong référentiel ne nous mène nulle part si ce n'est vers la régression infinie.
41. Sartre, *L'Idiot de la famille*, p. 646.
42. Marcel Proust, « A propos du style de Flaubert », *Contre Sainte-Beuve* (Gallimard, Paris, 1971), p. 587.
43. Shoshana Felman, *La Folie et la chose littéraire* (Seuil, Paris, 1978), p. 164–5. Elle fait mention de la dérivation possible de « perroquet » du diminutif italien pour un curé, « parrocchetto ». Julian Barnes, *Flaubert's Parrot* (Picador, Londres, 1985), p. 58, cite le cas d'un homme qui se persuade qu'il est devenu un perroquet après avoir perdu le sien ; il se met à se percher sur un arbre, à agiter ses « ailes « et à émettre des cris rauques.
44. Mary McCarthy, « On Madame Bovary », *Partisan Review*, 2 (1964), p. 178.
45. Flaubert, *Correspondance*, vol. 4, p. 74.
46. Felman, *La Folie*, p. 212.
47. Hugh Kenner, *Flaubert, Joyce and Beckett : The Stoic Comedians* (W.H. Allen, Londres, 1964), p. 19.
48. Je n'ai pas vérifié cela, mais je sais de source sûre que j'ai raison ...
49. Champion, *Racial Proverbs*, p. 238.
50. Guy Bechtel et Jean-Claude Carrière, *Dictionnaire de la bêtise* (Laffont, Paris, 1983), p. 11. Les références suivantes à ce merveilleux ramassis se trouvent entre parenthèses dans le texte.
51. Ogden Nash, « Oh, Stop Being Thankful All Over the Place », in *New Pocket Anthology of American Verse*, éd. O. Williams (Pocket Books, New York, 1955), p. 340–1.
52. George Eliot, *Middlemarch* (Signet, New York, 1964), p. 191.
53. George Novack et Arthur Zipser (éds), *Who's Hooey : Nitwitticisms of the Notable* (Dutton, New York, 1932).
54. Flaubert, *Correspondance*, Supplement 3, p. 56–7.
55. Léon Bloy, *Exégèse des lieux communs* (Gallimard, Paris, 1968), p. 335. Les références suivantes sont entre parenthèses dans le texte.

56. Bloy, *Journal*, éd. J. Bollery (Mercure de France, Paris, 1956), p. 27. Les italiques sont de l'auteur.
57. *Journal*, vol. 3, p. 314.
58. Bloy, *Lettres à Philippe Raoux* (Desclée de Brouwer, Paris, 1937), p. 156.
59. Donat O'Donnell (Conor Cruise O'Brien), *Maris Cross* (Chatto & Windus, Londres, 1954), p. 214.
60. Raymond Queneau, *Bâtons, chiffres et lettres* (Gallimard, Paris, 1965), p. 114. Cp. d'autres termes ironiquement louangeurs pour les bévues : perle, idée chouette.
61. Queneau, *Pierrot mon ami* (Gallimard, Paris, 1959), p. 123.
62. Ibid., p. 69.
63. Queneau, *Le Chiendent* (Gallimard, Paris, 1974), p. 22.
64. Queneau, interviewé par Marguerite Duras, « Uneuravek », *L'Express*, 22 janvier 1959, p. 27.
65. Queneau, *Saint-Glinglin* (Gallimard, Paris, 1975), p. 32.
66. Ibid., p. 33.
67. Queneau, *Les Fleurs bleues*, p. 102.
68. Ibid., p. 69.
69. Queneau, *Exercices de style* (Gallimard, Paris, 1982), p. 79.
70. Queneau, *Bâtons, chiffres et lettres*, p. 182.
71. Queneau, *Zazie dans le Métro* (Gallimard, Paris, 1959), p. 159.
72. Pour des idées lumineuses, et sombres, sur la citation, voir la section que j'y consacre au chapitre 6.
73. D.H. Lawrence, cité par Jennifer S. Levine, « Originality and Repetition in *Finnegans Wake* and *Ulysses* », *PMLA*, 94.1 (1979), p. 108.
74. Levine, p. 109–10.
75. Margery Sabin, *The Dialect of the Tribe* (Oxford University Press, New York, 1987), p. 286.
76. Levine, p. 114.
77. Marshall McLuhan, *From Cliché to Archetype* (Viking, New York, 1970), p. 126.
78. Voir mes *Calembours*, p. 166–9.
79. Gérard Genette, *Palimpsestes* (Seuil, Paris, 1982), p. 156. Michel Tournier compare les surréalistes à des pions qui se conduisent en autocrates. *Le Vent Paraclet* (Gallimard, Paris, 1977), p. 112–13.
80. Julien Gracq, *André Breton : quelques aspects de l'écrivain* (Corti, Paris, 1948), p. 94.
81. Cité par Amossy et Rosen, *Le Discours du cliché*, p. 130–1.
82. Anthony Haden-Guest, *Down the Programmed Rabbit-Hole* (Hart-Davis, MacGibbon, Londres, 1972), p. ix.
83. Sartre, « *Portrait d'un inconnu* », *Situations IV* (Gallimard, Paris, 1964), p. 10–11.
84. Nathalie Sarraute, « La littérature aujourd'hui (II) », *Tel Quel*, 9 (1962), p. 49.
85. Voir Simone de Beauvoir, *La Force des choses* (Gallimard, Paris, 1963), p. 291, 650.

86. Lewis Carroll, *The Annotated Alice*, éd. Martin Gardner (Penguin, Harmondsworth, 1978), p. 121.
87. Susan Sontag, *Against Interpretation* (Eyre & Spottiswoode, Londres, 1967), p. 119, 121.
88. Je reviens au kitsch au chapitre 11.
89. Alexander Pope, « The Dunciad », *Poetical Works*, éd. H. Davis (Oxford University Press, 1978), p. 562.
90. Owen Barfield, *Poetic Diction : A Study of Meaning* (Faber, Londres, 1952), p. 134.
91. Jacques Audiberti, *Dimanche m'attend* (Gallimard, Paris, 1955), p. 75.
92. Paulhan, *Les Fleurs de Tarbes*, p. 107.
93. Myles na gCopaleen, *The Best of Myles*, p. 206.
94. Les guillemets indiquent souvent une erreur ou une gaffe (cp. l'utilisation de *sic*), et sont en effet souvent une erreur, comme dans d'innombrables faux pluriels sur des écriteaux.
95. Haig, *Flaubert*, p. 117.
96. Culler, *Flaubert*, p. 165.
97. Amossy et Rosen, *Le Discours du cliché*, p. 145.

Chapitre 6 : Nadir : plagiat

Le poème de Robert Graves, « The Thieves » vient des *Selected Poems*, éd. Paul O'Prey (Penguin, Harmondsworth, 1986), p. 142–3.

1. Le magnifique *Anatomy of Melancholy* de Robert Burton, qu'il qualifiait lui-même de centon, s'appuie sur un entrelardement soutenu.
2. Stuart Gilbert, « Prolegomena to Work in Progress », in *Our Exagmination* ... par Samuel Beckett et al. (Faber, Londres 1972), p. 50.
3. Lucrèce, *De Rerum Natura*, 1, 155–6.
4. Luis Buñuel, *My Last Breath*, trad. A. Israel (Fontana, Londres, 1985), p. 69–70.
5. White, *Plagiarism and Imitation*, p. 10.
6. Ibid., p. 13–14.
7. Colton, *The Lacon*, p. 229.
8. Cité par Lindey, *Plagiarism and Originality*, p. 222.
9. Schneider, *Voleurs de mots*, p. 86–90.
10. Ibid., p. 71.
11. André Gide, *Journal des « Faux-Monnayeurs »* (Gallimard, Paris, 1927), p. 85.

12. Roland Barthes, *Le Degré zéro de l'écriture* (Seuil, Paris, 1972), p. 16. A la même page, il soutient, naïvement, qu'aucune écriture n'est jamais innocente. Certes, les mots ne sont jamais virginaux ; ils sont toujours sexuellement expérimentés.
13. Sir Philip Sidney, *Astrophel and Stella*, lxxiv.
14. Martial, *Epigrams*, éd. W.P. Ker (Heinemann, Londres, 1961), 1, 53.
15. Schneider, *Voleurs de mots*, p. 305.
16. Gourmont, *Le Problème du style*, p. 142–3.
17. Colton, *The Lacon*, p. 142.
18. Frances Yates, *The Art of Memory* (Routledge & Kegan Paul, Londres, 1966).
19. Marc, II, 2.
20. *Art of Memory*, p. 274.
21. Flaubert, *Bouvard et Pécuchet*, p. 190.
22. Ernest Jones, *Sigmund Freud*, vol. 1, p. 7, mentionne la communication anonyme. Lorsque Freud visita le cimetière du Père-Lachaise, les seules tombes qu'il recherchait étaient celles de Börne et de Heine (qui est enterré, en l'occurrence, au cimetière de Montmartre) (Jones, p. 271). C'est là un lapsus freudien dont je ne subodore aucune signification cachée.
23. Thomas de Quincey, *Confessions of an English Opium-Eater*, éd. A. Hayter (Penguin, Harmondsworth, 1976), p. 249.
24. Voir ma note scolaire dont j'ai parlé plus haut.
25. Schneider, *Voleurs de mots*, p. 35. Les références suivantes sont entre parenthèses dans le texte.
26. Le jeu sur le verbe-racine « tenir » est ici plus engageant et pertinent que les calembours tortueux de Lacan.
27. Voir Jean Cau (à cette-époque-là secrétaire de Sartre), *Croquis de mémoire* (Julliard, Paris, 1985), p. 91–2. L'anecdote suit une description redoutable des séances de gymnastique d'entretien désordonnée et frénétique : une créature détraquée qui s'agite dans un filet invisible (p. 89).
28. Cité par Robert Georgin, « Le Linguiste du monde occidental ». In *Jakobson*, *Cahiers Cistre*, 5 (L'Age d'homme, Lausanne, 1978), p. 12.
29. Barthes, *Le Plaisir du texte* (Seuil, Paris, 1973), p. 37–8.
30. George Steiner, *Language and Silence* (Faber, Londres, 1967), p. 82.
31. Mark Twain, *Notebook*, éd. A.B. Paine (Harper, New York, 1935), p. 312.
32. Vladimir Jankélévitch, *L'Ironie* (Flammarion, Paris, 1964), p. 30.
33. Pascal, *Pensées et opuscules*, p. 541.
34. Voir Pascal, ibid., re « Salomon de Tultie », anagramme du pseudonyme de Pascal, Louis de Montalte. Mes remarques doivent beaucoup à Antoine Compagnon, *La Seconde Main* (Seuil, Paris, 1979), p. 307–9.
35. Compagnon, p. 218. Les références suivantes sont entre parenthèses dans le texte.
36. Ibid., p. 304. se blottit empiète ici contre son sujet et double Montaigne en prenant la première personne pour parler de lui.

37. Voir Montaigne, *Essais*, vol. 2, p. 387–8.
38. Compagnon, *La Seconde Main*, p. 321–2, citant l'anonyme *Parterre de la rhétorique* (C. La Rivière, Lyon, 1659), p. 38.
39. E.E. Kellett, *Literary Quotation and Allusion* (Heffer, Cambridge, 1933), p. 3.
40. Gérard Genette, *Figures II*, p. 273, qui renvoie à Proust, *A la Recherche du temps perdu* (Gallimard, Paris, 1954), vol. 2, p. 941 et vol. 3, p. 278.
41. Voir Compagnon, *La Seconde Main*, p. 369, citant Baltasar Gracián, *Agudeza y Arte de ingenio* (Aguilar, Madrid, 1907), p. 202–4.
42. Montaigne, *Essais*, vol. 3, p. 1034.
43. Je discute le rôle du cliché dans les cultures orales au chapitre 9.
44. Merton, *On the Shoulders of Giants*, p. 106.
45. Sabin, *The Dialect of the Tribe*, p. 192.
46. Kellett, *Literary Quotation*, p. 14, anticipation de Kristeva et compagnie de quarante ans.
47. Ralph Waldo Emerson, « Quotation and Originality », *Works* (Bell, Londres, 1884), p. 213, 217, et 224.
48. Lindey, *Plagiarism and Originality*, p. 2, 204, et 24.
49. Plusieurs critiques de mon livre *Calembours*, exploitant la citation non reconnue, ont réussi à se donner l'air de celui qui exprime ses propres idées. Mais puisque certaines idées n'étaient pas créées par moi ...
50. Melvyn Bragg, lettre au *Times Literary Supplement* du 20 mars 1987, p. 297.
51. Montaigne, *Essais*, vol. 3, p. 1045–6.
52. Michael Edwards, « Reports from the New Frontier », *Times Literary Supplement*, 21 août 1987, p. 892.
53. Le *distinguo* de Schneider, *Voleurs de mots*, p. 93.
54. Voir Ong, *Presence of the Word*, p. 85.
55. Jonathan Swift, « Digression in Praise of Digression », in « *A Tale of the Tub* » *and other Stories*, éd. K. Williams (Dent, Londres, 1982), p. 93.
56. Ong, « Commonplace Rhapsody », p. 93.
57. Ibid., p. 126.
58. Ibid., p. 118.
59. Ibid., p. 100.
60. Ibid., p. 101.
61. J'étudie dans plus de détails cette réutilisation dans le chapitre 12.
62. Barthes, *Le Plaisir du texte*, p. 45–6.
63. Barthes, « La Mort de l'Auteur », *Mantéia*, V (1968), p. 13. D.J. Enright dégonfle cette suave naïveté moderniste dans son vers :'La Mort de l'Auteur : hélas, vérité éternelle « Cross Words », *Collected Poems 1987* (Oxford University Press, 1987), p. 325.
64. Schneider, *Voleurs de mots*, p. 35.
65. Barthes, *Roland Barthes par Roland Barthes* (Seuil, Paris, 1975), p. 126.

66. Paulhan, *Fleurs de Tarbes*, p. 34–5. Le discours indirect libre est un alibi comparable : « C'est à vous de deviner qui pense ainsi ».
67. Héraclite, fragment 2.
68. Steiner, *Language and Silence*, p. 286.
69. Schneider, *Voleurs de mots*, p. 142–3.
70. Ibid., p. 130. Freud cite un étrange dicton français que je n'ai pas pu retrouver dans un livre de référence : « Coquin qui donne plus qu'il n'a ». Voir les *Freud-Jung Letters*, trad. R. Manheim (Hogarth/Routledge & Kegan Paul, Londres, 1974), p. 38, 40. Ce projet anticipe d'une vingtaine d'années la tentative surréaliste des opérations collectives.
71. Eudora Ramsay Richardson, « The Ubiquitous Plagiarist », *Readings in Present-Day Writers*, éd. Raymond W. Pence (Macmillan, New York, 1933), p. 324.
72. Lindey, *Plagiarism and Originality*, p. 26. Le juge décréta que Curwood ne jouissait d'aucun monopole dans cette région.
73. Schneider, *Voleurs de mots*, p. 39.

Chapitre 7 : Les Moyens du plagiat

L'épigraphe est tirée de Lord Chesterfield, *Letters to his Son* (Dent, Londres, 1929), p. 151.

1. Schneider, *Voleurs de mots*, p. 75 (les textes sont : Gérard de Nerval, « Angéliqu », *Œuvres*, éd. Albert Béguin et Jean Richer (Gallimard, Paris, 1952), vol.1, p. 239 ; et Charles Nodier, *Histoire du roi de Bohème et de ses sept châteaux* (Plasma, Paris, 1980), p. 27).
2. Bagnall, *Defence of Clichés*, p. 8.
3. Igor Stravinsky, *The Poetics of Music*, trad. A. Knodel et I. Dahl (Geoffrey Cumberlege/ Oxford University Press, Londres, 1947), p. 79.
4. Genette, *Palimpsestes*, p. 438.
5. Peter Ouspensky, *The Psychology of Man's Possible Evolution* (Hodder & Stoughton, Londres, 1951).
6. Lindey, *Plagiarism and Originality*, p. 280. Beaucoup ont cru, comme moi, que c'était là un des actes moins créatifs et narcissiques du Seigneur.
7. Denis Diderot, *Eléments de physiologie*, in *Œuvres complètes*, éd. J. Assézat et M. Tourneux (Garnier, Paris, 1875), vol. IX, p. 354.
8. T.S. Eliot, « Philip Massinger », *Selected Essays* (Faber, Londres, 1951), p. 206.

9. Schneider, *Voleurs de mots*, p. 308.
10. Umberto Eco, *Faith in Fakes*, trad. William Weaver (Secker & Warburg, Londres, 1986), p. 46.
11. Eric Hoffer, *The Passionate State of Mind* (Harper, New York, 1955), p. 21.
12. Colton, *The Lacon*, p. 113.
13. Gabriel Tarde, *The Laws of Imitation*, trad. E.P. Parsons (Peter Smith, Gloucester, Mass., 1962), p. xvii.
14. Voir Paul Nizan, *La Conspiration* (Gallimard, Paris, 1938), p. 166.
15. Diderot, *Réfutation d'Helvétius* in *Réfutations*, éd. R. Desné et al. (Hermann, Paris, 2004), p. 557.
16. Mais on a auparavant entendu le perroquet râleur de Queneau, Laverdure. Flaubert a traité les perroquets de « singes ailés » (François Fleury, *Plans, notes et scénarios de « Un Cœur simple »* (Lecerf, Rouen, 1977), p. 30).
17. Chase, *The Tyranny of Words*, p. 34.
18. Je paraphrase et brode sur ce folklore du perroquet d'après une lecture du livre sans pareil de Gershon Legman, *Rationale of the Dirty Joke* (Panther, Londres, 1972), vol. 1, p. 205–9.
19. Robert Louis Stevenson, *Memories and Portraits* (Heinemann, Londres, 1924), p. 29–30.
20. A un niveau plus terre-à-terre mais toujours efficace, l'apprentissage de la composition par la paraphrase garde toute sa valeur.
21. Proust, *Contre Sainte-Beuve*, p. 594.
22. Proust, *Correspondance générale* (Plon, Paris, 1933), vol. 4, p. 230.
23. Voir Proust, *Pastiches et mélanges*. Lemoine escroqua De Beers en maintenant qu'il avait découvert comment fabriquer des diamants.
24. Voir André Malraux, *Les Voix du silence* (Gallimard, Paris, 1951), p. 210.
25. W.H. Auden, *Collected Poems*, éd. E. Mendelson (Faber, Londres, 1976), p. 471.
26. Genette, *Palimpsestes*, p. 177–81. Lorsque j'ai traduit en français un roman authentique écrit en anglais par un écrivain français, Georges Darien (*Gottlieb Krumm, Made in England*), cette histoire d'un arnaqueur fut soupçonnée par certains critiques hexagonaux d'être une contrefacon.
27. K.K. Ruthven, *Faking Literature* (Oxford University Press, 2001), p. 197.
28. Dwight Macdonald, *Parodies* (Faber, Londres, 1960), p. 567, XV.
29. Claude Bouché, *Lautréamont, du lieu commun à la parodie* (Larousse, Paris, 1974), p. 188.
30. Voir John Fowles, par exemple, *The Ebony Tower* (Little, Brown, Boston, Mass., 1974), p. 18, au sujet d'un artiste qui se sert de la parodie pour enrichir ses propres toiles : « Sous la modernité de beaucoup des éléments de surface il y avait à la fois un hommage et une sorte de pied de nez fait à une tradition très antique ».
31. Voir Michel-Antoine Burnier et Patrick Rambaud, *Le Roland Barthes sans peine* (Balland, Paris, 1978).

32. René Bertelé, préface à Robert Desnos, *Corps et biens* (Gallimard, Paris, 1968), p. 7.
33. Aragon parle dans ces termes-ci de son utilisation des collages comme des citations dans ses *Aventures de Télémaque*. Voir *Les Collages* (Hermann, Paris, 1980), p. 120–1.
34. Kellett, *Literary Quotation*, p. 25.
35. Genette, *Palimpsestes*, p. 453, à propos de la littérature au carré (« littérature au second degré »).
36. Raymond Federman, « Imagination as Plagiarism (an unfinished paper) », *New Literary History*, 7 (1975–6), p. 565.
37. Linda Hutcheon, *A Theory of Parody* (Methuen, Londres, 1985), p. 14.
38. Ibid., p. 75.
39. G.D. Kiremidjian, « The Aesthetics of Parody », *Journal of Aesthetics and Art Criticism*, 28.2 (1969), p. 242.
40. Hutcheon, *Theory of Parody*, p. 75.
41. Voir Macdonald, *Parodies*, p. 75.
42. Genette, *Palimpsestes*, p. 453.
43. Anthony Burgess, *Joysprick* (André Deutsch, Londres, 1973), p. 146.
44. Jasmes Joyce, *Finnegans Wake* (Faber, Londres, 1975), p. 181–2. Joyce fait allusion (p. 170) en la personne de son « faux » écrivain, Shem the Penman, au faussaire victorien Jim the Penman.
45. Schneider, *Voleurs de mots*, p. 310, au sujet de l' « Analysis Terminable and Interminable » de Freud, *Standard edition*, vol. 23, p. 236. Avec sa franchise habituelle, Freud admet que l'analogie, ici comme ailleurs, est un mode séduisant et peu fiable.
46. Julia Kristeva, « Bakhtine, le mot, le dialogue et le roman », *Critique*, 239 (1967), p. 440–1.
47. Laurent Jenny, « La Stratégie de la forme », *Poétique*, 27 (1976), p. 257–61.
48. In *Ficciones* (Alianza, Madrid, 1974). Les références sont entre parnethèses dans le texte.
49. Borges, « About William Beckford's *Vathek* », *Other Inquisitions*, trad. R. Simms (Souvenir, Londres, 1973), p. 140.
50. Cp. la section consacrée à Börne plus haut.
51. Proust, *A la Recherche du temps perdu*, vol. 3, p. 436.
52. Ortega y Gasset, « History as a System », *Philosophy and History*. Tantôt, Alain fait observer que celui qui n'imite pas n'invente pas, tantôt : « C'est en copiant qu'on invente. » Voir Alain, *Propos*, éd. M. Savin (Gallimard, Paris, 1956), p. 433, 223. Même Homère hoquette.
53. Sir Joshua Reynolds, *Discourses*, éd. J.J. Findlay (Blackie, Londres, 1906), p. 72–3.
54. Joseph Roux, *Meditations of a Parish Priest*, trad. I.F. Hapgood (Crowell, New York, 1886), 4.40.
55. St Jerome, *Commentary on Ecclesiastes*, 1.
56. Baudelaire, *Correspondance générale* (Conard, Paris, 1948), p. 277.

57. Eco, *Faith in Fakes*, p. 146.
58. Schneider, *Voleurs de mots*, p. 16.
59. Richard Fortey, *Life : An Unauthorized Biography* (Flamingo, Londres, 1998), p. 124.
60. Voir Macdonald, *Parodies*, p. 74.
61. Rudyard Kipling, *Sixty Poems* (Hodder & Stoughton, Londres, 1939), p. 63.
62. Montaigne, *Essais*, éd. M. Rat (Garnier, Paris, 1958), vol. 1, p. 157.
63. Jean Giraudoux, *Siegfried*, 1, 6, in *Théâtre 1* (Grasset, Paris, 1958), p. 22–3.
64. Lautréamont, *Œuvres complètes*, p. 402.
65. Young, *Conjectures on Original Composition*, p. 12. Avec plus d'arrogance, il poursuit : « L'imitation est l'infériorité avouée ; l'émulation est l'infériorité contestée, ou niée » (p. 29).
66. Ogden Nash, « The Japanese », in *The Penguin Book of Comic and Curious Verse*, éd. J.M. Cohen (Penguin, Harmondsworth, 1954), p. 87.
67. Walter de la Mare, « The Ghost ».
68. D.J. Enright, « Empire Games », *Foreign Devils* (Covent Garden Press, Londres, 1972), p. 17.
69. Voir Georges Maurevert, *Le Livre des plagiats* (Fayard, Paris, sans date), p. 190.
70. Thomas Mallon, *Stolen Words : Forays into the Origins and Ravages of Plagiarism* (Ticknor & Fields, New York, 1989), p. 34–5.
71. Cité par Nelson Adkins, « Chapter on American Cribbage » : Poe and Plagiarism », *Papers of the Bibliographical Society of America*, 42 (1948), p. 171–2.
72. W.T. Bandy, « New Light on Baudelaire and Poe », *Yale French Studies*, automne 1952, p. 65–9.
73. Voir La Fontaine, « Le Geai paré des plumes du paon », et « Epilogue » (Livre 6). *Fables* (Crès, Paris, sans date), p. 122, 183.
74. Voltaire, « Plagiat », *Œuvres complètes de Voltaire* (Baudoin, Paris, 1826), vol. 7, p. 357.
75. John Donne, « Satire 2 », *The Complete English Poems*, éd. A.J. Smith (Penguin, Harmondsworth, 1977), p. 158.
76. Le Cavalier Marin, cité par Lindey, *Plagiarism and Originality*, p. 238.
77. Eco, *Faith in Fakes*, p. 174–5.
78. Deborah Cameron, *Verbal Hygiene* (Routledge, Londres, 1995), p. 71.
79. Schneider, *Voleurs de mots*, p. 101.
80. Paul Hazard, « Les Plagiats de Stendhal », *Revue des Deux Mondes*, 63 (1921), p. 345.
81. Cité par Ruth Finnegan, *Oral Literature in Africa* (Clarendon Press, Oxford, 1970), p. 396.

Chapitre 8 : Du Sublime au ridicule

1. Anon., porte-parole de la majorité silencieuse, parait-il. Et petit âne.
2. Hugh Kenner, *The Counterfeiters* (Johns Hopkins University Press, Baltimore, 1985), p. 55–6.
3. D.B. Wyndham Lewis et Charles Lee (éds), *The Stuffed Owl* (Dent, Londres, 1930), p. x, xiii.
4. e.e.cummings, *collected poems* (Harcourt Brace, New York, 1938), p. 203.
5. Francis Ponge, *La Fabrique du pré* (Skira, Genève, 1971), p. 278.
6. Don Marquis, cité par Evan Esar, *The Comic Encyclopaedia* (Doubleday, New York, 1978), p. 553.
7. Flaubert, *Madame Bovary*, p. 304.
8. Ibid., p. 43.
9. Ibid., p. 107.
10. In Andrée Bergens (éd.), *Queneau* (Cahiers de l'Herne, Paris 1975), p. 336.
11. Voir Peter Mullen, « The Religious Speak-Easy », in *Fair of Speech : The Uses of Euphenism*, éd. D.J. Enright (Oxford University Press, 1985), p. 159.
12. Cite par Safire, *New Language of Politics*, p. 112.
13. Cité ibid., p. 484.
14. Whitney Bolton, *The Language of « 1984 »* (Blackwell, Oxford, 1984), p. 153.
15. Hugh Rawson, *A Dictionary of Euphemisms and Other Doubletalk* (Crown, New York, 1981), p. 1.
16. Jeremy Lawrence, *Unmentionables and Other Euphemisms* (Gentry, Londres, 1973), p. 11.
17. Ibid., p. 42.
18. Arthur Herzog, *The BS Factor : The Theory and Technique of Faking It in America* (Simon & Schuster, New York, 1973), p. 178.
19. James Lincoln Collier, « The Language of Censorship », in *Language in America*, p. 57.
20. Voir Queneau, *Œuvres complètes de Sally Mara* (Gallimard, Paris, 1979), p. 22.
21. Robert Browning, « Andrea del Sarto », *Men and Women*, p. 78. Adopté comme devise par l'architecte Mies van der Rohe.
22. Jean-Antoine Roucher, « Les Mois » (1779), où, comme dans les *Seasons* de Thomson, l'amour de la nature donne naissance à des lieux communs. Roucher fut guillotiné le même jour et sur le même échafaud qu'André Chénier : leçon macabre quant à la puissance de la troncation.
23. Charles Dickens, *Little Dorrit*, éd. John Holloway (Penguin, Harmondsworth, 1971), p. 145.
24. Ibid., p. 152.

25. Joseph Ward Krutch, *If You Don't Mind My Saying So* (Sloane, New York, 1964).
26. Douglas Berggren, « The Use and Abuse of Metaphor (II) », *Review of Metaphysics*, XVI, 3 (1963), p. 472.
27. Arthur Clutton-Brock, « Dead Metaphor », *Society for Pure English*, Tract 11 (1924), p. 15.
28. Lerner, « Cliché and Commonplace », p. 250.
29. William Empson, *Seven Types of Ambiguity* (Penguin, Harmondsworth, 1961), p. 25.
30. Karl Marx, preface to *Capital*, trad. B. Fowkes (Penguin, Harmondsworth, 1976), vol. 1, p. 91. La formule est due à Pierre de l'Hommeau, *Maximes du droit français* (1614).
31. Mark Milner et Christopher Hulme, *The Guardian*, 27 octobre 1987, p. 1.
32. Cité par Jeremy Lawrence, *Mix Me a Metaphor* (Gentry, Londres, 1972), p. 30.
33. George Orwell, « Politics and the English Language », *Collected Essays* (Penguin, Harmondsworth, 1970), vol. 4, p. 164.
34. Evan Esar, *Humorous English* (Horizon, New York, 1961). Voir mes *Calembours*, p. 201–2, pour plus de détails sur l'Irish Bull.
35. Voir Lawrence, *Mix Me a Metaphor*, p. 37. Cela est évident d'après les papiers de Roche.
36. Lerner, « Cliché and Commonplace », p. 262.
37. Ong, « Commonplace Rhapsody », p. 120.
38. Albert Camus, *La Peste* (Gallimard, Paris, 1947), p. 245.
39. Cité par Bechtel et Carrière, *Dictionnaire de la bêtise*, p. 24.
40. Ogden Nash, « A Visitor from Porlock, but, Alas, No Xanadu », *There's Always Another Windmill* (Penguin, Harmondsworth, 1972), p. 24.
41. James Rogers, *The Dictionary of Clichés* (Ward Lock, Londres, 1986), p. 64.
42. Horace, *Ars Poetica*, 365.
43. Jean-François Revel, *Le Style du Général* (Julliard, Paris, 1959), p. 31.
44. Susan Sontag, « Notes on Camp », *Against Interpretation*, p. 284.
45. Roland Barthes, *Mythologies* (Seuil, Paris, 1957), p. 98.
46. Cité par Eric Buyssens, « Tautologies », *La Linguistique*, 6.2 (1970), p. 37.
47. Ibid., p. 42.
48. Pascal, *Pensées et opuscules*, p. 328.
49. Camus, *La Chute*, p. 99.
50. Voir Bagnall, *Defence of Clichés*, p. 37.
51. Alfred North Whitehead, *Science and the Modern World* (Cambridge University Press, 1953), p. 5.
52. Rosemary Colie, *Paradoxia Epidemica* (Princeton University Press, 1966), p. 206.
53. Mallarmé, « Toute l'âme résumée », *Poésies* (Gallimard, Paris, 1945), p. 140.
54. Roland Barthes, *L'Obvie et l'obtus* (Seuil, Paris, 1982), p. 45–55.
55. Ned Rorem, *Music from Inside Out* (Braziller, New York, 1967).
56. Jules Vallès, *Littérature et Révolution*, éd. R. Bellet (Editeurs français réunis, Paris, 1969), p. 131.

57. François Mauriac, *Un Adolescent d'autrefois* (Flammarion, Paris, 1969), p. 30.
58. H.G. Wells, *The Happy Turning*, in *The Last Books of H.G. Wells*, éd. G.P. Wells (H.G. Wells Society, Londres, 1968), p. 22.
59. Haig, *Flaubert*, p. 17.

Chapitre 9 : Quelques Mots bien choisis

1. Oliver Wendell Holmes, « A Visit to the Asylum for Aged and Decayed Punsters », *Soundings from the Atlantic* (Ticknor & Fields, Boston, 1864), p. 361.
2. Robert Louis Stevenson, *Virginibus Puerisque* (Heinemann, Londres, 1924), p. 18.
3. Max Jacob, *Conseils à un jeune poète* (Gallimard, Paris, 1945), p. 18.
4. Carroll, *The Annotated Alice*, p. 269.
5. Olivier Reboul. *Le Slogan* (Complexe, Bruxelles, 1975), p. 18.
6. Ibid., p. 107.
7. Ibid., p. 24.
8. Cité par Safire, *New Language of Politics*, p. 11.
9. Cité ibid.
10. Compagnon, *La Seconde Main*, p. 284.
11. Ma remarque ci-dessus au sujet de l'infinitif catégorique en français.
12. Barthes, *Le Plaisir du texte*, p. 66.
13. Ibid., p. 68, 70.
14. Adolf Hitler, *Mein Kampf*, trad. R. Manheim (Houghton Mifflin, Boston, 1943), p. 185 et passim.
15. Reboul, *Le Slogan*, p. 54.
16. Margaret Thatcher, interviewée par Anthony King, *The Listener*, 5 septembre 1974.
17. Thomas Carlyle, « Chartism », *Selected Writings*, éd. A. Shelston (Penguin, Harmondsworth, 1971), p. 154. Shelston commente : les mêmes références reviennent maintes fois et dégénèrent dans le cliché.
18. Kenneth Hudson, *The Language of Modern Politics* (Macmillan, Londres, 1978), p. 105.
19. Ibid., p. 122.
20. Ivan Fónagy, « Des Clichés politiques en tant que modèle d'érosion sémantique », in *From Sounds to Words*, éd. K.-H. Dahlestadt et al. (Umeå, 1983), p. 112.
21. Bolinger, *Language*, p. 115.
22. Orwell, « Politics and the English Language », p. 159. Les références suivantes se trouvent entre parenthèses dans le texte.

23. Ricks, « Clichés », p. 55–6.
24. Orwell, *Nineteen Eighty-Four* (Penguin, Harmondsworth, 1956), p. 68.
25. Anthony Burgess, *1985* (Arrow, Londres, 1984), p. 43.
26. Ibid., p. 44.
27. Bolton, *Language of « 1984 »*, p. 152. Une sorte de homéopathie ayant l'effet inverse.
28. Lionel Duisit, *Satire, parodie, calembour* (Anma Libri, Saratoga, Calif., 1978), p. 106–7. Voir aussi la section consacrée au langage publicitaire, dans mes *Calembours*, p. 213–37.
29. Bolinger, *Language*, p. 17–18.
30. Marie-José Jaubert, *Slogan mon amour* (Barrault, Paris, 1985), p. 11.
31. Reboul, « Le Slogan et les fonctions du langage », *Le français dans le monde*, 143 (1979), p. 26.
32. Pope, *An Essay on Criticism*, 348 et suivantes.
33. Barbara et Wolfgang Mieder, « Tradition and Innovation : Proverbs in Advertising », *Journal of Popular Culture*, I (1977), p. 308. Les références suivantes sont entre parenthèses dans le texte ; ibid., p. 317.
34. Ibid., citant Priscilla Denby, « Folklore in Mass Media », *Folklore Forum*, 4 (1971), p. 113–25.
35. Leo Spitzer, « American Advertising Explained as Popular Art », *A Method of Interpreting Literature* (Smith College, Northampton, Mass., 1949), p. 127.
36. Champion, *Racial Proverbs*, p. 321.
37. Francis Ponge, « My Creative Method », *Méthodes* (Gallimard, Paris, 1961), p. 38.
38. Champion, *Racial Proverbs*, p. xv–xvii. Les références suivantes sont entre parenthèses dans le texte.
39. Isaac Disraeli, *Curiosities of Literature* (Routledge, Londres, 1858), vol. 3, p. 38, 34.
40. Cet excellent mot-valise, dû à Carolyn Wells, est cité par Harold Wentworth, « Blend Words in English » (PhD, Cornell University, 1934), p. 5.
41. Reboul, *Le Slogan*, p. 23.
42. Kenneth Burke, *The Philosophy of Literary Form* (University of California Press, Berkeley, 1973), p. 295–300.
43. Shakespeare, *Much Ado About Nothing*, V, I, 17. Le locuteur, Leonato, exprime son mépris pour une idée pareille.
44. Champion, *Racial Proverbs*, p. 321. Un exemple suisse-allemand.
45. Sabin, *Dialect of the Tribe*, p. 22. Haig (*Flaubert*, p. 25) crée le vocable « theolocutive » pour décrire les maximes plus olympiennes de Flaubert.
46. Barthes, *Mythologies*, p. 263–4.
47. Champion, *Racial Proverbs*, p. 360. Proverbe espagnol.
48. Denis Saurat, « Introduction to the Proverbs of France », in Champion, *Racial Proverbs*, p. xlvii.
49. Claude Roy, « La Sagesse des nations », *L'Homme en question* (Gallimard, Paris, 1960), p. 41–8.
50. Sartre, *L'Existentialisme est un humanisme* (Nagel, Paris, 1968), p. 13–14.

51. Simone de Beauvoir, *L'Existentialisme et la sagesse des nations* (Nagel, Paris, 1964), p. 28.
52. J'ai entendu cette blague pour la première fois en regardant le *Laugh-In* de Rowan et Martin, mais cette fabrique à blagues recyclait bien des pièces d'occasion.
53. Jacobs, *Naming-Day in Eden*, p. 135.
54. Almuth Grésillon et Dominique Maingueneau, « Polyphonie, proverbe et détournement, ou, un Proverbe peut en cacher un autre », *Langages*, 73 (1984), p. 116.
55. Cité ibid., p. 122.
56. Voir Pierre Guiraud, « Etymologie et *ethymologia* », *Poétique*, 11 (1972), p. 408–9.
57. Voir Finnegan, *Oral Literature*, p. 188–90.
58. Jean Paulhan, *Les Hain-Tenys* (Gallimard, Paris, 1939), p. 30.
59. Elinor Keenan, « A Sliding Sense of Obligatoriness : The Polystructure of Malagasy Oratory » in *Political Language and Oratory in Traditional Society*, éd. M. Bloch (Academic, Londres, 1975), p. 93–112.
60. Finnegan, *Oral Literature*, p. 409–17.
61. Ong, *Presence of the Word*, p. 85.
62. Ibid., p. 134–5.
63. Ong, « Commonplace Rhapsody », p. 115.
64. Ibid., p. 108.
65. G.K. Chesterton, « In Defence of Slang », *The Defendant* (Dent, Londres, 1907), p. 146.
66. Sabin, *Dialect of the Tribe*, p. 40.
67. Logan Pearsall Smith, *Words and Idioms* (Constable, Londres, 1925), p. 187. D'autres références sont entre parenthèses dans le texte.
68. Adam Makkai, *Idiom Structure in English* (Mouton, La Haye, 1972), p. 171.
69. Pierre Guiraud, *Les Locutions françaises* (Presses Universitaires de France, Paris, 1961), p. 7. Les références suivantes se trouvent entre parenthèses dans le texte.
70. H.W. Fowler, *A Dictionary of Modern English Usage*, édn revue par E. Gowers (Oxford University Press, 1983), p. 554.
71. O. Henry, *Whirligigs*, in *Complete Works* (Doubleday, New York, 1953), vol. 2, p. 126.
72. Eugène Ionesco, interviewé par Denise Bourdet, *Revue de Paris*, décembre 1961, p. 141.
73. Louis MacNeice, « Homage to Cliché », *Collected Poems* (Faber, Londres, 1979), p. 60.
74. Oliver Wendell Holmes, *Over the Teacups* (Sampson Low, Londres, 1891), p. 42.
75. Paul Valéry, *Cahiers*, éd. J. Robinson (Gallimard, Paris, 1974), p. 1079.
76. Théodore de Banville, *Petit Traité de poésie française* (Fasquelle, Paris, 1899), p. 76.
77. Philippe Martinon, *Dictionnaire des rimes françaises* (Larousse, Paris, 1962).
78. Raymond Queneau, « Affreux mur », *L'Instant fatal* (Gallimard, Paris, 1966), p. 139.

Chapitre 10 : Habitudes mentales/Comparaisons fausses

1. José Ortega y Gasset, « The Misery and the Splendor of Translation », in *The Translation Studies Reader*, éd. L. Venuti (Routledge, Londres, 2001), p. 55, et *The Revolt of the Masses* (Allen & Unwin, Londres, 1961), p. 102.
2. Cité par Etienne Souriau, « Sur l'esthétique des mots et des langages forgés », *Revue d'Esthétqiue*, 18 (1965), p. 25.
3. G.W. Turner, *Stylistics* (Penguin, Harmondsworth, 1973), p. 112.
4. Bolinger, *Language*, p. 143.
5. Bolinger, « Metaphorical Aggression : Bluenoses and Coffin-Nails », in *Language in Public Life*, éd. J.E. Alatis et G.R. Tucker (Georgetown University Press, Washington, 1979), p. 261.
6. Kierkegaard, *On Repetition*, trad. W. Lowrie (Oxford University Press, 1942), p. 3–4, 5.
7. George Ade, *Hand-made Fables* (Doubleday, Page, New York, 1920).
8. George Crabbe, *The Borough*, I, 138.
9. William James, *Psychology* (Macmillan, Londres, 1905), p. 143.
10. Bolinger, *Language*, p. 103.
11. Henri Bergson, *Le Rire* (Presses Universitaires de France, Paris, 1975), p. vi. D'autres références sont entre parenthèses dans le texte.
12. Diderot, « De la Poésie dramatique », *Œuvres esthétiques*, éd. Paul Vernière (Garnier, Paris, 1959), p. 218.
13. Diderot, *Correspondance*, éd. G. Roth (Minuit, Paris, 1956), vol. 2, p. 97.
14. L'équivalent anglais est « crambo », dérivé de l'expression de Juvénal « crambo repetita » (chou resservi) : répétition éculée. Juvénal, *Satires*, vii, 154.
15. Voir Molière, *Théâtre complet*, éd. Robert Jouanny (Garnier, Paris, 1960), vol. 1, p. 411, 486 et 501.
16. Voir S.G. Morley, « Notes on Spanish Sources of « Molière », *PMLA*, xix, p. 270.
17. Flaubert, *Correspondance*, vol. 5, p. 95.
18. Paul Valéry, *Monsieur Teste* (Gallimard, Paris, 1946), p. 14.
19. Valéry, « L'Idée fixe », *Œuvres*, vol. 2, p. 206.
20. Cité par Maurice Rheims, *Le Dictionnaire des mots sauvages* (Larousse, Paris, 1969), p. 542.
21. Karl Kraus, *Schriften : Aphorismen*, ed. C. Wagenknecht (Suhrkamp, Francfort, 1987), vol. 8.
22. Walter Lippmann, *Public Opinion* (Macmillan, New York, 1947), p. 104.
23. Ibid., p. 156.
24. Voir Freud, *The Interpretation of Dreams*, éd. J. Strachey (Penguin, Harmondsworth, 1976), p. 429, 438, 451, 564.

25. Lippmann, *Public Opinion*, p. 352.
26. Barthes, *Le Plaisir du texte*, p. 69.
27. Etiemble, *Racismes* (Arléa, Paris, 1986), p. 213.
28. Ibid., p. 216.
29. Edward W. Said, *Orientalism* (Penguin, Harmondsworth, 1985), p. 328.
30. Ibid., p. 326.
31. A.A. Roback, *A Dictionary of International Slurs* (Sci-Art, Cambridge, Mass., 1944), p. 313–15.
32. Ibid., p. 338.
33. Barthes, « L'Ancienne Rhétorique », *Communications*, 16 (1970), p. 174.
34. Voir Eric Partridge, *Dictionary of Historical Slang* (Penguin, Harmondsworth, 1978), p. 584.
35. Voir Christie Davies, « Language, Identity and Ethnic Jokes about Stupidity », *International Journal of the Sociology of Language*, 65 (1987), p. 39–52.
36. Gelett Burgess, *Burgess Unabridged* (Simpkin, Londres, 1914), p. 108.
37. Voir Jacques Le Goff, « Les Mentalités, une histoire ambiguë », in *Faire de l'histoire*, éd. Le Goff et P. Nora (Gallimard, Paris, 1974), vol. 3, p. 83–4.
38. Flaubert, *Bouvard et Pécuchet*, p. 201.
39. Jacques-Philippe Leyens (éd.), *Stereotypes and Social Cognition* (Sage, Londres, 1994), p. 77.
40. Michael Apter, « On a certain blindness in modern psychology », *The Psychologist*, 16.9 (2003), p. 474.
41. W.H. Auden, « Notes on the Comic », *The Dyer's Hand* (Random House, New York, 1962), p. 383.
42. Ernst Gombrich, *Art and Illusion* (Phaidon, Londres, 1959), p. 65.
43. André Chauvin, « Lipogramme et rhétorique : aspects du travail du lieu commun chez Georges Perec », in *Lieux communs : topoï, stéréotypes, clichés*, éd. C. Plantin (Kimé, Paris, 1993), p. 28.
44. Le mot forgé par Roback pour les calomnies raciales. Il signifie sans doute « considérer les autres races comme inférieures » (une des plusieurs significations de « phaulos »).
45. Peter Farb, *Word Play* (Cape, Londres, 1974), p. 185.
46. Valery Larbaud, *Sous l'invocation de Saint Jérôme* (Gallimard, Paris, 1946), p. 44.
47. Ibid., p. 74.
48. Suzanne Jill Levine, *The Subversive Scribe* (Greywolf, St Paul, 1991), p. v.
49. Freud, *The Interpretation of Dreams*, p. 663.
50. Pierre Guiraud, *Les Gros Mots*, p. 114.
51. Je m'appesantirai légèrement sur ce sujet dans la section consacrée aux néologismes.
52. Sabin, *Dialect of the Tribe*, p. 12.
53. Amosy et Rosen, *Le Discours du cliché*, p. 14.
54. Rivarol, *Discours sur l'universalité de la langue française*, 1784.

55. Charles Bally, *Linguistique générale et linguistique française*, 3ème édn (Francke, Berne, 1950), p. 344.
56. Robert Graves et Alan Hodges, *The Reader Over Your Shoulder* (Cape, Londres, 1955), p. 29–30.
57. Richard Cobb, *A Second Identity* (Oxford University Press, 1969), p. 245.
58. Finnegan, *Oral Literature*, p. 447, citant C. Hayford, *Gold Coast Native Institutions* (Londres, 1903), p. 70.
59. Gerald Brenan, *Thoughts in a Dry Season* (Cambridge University Press, 1978), p. 96. Il poursuit : « Par contre, le français, langue plus adonnée à l'abstraction, contient moins de ces poisons, ce qui en fait une meilleure langue pour les besoins de l'exposé ».
60. George Santayana, « Aversion from Platonism », *Soliloquies in England* (Constable, Londres, 1923), p. 18–19.
61. James Thurber, in *Writers at Work*, éd. M. Cowley, première série (Mercure, Londres, 1962), p. 88.
62. Harold Rosenberg, *The Tradition of the New* (Thames & Hudson, Londres, 1962), p. 87. Les références suivantes se trouvent entre parenthèses dans le texte.

Chapitre 11 : Pop Eyes : le visuel « pop »

1. W.H. Auden, *The Dyer's Hand*, p. 100.
2. Herbert H. Clark et Richard Gerrig, « Understanding Old Words with New Meanings », *Journal of Verbal Learning and Verbal Behaviour*, 22.5 (1983), p. 591–608.
3. Baudelaire, « Salon de 1846 », *Curiosités esthétiques*, éd. Henri Lemaître (Garnier, Paris, 1962), p. 163–4.
4. Ibid., p. 173. Baudelaire parle de Frémiet dans son « Salon de 1859 ».
5. Selon Edouard Fournier, *L'Esprit des autres* (Dentu, Paris, 1857), p. 1.
6. Philip Thompson, avant-propos à Philip Thompson et Peter Davenport, *The Dictionary of Visual Language* (Penguin, Harmondsworth, 1982), p. vii.
7. Ibid., p. 196. Comme je l'ai suggéré plus haut, la répétition publicitaire est aussi un bélier de la banalité.
8. Lawrence, *Unmentionables*, p. 70.
9. Thompson et Davenport, *Dictionary of Visual Language*, p. 163.
10. Louis Aragon, *Les Collages*, p. 119.
11. Ibid., p. 1332.
12. Stefan Kaufer, *Time*, 7 septembre 1970, p. 63.

13. Marcel Duchamp, *Duchamp du signe*, éd. M. Sanouillet et E. Patterson (Flammarion, Paris, 1975), p. 181–2.
14. Eliane Formentelli, « Notes sur la pensée rhapsodique », *Revue d'Esthétique*, 3/4 (1978), p. 75. Un numéro spécial sur le collage.
15. Bagnall, *Defence of Clichés*, p. 80.
16. Chris Baldick, « From folk to fairy-tale », *TLS*, 29 janvier–4 février 1988, p. 108.
17. Zijderveld, *On Clichés*, p. 88–9.
18. Curtis Brown, *Star-Spangled Kitsch* (Universe, New York, 1975), p. 38. D'autres références sont entre parenthèses dans le texte.
19. Gillo Dorfles, *Kitsch : An Anthology of Bad Taste* (Studio Vista, Londres, 1969), p. 53.
20. Eco, *Faith in Fakes*, p. 7.
21. Walter Karp, « A Fascination with the Commonplace », *American Heritage* 37 (1986), p. 42.
22. Guillermo Cabrera Infante, *Infante's Inferno* (Faber, Londres, 1985), p. 359.
23. James Bone, 20 décembre 1945.
24. Lerner, « Cliché and Commonplace », p. 254, 252.
25. Louis Veuillot, *Les Odeurs de Paris* (Crès, Paris, 1867), p. 81.
26. Bob Hodge et Roger Fowler, « Orwellian Linguistics », in *Language as Control*, éd. R. Fowler et al. (Routledge & Kegan Paul, Londres, 1879) p. 17.
27. Bagnall, *Defence of Clichés*, p. 71.
28. Gelett Burgess, *Are You a Bromide ?* (Huebsch, New York, 1908). Les références suivantes sont entre parenthèses dans le texte. Dans une note en bas de page, Burgess reconnaît une dette envers Frank O'Malley, au sujet du mot-valise « bromidiom ».

Chapitre 12 : Un Trou mort-vivant

1. Baudelaire, *Curiosités esthétiques*, p. 644.
2. Louis Aragon, *Traité du style* (Gallimard, Paris, 1928), p. 66–7. Je suis tenté de remplacer « l'humanité » dans le texte original par *L'Humanité*, journal auquel, un peu plus tard que la publication de ce livre, Aragon contribuait des flopées de textes machinaux.
3. Remy de Gourmont, « Le Cliché », *Esthétique de la langue française* (Mercure de France, Paris, sans date), p. 302. D'autres références se trouvent entre parenthèses dans le texte.
4. Paulhan, *Fleurs de Tarbes*, p. 31. D'autres références sont entre parenthèses dans le texte.

5. Gustave Lanson, *L'Art de la prose* (Fayard, Paris, sans date), p. 124. Jean de la Bruyère, « Discours à l'Académie, *Les Caractères*, éd. G. Servois et A. Rébelliau (Hachette, Paris, 1906), p. 512.
6. *Fowler's Modern Usage*, p. 44.
7. Bagnall, *Defence of Clichés*, p. 101.
8. Gérard de Nerval, *Aurélia* (Editions du Rocher, Monaco, 1946), p. 78.
9. Geoffrey Strickland, *Structuralism or Criticism ?* (Cambridge University Press, 1981), p. 49.
10. Régine Pietra, « Lieux communs », *Littérature*, 65 (1987), p. 105.
11. Ibid., p. 102.
12. Michel Riffaterre, *Essais de stylistique structurale*, p. 178, citant Aragon, *Traité du style*, p. 87. 13.
13. Ibid., p. 163.
14. Anne Herschberg-Pierrot, « Problématiques du cliché : sur Flaubert », *Poétique*, 43 (1980), p. 335.
15. Samuel Beckett, *Watt* (Calder, Londres, 1963), p. 61.
16. Un graffito, cité par R. Reisner et L. Wechsler (éds), *Encyclopaedia of Graffiti* (Macmillan, New York, 1974), p. 162.
17. Dean Inge, *Wit and Wisdom* (Longmans, Londres, 1927), préface.
18. Jean-Jacques Lecercle, « Du cliché comme réplique », in *Le Cliché*, éd. G. Mathis (Presses Universitaires du Mirail, Toulouse, 1998), p. 129.
19. James Wood, « To thrill – a mockingbird », *Guardian*, 11 mars 2000, p. 9.
20. Paul Valéry, *Cahiers*, p. 1001.
21. Thomas Bailey Aldrich, « Originality », in *An Anthology of New England Poets*, éd. L. Untermeyer (Random House, New York, 1948), p. 509.
22. Schneider, *Voleurs de mots*, p. 358.
23. Ralph Waldo Emerson, « Self-Reliance », *Works* (Bell, London, 1884), vol. 1, p. 19. Les références suivantes sont entre parenthèses dans le texte.
24. Sabin, *English Romanticism*, p. 20. Pour réutiliser le slogan usé mais toujours puissant d'Orwell : certains sont plus égaux que les autres.
25. Henry David Thoreau, *Walden* (New American Library, New York, 1960), p. 216.
26. Voir Anne-Marie Perrin-Naffakh, *Le Cliché de style en français moderne* (Presses de l'Université de Lille III, 1985), p. 525.
27. Baudelaire, « Salon de 1859 », *Œuvres critiques* (Gallimard, Paris, 1976), p. 1043.
28. Baudelaire, *Curiosités esthétiques*, p. 482. D'autres références sont entre parenthèses dans le texte.
29. Bagnall, *Defence of Clichés*, p. 57.
30. Eugène Ionesco, *Rhinocéros* (Gallimard, Paris, 1959), p. 199.
31. Farb, *Word Play*, p. 222.
32. Lippmann, *Public Opinion*, p. 80–1.
33. André Gide, *Journal, 1889–1939* (Gallimard, Paris, 1951), p. 897–8.

34. Ibid., p. 42.
35. Valéry, *Cahiers*, vol. 2, p. 1002.
36. Barthes, *Le Plaisir du texte*, p. 35.
37. Perrin-Naffakh, p. 259.
38. Schneider, *Voleurs de mots*, p. 286.
39. Ibid., p. 333.
40. André Malraux, *La Condition humaine* (Le Livre de poche, Paris, 1946), p. 46–7.
41. James Joyce, *Ulysses* (Penguin, Harmondsworth, 1971), p. 197–8.
42. Roger Cardinal, « Singular Visions », in *Outsiders* (Arts Council, Londres, 1979), p. 21, 23.
43. Cité par W. Jackson Bate, *The Burden of the Past and the English Poet* (Chatto & Windus, Londres, 1971), p. 3–4.
44. Charles Jencks et Nathan Silver, *Adhocism* (Anchor, New York, 1973), p. 65. Comme Koestler, à qui ils sont grandement redevables (ils le disent volontiers), ils parlent de « la dissociation et la recombinaison ».
45. Ibid., p. 27.
46. François Jacob, « Evolution and Tinkering », *Science*, 196 (1977), p. 1164. Notez un excellent jeu de mots sur « stock ».
47. Ibid.
48. Ibid., p. 1166.
49. Des exemples tirés de copies d'examens.
50. Voir Claude Lévi-Strauss, *La Pensée sauvage* (Plon, Paris, 1962), p. 26.
51. Arthur Yap, « commonplace », *commonplace* (Heinemeann, Singapore, 1977), p. 29.
52. Twain, *Notebook*, p. 237.
53. Victor Shlovsky, « Art as Technique », p. 12–13.
54. Ibid., p. 17.
55. William Empson, « The Beautiful Train », *Collected Poems* (Hogarth, Londres, 1984), p. 64.
56. Cabrera Infante, *Infante's Inferno*, p. 252.
57. Jules Vallès, *Le Bachelier*, éd. Walter Redfern (University of London Press, 1972), p. 171.
58. Il y a des variantes, mais celle-ci convient à mes besoins.
59. Attribué à tour de rôle à John Buchan et à H.E Fosdick.
60. Jencks et Silver, *Adhocism*, p. 107.
61. Reisner et Wechsler, *Encyclopaedia of Graffiti*, p. 238.
62. C. Bürli-Storz, *Deliberate Ambiguity in Advertising* (Francke, Berne, 1980), p. 9.
63. Will Kaufman, *The Comedian as Confidence Man* (Wayne State University Press, Detroit, 1997), p. 12–13.
64. George Bertram Miller, « Homo Ridens : Towards a Semiotic Theory of Humor and Laughter », *Semiotica*, 1, V (1972), p. 17–18.

65. Marcel Benabou, « Un Aphorisme peut en cacher un autre », in *Bibliothèque oulipienne*, éd. Jacques Roubaud (Slatkine, Genève, 1981), p. 281–97.
66. Pat Rogers, « Swift and the Revival of Cliché », in *The Character of Swift's Satire*, éd. Claude Rawson (Associated Universities Press, Londres, 1983), p. 209. D'autres références sont entre parenthèses dans le texte.
67. Cabrera Infante, *Holy Smoke* (Faber, Londres, 1986), p. 50.
68. Gershon Legman, *No Laughing Matter : Rationale of the Dirty Joke* (Second Series) (Granada, Londres, 1978), p. 1121.
69. Zijderveld, *On Clichés*, p. 102.
70. Marcus Cunliffe, « Newness as Repudiation », *TLS*, 30 mai 1980, p. 615–16.
71. Jesse Bier, *The Rise and Fall of American Humor* (Holt, Rinehart & Winston, New York, 1968), p. 3, 339.
72. Je pardonne à peine au *Times Higher Education Supplement* d'avoir mis à un article de moi qui défendait les jeux de mots le titre « Excusez le calembour, mais ... ».
73. George Steiner, review of Arthur Koestler's *Act of Creation*, in *Arthur Koestler : A Collection of Critical Essays* (Prentice-Hall, Englewood Cliffs, N.J., 1977), p. 146.
74. Pascal, *Pensées et opuscules*, p. 338.
75. Pierre Reverdy, « Aube sinistre », *Main d'œuvre* (Mercure de France, Paris, 1949), p. 426.
76. Thomas Hood, « Miss Kilmansegg and her Precious Leg », *Poetical Works* (Warne, Londres, sans date), p. 558.
77. Néologisme excellent, dû au feu Keith Foley, de l'université de Strathclyde, dans une lettre, 18 juin 1987.
78. Pope, note en bas de page, *Dunciad*, p. 563.
79. Joyce, *Finnegans Wake*, p. 183.
80. Frank Kermode, *Romantic Image* (Routledge, Londres, 2000), p. 156.
81. Harriet Weaver, cité par Macdonald, *Against the American Grain*, p. 140.
82. Ibid., p. 138.
83. Galen Strawson, « Neither the Nice nor the Good », *TLS*, 8 février 1985, p. 140.
84. Christopher Ricks, *The Force of Poetry* (Clarendon, Oxford, 1984), p. 2.
85. *Freud/Jung Letters*, p. 220. Gombrich commente ce passage dans *Tributes* (Phaidon, Oxford, 1984), p. 106.
86. S.A. Leavy, in *Interpreting Lacan*, éd. J.H. Smith et W. Kerrigan (Yale University Press, New Haven, 1983), p. 13.
87. La définition par Evan Esar du calembour dans son *Comic Dictionary*, p. 237.
88. Arthur Schopenhauer, *Essays and Aphorisms*, trad. R.J. Hollingdale (Penguin, Harmondsworth, 1970), p. 201.
89. Voir Emerson, « The Poet », *Complete Works* (Bell & Daldy, Londres, 1866), vol. 1, p. 16 ; et Max Müller, *Biographies of Words* (Longman, Londres, 1888), p. x.
90. George Lakoff et Mark Johnson, *Metaphors We Live By* (University of Chicago Press, 1980), p. 8.

91. Ibid., p. 55.
92. Bagnall, *Defence of Clichés*, p. 62.
93. McLuhan, *From Cliché to Archetype*, p. 204–5.
94. Riffaterre, *Essais de stylistique structurale*, p. 186.
95. Ricks, « Clichés », p. 58.
96. Ricks, *Force of Poetry*, p. 3–5.
97. McLuhan, *From Cliché to Archetype*, p. 204–5.
98. Eco, *Faith in Fakes*, p. 209.
99. John Middleton Murry, *Countries of the Mind* (Second Series) (Oxford University Press, 1931), p. 1–2.
100. Michael Frayn, *Constructions* (Wildwood House, Londres, 1974), no. 219.
101. Henry de Montherlant, cité par René Georgin, *Jeux de mots* (A. Bonne, Paris, 1957), p. 147.
102. Max Jacob, *Conseils à un jeune poète*, p. 19.
103. André Gide, *Attendu que …* (Charlot, Alger, 1943), p. 174.
104. Paulhan, *Fleurs de Tarbes*, p. 93.
105. Hudson, *Language of Modern Politics*, p. 140.
106. Frank Sullivan, *Sullivan at Bay* (Dent, Londres, 1939), p. 24.
107. Camus, *La Chute*, p. 141.
108. Steiner, *After Babel*, p. 123.
109. George Moore, *Avowals* (Heinemann, Londres, 1924), p. 285–6.
110. Je dérobe le titre du livre de J.P. Stern sur Lichtenberg.
111. Bolinger, *Language*, p. 119.
112. Elbert Hubbard, *Roycroft Dictionary and Book of Epigrams* (Roycrofters, East Aurora, N.Y., 1923.
113. Schneider, *Voleurs de mots*, p. 280.
114. Eric Partridge, *Eric Partridge in His Own Words*, p. 140.
115. John Bunyan, préface à *Holy War* (1682).
116. Herschberg-Pierrot, « Problématiques du cliché », p. 334.
117. Amossy et Rosen, *Le Discours du cliché*, p. 140.
118. Virgile, *Enéide* VI, 743.

Chapitre 13 : Changement de vitesse et melting-pot

1. Antoine de Saint-Exupéry, *Terre des hommes*, in *Œuvres* (Gallimard, Paris, 1953), p. 169.
2. Friedrich Nietzsche, *The Will to Power*, trad. A. Ludovici (Foulis, Ediimbourg, 1888), p. 55.
3. Cabrera Infante, *Infante's Inferno*, p. 284.

4. Barthes, *Sade, Fourier, Loyola* (Seuil, Paris, 1971), p. 8.
5. Walter Kaufman (éd.), *The Portable Nietzsche* (Viking, New York, 1975), p. 109.
6. Noam Chomsky, *Syntactic Structures* (Mouton, La Haye, 1975), p. 15.
7. Leon Mead, *Word-Coinage* (Crowell, New York, 1902), p. 49.
8. Flaubert, *Dictionnaire des idées recues*, p. 543.

Chapitre 14 : Premiers Mots

1. *Webster's Third New International Dictionary*, 1961.
2. Mencken, *American Language*, Supplément 1, p. 363.
3. Edgar Z. Friedenberg, *The Vanishing Adolescent* (Beacon, Boston, 1967), p. 3.
4. Spinoza, *Ethics*, III, xxii.
5. Voir Orwell, « New Words », *Collected Essays*, vol. 2, 17–27.
6. Ferdinand Brunot et Charles Bruneau, *Précis de grammaire historique de la langue française* (Masson, Paris, 1933), p. 170–5.
7. Cité par Leo Spitzer, « The Individual Factor in Linguistic Innovations », *Cultura Neolatina*, 16.1 (1956), p. 72. La grammaire formelle exigerait ici un hoquet (« est morte ») dans les deux parties de la phrase.
8. Hervé Bazin, *Le Matrimoine* (Seuil, Paris, 1967), p. 141.
9. Kristoffer Nyrop, *Grammaire historique de la langue française* (Picard, Paris, 1899–1930), vol. 1, p. 3.
10. Louis Guilbert, *La Créativité lexicale* (Larousse, Paris, 1975), p. 49–50.
11. John Algeo, « The Taxonomy of Word Making », *Word*, 29 (1978), p. 128.
12. Brander Matthews, « The Art of Making New Words », p. 67.
13. Spitzer, « The Individual Factor », p. 76. Les références suivantes se trouvent entre parenthèses dans le texte.
14. Pierre Widal, « Pour une physiologie du néologisme », *Meta*, 18 (1973), p. 357.

Chapitre 15 : Illustration de la défense

1. Pope, « An Essay on Criticism », *Poetical Works*, p. 73.
2. Keith Foley, lettre du 1er mai 1987. Je préférerais l'orthographe « néologarythme », pour éviter toute confusion avec la mathématique.

3. Voir Raymond Lebègue, « Dépérissement et mort du néologisme (d'Henri II à Louis XIII »), *Cahiers de l'Association internationale des études françaises*, 25 (1973), p. 35–6.
4. Ibid., p. 39.
5. Ibid., p. 34.
6. Pierre Guiraud, « Néologismes littéraires », *La Banque des mots*, 1 (1971), p. 25, 27.
7. Voir Deborah Cameron, *Verbal Hygiene* (Routledge, Londres, 1995), p. 71.
8. Voir Wendy Ayres-Bennett, *Vaugelas and the Development of the French Language* (Modern Humanities Research Association, Londres, 1987), p. 127–8, 123.
9. Alexis François, *Histoire de la langue francaise cultivée* (Jullien, Genève, 1959), vol. 1, p. 301.
10. Matthews, « The Art of Making New Words », p. 61.
11. Guez de Balzac, cité par Ferdinand Brunot, *Histoire de la langue française* (Colin, Paris, 1911), vol. IV.1 : *La Langue classique*, p. 444.
12. Bouhours, ibid., p. 445.
13. Voir Jean-Pol Caput, *La Langue française : histoire d'une institution* (Larousse, Paris, 1972–5), vol. 2, p. 30.
14. Voir, Rousseau, *Emile*, éd. F.et P. Richard (Garnier, Paris, 1957), p. 402.
15. Pierre Choderlos de Laclos, *Les Liaisons dangereuses*, éd. René Pomeau (Garnier-Flammarion, Paris, 1966), p. 17.
16. Cité par Brunot, *La Langue classique*, p. 448.
17. Ibid.
18. Ibid., p. 449.
19. Ibid., p. 514.
20. Jacques-Olivier Grandjouan, *Les Linguicides* (Didier, Paris, 1971), p. 270.
21. Brunot, *La Langue classique*, p. 515.
22. Voir John Wilkins, *Essay Towards a Real Character, and a Philosphical Language* (1668).
23. Daniel Defoe, « Of Academies », *An Essay upon Several Subjects*, 1702.
24. Joseph Addison, *Spectato*r, 4 aoüt 1711.
25. Lord Chesterfield, *The World*, 28 novembre 1754.
26. Eric Partridge, préface à son édition de la *Polite Conversation* de Swift (André Deutsch, Londres, 1963), p. 12.
27. Sverker Bengtsson, *La Défense organisée de la langue française* (Almqvist & Wiksells, Uppsala, 1968), p. 157.
28. Graves and Hodges, *The Reader Over Your Shoulder*, p. 18. Cp. la maxime de Napoléon, qui a des variantes : « Impossible n'est pas français », adressée au général Lemarois, 9 juillet 1813.
29. J.Y.T. Greig, *Breaking Priscian's Head* (Kegan Paul, Londres, 1928), p. 21, 96. Priscian (c. AD 500) était un grammairien romain dont pendant des siècles on utilisa les textes comme des modèles d'enseignement. Pour Greig, il incarne l'influence néfaste de la grammaire latine, et ses défenseurs poussiéreux, sur l'usage anglais.

30. François, *Histoire de la langue française* (Colin, Paris, 1932) vol. VI, 2 : l : *La Langue postclassique*, p. 1055, 1067, 1127.
31. Voltaire, lettre du 31 août 1749.
32. François, *La Langue postclassique*, p. 1153–4.
33. François, *Histoire de la langue française cultivée*, p. 45.
34. Charles Bordes, *Observations sur la langue française*, 1760.
35. Caput, *la Langue française*, vol. 2, p. 34.
36. Louis-Sébastien Mercier, *Dictionnaire d'un polygraphe*, éd. G. Bollème (Union Générale d'Editions, Paris, 1978), p. 229–30, 238, 243, 289–90, 291.
37. Mercier, cité par François, *La Langue postclassique*, p. 1155.
38. Michael Riffaterre, « La Durée de la valeur stylistique du néologisme », *Romanic Review*, XLIV (1953), p. 286.
39. François, *La Langue postclassique*, p. 1150.
40. Mercier, Introduction de sa *Néologie*. Je suis redevable d'une grande partie des renseignements contenus dans cette section à l'étude excellente de Mario Mormile, *« La Néologie » révolutionnaire de Louis-Sébastien Mercier* (Bulzoni, Rome, 1973).
41. Cité par Robert Le Bidois, *Les Mots trompeurs, ou le délire verbal* (Hachette, Paris, 1970), p. 15.
42. Stendhal, *Mémoires d'un touriste* (Le Divan, Paris, 1929), vol. 1, p. 142.
43. Le regretté Keith Foley fit un recueil record de ces verbes.
44. Pearsall Smith, *Words and Idioms*, p. 23.
45. Ibid., p. 24.
46. Mencken, *The American Language*, p. 10. D'autres références sont entre parenthèses dans le texte.
47. A.E. Sullivan, *Daily Telegraph*, 2 mars 1935, cité ibid., p. 174.
48. Burke, *Philosophy of Literary Form*, p. 300–1.
49. Samuel Beckett, *Proust* (Grove, New York, 1970), p. 10.
50. Denis Donoghue, « Radio Talk », in *The State of the Language*, p. 549.
51. Cité par Rheims, *Le Dictionnaire des mots sauvages*, p. 384, 498.
52. Jacobs, *Naming-Day in Eden*, p. 59.
53. Grandjouan, *Les Linguicides*, p. 284. La vieille citation retravaillée vient de Publius Syrus, *Moral Sayings* (1er siècle avant J.-C.).
54. Charles de Gaulle, cité par *Paris-Match*, 1er mai 1965.
55. Andrew Joscelyne, « French Language Planning, 1966–1986 », *Language Monthly*, 36 (1986), p. 28. Cet article est un excellent état présent de la question.
56. *Le Monde*, 19 janvier 1973, réponse au décret ministériel de ce mois-là.
57. Jacques Derogy, « Les Inquisiteurs du bon français », *L'Express*, 23 novembre 1984, p. 73–4.
58. Joscelyne, « French Language Planning », p. 29, citant Alain Fantapie.
59. Ibid.

60. Maurice Genevoix, « L'Académie française et les commissions ministérielles de terminologie », *La Banque des mots*, 5 (1976), p. 8.
61. Aurélien Sauvageot, « Valeur des néologismes », *La Banque des mots*, 1 (1971), p. 31.
62. Disraeli, *Curiosities of Literature*, vol. 3, p. 23.
63. Alain Touraine, cité par *L'Express*, 17–23 août 1984, p. 16. Il s'agit du roman de Balzac au sujet d'une peau de chagrin magique qui rétrécit chaque fois qu'on lui adresse un voeu.
64. Proust, *Sodome et Gomorrhe* (Gallimard, Paris, 1924), p. 176. Le narrateur se châtie ici pour ses corrections snobes des erreurs de la servante paysanne Françoise, dont dans son for intérieur il sait qu'elles sont signes d'une langue vivante.
65. Queneau, *Bâtons, chiffres et lettres*, p. 69.
66. Michel Tournier, *Le Vent Paraclet*, p. 85–6.
67. Tournier, *Le Roi des aulnes* (Gallimard, Paris, 1978), p. 125.
68. Proust, *Correspondance générale* (Plon, Paris, 1936), p. 92–3.
69. Le Bidois, *Les Mots trompeurs*, p. 10. Je goûte l'oxymore de la fin.
70. Duneton, *Parler croquant*, p. 140.
71. Jean-Louis Bory, *Tout Feu toute flamme* (Julliard, Paris, 1966), p. 127.
72. Duneton, *Parler croquant*, p. 245. Littéralement, on noie le poisson en l'épuisant une fois pris.
73. Bory, p. 272.
74. André Martinet, « Les Puristes contre la langue », *Le Français sans fard* (Presses Universitaires de France, Paris, 1969), p. 28, 29. 31, 27.
75. R.E. Keller, *The German Language* (Faber, Londres, 1978), p. 611.
76. Ibid., p. 612.
77. Ibid.
78. Anna Laura Lepschy et Giulio Lepschy, *The Italian Language Today* (Hutchinson, Londres, 1977), p. 29.
79. Cité par Silvia Scotti Morgana, *Le Parole nuove* (Zanichelli, Bologna, 1981), p. 91.
80. Jean-Claude Corbeil, « Aspects du problème néologique », *La Banque des mots*, 2 (1971), p. 132–6.
81. Valter Tauli, *Introduction to a Theory of Language Planning* (Almqvist & Wiksells, Uppsala, 1968), p. 26. Talui est Estonien.
82. Charles Kay Ogden, *Debabelization* (Kegan Paul, Londres, 1931), p. 15.
83. *Times Higher Education Supplement*, 13 juin 1986, p. 12, Article sur le Supplément du *OED*.
84. Pat Rogers, « The *OED* at the turning-point », *TLS*, 9 mai 1986, p. 488.
85. Ibid., p. 487.
86. Tauli, *Introduction to a Theory of Language Planning*, p. 16.

Chapitre 16 : Les Nouveaux Mots chez nous et à l'étranger

1. Ezra Pound, *The Cantos*, no. 53 (Faber, Londres, 1975), p. 265.
2. Jules Vallès, « Actualistes », *Œuvres*, éd. R. Bellet (Gallimard, Paris, 1975), vol. 1, p. 891.
3. Keith Foley, lettre du 1er mai 1987. Un néologtype pourrait être également une marque déposée nouvellement créée.
4. Mais les Monnaies fondent de vieilles pièces aussi bien que du minerai.
5. Anthony Burgess, *1985*, p. 43–4.
6. Robert Graves, « The Devil's Advice to Story-tellers », *Selected Poems*, p. 93.
7. Souiau, « Sur l'esthétique des mots et des langages forgés », p. 48.
8. Mead, *Word-Coinage*, p. 153, citant Robert Barr.
9. Ogden Nash, « Taste Buds, En Garde », *There's Always Another Windmill*, p. 50.
10. Jencks et Silver, *Adhocism*, p. 70.
11. Michel Leiris, *Langage tangage* (Gallimard, Paris, 1985), p. 14. Le titre fait penser au mouvment agité d'un bateau dans une tempête, et au tango.
12. Ogden Nash, « Laments for a Dying Language », *Everyone but Thee and Me* (Little, Brown, Boston, 1962).
13. Céline, *Bagatelles pour un massacre*, p. 138.
14. Céline, *Guignol's Band* (Gallimard, Paris, 1952), p. 48.
15. Céline, *Les Beaux Draps* (Nouvelles Editions Françaises, Paris, 1941), p. 22.
16. Céline, *Bagatelles pour un massacre*, p. 11.
17. Spitzer, « The Individual Factor », p. 78.
18. Joris-Karl Huysmans, *La Cathédrale* (Plon-Nourrit, Paris, 1898), p. 435.
19. Cité par Mencken, *The American Language*, p. 175.
20. Laurie Bauer, *English Word-Formation* (Cambridge University Press, 1983), p. 232.
21. G. Hudson, « The Representation of Non-productive Alternation », in *Historical Linguistics II*, éd. J. Anderson et C. Jones (North Holland, Amsterdam, 1974), p. 224.
22. Safire, *New Language of Politics*, p. ix.
23. Logan Pearsall Smith, « Needed Words », Society for Pure English, Tract XXXI (1928), p. 322.
24. Bruno Migliorini, *The Contribution of the Individual to Language* (Clarendon Press, Oxford, 1952), p. 17.
25. Pearsall Smith, « Needed Words », p. 323.
26. John Algeo, « Where Do All the New Words Come From ? », *American Speech*, 55 (1981), p. 265.
27. Freud, *Jokes and their Relation to the Unconscious*, trad. J. Strachey et al. (Penguin, Harmondsworth, 1976), p. 77.
28. Freud, *Interpretation of Dreams*, p. 405.

29. Louise Pound, « Spelling Manipulation and Present-Day Advertising », *Dialect Notes*, V, 6 (1923), p. 226.
30. Jencks et Silver, *Adhocism*, p. 166.
31. Pound, « Spelling Manipulation », p. 228.
32. Cité par Louise Pound, « Then and Now », *PMLA*, LXXI, 1 (1956), p. 11.
33. A. Smythe Palmer, *Folk-Etymology* (Bell, Londres, 1882), p. xiv.
34. Barfield, *Poetic Diction*, p. 74.
35. Otto Jespersen, *Language* (Allen & Unwin, Londres, 1922), p. 208.
36. O.W. Holmes, *The Autocrat of the Breakfast Table* (Sampson Low, Londres, 1891), p. 263.
37. Cité par William Ward, « Tower of Babble », *The Observer*, 9 août 1987, p. 43.
38. A ce sujet, voir N.W. Spence, in *French Studies Bulletin*, 19 (1986), p. 1–2.
39. Hope, *Lexical Borrowing*, vol. 2, p. 723.
40. Grandjouan, *Les Linguicides*, p. 150.
41. Etiemble, *Parlez-vous franglais ?* (Gallimard, Paris, 1964). André Rigaud (« Les Mots-centaures », *Vie et langage*, 202 (1969), p. 55) prétend avoir inventé ce mot-valise dans *Le Quotidien* de Buenos Aires du 21 novembre 1955, mais il admet que le néologisme aurait pu mourir sans le battage d'Etiemble. Celui-ci, pour sa part, l'attribue à un lexicographe, Maurice Rat, qui en parla pour la première fois dans le *France-Soir* du 26 septembre 1959.
42. Grandjouan en dresse une liste dans ses *Linguicides*, p. 279.
43. Etiemble, *Parlez-vous franglais ?*, p. 327. Une variante est « cocacolonisation ».
44. George Du Maurier, *Peter Ibbotson* (Osgood & McIlvaine, Londres, 1892), p. 37. On fait flotter le doute, dans une préface, si le narrateur est fou ou non, Ce qui a aussi attiré Queneau est le thème (qu'il ré-utilise dans ses *Fleurs bleues*) de deux personnes qui partagent la même vie onirique. Miles Kington a ressuscité cette espèce de franglais.
45. Voir Guilbert, *La Créativité lexicale*, p. 93.
46. Robert Burchfield, *The English Language* (Oxford University Press, 1985), p. 26).
47. Palmer, *Folk-Etymology*, p. x.
48. Mencken, *American Language*, p. 6.
49. Farb, *Word Play*, p. 308.
50. Louis Deroy, *L'Emprunt linguistique* (Belles Lettres, Paris, 1956), p. 17.
51. Bréal, *Semantics*, p. 256, 263.

Chapitre 17 : Subtilité des mots-valises

1. En effet, Attridge voit le mot-valise comme l'élément de base du langage tout entier. « Chaque mot de chaque texte est, après tout, un amalgame plus ou moins, une combinaison de sons qui se répercute à travers la langue entière et toute autre langue de l'histoire humaine » Derek Attridge, *Peculiar Language* (Cornell University Press, Ithaca, N.Y., 1988), p. 208.
2. Céline, *Bagatelles pour un massacre*, p. 186.
3. Ralph Lever, *The Arte of Reason, rightly termed witcraft* (1573).
4. Attridge, *Peculiar Language*, p. 178.
5. Garlon Cannon, « Blends in English Word Formation », *Linguistics*, 24.4 (1986), p. 744, 749.
6. John Algeo, « Portmanteaus, Telescopes, Jumbles », *Verbatim*, 11.2 (1975), p. 1–2.
7. Lester V. Berrey, « Newly-wedded Words », *American Speech*, février 1939, p. 3–10.
8. John Algeo, « Blends, a Structural and Systemic View », *American Speech*, 52.1–2 (1977), p. 50, 60.
9. Wentworth, *Blend-Words*, p. 9.
10. Max Ernst, in *Dictionnaire abrégé du surréalisme* (Galerie des Beaux-Arts, Paris, 1938), p. 21.
11. Dwight Bolinger et Donald Sears, *Aspects of Language*, 3ème édition (Harcourt, Brace, Jovanovich, New York, 1981), p. 60.
12. Voir mes *Calembours*, p. 171, pour un délectable jeu de mots français sur *conjoint*.
13. Queneau, *Bâtons, chiffres et lettres*, p. 81.
14. Gilles Deleuze, *Logique du sens* (Minuit, Paris, 1969), p. 64–5.
15. Voir André Blavier, *Les Fous littéraires* (Veyrier, Paris, 1982), p. 687–714.
16. Bernard Dupriez, *Gradus* (Union Générale d'Editions, Paris, 1980), p. 394.
17. Michel Leiris, « Glossaire, j'y serre mes gloses », *Mots sans mémoire* (Gallimard, Paris, 1969), p. 108.
18. Jean-Paul Clébert, *Paris insolite* (Denoël, Paris, 1961), p. 83.
19. Henry de Montherlant, *La Rose de sable* (Gallimard, Paris, 1968), p. 7.
20. Patrick Modiano, *La Place de l'Etoile* (Gallimard, Paris, 1968), p. 80.
21. Cité par J. Dierickx, « Les « mots-valises » de l'anglais et du franglais », *Revue des langues vivantes*, xxxii, 5 (1966), p. 457, 459.
22. Voir *Le Canard enchaîné*, 18 novembre 1964.
23. Cité par Cannon, « Blends in English », p. 741.
24. Exemples cités par Berrey, « Newly-wedded Words », p. 6–7.
25. Examples tirés de Wentworth, *Blend-Words*, p. 42, 48, 102, 158.
26. Ralph Levy, « Haplologic Blends in French and English », *Symposium*, 4 (1950), p. 60.

27. Cité par Margaret M. Bryant, « Blends are Increasing », *American Speech*, 48–9 (1973–4), p. 176, 169.
28. Jean Praninskas, *Trade Name Creation* (Mouton, La Haye, 1968), p. 29.
29. Pour des détails supplémentaires, voir mon article « Approximating Man : Michel Tournier and Play in Language » *Modern Language Review*, 80.2 (1985), p. 304–19.
30. Harold Wentworth, « « Sandwich » Words and Rime-Caused Nonce Words », *West Virginia University Bulletin*, Philological Studies, 3 (1939), p. 65. Il met en contraste ceux-ci avec d'autres manipulations telles qu' « absotively » et « posilutely ».
31. Les deux séries d'exemples sont tirées de Bauer, *English Word-Formation*, p. 213. Cp. la vogue américaine des couples qui riment : « Zoot suit with a reet pleat (Costume de zazou avec des plis ravissants), etcétéra.
32. Bréal, *Semantics*, p. 266.
33. Gaston Ferdière, « Notes préliminaires sur les « Portmanteau words » de Lewis Carroll », *Acta Neurologica et Psychologica Belgica*, 57 (1957), p. 998.
34. Joseph J. Firebaugh, « The Vocabulary of *Time* Magazine », *American Speech*, 1940, p. 237.
35. Cité par Robert T. Elson, *Time Inc. (1923–1941)* (Atheneum, New York, 1968), p. 83.
36. Firebaugh, « Vocabulary of Time », p. 242.
37. *Time*, 3 mai 1971, p. 33.
38. Hugh Kenner, *Flaubert, Joyce and Beckett* (p. xv). Kenner, actionnaire capital de la compagnie Ong/McLuhan, s'accroche également au divorce moderne tant proclamé entre les mots parlé et écrit.
39. St John Ervine, in *The Observer*, 13 février 1938, cité par Mencken, *American Language*, Supplément 1, p. 340.
40. Cannon, « Blends in English », p. 737.
41. Cité par Bryant, « Blends are Increasing », p. 175.
42. Robert Graves, *Greek Myths* (Penguin, Harmondsworth, 1957), vol. 2, p. 73.
43. Algeo, « Portmanteaus », p. 1.
44. Voir Dierickx, « Les « mots-valises » », p. 457.
45. André Goosse, *La Néologie française aujourd'hui* (Conseil international de la langue française, Paris, 1975), p. 72.
46. Le premier exemple vient de Berrey, « Newly-wedded Words », p. 7, et les deux suivants de Wentworth, *Blend-Words*, p. 115, 57.
47. Voir Goosse, *Néologie française*, p. 30.
48. Tiré de Wentworth, *Blend-Words*, p. 95.
49. Marshall McLuhan et Quentin Fiore, *The Medium is the Message* (Penguin, Harmondsworth, 1967), sans numéros de pages.
50. Voir Goosse, *Néologie francaise*, p. 47.
51. Orwell, *Nineteen Eighty-Four*, p. 244.
52. Christian Moncelet, *Mots croasés* (Bof, Le Cendre, 1978), p. 6.
53. Alain Finkelkraut, *Ralentir ! Mots-valises !* (Seuil, Paris, 1979), sans numéros de pages.

54. Cannon, *Blends in English*, p. 736–7.
55. Ibid., p. 750.
56. Algeo, « Where do all the new words come from ? », p. 271.
57. Je traiterai les mots-valises accidentels plus tard, quand je passerai aux lapsus.
58. Eric Hoffer, *The Ordeal of Change* (Harper & Row, New York, 1964), p. 14.
59. Sade, cité par Geoffrey Gorer, *The Life and Ideas of the Marquis de Sade* (Peter Owen, Londres, 1962), p. 153.
60. Roland Barthes, *Sade, Fourier, Loyola* (Seuil, Paris, 1971), p. 87.
61. Gershon Legman, *The Limerick* (Panther, Londres, 1977), p. 36.
62. Jean-Paul Clébert, *La Vie sauvage* (Denoël, Paris, 1953), p. 218.
63. Evert Van Der Starre, « Sally Mara, romancière ? Exercices de style », *Temps mêlés*, 150+20–21 (1983), p. 99–100.
64. Clive Hart, *Structure and Motif in « Finnegans Wake »* (Faber, Londres, 1962), p. 154 et seq.
65. Céline, *Bagatelles pour un massacre*, p. 61.
66. « Petit Dictionnaire des mots retrouvés » (par M.D., P. de l., and R. de R.), *Nouvelle Revue Française*, 292 (1938), p. 100, 102.
67. Valerie Adams, *An Introduction to Modern English Word-Formation* (Longman, Londres, 1973), p. 149.
68. Gilbert Salmon, « Qu'est-ce qui fait néologiser l'écrivain ? », *Bulletin de la Faculté des Lettres de Mulhouse*, XI (1980), p. 80.
69. Mencken, *American Language*, p. 559, citant W.D. Whitney, *The Life and Growth of Language* (Appleton, New York, 1897), p. 113, et Paul Shorey, *Academy Papers* (American Academy of Arts and Letters, New York, 1926), p. 149.
70. Cité par Algeo, « Blends, A Structural and Systemic View », p. 52.

Chapitre 18 : Appellations contrôlées

1. Voir Stephen Heath, « Ambiviolences : notes pour la lecture de Joyce », *Tel Quel*, 51 (1972), p. 72.
2. Voir mes *Calembours*, p. 70.
3. Carroll, *Annotated Alice*, p. 263.
4. John Algeo, « The Acronym and its Congeners », in *The First Lacus Forum 1974*, éd. Adam et Valerie Makkai (Hornbeam, Columbia, S.C., 1975), p. 218.
5. Exemples tirés de Safire, *New Language of Politics*, p. 5.
6. Algeo, « The Acronym », p. 232.

7. Souriau, « Sur l'esthétique des mots et des langages forgés », p. 22.
8. Cité par Migliorini, *Contribution of the Individual to Language*, p. 16.
9. Cité par Widal, « Pour une physiologie du néologisme », p. 359.
10. Pearsall, « Needed Words », p. 325.
11. Voir Guilbert, *La Créativité lexicale*, p. 47.
12. A ce sujet, voir Frank Close, « Pions. Leptons. Quarks : The Language of Physics », *Times Higher Education Supplement*, 13 avril 1984, p. 13, et la réponse de T.S. Harriss, 4 mai 1984, p. 2. « Quark » sort de James Joyce, *Finnegans Wake*, p. 383 : « Three quarks for Master Mark ! »
13. Bolton, *Language of « 1984 »*, p. 168.
14. Etiemble, *Le Jargon des sciences* (Hermann, Paris, 1966), p. 89–91.
15. Ibid., p. 99.
16. Arthur G. Kennedy, « Hothouse Words Versus Slang », *American Speech*, 11 (1927), p. 417–24.
17. Exemples tirés de Keith Foley, lettre du 1er mai 1987.
18. Raymond Queneau, *Zazie dans le Métro*, p. 92.
19. René Bertelé (éd.), *Henri Michaux*, édn revue (Seghers, Paris, 1965), p. 21.
20. Matthews, « The Art of Making New Words », p. 64.
21. Fritz Spiegl, *In-Words and Out-Words* (Elm Tree, Londres, 1987), p. 97.
22. Rogers, « The *OED* at the turning-point », p. 489.
23. Allen Walker Read, « The Sources of Ghost-Words in English », *Word*, 29 (1978), p. 96.
24. Ibid., p. 97.
25. Makkai, *Idiom Structure in English*, p. 81.
26. Stéphane Mallarmé, lettre du 3 mai 1868 à Lefébure, citée par Guy Michaud, *Mallarmé* (Hatier-Boivin, Paris, 1953), p. 75. Le titre original du poème était « Sonnet allégorique de lui-même » (ou sonnet tautégorique).
27. Michel Riffaterre, *Semiotics of Poetry* (Indiana University Press, Bloomington, 1978), p. 18.
28. Ibid.
29. A. Smythe Palmer, *The Folk and their Word-Lore* (Routledge, Londres, 1904), p. 9.
30. Ogden Nash, « The Rhinoceros », *Family Reunion* (Dent, Londres, 1966), p. 71.
31. Voir Clark et Gerrig, « Understanding Old Words with New Meanings », p. 599, et Herbert H. Clark, « Making Sense of Nonce Sense », in *The Process of Language*, éd. G.B. Flores et R. Jarvella (Wiley, Chichester, 1983), p. 299.

Chapitre 19 : Sommet du néologisme

1. Emily Dickinson, poème sans titre, in *Poems*, éd. Blanchi et Hampson (Cape, Londres, 1937), p. 4.
2. Keith Foley, lettre du 1er mai 1987.
3. Michel Riffaterre, *La Production du texte* (Seuil, Paris, 1979), p. 61.
4. Francis Ponge, « Pochades en prose », *Méthodes* (Gallimard, Paris, 1971), p. 75.
5. Valéry, « L'Idée fixe », p. 234.
6. Balzac, qui s'appropria la particule nobiliaire *de*, cité par Rheims, *Dictionnaire des mots sauvages*, p. 18.
7. Salmon, « Qu'est-ce qui fait néologiser l'écrivain ? », p. 79, regroupant ses chiffres avec ceux de Rheims (p. 15–16).
8. Rogers, « The *OED* at the turning-point », p. 488.
9. Ezra Pound, *Literary Essays*, éd. T.S. Eliot (Faber, Londres, 1963), p. 33, 25.
10. Jules Laforgue, *Lettres à un ami, 1880–1886* (Mercure de France, Paris, 1941), p. 64–5.
11. Tirés respectivement de ces poèmes et écrits en prose : « Grande Complainte de la ville de Paris », « Complainte des nostalgies préhistoriques », « Complainte à Notre-Dame des soirs », « Complainte sour le figuier bouddhique », *Revue Indépendante*, 5 (1888), p. 1. « Lohengrin » (deux fois » et « Préludes autobiographiques »).
12. Vladimir Markov, *Russian Futurism : A History* (University of California Press, Berkeley, 1968), p. 93.
13. Marc Angenot, « Le Paradigme absent », *Poétique*, 33 (1978), p. 75–7.
14. Cité par Angenot, « Fonction linguistique et subversion littéraire ». *Revue de l'Université de Bruxelles*, 3–4 (1976), p. 232.
15. Queneau, *Bâtons, chiffres et lettres*, p. 25.
16. Tirés respectivement de : *Les Enfants du limon* (Gallimard, Paris, 1938), p. 69 ; *Les Œuvres complètes de Sally Mara* (Gallimard, Paris, 1962), p. 46 ; *Loin de Rueil* (Gallimard, Paris, 1976), p. 24 ; et *Les Fleurs bleues*, p. 42.
17. Queneau, *Petite Cosmogonie portative* (Gallimard. Paris, 1950), p. 84.
18. Voir Claude Daubercies, *Le Jeu de mots chez Raymond Queneau*, Diplôme d'Etudes Supérieures, Université de Lille, 1960, p. 81.
19. Queneau, *Zazie dans le Métro*, p. 108, 160, 150.
20. John Donne, « To the Countess of Bedford », *The Complete English Poems*, éd. A.J. Smith (Penguin, Harmondsworth, 1977), p. 231.
21. James Joyce, *Finnegans Wake*, p. 120. D'autres références sont entre parenthèses dans le texte.
22. Samuel Beckett, *Our Exagmination …*, p. 15.
23. Robert McAlmon, ibid., p. 110.
24. Stuart Gilbert, ibid., p. 57.

25. James Joyce, *Stephen Hero*, éd. J.J. Slocum et H. Cahoon (New Directions, Norfolk, Conn., 1963), p. 30.
26. Margot C. Norris, « The Consequences of Deconstruction : A Technical Perspective of Joyce's *Finnegans Wake* », *ELH*, 41.1 (1974), p. 142.
27. Joyce, *Finnegans Wake*, p. 181, 424.
28. Voir Stephen Heath, « Ambiviolences ».
29. Anthony Burgess, *Joysprick*, p. 136.
30. Michel Butor, « La traduction, dimension fondamentale de notre temps », *James Joyce Quarterly*, 4 (1967), p. 216. Les italiques sont de Butor.
31. McLuhan, *From Cliché to Archetype*, p. 9.
32. Leonard Forster, *The Poet's Tongues : Multilingualism in Literature* (Cambridge University Press, 1970), p. 77.
33. Geoffrey Hartman, *Beyond Formalism* (Yale University Press, New Haven, 1970), p. 343.
34. Bryant, « Blends are Increasing », p. 184.
35. Adams, *Introduction to Modern English Word-Formation*, p. 159.
36. Selon A. Walton Litz, *The Art of James Joyce* (Oxford University Press, 1964), p. 91–2.
37. Steiner, *Language and Silence*, p. 51.
38. Bazin, *Le Matrimoine*, p. 198.
39. Arthur Rimbaud, lettre au professeur Izambard du 25 août 1870, à l'époque de la guerre franco-prussienne.
40. Francis Ponge, *Le Parti pris des choses* (Gallimard, Paris, 1967), p. 33.
41. Ogden Nash, *Candy is Dandy* (Methuen, Londres, 1987), p. 223.
42. Edmond de Goncourt, cité par Rheims, *Dictionnaire des mots sauvages*, p. 394.
43. Salmon, « Qu'est-ce qui fait néologiser l'écrivain ? », p. 77.
44. Ibid., p. 74.
45. Cité par Wentworth, *Blend-Words*, p. 10.
46. Algeo, « The Acronym », p. 232.

Chapitre 20 : Perdre la boule

1. Eve V. Clark, « The Young Word Maker : A Case Study of Innovation in the Child's Lexicon », in *Language Acquisition : The State of the Art*, éd. Eric Warner et Leila R. Gleitman (Cambridge University Press, 1982), p. 424.
2. Bréal, *Semantics*, p. 268.

3. Gaston Ferdière, « Les « Mots-valises » et le Wonderland de l'enfance », *Temps modernes*, 86 (1952), p. 941.
4. Maria Yaguello, *Alice au pays du langage* (Seuil, Paris, 1981), p. 29.
5. Hugh W. Buckingham et Andrew Kertesz, *Neologistic Jargon Aphasia* (Swets & Zeitlinger, Amsterdam), p. 13.
6. Gaston Ferdière, « Les mots-valises », *Cahiers du Sud*, 187 (1948), p. 31. Et « Notes préliminaires sur les « portmanteau words » de Lewis Carroll », *Acta neurological et psychologica belgica*, 57 (1957), p. 997.
7. Voir François, *La Langue postclassique*, p. 1161.
8. Guiraud, *Les Locutions françaises*, p. 90.
9. Henri Michaux, *Connaissance par les gouffres* (Gallimard, Paris, 1967), p. 128.
10. Michaux, postface à *Mes Propriétés*, in *La Nuit remue* (Gallimard, Paris, 1967), p. 195.
11. Ibid., p. 194.
12. Almuth Grésillon, « Le mot-valise : un « monstre de langue » ? », in *La Linguistique fantastique*, éd. S. Auroux et al. (Denoël, Paris, 1985), p. 254, 258.
13. Voir E. Bleuler, *Dementia praecox* (International University Press, New York, 1950), p. 152.
14. *The Poetical Works of Sir John Denham*, éd. T.H. Banks, 2ème édition (Archon, Hamden, Conn., 1969), p. 197. Traduit de Dominicus Mancinus.
15. Jean-Pierre Brisset, *Le Mystère de Dieu est accompli*, éd. P. Cullard (Navarin, Paris, 1983), p. 72. Pour des détails supplémentaires sur Brisset, voir mon livre *All Puns Intended : The Verbal Creation of Jean-Pierre Brisset* (Legenda, Oxford, 2001).
16. Brisset, *La Grammaire logique* (Baudoin, Paris, 1980), p. 114.
17. Leiris, *Langage tangage*, p. 30.
18. Voir Jean Bobon et Jaroslav Stucklik, « Les « druses » écrites et dessinées (Kontaminationen, blendings) : pathogénie de certains néomorphismes », *Acta Neurologica et Psychiatrica Belgica*, 6 (1960), p. 530–5, 544.
19. Diderot, *Eléments de physiologie*, éd. J. Assézat (Garnier, Paris, 1875), p. 418.
20. Roger Cardinal, « Image and Word in Schizophrenic Creation », *Forum for Modern Language Studies*, IX, 1 (1973), p. 109.
21. Léon-Paul Fargue, *Espaces* (Gallimard, Paris, 1929), p. 101.
22. Cité par Wentworth, *Blend-Words*, p. 94.
23. Inventé par Christine Brooke-Rose dans une interview avec David Hayman et Keith Cohen, *Contemporary Literature*, 17 (1976), p. 9.
24. Un morceau de franglais inventif dû à mon feu collègue, Geoffrey Strickland.
25. Twain, *Notebooks*, p. 374.
26. Jane Grigson, lettre du 8 octobre 1986. Il en va de même, à son avis, des cocktails.
27. Jencks et Silver, *Adhocism*, p. 192.
28. Francis Ponge, *Pièces* (Gallimard, Paris, 1962), p. 186.
29. Makkai, *Idiom Structure in English*, p. 159.

30. Dwight Bolinger, *Aspects of Language* (Harcourt, Brace & World, New York, 1968), p. 103.
31. Jean Atchison, *Words in the Mind* (Blackwell, Oxford, 1987), p. 82, 168.
32. Freud, *The Psychopathology of Everyday Life*, trad. A. Tyson (Penguin, Harmondsworth, 1975), p. 100. Il fait état de découvertes comparables dans son *Interpretation of Dreams*.
33. Voir Victoria A. Fromkin (éd.), *Speech Errors as Linguistic Evidence* (Mouton, La Haye, 1973), p. 15, et *Errors in Linguistic Performance : Slips of the Tongue, Ear, Pen, and Hand* (Academic, New York, 1980).
34. Ferdière, « Notes préliminaires sur les « Portmanteau words » », p. 966.
35. Burrhus Frederick Skinner, *Verbal Behaviour* (Methuen, Londres, 1957), p. 297.
36. Charles Hockett, « Where the Tongue Slips There Slip I », in *To Honor Roman Jakobson*, éd. Morris Halle (Mouton, La Haye, 1967), p. 935.
37. Samuel Taylor Coleridge, *Miscellaneous Criticism*, éd. T.M. Raynor (Constable, Londres, 1936), p. 173.
38. Randle Cotgrave, *A Dictionarie of the French and English Tongues* (Scolar, Menston, 1968), sans pages.
39. Ces quatre exemples cueillis dans des copies d'examen.
40. J'ai caressé l'idée d'intituler ce livre *Platitudes élevées.*
41. Souriau, « Sur l'esthétique des mots et des langages forgés », p. 23.
42. Bolinger et Sears, *Aspects of Language*, p. 248.
43. Bolinger, *Language*, p. 42.
44. George Orwell, lettre à Richard Rees, in *Collected Essays*, vol. 4, p. 533.
45. Read, « The Sources of Ghost-Words », p. 99.
46. W.H. Auden, « The Truest Poetry is the Most Feigning », *Collected Poems*, p. 470.
47. Ogden Nash, « If a Boder Meet a Boder, Need a Boder Cry ? Yes ? », *There's Always Another Windmill*, p. 69.
48. Eco, *Faith in Fakes*, p. 11.
49. Pound, « Then and Now », p. 13.
50. Maurice Rheims, *Dictionnaire des mots sauvages*, p. 29.
51. F. Gohin, *Les Transformations de la langue française pendant la deuxième moitié du XVIIIe siècle* (Belin, Paris, sans date), p. 42.
52. Henri-Pierre Jeudy, « Essais sur la néologie », *L'Homme et la Société*, 28 (1973), p. 130.
53. Grandjouan, *Les Linguicides*, p. 4.
54. Michel Foucault, *Raymond Roussel* (Gallimard, Paris, 1963), p. 223.
55. Bréal, *Semantics*, p. 268.
56. Eve V. Clark, « The Young Word Maker », p. 393.

Coda : Tout Compte fait

1. Jean Paulhan, « La Rhétorique renaît de ses cendres », *Œuvres complètes* (Cercle du livre précieux, Paris, sans date), vol. 2, p. 159. Les italiques sont de Paulhan.
2. Paroles d'Irving Kahn, musique de Sammy Fain.
3. Shakespeare, *King John*, IV, 2, 30–1.
4. Sartre, *Réflexions sur la question juive* (Gallimard, Paris, 1962), p. 21.
5. Camus, *La Chute*, p. 13.
6. Ludwig Wittgenstein, *Philosophical Investigations*, trad. G.E.M. Anscombe (Blackwell, Oxford, 1953), p. 34.
7. Browne, *The Major Works*, p. 200.
8. Bertrand Russell, cité par W.H. Auden, *A Certain World* (Faber, Londres, 1971), p. 333.
9. G.-Th. Guillebaud, *Leçons d'à peu près* (Bourgois, Paris, 1985).
10. Michel Tournier, « L'Espace canadien », *La Nouvelle Critique*, 105 (1977), p. 52.
11. Shakespeare, *Twelfth Night*, III, 1, 14–15.
12. Je dois cette opposition subtile à Michael Edwards.
13. Browne, *The Major Works*, p. 60.
14. Robert Graves, « The Climate of Thought », *Selected Poems*, p. 129.
15. Hugh Kenner, « The Portrait in Perspective », in *Joyce's « Portrait »*, éd. Thomas Connolly (Peter Owen, Londres, 1967), p. 34–5.
16. Freud, *Jokes*, p. 68. La version française (p. 54) joue sur la formule historique « taillable et corvéable à merci » (c'est-à-dire sujet à l'exploitation implacable) : « Les mots représentent une substance plastique et malléable à merci. ».
17. Keith Foley, lettre du 1er mai 1987.

Bibliographie

Cette bibliographie, dégraissée (elle était plusieurs fois plus longue), contient les livres et articles que j'ai trouvés les plus utiles. D'autres sources intéressantes se trouvent dans les Notes.

Adams, V., *An Introduction to Modern English Word-Formation*, Longman, Londres, 1973.

Albalat, A., *La Formation du style, par l'assimilation des Auteurs*, Colin, Paris, 1901.

Algeo, J., « Blends, a Structural and Systemic View », *American Speech*, 52, 1.1 (1977), p. 47–64.

——, « Where do all the new words come from ? », *American Speech*, 55 (1981), p. 264–77.

Amossy, R., et Rosen, E., *Le Discours du cliché*, CDU/SEDES, Paris, 1982.

——, et M. Delon (éds), *Critque et légitimité du préjugé (XVIIIe–XXe siècle)*, Editions de l'Université de Bruxelles, 1999.

Bagnall, N., *A Defence of Clichés*, Constable, Londres, 1985.

Bate, W.J., *The Burden of the Past and the English Poet*, Chatto & Windus, Londres, 1971.

Bauer, L., *English Word-Formation*, Cambridge University Press, 1983.

Beauvais, R., *L'Hexagonal tel qu'on le parle*, Hachette, Paris, 1970.

Bechtel, G., et Carrière, J.-C., *Dictionnaire de la bêtise*, édition revue, Laffont, Paris, 1983.

Bengtsson, S., *La Défense organisée de la langue française*, Almqvist & Wiksells, Uppsala, 1968.

Berranger, M.-P., *Dépaysement de l'aphorisme*, Corti, Paris, 1988.

Berrey, L.V., « Newly-wedded Words », *American Speech*, 14.1 (1939), p. 3–10.

Bloom, H., *The Anxiety of Influence*, Oxford University Press, New York, 1973.

Bolinger, D., *Language : The Loaded Weapon*, Longman, Londres, 1980.

Bolton, W.F., *Language of « 1984 »*, Blackwell, Oxford, 1984.

Booth, T.Y., « The Cliché : A Working Bibliography », *Bulletin of Bibliography and Magazine Notes*, 23 (1960), p. 61–3.

Brown, C.F., *Star-Spangled Kitsch*, Universe, New York, 1975.

Brunot, F., et al., *Histoire de la langue française des origines à nos jours*, Colin et CNRS, Paris, 1905–.

Bryant, M.M., « Blends are Increasing », *American Speech*, 48–9 (1973–4), p. 163–84.

Burgess, G., *Are You a Bromide ?*, Huebsch, New York, 1908.

Buyssens, E., « Tautologies », *La Linguistique*, 6.2 (1970), p. 37–45.
Cannon, G., « Blends in English Word Formation », *Linguistics*, 24.4 (1986), p. 725–53.
Cauquelin, *L'Art du lieu commun : Du bon usage de la doxa*. Seuil, Paris, 1999.
Champion, S.G., *Racial Proverbs*, Routledge, Londres, 1938.
Compagnon, A., *La Seconde Main, ou le travail de la citation*, Seuil, Paris, 1979.
Corbeil, J.-C., « Aspects du problème néologique », *La Banque des mots*, 2 (1971), p. 123–36.
Curtius, E.R., *European Literature and the Latin Middle Ages*, trad. W.R. Trask, Routledge & Kegan Paul, Londres, 1953.
Deroy, L., *L'Emprunt linguistique*, Belles Lettres, Paris, 1956.
Dierickx, J., « Les « mots-valises » de l'anglais et du français », *Revue des Langues vivantes*, XXXII, 5 (1966), p. 451–9.
Diki-Kidiri, M., Joly, H., et Murcia, C., *Guide de la néologie*, Conseil international de la langue française, Paris, 1981.
Dufays, J.L., *Stéréotype et lecture : essai sur la réception littéraire*, Mardaga, Liège, 1994.
Duneton, C., *Parler croquant*, Stock, Paris, 1982.
Dupriez, B., *Gradus : les procédés littéraires*, Union Générale d'Editions, Paris, 1980.
Eco, U., *Faith in Fakes*, trad. W. Weaver, Secker & Warburg, Londres, 1986.
Etiemble, R., *Parlez-vous franglais ?*, Gallimard, Paris, 1964.
——, *Le Jargon des sciences*, Hermann, Paris, 1964.
Ferdière, G., « Les « mots-valises » et le Wonderland de l'Enfance », *Temps Modernes*, 86 (1952), p. 937–60.
——, « Notes préliminaires sur les « Portmanteau words » de Lewis Carroll », *Acta Neurologica et Psychologica Belgica*, 57 (1957), p. 993–1003.
Fernando, C., et Flavell, R., *On Idiom*, Exeter Linguistic Studies, Université d'Exeter, 1981.
Finkelkraut, A., *Ralentir ! Mots-valises !*, Seuil, Paris, 1979.
Finnegan, R., *Oral Literature in Africa*, Clarendon Press, Oxford, 1970.
Flaubert, G., *Correspondance*, Conard, Paris, 1927.
——, « Dictionnaire des idées reçues », in *Bouvard et Pécuchet*, éd. C. Gothot-Mersch, Gallimard, Paris, 1979.
Frédéric, M., *La Répétition : étude linguistique et rhétorique*, Tübingen, Max Niemayer, 1985.
Garaud, C. (éd.), *Sont-ils bons ? Sont-ils méchants ? Usages des stéréotypes*, Champion, Paris, 2001.
Genette, G., *Palimpsestes*, Seuil, Paris, 1982.
Gombrich, E., « Truth and the Stereotype », *Art and Illusion*, Phaidon, Londres, 1959.

Goosse, A., *La Néologie française aujourd'hui*, Conseil international de la langue française, Paris, 1975.

Gordon, D.C., *The French Language and National Identity*, Mouton, La Haye, 1978.

Goulet, A., *Le Stéréotype : crise et transformation*, Presses Universitaires de Caen, 1994.

Gourmont, R. de, « Le Cliché », in *Esthétique de la langue française*, Mercure de France, Paris, sans date.

——, *Le Problème du style*, Mercure de France, Paris, 1907.

Grafton, A., *Forgers and Critics : Creativity and Duplicity in Western Scholarship*, Collins & Brown, Londres, 1990.

Grunig, B.-N., *Les Mots de la pub*, Presses du CNRS, Paris, 1990.

Guilbert, L., *La Créativité lexicale*, Larousse, Paris, 1975.

Guiraud, P., « Néologismes littéraires », *La Banque des mots*, 1 (1971), p. 23–8.

——, *Les Locutions françaises*, Presses Universitaires de France, Paris, 1961.

Haig, S., *Flaubert and the Gift of Speech*, Cambridge University Press, 1986.

Hennig, J.-L., *Apologie du plagiat*, Gallimard, Paris, 1997.

Herschberg-Pierrot, A., « Problématiques du cliché : sur Flaubert », *Poétique*, 43 (1980), p. 334–45.

——, « Bibliothèque d'idées reçues au XIXe siècle », *La Revue des Lettres Modernes : Gustave Flaubert*, 1, 1984, p. 35–59.

Hudson, K., *The Language of Modern Politics*, Macmillan, Londres, 1978.

Hutcheon, L., *A Theory of Parody*, Methuen, Londres, 1985.

Jacobs, N., *Naming-Day in Eden*, Gollancz, Londres, 1958.

Jeandillou, J.-F., *Esthétique de la mystification*, Minuit, Paris, 1994.

Jencks, C. et Silver, N., *Adhocism*, Anchor, New York, 1973.

Jenny, L., « Structure et fonctions du cliché », *Poétique*, 12 (1972), p. 495–517.

Joscelyne, A., « French Language Planning, 1966–1986 », *Language Monthly*, 36 (1986), p. 28–30.

Kapferer, J.-N., *Rumeurs*, Seuil, Paris, 1987.

Kellett, E.E., *Literary Quotation and Allusion*, Heffer, Cambridge, 1933.

Kettridge, J.O., *French Idioms and Figurative Phrases*, Routledge, Londres, 1939.

Lakoff, G. and Johnson, M., *Metaphors We Live By*, University of Chicago Press, 1980.

Lawrence, J., *Mix Me a Metaphor*, Gentry, Londres, 1972.

——, *Unmentionables and Other Euphemisms*, Gentry, Londres, 1973.

Lechner, Sister J.M., OSU, *Renaissance Concepts of the Commonplaces*, Greenwood, Westport, Conn., 1974.

Lerner, L.D., « Cliché and Commonplace », *Essays in Criticism*, VI, 3 (1956), p. 249–65.

Levine, J.S., « Originality and Repetition in *Finnegans Wake* and *Ulysses* », *PMLA*, 94.1 (1979), p. 106–20.

Lindey, A., *Plagiarism and Originality*, Harper, New York, 1952.

Lippmann, W., *Public Opinion*, Macmillan, New York, 1947.
Loomis, C.G., « Proverbial Phrases in Journalistic Word Play », *Western Folklore*, 23 (1964), p. 187–9.
Macdonald, D. (éd), *Parodies*, Faber, Londres, 1960.
——, *Against the American Grain*, Gollancz, Londres, 1963.
McLuhan, M., *From Cliché to Archetype*, Viking, New York, 1970.
Makkai, A., *Idiom Structure in English*, Mouton, La Haye, 1972.
Mallon, T., *Stolen Words : Forays into the Origins and Ravages of Plagiarism*, Ticknor & Fields, New York, 1989.
Marchand, H., *The Categories and Types of Present-Day English Word-Formation*, C.H. Beck, Munich, 1969.
Martin, A., *The Knowledge of Ignorance*, Cambridge University Press, 1985.
Martinet, A., « Les Puristes contre la langue », *Le français san fard*, Presses Universitaires de France, 1969.
Mathis, G. (éd.), *Le Cliché*, Presses Universitaires du Mirail, Toulouse, 1998.
Matthews, B., « The Art of Making New Words », *Unpopular Review*, IX (1918), p. 58–69.
Maure-Indart, H., *Du Plagiat*, Presses Universitaires de France, 1999.
Mead, L., *Word-Coinage*, Crowell, New York, 1902.
Mencken, H.L., *The American Language*, Kegan Paul, Londres, 1936 (Supplément 1, 1945 et 2, 1948).
Merton, R.K., *On the Shoulders of Giants : A Shandean Postscript*, Free Press, New York, 1965.
Michaels, L., et Ricks, C. (éds), *The State of the Language*, University of California Press, Berkeley, 1980.
Mieder, W., et Litovkina, A.T., *Twisted Wisdom : Modern Anti-Proverbs* (vol. 4 of supplement series of *Proverbium*), University of Vermont, 1999.
Migliorini, B., *The Contribution of the Individual to Language*, Clarendon Press, Oxford, 1952.
Miller, J. Hillis, *Fiction and Repetition : Seven English Novels*, Harvard University Press, Cambridge, Mass., 1982.
Moncelet, C., *Essai sur les mots croasés*, Bof, Le Cendre, 1978.
Mormile, M., *La « Néologie » révolutionnaire de Louis-Sébastien Mercier*, Bulzoni, Rome, 1973.
« La Néologie lexicale », *Langages*, 36 (1974).
« Le Néologisme dans la langue et dans la littérature », *Cahiers de l'Association Internationale des Etudes Françaises*, 25 (1973).
Neubauer, H.-J., *The Rumour : A Cultural History*, Free Association Books, Londres, 1999.

Ong, W.J., *The Presence of the Word*, Yale University Press, New Haven, 1967.
——, « Commonplace Rhapsody : Ravisius Textor, Zwinger and Shakespeare » in *Classical Influences on European Culture, AD 1500–1700*, éd. R.R. Bolgar, Cambridge University Press, 1976, p. 91–126.
——, *Orality and Literacy*, Methuen, Londres, 1982.
Orwell, G., « Politics and the English Language », *Collected Essays, Journalism and Letters*, Penguin, Harmondsworth, 1970, vol. 4, p. 156–70.
Partridge, E., *A Dictionary of Clichés*, Routledge & Kegan Paul, Londres, 1950.
——, *A Dictionary of Catch Phrases*, Routledge & Kegan Paul, Londres, 1977.
Paulhan, J., *Les Fleurs de Tarbes, ou la Terreur dans les lettres*, Gallimard, Paris, 1973.
Pennanen, E., « Current Views on Word-Formation », *Neuphilologische Mitteilungen*, 1–2, xxiii (1972), p. 292–308.
Perrin-Naffakh, A.-M., *Le Cliché de style en français moderne*, Université de Lille III, 1985.
Pietra, R., « Lieux communs », *Littérature*, 65 (1987), p. 96–108.
Plantin, C. (éd.), *Lieux communs : topoï, stéréotypes, clichés*, Kimé, Paris, 1993.
Pohl, J., « Néologie à rebrousse-temps », *Cahiers de lexicologie*, 63 (1993), p. 99–112.
Pope, A., *The Art of Sinking in Poetry*, éd. E.L. Steeve, Russell & Russell, New York, 1968.
Postman, N., et al. (éds), *Language in America*, Pegasus, New York, 1969.
Pound, L., *Blends : Their Relation to English Word-Formation*, Winter, Heidelberg, 1914.
Praninskas, J., *Trade Name Creation*, Mouton, La Haye, 1968.
Quemada, B. et al., *Matériaux pour l'histoire du vocabulaire français*, Didier, Paris, 1970 –.
Reboul, O., *Le Slogan*, Complexe, Bruxelles, 1975.
——, « Le Slogan et les fonctions du langage », *Le Français dans le monde*, 143 (1979), p. 21–6.
Redfern, W.D., *Puns*, édition revue, Penguin, Harmondsworth, 2000. (Et *Calembours, ou les puns et les autres*, trad. par l'auteur, Peter Lang, Oxford, 2005.)
Rees, N., *The Joy of Clichés*, Macdonald, Londres, 1984.
——, *Dictionary of Clichés*, Cassell, Londres, 1996.
Rey, A., « Néologisme : un pseudo-concept ? », *Cahiers de lexicologie*, 28.1 (1976), p. 3–17.
Rheims, M., *Le Dictionnaire des mots sauvages*, Larousse, Paris, 1969.
Ricks, C., *The Force of Poetry*, Clarendon Press, Oxford, 1984.
——, *Beckett's Dying Words*, Oxford University Press, 1993.
——, *Allusion to the Poets*, Oxford University Press, 2002.
Riffaterre, M., *Essais de stylistique structurale*, Flammarion, Paris, 1971.

——, *La Production du texte*, Seuil, Paris, 1979.
Roback, A.A., *A Dictionary of International Slurs*, Sci-Art, Cambridge, Mass., 1944.
Roberts, M.H., « The Science of Idiom », *PMLA*, LIX, 1 (1944), p. 291–306.
Rogers, J. *The Dictionary of Clichés*, Ward Lock, Londres, 1986.
Rogers, P. « Swift and the Revival of Cliché », in *The Character of Swift's Satire*, éd. C. Rawson, Associated Univerity Presses, Londres, 1983, p. 203–26.
Rosen, R.D., *Psychobabble*, Wildwood House, Londres, 1978.
Ruthven, K.K., *Myth*, Methuen, Londres, 1976.
——, *Faking Literature*, Cambridge University Press, 2001.
Sabin, M., *The Dialect of the Tribe*, Oxford University Press, New York, 1987.
Sableyrolles, J.-F., *La Néologie en français contemporain*, Champion, Paris, 2000.
Safire, *The New Language of Politics*, Random House, New York, 1968.
Salmon, G., « Qu'est-ce qui fait néologiser l'écrivain ? », *Bulletin de la Faculté des Lettres de Mulhouse*, XI (1980), p. 73–88.
Sampson, R. (éd), *Authority and the French Language*, Nodus, Münster, 1993.
Sartre, J.-P., *L'Idiot de la famille*, Gallimard, Paris, 3 vols, 1971–2.
Schapira, C., *Les Stéréotypes en français : proverbes et autres formules*. Ophrys, Paris, 1999.
Schneider, M., *Voleurs de mots*, Gallimard, Paris, 1985.
Smith, L., *Words and Idioms*, Constable, Londres, 1925.
Sontag, « Notes on Camp », *Against Interpretation*, Eyre & Spottiswoode, Londres, 1967.
Souriau, E., « Sur l'esthétique des mots et des langages forgés », *Revue d'Esthétique*, 18 (1965), p. 19–48.
Spitzer, L. « Au sujet de la répétition distinctive », *Le Français moderne*, 2 (1936), p. 129–35.
Sportes, M., *Le Souverain poncif*, Balland, Paris, 1986.
Stein, G., *English Word-Formation over Two Centuries*, Tübinger Beiträge zur Linguistik, 34, Tübingen, 1973.
Swift, J., *Polite Conversation*, éd. E. Partridge, André Deutsch, Londres, 1963.
Tannen, D. *Talking Voices : Repetition, Dialogue and Imagery in Conversational Discourse*, Cambridge University Press, 1989.
Tauli, V., *Introduction to a Theory of Langauge Planning*, Almqvist & Wiksells, Uppsala, 1968.
Thompson, P., et Davenport, P., *The Dictionary of Visual Language*, Penguin, Harmondsworth, 1982.
Trescases, P., *Le Franglais vingt ans après*, Guérin, Montréal, 1982.
Valéry, P., « L'Idée fixe », in *Œuvres*, éd. J. Hytier, Gallimard, Paris, vol. 2, 1960.
Weinrich, H., *Lethe : The Art and Critique of Forgetting*, trad. S. Rendell, Cornell University Press, Ithaca, N.Y., 2004.

Wentworth, H., « Blend-Words in English », PhD, Université de Cornell, 1954 (microfilm).
White, H.O., *Plagiarism and Imitation during the English Renaissance*, Harvard University Press, Cambridge, Mass., 1935.
Widal, P., « Pour une physiologie du néologisme », *Meta*, 18 (1973), p. 355–64.
Yates, F.A., *The Art of Memory*, Routledge & Kegan Paul, Londres, 1966.
Young, E., *Conjectures on Original Composition*, éd. E.J. Morley, Manchester University Press, 1918.
Zijderveld, A., *On Clichés : The Supersedure of Meaning by Function in Modernity*, Routledge & Kegan Paul, Londres, 1979.

Index

European Connections

edited by Peter Collier

'European Connections' is a series which aims to publish studies in Comparative Literature. Most scholars would agree that no literary work or genre can fruitfully be studied in isolation from its context (whether formal or cultural). Nearly all literary works and genres arise in response to or at least in awareness of previous and contemporary writing, and are often illuminated by confrontation with neighbouring or contrasting works. The literature of Europe, in particular, is extraordinarily rich in this kind of cross-cultural fertilisation (one thinks of medieval drama, Romantic poetry, or the Realist novel, for instance). On a wider stage, the major currents of European philosophy and art have affected the different national literatures in varying and fascinating ways. Many European and North American university courses in literature nowadays teach and research literature in faculties of Comparative and General Literature. The series intends to tap the rich vein of such research.

Offers of contribution are invited, whether studies of specific writers and relationships, or wider theoretical investigations. Proposals from established scholars, as well as more recent doctoral students, are welcome.

The series editor, Peter Collier, is Emeritus Fellow in French at Sidney Sussex College, University of Cambridge. He has translated Emile Zola (*Germinal*, Oxford World's Classics, 1993), and Marcel Proust (*The Fugitive*, Penguin, 2002), has edited several collections of essays on European literature and culture, including *Critical Theory Today*, with Helga Geyer-Ryan (Polity Press & Cornell University Press, 1990) and *Artistic Relations*, with Robert Lethbridge (Yale University Press, 1994), and has written on Proust and art in *Mosaici proustiani* (Il Mulino, 1986) and *Proust and Venice* (Cambridge University Press, 2005). He is a Fellow of the Chartered Institute of Linguists.

Volume 1 S. S. Prawer: W.M. Thackeray's European Sketch Books. A Study of Literary and Graphic Portraiture. 459 pages. 2000.
ISBN 3-906758-68-0 / US-ISBN 0-8204-5081-2

Volume 2 Patricia Zecevic: The Speaking Divine Woman. López de Úbeda's *La Pícara Justina* and Goethe's *Wilhelm Meister*. 294 pages. 2001.
ISBN 3-906766-91-8 / US-ISBN 0-8204-5607-1

Volume 3 Mary Besemeres: Translating One's Self. Language and Selfhood in Cross-Cultural Autobiography. 297 pages. 2002.
ISBN 3-906766-98-5 / US-ISBN 0-8204-5614-4

Volume 4 Michela Canepari-Labib: Word-Worlds. Language, Identity and Reality in the Work of Christine Brooke-Rose. 303 pages. 2002.
ISBN 3-906758-64-8 / US-ISBN 0-8204-5080-4

Volume 5 Hugo Azérad: L'Univers constellé de Proust, Joyce et Faulkner. Le Concept d'épiphanie dans l'esthétique du modernisme. 474 pages. 2002.
ISBN 3-906769-61-5 / US-ISBN 0-8204-5873-2

Volume 6 Berry Palmer Chevasco: Mysterymania. The Reception of Eugène Sue in Britain 1838–1860. 284 pages. 2003.
ISBN 3-906769-78-X / US-ISBN 0-8204-5915-1

Volume 7 Sabine Schmid: 'Keeping the Sources Pure'. The Making of George Mackay Brown. 310 pages. 2003.
ISBN 3-03910-012-2 / US-ISBN 0-8204-6281-0

Volume 8 Walter Redfern: Writing on the Move. Albert Londres and Investigative Journalism. 266 pages. 2004.
ISBN 3-03910-157-9 / US-ISBN 0-8204-6967-X

Volume 9 Johanna Marie Buisson: Lingua Barbara or The Mystery of the Other. Otherness and Exteriority in Modern European Poetry. 364 pages. 2012.
ISBN 978-3-03910-057-6

Volume 10 Karl Leydecker and Nicholas White (eds): After Intimacy. The Culture of Divorce in the West since 1789. 295 pages. 2007.
ISBN 978-3-03910-143-6

Volume 11 Patrick Crowley and Paul Hegarty: Formless. Ways In and Out of Form. 258 pages. 2005.
ISBN 3-03910-056-4 / US-ISBN 0-8204-6297-7

Volume 12 Susan Tridgell: Understanding Our Selves. The Dangerous Art of Biography. 234 pages. 2004.
ISBN 3-03910-166-8 / US-ISBN 0-8204-6976-9

Volume 13 Patsy Stoneman and Ana María Sánchez-Arce with Angela Leighton (eds): European Intertexts. Women's Writing in English in a European Context. 296 pages. 2005.
ISBN 3-03910-167-6 / US-ISBN 0-8204-6977-7

Volume 14 Daniel Hall: French and German Gothic Fiction in the Late Eighteenth Century. 294 pages. 2005.
ISBN 3-03910-077-7 / US-ISBN 0-8204-6893-2

Volume 15 Ana Gabriela Macedo and Margarida Esteves Pereira (eds): Identity and Cultural Translation. Writing across the Borders of Englishness. Women's Writing in English in a European Context. 282 pages. 2006.
ISBN 3-03910-67-2

Volume 16 Peter Wagstaff (ed.): Border Crossings. Mapping Identities in Modern Europe. 253 pages. 2004.
ISBN 3-03910-279-6 / US-ISBN 0-8204-7206-9

Volume 17 Katharine Murphy: Re-reading Pío Baroja and English Literature. 270 pages. 2005.
ISBN 3-03910-300-8 / US-ISBN 0-8204-7226-3

Volume 18 Elza Adamowicz (ed.): Surrealism. Crossings/Frontiers. 222 pages. 2006.
ISBN 3-03910-328-8 / US-ISBN 0-8204-7502-5

Volume 19 John Parkin and John Phillips (eds): Laughter and Power. 256 pages. 2006.
ISBN 3-03910-504-3

Volume 20 Humberto Núñez-Faraco: Borges and Dante. Echoes of a Literary Friendship. 230 pages. 2006.
ISBN 3-03910-511-6

Volume 21 Rachael Langford (ed.): Depicting Desire. Gender, Sexuality and the Family in Nineteenth Century Europe. Literary and Artistic Perspectives. 280 pages. 2005.
ISBN 3-03910-321-0 / US-ISBN 0-8204-7245-X

Volume 22 Elizabeth Russell (ed.): Loving Against the Odds. Women's Writing in English in a European Context. 222 pages. 2006.
ISBN 3-03910-732-1

Volume 23 Bruno Tribout and Ruth Whelan (eds): Narrating the Self in Early Modern Europe. 333 pages. 2007.
ISBN 978-3-03910-740-7

Volume 24 Viola Brisolin: Power and Subjectivity in the Late Work of Roland Barthes and Pier Paolo Pasolini. 307 pages. 2011.
ISBN 978-3-0343-0231-9

Volume 25 Gillian E. Dow (ed.): Translators, Interpreters, Mediators. Women Writers 1700–1900. 268 pages. 2007.
ISBN 978-3-03911-055-1

Volume 26 Ramona Fotiade (ed.): The Tragic Discourse. Shestov and Fondane's Existential Thought. 294 pages. 2006.
ISBN 3-03910-899-9

Volume 27 Annamaria Lamarra and Eleonora Federici (eds): Nations, Traditions and Cross-Cultural Identities. Women's Writing in English in a European Context. 185 pages. 2010.
ISBN 978-3-03911-413-9

Volume 28 Gerri Kimber: Katherine Mansfield. The View from France. 290 pages. 2008.
ISBN 978-3-03911-392-7

Volume 29 Ian R. Morrison: Leonardo Sciascia's French Authors. 179 pages. 2009.
ISBN 978-3-03911-911-0

Volume 30 Brigitte Gauthier (ed.): Viva Pinter. Harold Pinter's Spirit of Resistance. 258 pages. 2009.
ISBN 978-3-03911-929-5

Volume 31 Hilary Brown and Gillian Dow (eds): Readers, Writers, Salonnières. Female Networks in Europe, 1700–1900. 291 pages. 2011.
ISBN 978-3-03911-972-1

Volume 32 Nóra Séllei and June Waudby (eds): She's Leaving Home. Women's Writing in English in a European Context. 272 pages. 2011.
ISBN 978-3-0343-0167-1

Volume 33 Lorna Collins and Elizabeth Rush (eds): Making Sense. For an Effective Aesthetics. 250 pages. 2011.
ISBN 978-3-0343-0717-8

Volume 34 Bandy Lee and Lorna Collins (eds): Making Sense. Merging Theory and Practice. 280 pages. 2013.
ISBN 978-3-0343-0763-5

Volume 35 Jane Fenoulhet: Nomadic Literature. Cees Nooteboom and his Writing. 257 pages. 2013.
ISBN 978-3-0343-0729-1

Volume 36 Walter Redfern: Le Mort et le vif. Clichés/néologismes. 428 pages. 2014.
ISBN 978-3-0343-1754-2

FSC
www.fsc.org
MIX
Papier | Fördert
gute Waldnutzung
FSC® C083411

Kolibri 360 GmbH
Ferdinand-Jühlke-Straße 7
99095 Erfurt, Deutschland
produktsicherheit@kolibri360.de